Sieglinde und Lothar Nitsche
Extensive Grünlandnutzung

Praktischer Naturschutz

Herausgegeben von
Dr. Eckhard Jedicke

Extensive Grünlandnutzung

Sieglinde und Lothar Nitsche

20 Farbfotos
 8 Schwarzweißfotos
21 Zeichnungen
43 Tabellen

NEUMANN
VERLAG
RADEBEUL

Sieglinde Nitsche, geb. 1940. Studium am Pädagogischen Institut Darmstadt. Mitarbeit in Naturschutzverbänden im Bereich der Öffentlichkeitsarbeit. Untersuchungen und Veröffentlichungen zur Flora des Kasseler Raumes.
Lothar Nitsche, geb. 1937. Forstschule Schotten, Diplom-Forstingenieur. Revierleiter bis 1974, anschließend Sachbearbeiter für Naturschutz und Landschaftspflege beim Land Hessen. Untersuchungen und Veröffentlichungen in den Bereichen Ornithologie, Botanik und Biotoppflege. Vorsitzender des Naturschutzringes Nordhessen und langjähriger Mitarbeiter in mehreren anerkannten Naturschutzverbänden.

Titelbild: Beschatteter Mittagsruheplatz für Schafe

Die Deutsche Bibliothek – CIP-Einheitsaufnahme

Nitsche, Sieglinde:
Extensive Grünlandnutzung/Sieglinde und Lothar Nitsche. –
Radebeul: Neumann, 1994
   (Praktischer Naturschutz)
   ISBN 3-7402-0149-5
NE: Nitsche, Lothar

© 1994 Neumann Verlag GmbH
Maxim-Gorki-Straße 18, 01445 Radebeul
Printed in Germany
Lektorat: Dr. Angelika Eckhard
Herstellung: Heide Siegemund, Christoph Kretzschmar
Einbandgestaltung: Tinka Schlotterer, München
Satz: BFS Service GmbH, Chemnitz
Repro: ColorReproduktion, Heidenau
Druck und Bindung: Westermann Druck Zwickau GmbH

Vorwort

Bunte Wiesen, Weiden, Magerrasen und Heiden sind durch extensive landwirtschaftliche Nutzung entstanden. Ihre Artenverarmung durch Nutzungsintensivierung und der Flächenverlust sind für den Bürger weniger spektakulär verlaufen als das Waldsterben oder eine Veränderung der Landschaft durch Baumaßnahmen oder Heckenbeseitigung. Auffallend in den Feldfluren sind die großen Brachen der Stillegungsflächen mit Gras- und Krautfluren. Die Intensivierung der Nutzung einerseits und die Nutzungsaufgabe andererseits werfen neue Fragen zur Landschaftspflege und zum Arten- und Biotopschutz auf.

Vielfältig strukturierte, extensiv bewirtschaftete Grünlandbiotope bilden einen wesentlichen Erlebniswert in der Landschaft. Neben der Blumenpracht sind es die Schmetterlinge, Heuschrekken, Vögel und andere Tiere, die die Landschaft besonders beleben. Mit ihren Leitarten zeigen sie intakte Grünlandbiotope an.

Das Wissen über die Zusammenhänge im Grünland ist in zahlreichen Veröffentlichungen verschiedener Fachbereiche verstreut und heute kaum mehr übersichtlich und aktuell nachschlagbar. Das Zusammenwachsen der sechzehn Bundesländer und die Agrarreform machen fachübergreifende aktuelle Betrachtungen und Überlegungen erforderlich. Der Wunsch des Verlages, ein Fachbuch über naturschutzorientierte Grünlandnutzung zu schreiben, das neben den verschiedenen Wissensbereichen auch die sehr unterschiedlichen lokalen Situationen berücksichtigt, schien zunächst unlösbar. Durch Auswertung zahlreicher Exkursionen, Seminare und Literatursammlungen in den letzten Jahrzehnten konnten wir es aber wagen, die Erfahrungen zahlreicher Fachleute zusammenzufassen.

Die Zusammenhänge zwischen Standort, Vegetation und Nutzung der Grünlandvegetation sind in den grundlegenden Werken mit unterschiedlichen fachlichen Schwerpunkten veröffentlicht worden. So wurden z. B. »Die Pflanzengesellschaften Deutschlands« aktuell von POTT (1992) und eine »Ökologische Pflanzensoziologie« von WILMANNS (5. Aufl. 1993) herausgebracht; die »Vegetationsökologie« liegt in einem Skriptum von PFADENHAUER (1993) vor; aus landwirtschaftlicher Sicht ist der Bereich »Grünlandwirtschaft und Futterbau« zuletzt von VOGTLÄNDER und JACOB (1987) umfassend bearbeitet worden; die »Naturschutz-Ökonomie« hat HAMPICKE (1991) analysiert; das bewährte Werk über die »Grundlagen des Biotopschutzes für Tiere« liegt von BLAB in der 4. Auflage (1993) vor; die »Praktische Landschaftspflege« haben JEDICKE et al. (1993) mit den neuesten Erkenntnissen vorgestellt, und »Schutz und Pflege von Lebensräumen« mit Erfahrungen aus der ehemaligen Deutschen Demokratischen Republik haben WEGENER und dreizehn Wissenschaftler 1991 beschrieben.

Die Erfahrungen von Extensivierungsmaßnahmen, vor allem von nährstofffreiem Grünland, sind noch sehr jung und unausgereift. »Kalkulationsdaten für die Extensivierung unter Naturschutzauflagen« hat MÄHRLEIN (1993) veröffentlicht.

Die Anforderungen an die Landschaftspflege haben der Tierzucht neue Impulse gegeben, und alte Haustierrassen, die besonderen Standortverhältnissen angepaßt waren, werden in vielen Gebieten zur Grünlandnutzung im Rahmen von Naturschutzprogrammen eingesetzt.

Wesentliche Initiativen zur extensiven Grünlandnutzung haben Fachorganisationen ergriffen. Die Deutsche Landwirtschaftsgesellschaft hat 1988 die Erfahrungen über »Naturschutz und Landschaftspflege mit Schafen« in einer Broschüre zusammengefaßt. Für die praktische Umsetzung der extensiven Grünlandnutzung liegen sehr umfangreiche Erfahrungen aus der Praxis vor. Der Verband Deutscher Landesschafzuchtverbände (VDL) hat in diesem Bereich die längste Erfahrung, da vor allem die Huteschäferei die älteste Tradition in der Landschaftspflege hat. Wichtige Informationen aus der Praxis der Schafzucht und Landschaftspflege hat Landwirtschaftsdirektor Eberhard Wilke aus Kassel vermittelt. Erfahrungen in der Moorheidepflege hat uns Schäfermeister Jan Teerling, Sulingen, zugänglich gemacht. Landschaftspflegeprojekte mit Einsatz von Weidetieren wurden vor allem vom Naturschutzpark Lüneburger Heide, von Landschaftspflegeverbänden, vom Bund Umwelt und Naturschutz und vom Naturschutzbund Deutschland und vielen anderen örtlichen Naturschutzverbänden ins Leben gerufen. Die fachübergreifenden neuesten Erfahrungen aus der Praxis der Grünlandextensivierung und Pflegenutzung wurden vor allem in den Seminarberichten der Landesämter für Naturschutz und den Naturschutzakademien veröffentlicht.

Für unsere Arbeit konnten wir weiterhin die Erfahrungen in Nordhessen aus der Naturschutzverwaltung und die Kontakte zu Betriebsleitern, Forstämtern und Landwirtschaftsämtern nutzen, die mit Naturschutzprogrammen oder Pflege von Naturschutzgebieten befaßt sind.

Die Praxis der extensiven Grünlandnutzung ist ein Aufgabenfeld der Landwirtschaft, des Naturschutzes und der Kommunen. Nur gemeinsam können diese eine extensive Grünlandnutzung im Rahmen einer Verbundplanung fachlich optimal verwirklichen.

Das vorliegende Buch möchte eine wissenschaftlich fundierte Information über die extensive Grünlandnutzung für Landsdchaftspfleger und Planungsbüros, Landwirte und Forstleute, Gemeindeämter und Naturschutzbehörden, Naturschutzverbände und ehrenamtlich tätige Naturschützer, Ökologen, Biologen und Geografen sowie Studenten der angesprochenen Fachrichtungen geben.

Wir möchten uns hiermit bei allen, die sich mit dem Thema befaßt und uns durch Gespräche und Fachinformationen unterstützt haben, ganz herzlich bedanken. Besonderer Dank gebühren dem Herausgeber, Herr Dr. Eckhard Jedicke, für die fachliche Unterstützung und dem Verlag Neumann, der für die verständliche Form und Darstellung dieses Fachgebietes seine langjährige Erfahrung eingebracht hat.

Zierenberg, im November 1993
Sieglinde und Lothar Nitsche

Inhaltsverzeichnis

1 Wege und Ziele extensiver Grünlandnutzungen

1.1 Zur Begriffsbestimmung und Geschichte des Grünlandes

Das Grünland, auch Grasland genannt, bezeichnet die landwirtschaftliche Nutzfläche, die als Wiesen und Weiden die Grundlage für die Ernährung des Viehs bildet. Im weiteren Sinn sind auch Streuwiesen (zur Einstreu gemähte Naßwiesen) und Hutungen, die oft als Ödland ausgewiesen sind, dem Grünland zuzuordnen. »Der Großteil des Grünlandes verdankt sein Dasein der Rodung des Waldes durch Axt und Feuer, der Waldzerstörung durch die übermäßige Weidenutzung« (KLAPP 1965). Wiesen und Weiden sind vom Menschen geschaffene Ökosysteme, die durch eine geregelte Nutzung in ihrem Gleichgewicht gehalten werden. »Wirklich natürliches Grünland ist auf geringe, stets waldfeindliche Lagen beschränkt gewesen: Flächen über der natürlichen Waldgrenze mit sehr langer Schneebedeckung, Verlandungszonen der Gewässer, kleinere Niedermoorflächen, Moorränder, Quellsümpfe, Flutmulden« (KLAPP 1965). In der vorliegenden Arbeit werden sowohl alle Rasengesellschaften als auch die Röhrichte und Seggenriede behandelt, wie auch KLAPP (1965) in seinem Werk »Grünlandvegetation und Standort« verfuhr.

Die Entwicklung des Grünlandes in Deutschland als Kulturformation hat eine über mehrere Jahrtausende gehende Geschichte.

Die Entstehung der Pflanzendecke in Mitteleuropa vollzog sich bis vor etwa 5000 Jahren unter dem Einfluß von natürlichen Umweltbedingungen wie Boden, Klima und Lage in Wechselwirkung mit der Tierwelt. Jäger und Sammler konnten die Vegetation nicht wesentlich beeinflussen.

Seit dem Ende der Mittleren **Wärmezeit** (3000 v.Chr.) entwickelte sich in klimabegünstigten Lößgebieten des Hügellandes und der Beckenlandschaften der erste neolithische Ackerbau, der vor allem durch die Bandkeramik seine Spuren hinterlassen hat. Mit der Entwicklung der bäuerlichen Kultur durch Getreideanbau wurde die Vegetationsstruktur nachhaltig verändert, der vorherrschende Eichenwald wurde gerodet oder abgebrannt und in Siedlungsnähe immer weiter aufgelichtet. In der folgenden späten Wärmezeit (3000 bis 500 v.Chr.) breiteten sich jungsteinzeitliche Kulturen bis in das nördliche Tiefland und die Küstengebiete aus. In der Bronze- und Eisenzeit entwickelten sich verstärkt auch in den Flußauen landwirtschaftliche Nutzungen. Neben dem Ackerbau spielte die Viehhaltung eine wichtige Rolle. In die Beweidung wurden die stark aufgelichteten Waldgebiete einbezogen. Eine strenge Flächentrennung in landwirtschaftliche Nutzung und Waldnutzung war nicht gegeben. Durch die Weidenutzung breiteten sich Vegetationsformen wie Zwergstrauchheiden, Magerrasen und Trockenrasen aus (ELLENBERG 1986).

In der Nachwärmezeit, ab 500 v.Chr., wurde von den Kelten zum Schmelzen von Eisen mit Holzkohle die Buche, die sich anstelle der Eiche in dem kühlfeuchten Klima ausgebreitet hatte, lokal übernutzt. Nach der Zeitwende siedelten sich Römer in Mitteleuropa an und gründeten Gutshöfe. In vielen Gegenden, die heute teilweise wieder Waldgebiete sind, wurde Ackerbau betrieben; es entstanden Hochäcker, deren Anlage noch deutlich z.B.

im Reinhardswald in Nordhessen und im Knyphauser Wald bei Oldenburg erkennbar ist. Mit Beginn der **Völkerwanderungszeit** ging die Kulturfläche zurück, und die Buche breitete sich während der feuchten Klimaphasen weiter aus.

Zwei Siedlungswellen im 7. und 8. Jahrhundert sowie im 11. und 12. Jahrhundert gingen mit großen Waldrodungen einher. Im Mittelalter setzte eine Wüstungsperiode ein; sie wurde durch Abwanderung in Städte, Seuchen und eine Agrarkrise ausgelöst, hinzu kam vom 15. bis 17. Jahrhundert eine Klimaverschlechterung (PFADENHAUER 1993).

Der Wald wurde über viele Jahrhunderte als **Waldweide** genutzt. Dabei dienten Gras- und Krautwuchs, aber auch das Grün der Bäume und Sträucher, soweit es vom Vieh erreichbar war, als Nahrung. Eicheln und Bucheckern waren eine begehrte Mast für Schweine im Herbst. Auch Knospen und junge Zweige sowie Rinde wurden von den wenig anspruchsvollen Weidetieren zur Ernährung genutzt. Als Winterfutter diente Laubheu. Zur Laubheugewinnung wurden laubtragende Zweige abgeschnitten, getrocknet und zur Winterfütterung aufbewahrt. Für eine Kuh wurden pro Winter etwa 100 Bündel Laubheu benötigt (WALTER & STARKA 1970, zit. in PFADENHAUER 1993). Diese fortlaufende Nutzung des Waldes durch das Vieh, die Holznutzung und Laubstreugewinnung lichteten viele Waldgebiete sehr stark auf. In vielen Gegenden kam gar kein Wald mehr auf, da das Vieh allen Jungwuchs abbiß. Anstelle der ursprünglichen Waldgesellschaften traten weidebedingte **Ersatzgesellschaften** (POTT 1988, s. Tab. 1).

Diese Waldersatzgesellschaften trugen je nach Intensität der Beweidung oder sonstigen Nutzung Waldreste in Form von einzelnen Bäumen oder Baumgruppen (Eichen und Buchen wurden wegen ihrer Früchte besonders geschätzt und auch geschont), Waldmantelgebüschen (die hauptsächlich aus dornigen oder stacheligen Sträuchern bestanden, die vom Vieh verschmäht wurden), Säumen und Triften. Aus den Waldweiden mit Dominanz von Gehölzen wurden Triftweiden in denen Gräser und Kräuter dominierten; die Waldweide blieb aber bis zur Trennung von landwirtschaftlicher und forst-

Tab. 1: Umwandlung von ursprünglichen Waldgesellschaften in weidebedingte Ersatzgesellschaften (nach POTT 1988)

Ausgangsgesellschaft	Ersatzgesellschaft
Buchen-Eichen-Wälder	Heidegesellschaften
sehr trockene bis feuchte Birken-Eichen-Wälder	Sandtrockenrasen, *Calluna*-Heiden, *Erika*-Heiden
feuchtigkeitsliebende Hainbuchen-Wälder-Nordwestdeutschlands	Triften mit Weidel- und Kammgras
Eichen-Hainbuchen-Wälder Zentral- u. Osteuropas	Trocken- und Halbtrockenrasen
Kalk-Buchen-Wälder	Kalkhalbtrockenrasen
Flaumeichen-Wälder	Trockenheiden/Steppenheiden und Halbtrockenrasen
Hainsimsen-Buchen-Wälder desTieflandes und der Mittelgebirge	Borstgras-Rasen
Hainsimsen-Buchen-Wälder der Hochlagen	Berg- oder Hochheiden
fichten- und tannenreiche Hainsimsen-Buchen-Wälder	Flügelginster-Heiden

wirtschaftlicher Fläche weiterhin bestehen. Die Waldweiderechte wurden erst ab 1850 nach für nach abgelöst (PFADENHAUER 1993), in einigen Gebieten der Alpen gehören heute noch Waldflächen zu den Almen. Die Koppelwirtschaft (vom Mittelalter bis ins 19. Jahrhundert) trennte die Binnenschläge für den Ackerbau von den Außenschlägen für die Weide. Hecken, Zäune, Gräben und Wälle grenzten die Schläge voneinander ab. Auf den Ackerbauflächen wurde die Dreifelderwirtschaft betrieben. Hier wechselten der Anbau von Wintergetreide und Sommergetreide mit einem folgenden Brachejahr ab. Aller anfallende Dünger aus der Tierhaltung wurde auf den Ackerflächen gebraucht; Grünland wurde nicht gedüngt. Die Hütehaltung mit Hirten, die das Vieh der einzelnen Besitzer sammelten und auf die Gemeindeweide (Allmende) führten und dort hüteten, wurde über viele Jahrhunderte praktiziert.

Die Mähwiesenwirtschaft hat sich zusätzlich zur Weidewirtschaft erst wesentlich später entwickelt (POTT 1988). Erste Streuwiesen und Mähweiden könnten um 600 v.Chr. im Raum der Emsmündung entstanden sein. Als sicher gilt die Existenz von einschürigen Streuwiesen und Mähweiden in römischer Zeit. Kombinierte Mähweide-Wirtschaftsnutzungen werden dabei im Vordergrund gestanden haben.

Die Einführung der Wechselwirtschaft im 19. Jahrhundert brachte einen erheblichen Wandel in der Landbewirtschaftung (HAMM 1872). Neben dem Anbau von Getreide wurden Hackfrüchte und Futter (Klee oder andere Leguminosen im Gemenge mit Gras) angebaut. Das Brachejahr fiel aus. Diese verbesserte Fruchtfolge brachte höhere Erträge. Die Viehhaltung profitierte vom Futteranbau, es konnte mehr Vieh gehalten werden. Dies wiederum führte zu einer erhöhten Verfügbarkeit von Dünger, der den Feldern zugute kam. Um die größeren Tierbestände durch den Winter zu bringen, wurden vermehrt Wiesen zur Heugewinnung angelegt. Das Vieh wurde auch während der Sommerzeit verstärkt im Stall oder Auslauf gehalten; man wollte so möglichst allen Tierdung gewinnen.

Die Weiden und Wiesen wurden bis nach 1850 meist nicht gedüngt. Letztere konnten deshalb neben einer Vor- oder Nachweide nur einmal im Jahr gemäht werden. Zweischürige Wiesen entwickelten sich erst, als die Stallhaltung ausgedehnt wurde und durch den Einsatz von Mineraldünger auf den Äckern Dung für das Grünland zur Verfügung stand (BRIEMLE et al.1991). Im 19. Jahrhundert versuchte man durch Bewässerung der Wiesen mittels Grabensystemen bessere Erträge zu erzielen, es entstanden die sogenannten **Wässerwiesen**.

Seit der Mitte des 19. Jahrhunderts setzte die Industrialisierung der Landwirtschaft ein, erfaßte aber noch nicht alle Gebiete und Bereiche. Zu Beginn des 20. Jahrhunderts kam es zu einer großen Vielfalt an Grünlandtypen, die sich meist kleinräumig abwechselten, da neben den standortbedingten Unterschieden auch alle Intensitäten der Bewirtschaftung vorhanden waren.

Die zunehmende Technisierung und der Einsatz von Großmaschinen nach dem Zweiten Weltkrieg veränderten durch **Meliorationen** auch die Grenzstandorte. Ent- und Bewässerung, Entsteinen, Auffüllen und Abtragen von Geländeunebenheiten, Umbruch, Tieflockerung, Kalkung und Düngung sowie Flurbereinigung veränderten viele Grünlandstandorte und glichen die naturgegebenen Unterschiede aus. Dies führte zu einer Verarmung an Grünlandtypen und einer großräumigen Angleichung der ehemals mosaikartigen Standortunterschiede. Durch die Zusammenlegung von Flächen vergrößerten sich die Eigentums- oder Besitzflächen und ermöglichten eine großflächige einheitliche Nutzung, die zu einer erheblichen Verarmung der Pflanzen und Tierwelt im Grünland führte.

Der flächenmäßig größte Wandel vollzog sich auf den Niedermoorstandorten, wo Moore in Grasland überführt wurden. Allein in der ehemaligen DDR befinden sich über 40 % des Grünlandes auf Niedermoorstandorten (WEGENER 1991). Die

Heidekultivierung und die Aufforstung großer Gebiete verminderte die Fläche offener, magerer Lebensräume.

Besonders großen Einfluß auf die Grünlandgesellschaften hatte neben den Eingriffen in den Wasserhaushalt und die Flächenausformung die Intensität der Bewirtschaftung. Hohe Düngergaben, besonders von Stickstoff – sowohl von der eigenen Tierproduktion in Form von Mist, Jauche und vor allem Gülle als auch mineralischer Stickstoffdünger erzielten hohe Erträge, führten aber dazu, daß die nährstoffärmeren Standorte mit dem an sie angepaßten Pflanzenwuchs und der von ihr lebenden Tierwelt immer seltener wurden. Gleichzeitig erfolgte eine Vorverlegung des ersten Schnittermins bei Wiesen und eine häufigere Nutzungsfrequenz durch Umtrieb oder Vielschnitt. Dies führte zu erheblichen Bestandsumschichtungen. Vielerorts wurde die standorttypische Grünlandnarbe mit Herbiziden behandelt, umgebrochen und durch Einsaat von wenigen, teils gezüchteten, ertragreichen Gräsern in Vielschnittwiesen (Intensivwiesen, Mähweiden, Saatgrasland) umgewandelt. Wenn sich die Wuchskraft der Grasnarbe durch die häufige Nutzung nach einigen Jahren erschöpfte, wurde sie wieder durch Umbruch und Ansaat erneuert (VERBÜCHELN 1992, SCHMIDT 1990). Besonders auf Moorstandorten oder auf ehemaligen Ackerstandorten wurde Saatgrasland angelegt. So waren z.B. auf dem Gebiet der ehemaligen DDR über 90 % des Grünlandes Saatgrasland (WEGENER 1991).

Eine Umstellung der Bewirtschaftung ist künftig notwendig, um die Naturressourcen zu erhalten, den Arten- und Biotopschwund aufzuhalten, eine funktionsfähige Landwirtschaft zu gewährleisten, die landwirtschaftliche Überproduktion zu senken und eine historisch gewachsene Kulturlandschaft zu pflegen. Hierzu gehört auch eine ökologische Landbewirtschaftung im Sinne einer umweltfreundlichen, nachhaltigen Wirtschaftsweise, die im Grünlandbereich durch extensive Nutzung und Extensivierung bis-

her intensiv genutzter Flächen erreicht werden kann.

1.2 Extensive Grünlandnutzung und Grünlandextensivierung, Zielsetzung

Extensivgrünland ist meist durch naturgegebene Standortverhältnisse bedingt wie niedrige Durchschnittstemperaturen und höhere Niederschläge in Hochlagen, steile Hänge, vernäßte Flächen, flachgründige Böden, geringe Niederschläge in Trockengebieten oder geringe Möglichkeiten der Intensivierung auf Sandböden. Extensivgrünland kann aber auch bei günstigen Standortverhältnissen z.B. in süddeutschen Wiesengebieten oder in westdeutschen Weidegebieten vorkommen. Extensivgrünland wird in der Regel ein- bis dreimal genutzt, meist als ein- bis zweischnittige Wiesen, die eventuell nachbeweidet werden, oder als Koppelweiden oder Huten. Auf Sonderstandorten mit geringem Aufwuchs oder erschwerten Nutzungsmöglichkeiten wird Extensivgrünland auch in mehrjährigem Abstand genutzt und zeigt dann oft den Charakter einer Brache. Extensivgrünland ist durch standortangepaßte, meist artenreiche, Pflanzengesellschaften geprägt.

Eine **intensive Grünlandbewirtschaftung** ist mit hohem Pflege- und Düngeraufwand verbunden. Die Grundwasserverhältnisse und Niederschläge müssen in der Vegetationsperiode günstig sein, damit die Flächen befahrbar und trittfest sind und gute Wachstumsbedingungen herrschen. Intensivgrünland besteht aus einer oder wenigen Futterpflanzen, die häufigen Schnitt oder hohe Trittbelastung vertragen. Hierzu gehören z.B. Weidelgras *(Lolium)*, Knäuelgras *(Dactylis glomerata)*, Lieschgras *(Phleum)* und Quecke *(Agropyron)*, letztere als wirtschaftlich unerwünschte Grasart. Von den Kräutern können außer Weiß-Klee *(Trifolium repens)* und Löwenzahn *(Ta-*

raxacum officinale) kaum andere Arten eine intensive Bewirtschaftung vertragen. Standortangepaßte Pflanzengesellschaften können sich nicht mehr entwickeln.

Grünlandextensivierung kann von einer sehr intensiven Nutzung ausgehen, bei der ein hoher Nährstoffgehalt im Boden vorhanden ist. Ein wesentliches Ziel besteht darin, diesen Nährstoffreichtum durch Nutzung des Aufwuchses zu reduzieren, und zwar möglichst auf ein Niveau, das sich auf die natürlichen Standortverhältnisse einstellt. Der Zeitraum dieses Nährstoffabbaues ist die Aushagerungsphase. Sie kann nach den bisherigen Untersuchungen auf manchen Standorten in wenigen Jahren bereits sichtbare Erfolge zeigen, oft aber auch mehr als zehn Jahre dauern.

Die Zielsetzungen einer extensiven Grünlandnutzung und der Grünlandextensivierung wurden erst in der zweiten Hälfte der achtziger Jahre deutlich formuliert und in Förderprogramme umgesetzt. Ursprünglich gab es fast ausschließlich extensive Grünlandnutzungen. Für diese Nutzungsform liegen daher sehr viele Erfahrungen vor. Anders ist die Situation bei einer Extensivierung von Flächen, die in den letzten Jahrzehnten stark intensiviert und erst in neuerer Zeit auf eine extensivere Nutzung umgestellt wurden. Sie befinden sich deshalb noch in einer Anpassungsphase, deren Ablauf noch nicht deutlich absehbar ist. Erfahrungen und Zielsetzungen werden sich in den nächsten Jahren aus der Sicht verschiedener Fachbereiche verfeinern und verändern.

Generell können vier unterschiedlich motivierte Ziele der extensiven Grünlandnutzung und der Grünlandextensivierung formuliert werden:

– Aus landwirtschaftlicher Sicht ist das Hauptziel eine Marktentlastung durch Reduzierung der Fleisch-, Milch- und Wollproduktion im Rahmen der EU. Für diesen Bereich stehen die meisten Haushaltsmittel zur Verfügung.
– Die Umweltentlastung von Schadstoffen in Boden, Wasser und Luft und in der Nahrungskette über Pflanzen und

Tiere bis zum Menschen ist eine weitere Zielsetzung.
– Für den Arten- und Biotopschutz hat die extensive Grünlandnutzung eine herausragende Bedeutung, da ein sehr großer Prozentsatz der bestandsbedrohten Tier- und Pflanzenarten nur durch Weiterführung und Ausweitung einer extensiven Grünlandnutzung erhalten werden kann.
– Für eine reich strukturierte Kulturlandschaft mit einem hohen Erlebniswert für den Menschen kann die extensive Grünlandnutzung einen wichtigen Beitrag liefern, denn viele Grünlandgebiete, Wiesentäler und Heiden würden ohne eine extensive Nutzung verbrachen und in Wald übergehen.

Um die vier aufgeführten Ziele zu erreichen, müssen naturräumliche, standörtliche und betriebliche Schwerpunkte gesetzt werden, da sie nicht überall sinnvoll zu verwirklichen sind. Die Programme zur Extensivierung haben noch weitgehend den Charakter einer ungezielten Anwendung (Gießkannenprinzip) und verpuffen daher teilweise in ihrer Wirkung. Wesentlich ist bei den Förderprogrammen die sinnvolle Begünstigung einer landwirtschaftlichen Betriebsstruktur, die die aufgezeigten Ziele kostengünstig verwirklichen kann.

Vorrang bei der Förderung sollte die Weiterführung einer extensiven Nutzung haben, da sich auf diesen Flächen Lebensgemeinschaften gebildet haben, die an den jeweiligen Standort angepaßt sind. Eine Förderung der Extensivierung von bisher intensiv bewirtschaftetem Grünland hat vor allem für die Marktentlastung und für langfristig ökologische Ziele eine Bedeutung.

1.3 Bedeutung des Grünlandes für unterschiedliche Nutzungen

Eine Fläche, die mit Gräsern, Kräutern und anderen niedrigen Pflanzen bewachsen ist, kann sehr unterschiedlichen **Nutzungsformen** zugeordnet werden, aus denen sich bei einer extensiven Nutzung unterschiedliche Ziele ergeben können (z.B. Ressourcenschutz, Arten- und Biotopschutz, Förderung des Erholungswertes). Diese Ziele können sich gegenseitig ergänzen, in manchen Fällen aber auch ausschließen oder zu Nutzungskonflikten führen.

Landwirtschaftliche Nutzung

Die Hauptnutzung des Grünlandes im weiteren Sinne bestand in den meisten Fällen in der Verwertung des Aufwuchses als Viehfutter, in früheren Zeiten auch als Einstreu im Stall. Die Flächenerfassung dieser Grünlandnutzung wurde in den Statistischen Jahrbüchern veröffentlicht. Neben dem Grünland wurden katastermäßig Moore, Heiden, Ödland (Unland, Hutungen), Gewässer und Wege, zeitweise auch Brachflächen erfaßt, von denen der Aufwuchs teilweise (z. B. in machen Jahren, auf ganzer Fläche oder auf Teilflächen) mit sehr unterschiedlicher Intensität für die Ernährung von Vieh genutzt wurde. Kriterien für die Flächengliederung der mit Gras bewachsenen Flächen waren die hauptsächliche Nutzung und die Bewertung. Danach ergaben sich »Wirtschaftsflächen« für Grünlandnutzung, die von sonstigen Flächen mit Grasaufwuchs abgetrennt wurden.

Grünland hatte an der landwirtschaftlichen Bodennutzung 1991 einen Anteil von 36,5 %, davon waren 19,1 % Wiesen, einschließlich Streuwiesen und Hutungen, und 17,4 % waren Viehweiden, einschließlich Mähweiden (Hydro Agri Dülmen 1993).

Bei der Geländearbeit (z. B. Biotopkartierung) können die landwirtschaftlichen Bodennutzungssysteme nicht in allen Fällen eindeutig getrennt werden. Dies betrifft nicht nur die Aufgliederung der Grünlandnutzung sondern auch die Abtrennung des Grünlandes von Ackerbauflächen (z.B. Futterbau). Nach der Nutzungseignung wurden die Kulturpflanzen ähnlicher Bewirtschaftungsintensität und

Produktionsrichtung zu den Hauptgruppen Hackfrüchte, Getreide, Futterbau und Sonderkulturen zusammengefaßt (SPITZER 1990). Grünland zählt demzufolge zum **Futterbau**, der sowohl aus Dauergrünland (Wiesen und Weiden) als auch ein- oder mehrjährigem Futteranbau von Gräsern und anderen Futterpflanzen bestehen kann. Landwirtschaftliche Nutzflächen, die überwiegend mit Grasaufwuchs bestanden sind, gliedern sich somit in Grünland- und Ackerflächen. In Niedersachsen werden beispielsweise von der Grünlandfläche etwa fünf bis zehn Prozent jährlich umgebrochen (NORDHEIM 1992) und mit Hochleistungsgräsern neu eingesät. Das erneuerte Grünland wird in der Regel anschließend intensiv bewirtschaftet (Grasackernutzung) und ist für den Arten- und Biotopschutz weitgehend wertlos.

Aus der Sicht eines landwirtschaftlichen Betriebes muß die Grünlandnutzung vorrangig betriebswirtschaftlich beurteilt werden. Aufwuchsmengen, Qualität des Aufwuchses für die Gesundheit des Viehs und Kostenaufwand für die Werbung sind die wichtigsten Bewertungskriterien. Eine Extensivierung ist in vielen Fällen nur mit finanzieller Unterstützung (z.B. Förderprogramme der Länder bzw. EU-Mittel) möglich, da die Extensivierungen höhere Arbeitsleistungen für die Erzeugung von landwirtschaftlichen Produkten erfordern können. So müssen beispielsweise größere Flächen bearbeitet werden als bei Intensivbewirtschaftung, um die gleichen Mengen Aufwuchs zu erzeugen.

Grundwasserverhältnisse, Überschwemmungen und Niederschlagshöhen sind für die Nutzungsmöglichkeiten landwirtschaftlicher Flächen von wesentlicher Bedeutung und können neben der Düngung auf den Ertrag den größten Einfluß ausüben. Die Bewässerung hatte früher eine größere Bedeutung für die Grünlandnutzung. Sie war z.B. bis in die 80er Jahre in den neuen Bundesländern vorwiegend großflächig üblich, wird heute aber kaum noch angewendet. Die Absenkung des Grundwasserspiegels durch Entwässerung war auf vielen Standorten eine Intensivierungsmaßnahme, die oft mit Umbruch von Grünland in Ackerland und/oder intensiver Düngung und Nutzung einherging. In den westlichen Bundesländern wurden die Entwässerungsmaßnahmen bis in die 80er Jahre mit erheblichen öffentlichen Mitteln gefördert. Eine Reduzierung des Grünlandes erfolgte weiterhin durch den Bau von Wasserrückhaltebecken, wodurch Grünlandflächen überstaut wurden und talabwärts liegende Grünlandflächen durch Verminderung der Überschwemmungen umbruchfähig wurden. Durch Umbruch des Grünlandes erhöhten sich die Probleme der Nitratauswaschungen. Die wasserbaulichen Maßnahmen hatten den Verlust vieler artenreicher Feucht- und Naßwiesen zur Folge.

Sicherung von Tier- und Pflanzenarten sowie ihren Lebensräumen

Im engeren Sinne handelt es sich bei dieser Zielsetzung um **Arten-** und **Biotopschutz** nach der Naturschutzgesetzgebung des Bundes und der Länder. Es geht hier vorrangig um die Sicherung und Entwicklung von naturraumtypischen Tier- und Pflanzenarten und ihren Lebensgemeinschaften. Hierzu sind meist spezielle Pflegemaßnahmen erforderlich.

Lebensräume mit bestandsbedrohten Arten und Gesellschaften sind nicht gleichmäßig über das Land verteilt, sondern konzentrieren sich meist auf einzelne naturräumliche Einheiten oder Landschaftsteile, in denen sie sich durch standortgegebene Bedingungen und Flächennutzungen entwickeln und erhalten konnten. Ein wesentlicher Teil der noch vorhandenen bestandsbedrohten Arten konzentriert sich auf einen sehr geringen Teil der extensiv genutzten Grünlandbiotope, die nur einen Flächenanteil von wenigen Prozenten am statistisch vorhandenen Grünland haben. Diese Flächen müssen aus der Sicht des Naturschutzes mit höchster Priorität extensiv genutzt und entsprechend gefördert werden. Weiterhin gibt es in vielen Gebieten, vorwiegend in Mittelgebirgen, sehr artenreiches Dauergrünland, in dem keine bedrohten Arten

nachgewiesen wurden. Fördermittel müssen vorrangig auch für diese Flächen eingesetzt werden, um einen weiteren Arten- und Biotopschwund aufzuhalten. Da sehr kleine Flächen zur langfristigen Erhaltung vieler Arten nicht ausreichen und Pufferzonen sowie Biotopverbundstrukturen erforderlich sind, müssen Vorranggebiete für die Ausweitung von bereits extensiv genutzten Flächen festgelegt werden und hierfür gezielt Fördermittel zum Einsatz kommen. Vorranggebiete zeichnen sich vor allem durch das Vorkommen von Feucht- und Trockenstandorten und extremen Klimabedingungen oder Geländeverhältnissen aus.

Schutz von Boden, Wasser und Luft

Aus ökologischer Sicht bedeutet Extensivierung eine Verringerung der Bewirtschaftungsintensität auf ein Maß, welches eine Belastung der belebten und unbelebten Natur weitgehend ausschließt. Im weiteren Sinne handelt es sich um eine Verbesserung der Umweltqualität, die auch den Tier- und Pflanzenarten mit den dazugehörigen Lebensgemeinschaften und der Lebensqualität des Menschen zugute kommt. Die Extensivierung beinhaltet vor allem eine Reduzierung des Einsatzes von Pflanzenschutz- und Düngemitteln und eine Reduzierung des Viehbesatzes.

Grünland ist aus der Sicht des **Umweltschutzes** in der Regel günstiger als Ackerland einzustufen, da der Boden immer mit einer Pflanzendecke geschützt ist (außer bei Umbruchgrünland oder bei Narbenerneuerungen) und Pflanzenschutzmittel nur in geringem Umfang eingesetzt werden.

Chemische Pflanzenschutzmittel werden im Grünland gelegentlich mit folgender Zielsetzung eingesetzt (NORDHEIM 1992):

– Herbizide (Mittel gegen Unkräuter) zur Bekämpfung der Kräuter wie Gemeine Brennessel *(Urtica dioeca),* Ackerkratzdistel *(Cirsium arvense)* und Stumpfblättriger Ampfer *(Rumex obtusifolius)*

– Insektizide (Mittel gegen Insekten) z.B. zur Bekämpfung der Larven der

Sumpfschnake *(Tipula paludosa)* in feuchten Gebieten; Vorsicht: besonders negative Auswirkungen auf die Tierwelt haben die Mittel Lindan und Parathion (E 605 forte).

Im Grünland sollte deshalb der Einsatz von Pflanzenbehandlungsmitteln vollkommen unterbleiben, da es auch mechanische und biologische Verfahren gibt, um unerwünschte Arten zu bekämpfen oder zu reduzieren (z.B. Unkräuter durch Abmähen vor der Blüte oder Samenreife, die Sumpfschnake durch Wiedervernässung der befallenen Flächen und Verzicht auf Düngung).

So kann eine extensive Grünlandnutzung dem Schutz des Bodens vor Erosion und dem Schutz des Grundwassers und der Fließgewässer vor schädlichen Einwirkungen von Pflanzenschutzmitteln und Immissionen dienen.

Erholungsnutzung
Die Auswirkung von Erholungsnutzungen auf den Arten- und Vegetationsbestand einer Landschaft muß sehr differenziert gesehen werden. Wanderer bewegen sich meist auf schmalen Wegetrassen in der Landschaft und können bei sinnvoller Wegeführung den Artenreichtum und die Strukturvielfalt einer Landschaft wahrnehmen, ohne daß ein negativer Einfluß auf die Natur erkennbar ist. Erholungsnutzung und Naturschutz können sich in diesem Fall optimal ergänzen. In vielen Fällen sind durch die Erholungsnutzung aber deutliche Schäden auf Extensivgrünlandflächen erkennbar, wenn ein Wegegebot nicht eingehalten wird und Trittschäden durch Menschen die Vegetation zerstören oder Vogelarten durch ihre hohe Fluchtdistanz zum Menschen keine Bruten mehr aufziehen können. Gebiete mit Wiesenvögeln können hierdurch entwertet werden. Magerrasen werden häufig durch Motocrossfahrer geschädigt. Durch Modellflugsport und Drachenflieger werden vor allem seltene und bedrohte Pflanzen- und Tierarten an Bergkuppen verdrängt. Eine Erholungsnutzung kann sich aber auch auf die landwirtschaftliche

Extensivnutzung negativ auswirken: Grünland wird zertreten, mit dem PKW befahren oder die Zufahrten werden blockiert. Mitgebrachte Hunde können in manchen Fällen mehr Schäden als Menschen verursachen, das trifft vor allem in Wiesenvogelschutzgebieten und in Gebieten mit Weidetieren zu. So können z.B. gekoppelte Schafe bei Störungen durch Hunde leicht ausbrechen.

Jagdliche Nutzung
Neben der landwirtschaftlichen ist die jagdliche Nutzung von Grünlandflächen die älteste Nutzungsform. In der freien Gemarkung haben das Jagdrecht die Jagdgenossen, die die Ausübung der Jagd verpachten. Jagdpächter und Jagdgenossen können in Abstimmung mit Grundstückseigentümern auf die Bewirtschaftung einer Fläche Einfluß ausüben, der aus der Sicht des Naturschutzes positiv oder negativ sein kann. Die Jagdvertragspartner können positiv wirken, wenn durch Flächenkauf, Pacht und Nutzungsverträge mit Landwirten oder auch mit der Naturschutzverwaltung eine extensive Grünlandnutzung erhalten oder hergestellt wird. Die Jagdnutzung wirkt sich dagegen negativ aus, wenn durch Anlage von Wildäckern wertvolle Extensivgrünlandflächen beseitigt oder extensives Grünland durch Düngung entwertet wird. Oft ergibt sich eine negative Wirkung durch Duldung eines zu hohen Wildbestandes und durch Zufütterung des Wildes, wodurch der Blütenreichtum durch die ganzjährige Beeinflussung durch das Wild verringert wird und eingestreute Gehölzstrukturen stark geschädigt werden können.

Militärische Nutzung
Militärische Nutzungen von Truppenübungsplätzen haben in vielen Fällen eine artenreiche Pflanzen- und Tierwelt erhalten. Infolge der Abrüstung in Europa ist der Bedarf an Truppenübungsplätzen erheblich verringert. Dadurch besteht für den Naturschutz die Chance, großflächige Bereiche für den Arten- und Biotopschutz zu sichern. Ein großer Teil der Flächen ist mit Extensivgrünland be-

wachsen, das teilweise durch Schafbe-weidung gepflegt wurde. Weiterhin be-stehen große Flächen aus Heide oder ma-geren Graslandbrachen, die auch feuchte Standorte enthalten können. Besonders große militärische Liegenschaften befin-den sich z. B. in Brandenburg – mehr als 120 000 ha – und in Thüringen – nach HEN-GEL & WESTHUS (1993) etwa 38 000 ha – das sind 2,5 % der Landesfläche. RINGLER (1991) gibt die Militärnachfolgegebiete mit naturnahen Ökosystemtypen in den alten Bundesländern mit zwei bis drei Prozent und in den neuen Bundesländern mit sechs bis acht Prozent an.

Herausragende Gebiete sind in den neuen Bundesländern der Darß an der Ostsee, die Colditz-Letzlinger Heide bei Magdeburg, die Lieberose-Gubener Hei-de und Königsbrück/Westlausitz sowie in den alten Bundesländern Munster und Bergen als Erweiterungsgebiet für das NSG Lüneburger Heide, Senne bei Biele-feld, Wildflecken in der Rhön, Grafen-wöhr und Hohenfels/Oberpfalz. Für Bay-ern wird eine Fläche von 106 km² ange-geben (Bundesdrucksache 11/4588). Die militärischen Liegenschaften haben eine mehrfache Fläche der bereits ausgewiese-nen Naturschutzgebiete, die nach dem Stand vom 1.1. 1991 eine Fläche von 1,66 % der Bundesrepublik einnahmen (JEDICKE 1992).

1.4 Pflanzenformationen des Grünlandes

Pflanzengesellschaften werden nach do-minierenden Gestalttypen zu einer Grundeinheit, der Formation, zusammen-gefaßt. Die Formationen sind vorwiegend durch ökologisch einheitliche Standort-ansprüche charakterisiert (z. B. Feucht-wiesen auf Feuchtstandorten, Frischwie-sen und -weiden auf frischen Standorten und Trocken- und Halbtrockenrasen auf trockenen bis mäßig trockenen Standor-ten). Bausteine dieses Gliederungssy-stems sind in der Regel Elemente der

pflanzensoziologischen Einheiten wie Klassen, Ordnungen, Verbände und As-soziationen (s. Kapitel 3.2).

Für den Bereich der alten Bundeslän-der wurden von KORNECK und SUKOPP (1988) alle Pflanzengesellschaften in 24 Pflanzenformationen beschrieben. Für die neuen Bundesländer hatten KNAPP et al. (1985) 13 Pflanzenformationen mit je-weils 2 bis 8 Untergliederungen beschrie-ben. Oft werden diese zusammengefaßten Vegetationseinheiten (vorwiegend 8 bis 24) nicht als Pflanzenformation bezeich-net, sondern mit Nummern gekennzeich-net oder als »**Vegetationstypen**«, wie z. B. in der »Florenliste von Nordrhein-Westfalen« nach WOLFF-STRAUB et al. (1988), »Biotoptypen« (z. B. bei Biotop-kartierungen der Bundesländer) oder Klassengruppen, wie z. B. bei Zeigerwer-ten für Pflanzen nach ELLENBERG et al. (1991), beschrieben.

Für die Erstellung einer Karte der natürlichen Vegetation Europas im Maß-stab 1:2,5 Millionen wurden 19 Forma-tionen und Formationsgruppen festge-legt, die in 644 Kartiereinheiten unter-gliedert sind (BOHN 1992). Ein bundes-einheitliches Gliederungssystem für die natürliche Vegetation und die durch Men-schen und Tiere beeinflußten Vegetati-onseinheiten, an dem sich die Länder ori-entieren können, ist noch nicht verfügbar, wäre aber aus wissenschaftlichen Grün-den und aus der Sicht des Naturschutzes wünschenswert.

Pflanzengesellschaften begegnen uns in der Natur mit unterschiedlichen Arten-zusammensetzungen und Durchmischun-gen verschiedener Einheiten, die oft eine Zuordnung zu einem Vegetationstyp er-schweren. Wenn die Durchmischungen stark ausgeprägt sind, werden die Pflan-zengesellschaften bei Kartierungen als **Komplexe** ausgewiesen (z. B. Forma-tionskomplexe oder Biotopkomplexe). Der Begriff **Biotopkomplex** wird z. B. in Hessen bei der Biotopkartierung dann an-gewendet, wenn 25% der Fläche mit ver-schiedenen Pflanzengesellschaften durch-mischt ist (Hess. Ministerium LWLFN 1992).

In mehreren Florenlisten auf Bundes-, Landes oder Regionalebene wurden die einheimischen oder eingebürgerten Farn- und Blütenpflanzen Formationstypen zugeordnet. Da die einzelnen Arten eine unterschiedlich starke Bindung an eine Formation haben bzw. in ihnen in unterschiedlicher Häufigkeit vorkommen, wurden sie nach Stetigkeit und Ertragsanteil oder nach anderen Gliederungen wie Schwerpunkt-, Haupt- und Nebenvorkommen den übergedordneten Formationen zugeordnet. Durch dieses Gliederungssystem auf überregionaler Ebene können »Rote Listen« der ausgestorbenen, verschollenen oder gefährdeten Farn- und Blütenpfanzen für den Arten- und Biotopschutz ausgewertet werden. Die Formationstypen haben durch ihren unterschiedlichen Anteil an bestandsbedrohten Arten und Biotoptypen unterschiedliche Gefährdungsgrade. Die Schutzwürdigkeit einer Pflanzenformation ergibt sich aber nicht nur aus dem Anteil bedrohter Arten, sondern auch aus anderen Schutzkriterien, wie Seltenheit, Artenzusammensetzung und Struktur.

Von den 24 Pflanzenformationen der Bundesrepublik Deutschland (KORNECK & SUKOPP 1988) bestehen folgende aus Grünland oder haben einen höheren Grünlandanteil:

- Halophytenvegetation (Salzpflanzengesellschaften der Meeresküste und des Binnenlandes),
- Alpine Vegetation (z.B. mit Krummseggen-, Nacktried- und alpinen Blaugras-Rasen),
- Nitrophile Staudenvegetation (ausdauernde Ruderal- und andere nitrophile Vegetation in Flußauen, auf Almen, an Gebüsch- und Waldrändern sowie auf Waldlichtungen und -schlägen),
- Kriechpflanzen- und Trittrasen (Kriechpflanzen periodisch überfluteter Flußufer und Mulden im Weidegrünland sowie junger Lehmackerbrachen; Trittrasen),
- Halbruderale Quecken-Rasen,
- Oligotrophe Moore und Moorwälder (z. B. Vegetation der Hoch-, Übergangs- und nährstoffarmen Niedermoore),
- Feuchtwiesen (Grünland feuchter bis nasser Standorte),
- Frischwiesen und -weiden (Grünland frischer bis mäßig trockener Standorte),
- Zwergstrauchheiden und Borstgras-Rasen (einschließlich Drahtschmielen- und Rotschwingel-Rotstraußgras-Rasen),
- Trocken- und Halbtrockenrasen (offene, meist lückige Rasen trockenwarmer Standorte auf durchlässigen Fels-, Kies- und Sandböden: Mauerpfeffer-Pionierrasen, Silbergras-Rasen; subkontinentale Federgras-Steppenrasen; submediterrane Trespen-Trockenrasen; Schwermetallrasen; Blaugras-Rasen),
- Xerotherme Staudenvegetation (Blutstorchschnabel- Staudenvegetation trockenwarmer Standorte).

Neben den oben aufgeführten Formationen werden auch noch weitere für die Tierernährung genutzt (z.B. Ackerunkraut- und kurzlebige Ruderalvegetation oder Formationen mit Wald).

2 Auswirkungen der Standort-faktoren auf die Ausbildung des Grünlandes

2.1 Geographische und natur-räumliche Gliederung

Vegetationskundliche und natur-schutzbedeutsame Erfassungen des Grünlandes orientieren sich an politischen Grenzen und an **Natur-raum**grenzen. Beide Gliederungssysteme werden für Förderprogramme und Ver-waltungshandlungen im Naturschutz an-gewendet. Für die Bundesländer wurden die naturräumlichen Einheiten in separa-ten Karten, z.B. im Maßstab 1 : 200 000, und in Textwerken von den zuständigen Landesanstalten erstellt.

Für die **geographische Gliederung** der Bundesrepublik lassen sich 55 Land-schaften abgrenzen und folgenden vier naturräumlichen Großregionen zuordnen (JEDICKE & JEDICKE 1992):
– Norddeutsches Tiefland
– Zentraleuropäisches Mittelgebirge
– Süddeutsches Schichtstufenland
– Alpen und Alpenvorland (s. Abb. 1).

Vorranggebiete für extensive Grün-landnutzung
In den Hochlagen der Mittelgebirge und Alpen sind folgende Biotoptypen des Grünlandes vorhanden: Bergwiesen, Feuchtwiesen, Moore, Borstgras-Rasen (PEPPLER 1992) und Bergheiden. Vor-ranggebiete sind z.B. Harz, Eifel, Huns-rück, Erzgebirge, Schwarzwald (BOGEN-RIEDER 1981), Alpen und Alpenvor-land, wie z.B. Loisach-Kochelsee-Moore (GANZERT 1990).

In Mittelgebirgslagen und im Schwä-bisch-Fränkischen Schichtstufenland in

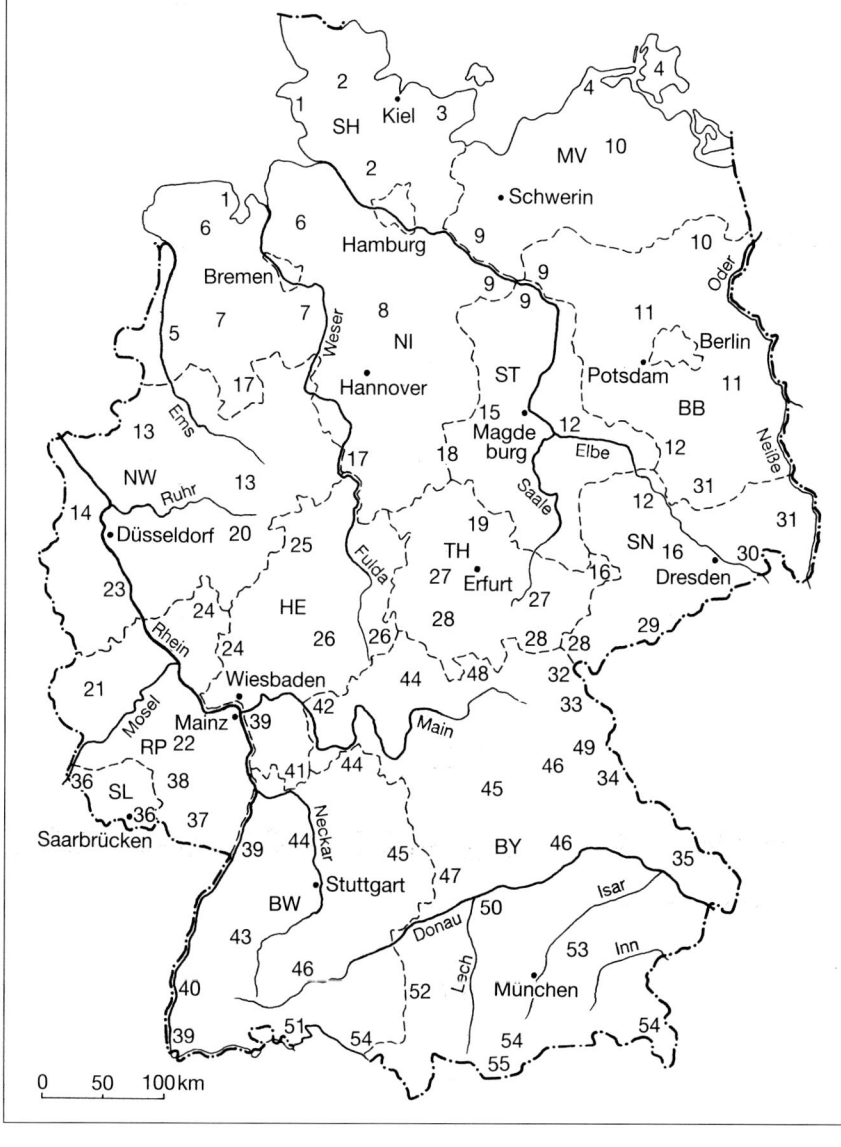

Abb. 1: Landschaftsgliederung Deutschlands. Bundesländer mit Hauptstädten, größeren Flüssen und Kennziffern der 55 Landschaften (nach JEDICKE & JEDICKE 1992, verändert).

40. Kaiserstuhl	Alpen und Alpenvorland	BY Bayern
41. Odenwald	50. Donauniederung	HE Hessen
42. Spessart	51. Hegau	MV Mecklenburg-Vor-
43. Schwarzwald	52. Iller-Lech-Riedelland	pommern
44. Mainfranken und süd-	53. Niederbayerisches Hügel-	NI Niedersachsen
deutsches Gäuland	land und Oberbayerische	NW Nordrhein-Westfalen
45. Schwäbisch-Fränkisches	Schotterplatten	RP Rheinland-Pfalz
Keuperbergland und Alb-	54. Jungmoränen-Alpenvorland	SH Schleswig-Holstein
vorland	55. Allgäuer und Bayerische	SL Saarland
46. Schwäbisch-Fränkische	Alpen	SN Sachsen
Alb		ST Sachsen-Anhalt
47. Nördlinger Ries		TH Thüringen
48. Coburger Land	Abkürzungen für Bundesländer	
49. Oberpfälzisches Hügelland	BB Brandenburg	--- Landesgrenzen
	BW Baden-Württemberg	

Höhenlagen zwischen 100 und 500 m über NN kommen vorwiegend Magerrasen, Trocken- und Halbtrockenrasen, Moore, Naß- und Feuchtwiesen vor. Vorranggebiete sind z. B. Randlagen des Harzes und Kyffhäusers, Trockengebiete an der Saale und im Mansfelder Hügelland (MAHN 1965), Kalkgebiete in der Eifel (BIELEFELD 1985, MÖSELER 1989, SCHUMACHER 1977, KERSBERG 1968), an der unteren Diemel (BULTMANN 1992, NITSCHE 1988), im Meißner-Vorland (BRUELHEIDE 1991), im Taubertal (NICKEL 1992), in der Rhön (KNAPP 1971, QUINGER et al. 1991), in der Fränkischen Alb (KLOTZ & STROBEL 1993) und Schwäbischen Alb.

Im Norddeutschen Tiefland kommen vorwiegend Heiden, Sandrasen, Feuchtwiesen (Naturschutzzentrum Nordrhein-Westfalen 1987, MURL 1989a, ZIESEMER 1992) und Moore (WEGENER 1991, EIGNER 1991) vor. Vorranggebiete sind z. B. die Lüneburger Heide (LÜTKEPOHL & TÖNNIESSEN 1992), die Diepholzer Moorniederung (TEERLING 1988), Moore an der Eider und die Inseln vor der Nordseeküste. Salzwiesen kommen auf den Inseln und an der Küste der Nordsee sowie an den Bodden der Ostsee vor (HÄRDTLE 1984, IRMLER & HEYDEMANN 1986, WEGENER 1991).

2.2 Höhengliederung

Mit zunehmender Höhe über dem Meeresspiegel ändern sich die klimabedingten Wachstumsverhältnisse der Pflanzen. Es bilden sich Gesellschaften aus, die den niedrigen Durchschnittstemperaturen angepaßt sind. In Höhenlagen mit einer Jahresdurchschnittstemperatur von weniger als 6 °C und einer kürzeren Vegetationszeit bilden sich Magerrasen (z. B. Borstgras-Rasen in der Rhön) mit kälteresistenten Arten aus (SCHIEFER 1984). Für die zonale Vegetationsgliederung wurden **Höhenstufen** festgelegt, die sich an der natürlichen Waldvegetation orientieren (ELLENBERG 1986, OBERDORFER 1983):

1. Die Tieflagen im Norden und Osten mit weithin ebenen Lagen gehören zu der **planaren Stufe**. Die tiefgelegenen Hügelländer bilden die **colline Stufe.**

2. In den Mittelgebirgslagen beginnt die **submontane Stufe** im nördlichen Bereich bei etwa 200 bis 300 m Meereshöhe, im südlichen Bereich noch höher.

3. Die **montane Stufe** beginnt bei geringen Durchschnittstemperaturen im Norden bei 500 m und im Süden je nach Temperatur mehrere hundert Meter höher. In dieser Höhenlage bestehen die landwirtschaftlichen Nutzflächen vorwiegend aus Grünland.

4. Ab 900 m Höhenlage beginnt die **hochmontane Bergstufe**. Die **alpinen Lagen** beginnen bei 1700 m.

Die Änderung der Höhenlage hat bei zunehmendem Anstieg folgende Wirkung auf das Grünland bzw. auf die Grünlandbewirtschaftung (VOIGTLÄNDER & JACOB 1987; s. auch Kap. 2.6):

– Die Abnahme der mittleren Lufttemperatur bewirkt einen verspäteten Vegetationsbeginn; die Vegetationszeit ist verkürzt; für die Versorgung der Tiere im Winter muß mehr Futter konserviert werden.

– Die Zunahme der Luftfeuchte begünstigt den Pflanzenwuchs, erschwert aber die Futterwerbung.

– Die Zunahme der Niederschläge bewirkt, daß der Grünlandanteil gemessen an der landwirtschaftlichen Nutzfläche größer ist, weil die Eignung des Standorts für Ackernutzung ungünstiger wird. Sie begünstigt den Pflanzenwuchs, erschwert aber die Futterwerbung. Die Gefahr der Bodenauswaschung und -erosion nimmt zu.

– Eine längere Schneebedeckung bewirkt einen Frostschutz für die Grasnarbe; bewirkt aber auch die Zunahme bestimmter Pilzkrankheiten.

– Die zunehmende Strahlungsintensität führt zu einer Wuchsbeschleunigung und einer schnellen Durchwärmung des Bodens nach der Schneeschmelze und gleicht den verspäteten Vegetationsbeginn teilweise wieder aus.

– Bei einem bewegten Relief mit zunehmender Hangneigung und Gliederung durch Täler wird die Bewirtschaftung erschwert, und die Bewirtschaftungsintensität nimmt meist ab. Die Weidetiere verbrauchen durch ihre Steigleistungen mehr Energie.

2.3 Geologie und Böden

Die geologischen Formationen prägen das Landschaftsbild, die Bodenbildung und wichtige Standortbedingungen für die Pflanzenarten und Pflanzengesellschaften entscheidend. Für die Bodenbildung sind die Gesteinsarten von wesentlicher Bedeutung.

Gesteinsarten

1. **Erstarrungs- oder Massengesteine** sind durch Glutfluß entstanden und an der Erdoberfläche oder in der Erdkruste erstarrt (z. B. Basalt, Porphyr, Diabas und Granit).
2. **Sediment-, Absatz- oder Schichtgesteine** sind aus Verwitterungsprodukten anderer Gesteine entstanden und haben sich als Lockermaterial (Kies, Sand, Schlamm) abgelagert. Die wichtigsten Gesteinsarten dieser Typen sind Löß, Sandsteine, Kalksteine und Dolomite.
3. **Metamorphe Gesteine oder kristalline Schiefer** sind aus Sediment- oder Erstarrungsgesteinen infolge von Metamorphose (Umwandlung) entstanden (z. B. Gneis).

Bodenbildung

Für die Differenzierung der Böden ist der Gehalt der obersten Gesteinsschicht an Quarz, Silikaten, Carbonaten und Tonmineralien sowie an Pflanzennährelementen wie Stickstoff, Kalium, Calcium, Magnesium, Phosphor, Schwefel und Eisen entscheidend. Böden gleichen Ausgangsgesteins können sehr unterschiedliche Bodentypen bilden. Entscheidend sind Entwicklungsstand, Wasserhaushalt und Säuregrad (KLINK 1990, SCHEFFER & SCHACHTSCHABEL 1992, SCHROEDER 1984).

Bodenprofil

Ein wichtiges Bestimmungsmerkmal für Böden ist das Bodenprofil. Darunter versteht man die **Horizontbildung** (horizontale Lagerung) in unterschiedliche Zonen, die im senkrecht angeschnittenen Boden sichtbar sind oder durch einen Erdbohrer erfaßt werden. Zur Nennung von Horizonten werden Großbuchstaben verwendet. Wichtige Merkmale werden durch Kleinbuchstaben gekennzeichnet.

Der C-Horizont (**Untergrund**) besteht aus dem Ausgangsgestein, aus dem der darüber liegende **Unterboden** (B-Horizont) und der **Oberboden** (A-Horizont) in der Regel entstanden sind. Der mineralische Unterboden enthält neben dem verwitterten Ausgangsmaterial Anhäufungen von eingelagerten Stoffen aus dem Oberboden. Der mineralische Oberboden ist mit Humus angereichert. Die Beschaffenheit von Oberboden und Unterboden sind für das Pflanzenwachstum von entscheidender Bedeutung. Die **Wurzelsysteme** der Gräser und Kräuter des Grünlandes nutzen die Nährstoff- und Wasservorräte, die in diesen Horizonten vorhanden sind, wenn sie für ihre Wurzeln durchdringbar sind. Die Pflanzen des Grünlandes bilden arttypische Wurzelsysteme hinsichtlich Wurzelmenge, -verteilung und -tiefgang aus. So können Obergräser wesentlich tiefer wurzeln als Untergräser. So kann der Glatthafer *(Arrhenatherum elatius)* als tiefwurzelndes Obergras bei uneingeschränkter Durchwurzelbarkeit eine Tiefe von ein bis zwei Metern und mehr erreichen (VOIGTLÄNDER & JACOB 1987). Die Hauptwurzelmasse der Grünlandbestände entwickelt sich in den oberen 5 bis 15 cm des Bodenprofils. Bei ansteigender Nutzungshäufigkeit reduzieren sich der Tiefgang und die Masse der Wurzeln zunehmend auf die oberste Bodenschicht. Magerrasen mit extensiver Nutzung haben im Vergleich zu intensiv genutzten Wiesen tiefreichendere Wurzelsysteme als jene. Der Anteil der Wurzelmasse, die zur Humusbildung beiträgt, ist bei extensiv genutztem Grünland gemessen an der Gesamtbiomasse wesentlich höher. Unter häufig geschnittenen Parkrasen ist sie sehr gering (unter 20 dt Tm/ha), unter mittlerer Nutzungshäufigkeit hat der Bestand eine Wurzelmasse von 40 bis 80 dt Trockenmasse je Hektar. Typische Weidelgras-Weiden weisen eine niedrige, Borstgras-Weiden und Pfeifengras-Wiesen eine besonders hohe Wurzelmenge auf (KLAPP 1971).

Bodenart

Die Bodenart benennt die mineralische Zusammensetzung der Bodensubstanz hinsichtlich der Korngrößen vom groben Sand über mittlere Korngrößen des Schluffs bis zum feinkörnigsten Ton.

Durch Zerreiben des Erdmaterials mit den Fingern (Fingerprobe) lassen sich die Bodenarten nach **Korngrößenklassen** einteilen (s. Tab. 2).

Die Erträge des Grünlandes steigen mit zunehmendem **Tongehalt** des Bodens an. In der Regel verbessern höhere Tongehalte Nährstoffverhältnisse und Bodenwasserhaushalt. Sehr hohe Tonanteile im Boden schränken aber die Durchwurzelbarkeit und Durchlässigkeit des Bodens ein. Bodenart und Menge des Wassers aus Niederschlägen und/oder aus Grundwasser sind entscheidende Grundlagen für das Pflanzenwachstum. Der Tongehalt beeinflußt die Feldkapazität des Bodens. Dieser Begriff bezeichnet die Haftwassermenge. Die Differenz zwischen Feldkapazität und Totwasser ergibt die für die Pflanzen nutzbare Feldkapazität. Feldka

pazität wie auch nutzbare Feldkapazität sind bei Sandböden am geringsten, erreichen bei Lehmböden ihren höchsten Wert und sinken bei stark tonigem Lehm wieder ab. Bei hohem Tongehalt können Weidetritt und Befahren Verdichtungen des Bodens bewirken und das pflanzenverfügbare Wasser vermindern. Auf Sandböden können sich bei durchschnittlichen Niederschlagsmengen und niedrigem Grundwasserstand nur ertragsschwache Pflanzenbestände entwickeln (VOIGTLÄNDER & JACOB 1987).

Bodenskelett

Alle Bestandteile über 2 mm Durchmesser zählen zum Bodenskelett und werden zwischen 2 und 63 mm mit runder Form als Kies und mit kantigen Formen als Grus, in der Größe von 63 bis 200 mm als Steine und über 20 cm als Blöcke bezeichnet.

Die Höhe des Skelettanteils der Böden steht in engem Zusammenhang mit dem Wasser-, Luft- und Nährstoffhaushalt des Bodens und beeinflußt die Durchwurzelung und Bearbeitbarkeit. Böden mit mehr als 75 % Skelettanteil werden als Skelettböden (Kies- oder Steinböden) bezeichnet (SCHROEDER 1984). Auf ihnen wachsen meist ertragsarme Magerrasen.

Humus

Humus ist die Gesamtheit der abgestorbenen organischen von Pflanzen und Tieren stammenden Stoffe in und auf dem Boden. Humus ist keine einheitliche und stabile Substanz, sondern er unterliegt durch die intensive Mitwirkung des Bodenlebens ständigen Abbau-, Aufbau- oder Umbauprozessen. Bei der **Verwesung** werden die organischen Substanzen in

Tab. 2: **Bestimmen der Bodenart mit der Fingerprobe** (ALSING 1992)		
Sand	Einzelteilchen gut sichtbar und fühlbar; körnig	nicht bindig, nicht formbar; haftet nicht an den Fingern
Schluff	Einzelteilchen nicht oder kaum sicht- und fühlbar; mehlig	nicht bindig, schlecht formbar; haftet deutlich in Fingerrillen
Ton	Einzelteilchen nicht sicht- oder fühlbar; schmierig	bindig, plastisch, klebrig, gut form- und ausrollbar

Moleküle oder Ionen als Endprodukte zerlegt. Bei der **Humifizierung** werden dagegen längerlebige Huminstoffe gebildet. Diese geben dem Humus die charakteristische braunschwarze Färbung. Der Humusanteil, der bei der Verwesung abgebaut wird, wird als **Nährhumus** bezeichnet. Er dient den Bodenorganismen als Nahrung. Der zu Huminstoffen umgebaute Humus heißt auch Dauerhumus (ALSING 1992, JEDICKE 1989a, SCHROEDER 1984). Ein hoher Humusgehalt des Bodens bewirkt ein günstiges Bodengefüge, beeinflußt den Wasser-, Luft- und Wärmehaushalt des Bodens positiv und trägt damit zur Bodenfruchtbarkeit bei.

Bodentypen
Der Gesamtcharakter des Bodens wird am deutlichsten durch die Klassifizierung in Bodentypen zum Ausdruck gebracht. Sie sind ein Ergebnis der Bodenentwicklung und kennzeichnen vor allem den Wasserhaushalt. Eine extensive Grünlandnutzung ist auf den meisten Bodentypen möglich. Schwarzerden werden rein ackerbaulich genutzt und hier nicht behandelt.

Für die Bestimmung des Bodentypes sind weiterhin das Bodengefüge (z. B. platten- oder säulenförmige Bodenbestandteile) und der Humusanteil (tote pflanzliche oder tierische Reste im Boden) wesentlich. Die Beschreibung der Bodentypen erfolgt in Anlehnung an KLINK (1990), SCHEFFER & SCHACHT-SCHABEL (1992) und SCHROEDER (1984).

Die unterschiedlichen Bodentypen werden in erster Linie durch den Einfluß des Grundwassers bestimmt.

– **Syrosem**
Rohböden aus Fest- oder Lockergesteinen mit maximal 2 cm mineralischem Oberboden mit Humus werden als Syrosem bezeichnet. Sie sind nur in steilen Hanglagen beständig, wo die Erosion eine Bodenentwicklung verhindert. Nach dem jeweiligen Ausgangsgestein werden sie z. B. in Quarzit-, Kalkstein-, Basalt-, Granit- oder Dünensand-Syrosem gegliedert. Sie sind meist kleinflächig ausgeprägt und in

Magerrasen eingestreut. Ihre Vegetationsdecke ist meist sehr lückenhaft ausgeprägt, und auf ihnen entwickelt sich nur sehr langsam ein Gebüsch- oder Waldstadium.

– **Rendzina**
Festes oder lockeres Carbonatgestein bildet die flachgründigen, trockenen und warmen Rendzinaböden in den Kalkgebieten, die Standorte für Kalkmagerrasen sind.

– **Ranker**
Auf carbonatfreiem Gestein entstehen bei hohem Skelettanteil und flachgründigen Böden Ranker, die meist reliefbedingt an Steilhängen, Kuppen, Bergrücken und Grobschutthalden auf Silikatgestein (z. B. in Basalt-, Quarzit- oder Sand-Gebieten) vorkommen und Standorte für Magerrasen bilden.

– **Pelosol**
Dieser Bodentyp ist an das Vorkommen von Tonsteinen gebunden und kommt u. a. im niedersächsisch-westfälischen Bergland, im schwäbisch-fränkischen Schichtstufenland und im hessischen Bergland (z. B. im Bereich des Oberen Bundsandsteins, des Röts oder des Unteren Buntsandsteins) vor.

– **Braunerde**
Liegt das Grundwasser so tief, daß es auf das Bodenprofil keine direkten Auswirkungen mehr zeigt, bilden sich auf frischen bis trockenen Böden auf unterschiedlichen Ausgangsgesteinen Braunerden. Sie sind weit verbreitet und werden häufig als Ackerflächen, aber auch als Grünland und Wald genutzt.

– **Podsol**
Auf armen Sandböden hat sich infolge anhaltender Auswaschung der Podsol gebildet. Er ist durch einen oberflächennahen Bleichhorizont gekennzeichnet und besonders in den Sandgebieten Norddeutschlands unter Heiden und Kiefernwäldern verbreitet.

– **Auenböden**
In den Talauen der Bäche und Flüsse haben sich aus Sedimenten Auenböden unterschiedlicher Bodentypen (z. B. mit Braunerden und Gleyen) ent-

wickelt, die von der Höhe des Grundwasserstandes und den Überflutungen
der Fließgewässer sehr unterschiedlich
beeinflußt werden. Sie können nach
den durchschnittlichen Wasserständen
und je nach Nutzung Standorte für
z. B. trockene, frische und feuchte Glatthaferwiesen, Flutrasen und Weiden mit
unterschiedlicher Feuchte bilden.
– **Gleye**
  Gleye sind mineralische grundwasser-
  beeinflußte (Lehm-) Böden, die in vielen Bodentypen (Echter Gley, Naßgley, Amoorgley, Niedermoorgley und
  Hanggley) vorkommen. Diese Bodentypen sind oft Standorte für Feuchtwiesen und Röhrichte.
– **Marschböden**
  Marschen sind aus Sedimenten entstanden und werden nach dem Anteil
  von Salz und Kalk in Salzmarsch,
  Kalkmarsch, Kleimarsch mit entkalk-
  tem Oberboden und Knickmarsch mit
  saurem Boden gegliedert. Sie haben
  sich im Einflußbereich der Gezeiten
  des Wattenmeeres und im Tidebereich
  der Flüsse gebildet und sind Standorte
  für viele Grünlandgesellschaften.
– **Moorböden**
  Moore haben eine Torfschicht von
  mindestens 30 cm. Torf entsteht bei hoher Wassersättigung und Luftmangel,
  welcher den Abbau der toten organischen Substanz verhindert. Im Über-
  gangsbereich zum Mineralboden entstehen Moorgleye. Niedermoore entwickeln sich in Verlandungszonen und
  Geländesenken bei einem Grundwasserstand im Bodenoberflächenbereich.
  Sie sind auf Grund- oder Ober-
  flächenwasser angewiesen. Hochmoore bilden sich unabhängig vom Grund-

wasser durch Niederschläge, die an
den Rändern nicht abfließen können.
Sie werden vorwiegend aus Torfmoosen gebildet. Übergangsmoore bilden
sich aus Niedermooren, die aus dem
Grundwasserbereich durch Torfanhäu-
fung hinauswachsen und durch Regen-
und Grundwasser gespeist werden.

2.4 Wasserhaushalt

Das im Boden enthaltene Wasser ist entscheidend für die räumliche Verteilung
von Acker- und Grünland. Die Grünlandnutzung konzentriert sich besonders auf
feuchte Böden und auf Gebiete mit höheren Niederschlägen. Andererseits werden
auch in trockenen Gebieten oder auf
trockenen Böden Flächen extensiv als
Grasland genutzt, vorwiegend als Schafhute, wenn durch steinige Böden oder
durch Hanglagen eine Ackernutzung erschwert ist. Böden mit mittlerer Wasserversorgung in ebenen Lagen werden vorwiegend als Ackerland genutzt. Hierbei
handelt es sich besonders um Braunerden
unterschiedlicher Ausprägung.

Bei extensivem Grünland wirkt sich
das für die Pflanzen verfügbare Wasser
deutlich auf die Artenzusammensetzung
der Vegetation aus. Von allen Umweltfaktoren kann die durchschnittliche
Feuchtigkeit des Bodens vom flachgrün-
dig-trockenen Felshang bis zum Sumpf-
boden am besten über den Pflanzenbestand erfaßt werden und wird durch den
Zeigerwert der Feuchtezahl ausgedrückt.
(s. Kapitel 2.7)

Das für die Grasnarbe verfügbare Wasser kann aus sehr unterschiedlichen Quel-

Tab. 3: Grundwasserstand und Pflanzengesellschaft (KLAPP 1971)			
Grundwasseroberfläche in cm unter Flur			Aufstehender
tiefster Stand	mittlerer Stand	höchster Stand	Pflanzenbestand
41	22	2	nasse Seggenwiese
57	33	3	Feuchtwiese
91	62	33	mittelfeuchte Wiese
100	72	41	sehr gute Frischwiese

len stammen. Niederschläge in Form von Regen, Schnee und Tau sind für das Wachstum am wichtigsten; für das so versorgte Grünland wurde der Begriff »Regenwiese« geprägt im Gegensatz zur Grundwasserwiese.

Nach der Pflanzenverfügbarkeit des Wassers im Boden sind folgende Erscheinungsformen zu unterscheiden:

1. **Haftwasser** wird durch Kapillarkräfte in den Hohlräumen (Poren) des Bodens gespeichert. Das Speicherungsvermögen des Bodens wird in Feldkapazität ausgedrückt. Sie wird durch die Bodenart (Ton- und Humusanteil) bestimmt. Geringe Feldkapazität haben Böden mit hohem Sandanteil.
2. Das **Grundwasser** füllt die Bodenhohlräume vollständig aus und bewegt sich über einer nicht oder schwer durchlässigen Sohlschicht. Die meisten Pflanzen können mit ihren Wurzeln wegen des Luftmangels nicht in den Grundwasserbereich eindringen. Durch hohes Grundwasser verflacht sich die durchwurzelbare Schicht des Bodens und Trittfestigkeit sowie Befahrbarkeit werden beeinflußt.
3. **Stauwasser** entwickelt sich in der Regel auf einem wasserstauenden Untergrund, der die Versickerung im Untergrund verhindert und durch die horizontale Lage ein seitliches Abfließen verhindert. Das Wasser kann lediglich verdunsten, was zur Austrocknung und Verhärtung des Bodens führen kann. Diese Wechselfeuchtigkeit oder Wechselnässe spiegelt sich in der Vegetation wieder.

Die Auswirkungen des Grundwasserstandes auf die Ausbildung von Pflanzengesellschaften stellt Tabelle 3 dar.

Die drei Formen der Wasserversorgung können sich je nach Bodenart, Geländeform und Niederschlägen zeitlich und räumlich dynamisch verändern und lassen sich nicht scharf voneinander abgrenzen. Grundwasser kann unterschiedlich stark mit Sauerstoff, Kalk oder auch schädlichen Stoffen angereichert sein.

Für das Pflanzenwachstum sind besonders die Schwankungsbereiche vom Hochstand im Frühjahr zum Tiefstand im Sommer und die Verfügbarkeit im Wurzelbereich wichtig. Staunässe führt meist zur Verarmung und Versauerung des Bodens. Steht der Pflanzendecke lediglich Haftwasser zur Verfügung, sind das Wasserspeicherungsvermögen des Bodens und die Tiefe des Wurzelbereiches für die Wasserversorgung entscheidend. Sandböden mit geringer Wasserhaltekraft lassen auch bei hohen Niederschlägen nur Trockenrasen gedeihen. Auf Lehm- und Lößböden können sich bereits bei mittleren Niederschlägen Frischwiesen und Frischweiden entwickeln. Weitere Einflüsse auf die Wasserdynamik ergeben sich durch Überflutungen (z. B. durch Frühjahrs- und Sommerhochwasser an Bächen und Flüssen) und durch künstliche Be- und Entwässerungssysteme.

2.5 Nährstoffversorgung

Pflanzen benötigen zu ihrem Aufbau und Wachstum neben Luft, Wasser und Sonne Nährstoffe, die sie mit den Wurzeln aus dem Boden aufnehmen. Die Nährstoffe des Bodens kommen teilweise als Ionen in der Bodenlösung vor oder werden von Bodenteilchen (Tonmineralen und Huminstoffen) festgehalten. Die Wurzeln der Pflanzen können die Nährstoffe durch Ionenaustausch aufnehmen und daraus Bau- und Speicherstoffe (Proteine, Nucleinsäuren, Kohlenhydrate und Fette) aufbauen. Neben den Elementen Sauerstoff, Wasserstoff und Kohlenstoff als Grundbausteine organischer Substanz benötigen die Pflanzen 13 Nährelemente aus dem Boden (FÜRCHTENICHT et al. 1993). Größere Mengen brauchen sie von Stickstoff (N), Phosphor (P), Schwefel (S), Kalium (K), Calcium Ca) und Magnesium (Mg). Daneben sind die Mikroelemente (Spurenelemente) Bor, Molybdän, Chlor, Eisen, Mangan, Zink und Kupfer wesentlich. Weitere Mineralstoffe wie Natrium, Kobalt und Selen sind für die Pflanzenernährung nicht notwendig, aber für Säugetiere unentbehrlich (FINCK 1992). Diese Elemente werden von den Pflanzen auch aufgenommen und tragen über Nahrungsketten zur Versorgung der Tiere mit diesen Stoffen bei. Wenn nicht genügend Mineralstoffe im Futter enthalten sind, müssen sie separat verabreicht werden.

Die Verfügbarkeit der Nährstoffe im Boden ist begrenzt. Viele Nährstoffe sind in Mineralien enthalten und werden erst durch langsam verlaufende Verwitterungsvorgänge frei. Einige Nährstoffe werden durch Luftströmungen transportiert und lagern sich auf dem Boden ab oder werden durch den Regen in ihn hineingewaschen. Nährstoffe werden auch mit dem Grundwasser transportiert, sind aber nur dann pflanzenverfügbar, wenn das Wasser bis zu den Pflanzenwurzeln aufsteigt. Viele Nährstoffe stammen aus sich zersetzender organischer Substanz (abgestorbenen Pflanzenteilen, toten Bodentieren) oder aus tierischen Ausscheidungen. Zusätzlich greift der Mensch durch Ernte und Düngung in die Nährstoffversorgung der Böden ein. Die Nährstoffe durchlaufen Stoffkreisläufe, die durch Aufbau und Abbau und/oder durch Speicherung gekennzeichnet sind.

Die Pflanzen der Grünlandgesellschaften sind an die vom jeweiligen Standort vorgegebenen Mengen von Nährelementen angepaßt. So tragen die Böden, die nur gering mit Stickstoff versorgt sind, Pflanzen, die mit geringen Stickstoffwerten auskommen können. Der Stickstoffzeigerwert von Pflanzen der Borstgras-Rasen liegt um den Wert 2: Borstgras *(Nardus stricta)* 2, Gemeines Katzenpfötchen *(Antennaria dioica)* 2, Arnika *(Arnica montana)* 2, Hunds-Veilchen *(Viola canina)* 2 (ELLENBERG et al. 1991). Wenn man diese Böden mit zusätzlichen Stickstoffgaben versorgt, reagieren viele Pflanzen zunächst mit einem üppigeren Wachstum. Am meisten profitieren aber die Arten, die bei höheren Stickstoffwerten ein optimales Wachstum zeigen (beim oben angeführten Borstgras-Rasen

z.B. das Rot-Straußgras mit einem Stickstoffzeigerwert von 4). Sie verschieben die Konkurrenzverhältnisse durch Beschattung der typischen, schwachwüchsigen Borstgras-Rasenarten und verdrängen diese. Dadurch kommt es zu Bestandesumschichtungen: Der Borstgras-Rasen kann sich zu einer Rotstraußgras-Rotschwingel-Weide umwandeln (VOIGTLÄNDER & JACOB 1987). Wenn danach die Düngung aussetzt, kann durch Abernten des Aufwuchses eine allmähliche Aushagerung erfolgen, die wieder die Nährstoffversorgung des Ausgangsbestandes erreicht. Ob sich aber wieder die Pflanzengesellschaft des Borstgras-Rasens einstellt, hängt davon ab, ob noch genügend Arten des Borstgras-Rasens in Form von Pflanzenresten oder Samen vorhanden sind oder in der Nachbarschaft vorkommen und wieder einwandern können.

Durch Düngergaben vor allem mit Stickstoff, Kali und Phosphor lassen sich die Erträge von Grünlandbeständen erhöhen. Um aber immer hohe Erträge erzielen zu können, müssen fortlaufend Düngegaben zugeführt werden. Eine Ausnahme bilden Anreicherungsböden, die durch Sicker- oder Grundwasser oder durch Überflutungen reichlich Nährstoffe zugeführt bekommen.

Eine extensive Grünlandnutzung und Pflege von schützenswertem Grünland sollten die vom jeweiligen Standort vorgegebene Nährstoffversorgung als Ausgangsbasis nehmen und erhalten. Dadurch kann die Vielfalt der Pflanzengesellschaften des Grünlandes, angepaßt an den jeweiligen Standort, gesichert werden.

Da vor allem in den letzten Jahrzehnten nahezu alle Standorte durch Düngung eutrophiert wurden, ist die natürliche Standortproduktivität kaum noch allein wirksam. Eine Reduzierung der Düngung oder Aufgabe bei Beibehaltung der Nutzungsintensität kann zu einer Aushagerung führen. Erst nach der Aushagerung, die an zurückgehenden Erträgen erkennbar ist, sollte eine an den Aufwuchs angepaßte Nutzungsintensität angewandt werden. Wenn das Aushagerungsziel erreicht ist, kann mit Erträgen gerechnet werden, die wesentlich von der Bodenfruchtbarkeit, der Feuchte und der Wärme des Standorts abhängen. Hierbei richten sich die Erträge nach dem Wachstumsfaktor, der im Minimum ist (Minimumgesetz nach LIEBIG 1850, zit. in ALSING 1993). Auf wenig produktiven Standorten ist dann eine Nutzung der Erträge wirtschaftlich kaum noch lohnend. Wenn sie aus Naturschutzgründen erwünscht ist, muß für die Pflegenutzung ein finanzieller Ausgleich gezahlt werden.

Eine geringe **Düngung** kann die Erträge einer Pflanzengesellschaft, die an die natürliche Bodenfruchtbarkeit angepaßt ist, so erhöhen, daß eine Nutzung wirtschaftlich sinnvoll ist. Die Düngungsmenge muß allerdings so dosiert sein, daß weiterhin alle typischen Vertreter einer Pflanzengesellschaft auf der Fläche wachsen. Die Mengenverhältnisse verschieben sich dabei im Vergleich zum Ausgangsbestand ohne Düngung zugunsten wüchsigerer Arten. Bei Bewirtschaftungsverträgen in Schutzgebieten wird eine solche Regelung mit festgelegter Düngermenge je nach Vertragsmuster der einzelnen Bundesländer vereinbart.

Bei der Nährstoffversorgung kommt dem Reaktionswert (pH-Wert) des Bodens eine hohe Bedeutung zu. Im stark sauren wie im stark basischen Bereich ist die Verfügbarkeit einiger im Boden vorhandener Nährstoffe nicht mehr voll gegeben, da sie festgelegt werden, andere sind im Überschuß frei und können sich auf das Wachstum negativ auswirken. Die pH-Extreme wirken sich zusätzlich negativ auf die Struktur des Bodens aus. Für die verschiedenen Bodentypen werden deshalb bestimmte Optimalwerte der Bodenreaktion angegeben, die für ein gutes Wachstum der Grünlandpflanzen Voraussetzung sind (FINCK 1992; s. Tab. 4).

Durch Kalkung der Böden kann der pH-Wert angehoben werden. Sauer wirkende Stickstoffdünger bieten auf stark mit Kalk versorgten Böden die Möglichkeit, den pH-Wert zu senken. Die Extremböden (bezogen auf ihren pH-Wert) tragen aber gerade die Pflanzengesellschaften, die aus Naturschutzsicht als besonders gefährdet und schützenswert eingestuft sind. Dies sind im sauren Bereich z. B. die Borstgras-Rasen und im basischen Bereich die Kalkmagerrasen. Ein Eingreifen in den pH-Haushalt auf Sonderstandorten im Grünland im Sinne des § 20c BNatSchG (s. Kapitel 3.1) ist daher nicht gestattet.

Tab. 4: Anzustrebende Bodenreaktion (Ziel-pH) von Wirtschaftsgrünland (Durchschnittswerte nach unterschiedlichen Richtwerten der Länder; angegeben sind Mittelwerte, von denen Abweichungen bis ± 0,2 pH zulässig sind) (FINCK 1992, verändert)		
Böden	(Ton- bzw. Humusgehalt)	pH-Ziel Wirtschaftsgrünland
Mineralböden (bis 4 % Humus)		
Lehm, toniger Lehm, Ton	(über 20/25 % Ton)	6,0
sandiger Lehm	(12/15 – 20/25 % Ton)	5,5
lehmiger Sand	(15 – 12/15 % Ton)	5,0
Sand	(0 – 5 % Ton)	5,0
Humusreiche Böden (mehr als 4 % Humus)		
humusreicher (stark humoser) Sand	(4 – 8 % Humus)	5,0
sehr humusreicher Sand (sehr stark humoser)	(8 – 15 % Humus)	4,5
anmooriger Sand	(15 – 30 % Humus)	4,5
Hochmoor	(über 30 % Humus)	4,5
Niedermoor (basenreicher Typ)	(über 15 % Humus)	6 – 6,5

2.6 Klimaeinflüsse

Mehrere Umwelteinflüsse, die den Boden und das Pflanzenwachstum entscheidend beeinflussen, werden den Klimafaktoren zugeordnet. Die Pflanzen reagieren in ihrem ökologischen Verhalten zum Klima besonders auf die Faktoren Licht, Temperatur – die sich auch in der Kontinentalität ausdrückt –, Klimafeuchte – die den Wasserhaushalt beeinflußt – und Wind – der nur lokal stärkere Auswirkungen hat. Beim Klima sind Durchschnittswerte, kurzfristige extreme Einflüsse sowie der Wirkungszeitraum wesentlich. Klimaeinflüsse haben meistens Wechselwirkungen mit anderen Umwelteinflüssen und Eigenschaften der Vegetation, die von der Jahreswitterung abhängig sind.

Auswirkungen der Klimafaktoren auf einzelne Arten und die Vegetation sind in den Arbeiten von ELLENBERG (1986), ELLENBERG et al. (1991) und KLAPP (1971) dargestellt.

Licht
Der Lichtfaktor ist entscheidend für Assimilation und Stoffproduktion. Durch Grünlandnutzungen lassen sich die kleinklimatischen Lichtverhältnisse sehr stark steuern. Höhere Pflanzen beschatten im Bestand die niedrigeren oder auch das eigene Blattwerk in den unteren Schichten. Wird z.B. eine Wiese mit hohem Anteil von Glatthafer *(Arrhenatherum elatius)* bei optimalen Wuchsbedingungen nur einmal im Juli oder August geschnitten, so sterben konkurrenzschwache Arten wegen Lichtmangel ab und die Futterqualität sinkt durch einen hohen Anteil vergilbter Blätter. Zur Förderung des Artenreichtums sind daher Glatthafer-Wiesen auf nährstoffreichen Standorten zweimal zu schneiden oder erst nach einer Aushagerungsphase von mehreren Jahren auf einen Schnitt umzustellen. Schattenwirkung entsteht nicht nur durch Konkurrenz der Grünlandpflanzen und durch Selbstbeschattung, sondern auch durch Beschattung von Gehölzen in Sukzessions-

stadien oder in Obstwiesen. Durch Schatten können z.B. Gemeine Rispe *(Poa trivialis)*, Knäuelgras *(Dactylis glomerata)*, Wiesen-Kerbel *(Anthriscus sylvestris)*, Hecken-Kälberkropf *(Chaerophyllum temulum)* und Giersch *(Aegopodium podagraria)* gefördert werden, weil sie eine Beschattung tolerieren.

Temperatur
Die Temperatur oder Wärme in ihrem jahreszeitlichen Verlauf hat einen wesentlichen Einfluß auf die Verbreitungsstruktur (das arealgeographische Verhalten) der Pflanzen und Vegetationseinheiten. Die Zeigerwerte »Temperaturzahl« und »Kontinentalitätszahl« nach Ellenberg et al.(1991) geben über das ökologische Verhalten der Pflanzenarten zur Temperatur Auskunft (s. Kapitel 2.7). Bei Grünlandpflanzen beginnt nach KLAPP (1971) ein deutliches Wachstum bei etwa 5°C, ein reichlicher Wuchs ab etwa 10°C, und die Spanne des besten Zuwachses liegt bei 17 bis 21°C. Über 25°C nimmt der Zuwachs stark ab, um bei 30 bis 35°C zu enden. Die Weidemöglichkeit richtet sich nach der Vegetationsdauer und beträgt im Küstenbereich weit über 200 Tage, im Durchschnitt Gesamtdeutschlands etwa 165 Tage und sinkt gebietsweise, besonders in nordexponierten Höhenlagen, stark ab. Einige Pflanzengesellschaften haben bei niedrigen Temperaturen ihre Hauptverbreitung, z.B. Borstgras-Rasen. Mit sinkender Durchschnittstemperatur und verringerter Weidezeit steigt der Futterbedarf für die Stallhaltung im Winterhalbjahr. Bei eigener Heuversorgung muß daher in Höhenlagen ein höherer Wiesenanteil als in Wärmegebieten, z.B. Oberrheingebiet, kalkuliert werden.

Bei niedrigen Temperaturen können erhebliche Schäden an der Grasnarbe auftreten. Durch Spätfrost sind besonders Frühblüher wie Wiesen-Fuchsschwanz *(Alopecurus pratensis)*, Knäuelgras *(Dactylis glomerata)* und Weiche Trespe *(Bromus hordeaceus)* gefährdet, auch Deutsches Weidelgras *(Lolium perenne)* und Wolliges Honiggras *(Holcus lanatus)* können leicht auswintern, während Rot-Schwingel *(Festuca rubra)*, Wiesen-Schwingel *(Festuca pratensis)* und Wie-sen-Rispe *(Poa pratensis)* als frosthärter gelten. Besonders schädlich sind Frost-wechselperioden mit einhergehendem Auffrieren des Bodens und der Grasnarbe, was besonders bei häufiger und inten-siver Nutzung der Grasnarbe vor dem Winter geschehen kann.

Klimafeuchte

Der Grünlandanteil an der landwirtschaft-lichen Nutzfläche und die Zuwachslei-stung je Hektar steigt meist mit den Nie-derschlägen an. Bei größeren Höhenlagen sinken aber die Erträge auch bei erhöhten Niederschlägen durch abnehmende Tem-peraturen. Defizite in der Regenwasser-versorgung der Grasnarbe treten vorwie-gend im Sommer auf. Bei geringen Nie-derschlägen – am ausgeprägtesten in den Trockengebieten – können sich trocken-heitstolerante Arten und viele Arten mit hoher Lichtzahl behaupten. In Gebieten mit extremen Feuchteverhältnissen kom-men vermehrt bestandsbedrohte Arten oder Pflanzengesellschaften vor, die sich bei optimalen Wuchsverhältnissen des Grünlandes gegenüber den wuchsfreudi-gen Arten im Konkurrenzkampf nicht be-haupten können.

Wind

Pflanzengesellschaften mit einer geschlos-senen Grasnarbe sind weniger windan-fällig als offene Vegetationsbestände. Der Windeinfluß kann eine erodierende Wirkung auf den Boden haben (Ausweh-ung von Humus und Mineralboden) und dadurch das Pflanzenwachstum hemmen, wenn die Vegetationsdecke nicht ge-schlossen ist. Dies kann auf flachgründi-gen Böden, vor allem in windexponierten Kuppenlagen und/oder bei überbeweide-ten Flächen, z.B. auf Almweiden, oder bei lockeren Sandböden vorkommen. Ei-nige konkurrenzschwache Arten können hierdurch gefördert werden. Zwerg-strauchheiden und Silbergras-Fluren kön-nen z.B. in windexponierten Lagen gut gedeihen, wenn weitere wuchshemmende Umwelteinflüsse die Konkurrenz froh-wüchsiger Arten ausschalten. In windge-schützten Lagen kann außerdem ein bes-serer Graswuchs festgestellt werden.

2.7 Zeigerwerte von Pflanzen

Pflanzen können eine wichtige Indikator-funktion für Umwelteinflüsse und für den Nutzungswert haben. In der Arbeit »**Zei-gerwerte** der Pflanzen in Mitteleuropa« von ELLENBERG et al. (1991) sind die wichtigsten Zeigerwerte für **Umweltfak-toren** auf der Basis jahrzehntelanger Er-fahrungen veröffentlicht und können auch für die Beurteilung von Grünland-flächen gut genutzt werden. Die Aussage-kraft der Bewertung eines Standortes nach Zeigerarten ist je nach Nutzungsin-tensität sehr unterschiedlich. Die gering-ste Aussagekraft ist bei Ansaatgrünland oder Intensivgrünland gegeben, bei dem durch übermäßige Nährstoffzufuhr und Nutzungshäufigkeit der Artenbestand ex-trem nivelliert wurde. Die treffendsten Zeigerwerte sind bei ungedüngtem Ex-tensivgrünland zu erwarten. Die Zeiger-werte gelten für Vegetationseinheiten, bei denen in der Regel verschiedene Pflan-zenarten in Konkurrenz zueinander ste-hen. Der Zeigerwert gibt nicht das opti-male konkurrenzfreie Wachstum der Ein-zelpflanze an, sondern eher die Toleranz gegenüber bestimmten Faktoren, die im Minimum sind. Diese Faktoren können klimabedingt sein wie Licht, Wärme und Kontinentalität oder bodenbedingt wie Feuchtigkeit, Bodenreaktion und Stick-stoffversorgung. Der Zeigerwert doku-mentiert demzufolge nicht den »An-spruch« einer Pflanze an die Umweltfak-toren, sondern die Überlebenskraft unter der Einwirkung von Standort, Klima, Nutzung und Konkurrenz anderer Arten. Der Aussagewert der einzelnen Arten zu bestimmten Umweltfaktoren und Kon-kurrenzsituationen wird als »ökologi-sches Verhalten« zu den drei Klima- und drei Bodenfaktoren und zur Salztoleranz ausgedrückt. Das »soziologische Verhalten« gibt das Vorkommen in bestimmten Vegetationseinheiten an.

Die Qualität der Aussage als Zeigerwertart wird bei den sechs ökologischen Werten (drei Klima- und drei Bodenwerte) für die Pflanzenarten in drei Stufen gegliedert:
1. keine zuverlässige Aussage,
2. geringe Aussagekraft,
3. guter Aussagewert.

Einzelne Exemplare sagen meist nicht viel über den Zeigerwert des zu beurteilenden Pflanzenbestandes aus. Bei stärkerem Auftreten einer Art (höherer Dominanz) oder mehrerer Arten mit gleichem Zeigerwert können Schlüsse auf den Standort und die Bewirtschaftung gezogen werden.

Die Wertzahlen im ökologischen Verhalten sind für alle Landpflanzen in neun Stufen festgelegt. Diese Stufung erlaubt eine gute Differenzierung und zeigt bei der Stufe 5 jeweils einen mittleren Wert an. Neun Wertstufen werden auch für die Bewertung der Schutzwürdigkeit von Vegetationseinheiten von KAULE (1986) empfohlen.

Die **Futterwerte** waren in der Praxis des Naturschutzes und der Landwirtschaft bisher noch nicht den neun ökologischen Stufen angepaßt. Nach KLAPP (1965) erfolgte hier die Einstufung in –1,

0 und 1 bis 8 , was insgesamt zehn Stufen beinhaltet und somit keinen guten Vergleich zu den ökologischen Werten erlaubt, eine mittlere Wertzahl fehlte. Hinzu kommt, daß die Qualitätsunterschiede bei den besten Qualitäten nicht so groß sind wie bei den geringeren Qualitäten. Zur Angleichung der Stufenzahl wurde daher von NITSCHE (1993) die Umrechnung der zehn Stufen von KLAPP in neun Stufen empfohlen, und zwar durch Zusammenfassung der Stufen 7 und 8 in die Stufe 9 und Anhebung aller anderen Stufen um zwei Werte.

Die Zeigerwerte können nicht isoliert von anderen Umwelteinflüssen gesehen werden und in vielen Fällen auch Messungen nicht ersetzen. Sie kennzeichnen meist einen langjährigen Durchschnittswert, der aber auch innerhalb eines Jahres, z.B. beim Futterwert, auf einer Fläche schwanken kann. So liegt der Futterwert vor dem Schossen (z.B. im Mai) höher als nach dem Ausfall der Samen im Spätsommer oder Herbst (s. Kapitel 7.2.3).

Die Methoden der Erfassung von Zeigerwerten sind in den Kapiteln 9.1.8 und 9.1.9 beschrieben; weitere Werte für Nutzungseinflüsse durch Tritt und Schnitt sind in Kapiteln 5.1.1.1 u. 5.1.1.2 aufgeführt. In Tabelle 5 werden Gräser genannt, die eine gute Zeigerfunktion für bestimmte Werte haben.

Tab. 5:   Grünlandpflanzen, die sich zur Erfassung von Zeigerwerten besonders eignen

1. Lichtwert
Gräser, die Schatten vertragen (z.B. in Obstwiesen):

Poa trivialis	Gemeines Rispengras
Poa chaixii	Berg-Rispengras
Poa pratensis	Wiesen-Rispengras

Die meisten bestandsbildenden Arten des Grünlandes sind lichtliebend und werden hier nicht aufgeführt.

2. Temperaturwert
Gräser, die hohe Temperaturen vertragen:

Phleum phleoides	Steppen-Lieschgras
Stipa spec.	Federgras-Arten

Gräser die niedrige Temperaturen vertragen:

Nardus stricta	Borstgras
Sesleria varia	Kalk-Blaugras

Tab. 5:   Grünlandpflanzen, die sich zur Erfassung von Zeigerwerten besonders eignen

3. Kontinentalitätswert
ozeanische Arten:

Holcus mollis	Weiches Honiggras
Sesleria varia	Kalk-Blaugras

kontinentale Arten:

Agropyron repens	Gemeine Quecke
Phleum phleoides	Steppen-Lieschgras
Stipa spec.	Federgras-Arten

4. Feuchtewert
Trockenheit:

Bromus erectus	Aufrechte Trespe
Ranunculus bulbosus	Knolliger Hahnenfuß
Salvia pratensis	Wiesen-Salbei
Sanguisorba minor	Kleiner Wiesenknopf
Thymus spec.	Thymian-Arten

Feuchtigkeit:
Die meisten Seggen- und Binsenarten sind Feuchtezeiger und hier nicht im einzelnen aufgeführt

Agrostis stolonifera	Weißes Straußgras
Alopecurus geniculatus	Knick-Fuchsschwanz
Angelica sylvestris	Wald-Engelwurz
Caltha palustris	Sumpf-Dotterblume
Cirsium oleraceum	Kohl(-Kratz)distel
Cirsium palustris	Sumpf-Kratzdistel
Deschampsia cespitosa	Rasen-Schmiele
Filipendula ulmaria	Echtes Mädesüß
Glyceria fluitans	Flutender Schwaden
Lychnis flos-cuculi	Kuckucks-Lichtnelke
Poa palustris	Sumpf-Rispengras
Polygonum bistorta	Wiesen-Knöterich

5. Reaktionswert
saure Reaktion:

Arnica montana	Arnika
Calluna vulgaris	Heidekraut (Besenheide)
Danthonia decumbens	Dreizahn
Festuca nigrescens	Horst-Rotschwingel
Festuca tenuifolia	Haar-Schafschwingel
Holcus mollis	Weiches Honiggras
Meum athamanticum	Bärwurz
Nardus stricta	Borstgras
Rumex acetosella	Kleiner Sauerampfer
Vaccinium myrtillus	Heidelbeere
Vaccinium vitis idaea	Preiselbeere

alkalische Reaktion:

Anthyllis vulneraria	Gemeiner Wundklee
Brachypodium pinnatum	Fieder-Zwenke
Bromus erectus	Aufrechte Trespe
Onobrychis viciifolia	Saat-Esparsette
Pastinaca sativa	Pastinak
Poa palustris	Sumpf-Rispengras
Salvia pratensis	Wiesen-Salbei
Sesleria varia	Kalk-Blaugras

Tab. 5:   Grünlandpflanzen, die sich zur Erfassung von Zeigerwerten besonders eignen

6. Stickstoffwert

geringe Werte:

Briza media	Gemeines Zittergras
Festuca ovina agg.	Schaf-Schwingel-Arten
Genista spec.	Ginster-Arten
Holcus mollis	Weiches Honiggras
Koeleria spec.	Schillergras-Arten
Leucanthemum vulgare	Wiesen-Margerite
Luzula campestris	Gemeine Hainsimse
Molinia caerulea	Pfeifengras, Bentgras
Nardus stricta	Borstgras

hohe Werte:

Agropyron repens	Gemeine Quecke
Alopecurus pratensis	Wiesen-Fuchsschwanz
Anthriscus sylvestris	Wiesen-Kerbel
Arrhenatherum elatius	Glatthafer
Crepis biennis	Wiesen-Pippau
Geranium sylvaticum	Wald-Storchschnabel
Glyceria fluitans	Flutender Schwaden
Glyceria maximum	Großer Schwaden
Heracleum sphondylium	Wiesen-Bärenklau
Poa annua	Einjähriges Rispengras
Poa trivialis	Gemeines Rispengras
Taraxacum officinale	Gemeiner Löwenzahn
Urtica dioica	Große Brennessel

7. Salzwert

Die meisten Pflanzenarten ertragen keinen Salzgehalt im Boden.

Salztolerante Arten:

Agropyron junceum	Strand-Quecke
Armeria maritima	Strand-Grasnelke
Aster tripolium	Strand-Aster
Festuca rubra ssp. *litoralis*	Rot-Schwingel
Puccinellia spec.	Salzschwaden-Arten

Salztolerant sind alle Arten in den Gesellschaften der Salzwasser- und Meerstrandvegetation (Kapitel 3.2).

8. Futterwert

hoher Futterwert:

Agrostis stolonifera	Weißes Straußgras
Arrhenatherum elatius	Glatthafer
Festuca pratensis	Wiesen-Schwingel
Lolium perenne	Deutsches Weidelgras
Phleum pratensis	Wiesen-Lieschgras
Poa pratense	Wiesen-Rispengras
Trifolium pratense	Rot-Klee
Trifolium repens	Weiß-Klee

niedriger Futterwert:

Avena pratensis	Trifthafer
Calluna vulgaris	Heidekraut, (Besenheide)
Carex spec.	Seggen-Arten
Juncus spec.	Binsen-Arten
Vaccinium myrtillus	Heidelbeere
Vaccinium vitis-idaea	Preiselbeere

Giftpflanzen sind wegen ihrer besonderen Bedeutung in Kapitel 5.1.1.2 aufgeführt.

3 Biotoptypen und Pflanzengesellschaften

3.1 Biotoptypen des Grünlandes

Biotoptypen werden als Bausteine einer ökologischen Ordnung der Landschaft abgegrenzt. Der Begriff Biotop wurde in der biologischen Terminologie zunächst als Lebensraum einer Biozönose (Lebensgemeinschaft von Tier- und Pflanzenarten) beschrieben (SCHAEFER 1992). In der praktischen Naturschutzarbeit, Landschaftsökologie und Naturschutzgesetzgebung wurde der Begriff wesentlich erweitert. Hiernach kann ein Biotop als Ausschnitt einer Landschaft gesehen werden,

– der sich durch die Vegetation von der umgebenden Landschaft abgrenzen läßt, wobei die Grenzen der Vegetationseinheiten nicht immer die der Biozönosen sind. Die Vegetationseinheit ist somit ein Teil eines Biotopes;
– der nach tierökologischen Gesichtspunkten Habitate von Tieren umfaßt;
– der aus naturschutzfachlichen Gründen besonders wertvoll oder schutzwürdig ist.

Eine ausführliche Diskussion über die Anwendung der beiden Begriffe Biotop und Biotoptypen auf Bundesebene und in den Bundesländern befindet sich in der Schrift »Grundlagen und Probleme einer Roten Liste der gefährdeten Biotoptypen Deutschlands« (BLAB & RIECKEN 1993).

Der Begriff »**Biotop**« schließt im Naturschutz und in der Ökologie im weiteren Sinne die dort anzutreffende Lebensgemeinschaft (Biozönose) mit ein.

Aus der Gesamtheit gleichartiger Biotope wird der Begriff »Biotoptyp« mit charakteristischen Merkmalen der Standortfaktoren und Vegetation abgeleitet. Die Biotoptypen sind z. B. in den Richtlinien der Biotopkartierungen und der Eingriffs-Ausgleichsregelungen der einzelnen Bundesländer beschrieben (s. Kapitel 9.1.1). Auf Bundesebene gibt es keine genauen Beschreibungen von Biotoptypen in Richtlinien oder Rechtsgrundlagen. Das ist dadurch begründet, daß ein Biotop nicht so genau wie eine Pflanzenart zu bestimmen ist und er nicht immer von anderen Biotopen abgegrenzt werden kann. Biotope gleichen Types sind hinsichtlich der Struktur, der Artenzusammensetzung und der ökologischen Faktoren in verschiedenen Naturräumen oder Erfassungsgebieten unterschiedlich ausgeprägt und unterliegen durch Umwelteinflüsse ständigen Veränderungen.

Biotope werden als wichtigste Einheiten für den flächenhaften Naturschutz und als Grundlage für Pflegemaßnahmen kartiert und beschrieben. Im Bundesnaturschutzgesetz (BNatSchG) § 20b ist die Verwirklichung des Arten- und Biotopschutzes durch konkrete Vorschriften den Bundesländern zugewiesen worden. Der Schutz bestimmter Biotope ist im BNatSchG § 20c mit Auflistung von Biotoptypen festgelegt. Eine genauere Definition dieser Biotoptypen ist auf Landesebene erforderlich; aber auch in kleineren Gebietseinheiten (z. B. für Landkreise oder Naturräume) kann sie erfolgen. Die Beschreibung der Biotope geschieht bei der Erfassung im Gelände.

In Gebieten mit Extensivgrünland kommen vorwiegend folgende Biotoptypen nach dem BNatSchG § 20 c als Schutzobjekte vor:

– Moore, Sümpfe, Röhrichte, seggen-
und binsenreiche Naßwiesen, Quellbe-
reiche, naturnahe und unverbaute
Bach- und Flußabschnitte, Verlan-
dungsbereiche stehender Gewässer,
– offene Binnendünen, offene natürliche
Block- und Geröllhalden, Zwerg-
strauch- und Wacholder-Heiden,
Borstgras-Rasen, Trockenrasen, Gebüsche trockenwarmer Standorte,
– Bruch-, Sumpf- und Auwälder, meist
kleinflächig in Flußniederungen,
– Strandwälle sowie Dünen und Salzwiesen im Küstenbereich.

Die Lebensräume des Grünlandes im
weiteren Sinne müssen als extensive Kul-
turökosysteme und Brachen in Biotoptypen gegliedert werden, welche Standortfaktoren und Nutzungsform oder Pflegetechnik berücksichtigen. Entsprechend
werden folgende vier Gruppen von Erfas-
sungseinheiten gebildet.

1. Gruppe: Moore, Sümpfe und Feucht-
              grünland
2. Gruppe: Heiden, Magerrasen und Fels-
              fluren
3. Gruppe: Dauergrünland frischer Stand-
              orte
4. Gruppe: Säume, Brachen und Gehölze

Auch auf der Ebene der Gruppen ist nicht
immer eine klare Zuordnung möglich. So
sind z. B. Moore und Heiden oft durch-
mischt und werden als Moorheiden beschrieben (DRACHENFELS & MEY 1990,
WEGENER 1991) oder Kalkmagerrasen
mit eingestreuten Gebüschen werden als
Biotopkomplex aus der 2. und 4. Gruppe
gebildet.

3.1.1 Moore, Sümpfe und Feucht-
          grünland

3.1.1.1 Moore (Hoch- und Zwischen-
            moore, Moorheiden)

Der Begriff Moor wird in der Literatur in
vielen zusammengesetzten Wortbildun-
gen verwendet, die je nach Sichtweise

unterschiedliche Gliederungen beinhalten:
– entwicklungsgeschichtlich-hydrologi-
sche Gliederung (Niedermoore und
Hochmoore = Regenmoore mit jeweils
unterschiedlichen weiteren Moortypen),
– ökologische Gliederung (Reichmoore,
Zwischenmoore und Armmoore mit
Untergliederungen),
– stoffliche Gliederung (nach Bodenart,
Torfqualität, Moorwasserqualität).

Entsprechende Definition und Gliede-
rungsmöglichkeiten sind in Kurzform in
PFADENHAUER (1993) dargestellt.

Beschreibung: Hoch- und Zwischenmoore besitzen eine starke Schicht aus Torf,
der sich aus Schilf, Seggen, Gehölzen,
Torfmoosen oder anderen Pflanzenresten gebildet hat und durch Wassersättigung und Luftabschluß nicht mineralisiert wird. Hoch- und Übergangsmoore
mit ihren Degenerationsstadien können
in folgende Biotoptypen gegliedert werden:

– Naturnahe Hochmoore, auch Regenmoore oder ombrogene Moore genannt, kommen in kühlen nieder-
schlagsreichen Gebieten vor. Die Vegetation besteht vorwiegend aus Torfmoosen, die im Zentrum am stärksten
wachsen und sich hier uhrglasförmig
aufwölben und zu den Rändern hin
ausbreiten. Die Nährstoff- und Wasserversorgung erfolgt ausschließlich
über Niederschläge ohne seitliche
Wasserzufuhr.
– Übergangs- oder Zwischenmoore ver-
mitteln zwischen Hoch- und Niedermooren. Niedermoore können beim
Anwachsen über das Grundwasser
Hochmoore bilden (s. Biotoptypen
3.1.1.2). In naturnahen Moorbiotopen
dominieren Torfmoos-Gesellschaften,
Hochmoor-Bulten- und Schlenkenge-
sellschaften.
– Moorheiden entstehen auf wenig ent-
wässerten oder relativ trockenen
Moorflächen. Es sind Degenerationsstadien, die von Zwergsträuchern wie
Glocken-Heide *(Erica tetralix)*, Ge-

meiner Besenheide *(Calluna vulgaris)* und Schwarzer Krähenbeere *(Empetrum nigrum)*, Scheiden-Wollgras *(Eriophorum vaginatum)* und Schmalblättrigem Wollgras *(Eriophorum angustifolium)* geprägt sind. Weiterhin dringen Gemeine Kiefer *(Pinus sylvestris)*, Moor-Birke *(Betula pubescens)* und andere Gehölze sowie Pfeifengras *(Molinia coerulea)* ein.

Die Biotoptypen sind vorwiegend im norddeutschen Flachland, in Hochlagen der Mittelgebirge und im Alpenvorland verbreitet.

Gefährdung: Die Hochmoore sind durch Entwässerung und Torfabbau mit anschließender intensiver landwirtschaftlicher Nutzung oder mit nachfolgender Verbuschung und Bewaldung auf geringe Restbestände zurückgegangen und damit auch weiterhin gefährdet. Degenerierte Moore sind durch Aufgabe einer (Pflege-) Nutzung und damit verbundener Vergrasung und Verwaldung gefährdet.

Nutzung und Pflege: In Degenerationsstadien sind Gehölze zu entkusseln und die Gras- und Krautschicht, vor allem Pfeifengras, durch Beweidung mit Heidschnucken (vorzugsweise Moorschnucken) zurückzudrängen. Für abgetorfte oder anderweitig geschädigte Moore werden vor allem durch Vernässung Regenerationsmaßnahmen durchgeführt. Intakte Hochmoore bedürfen keiner Pflege.

3.1.1.2 Sümpfe wie Niedermoore, Röhrichte, Riede und Quellfluren

Beschreibung: Niedermoore bilden sich bei Verlandung von Gewässern oder aus versumpfendem Mineralboden. Hoher Grundwasserstand, Sickerwasser und niederschlagreiches Klima sind Voraussetzung für ihre Entstehung. Niedermoore werden auch als Flachmoore, Seggen-Moore oder Gras-Moore bezeichnet. Den Sümpfen werden weiterhin die Klein- und Großseggen-Riede (Streuwiesen), Quellfluren, Binsen-Sümpfe und Röhrichte zugeordnet.

Niedermoore können in folgende ökologische Gruppen gegliedert werden (PFADENHAUER 1993):

– eutrophe Niedermoore (ELLENBERG 1986)
= eu- bis hypertrophe Reichmoore (PFADENHAUER 1993)
= Reichmoore (SUCCOW 1988)
und (Quell-)Sümpfe in tieferen Lagen mit Großseggen-Rieden oder Hochstaudenfluren, die sich bei Gehölzsukzession mit Faulbaum *(Frangula alnus)* und Weiden *(Salix* spec.) zu Erlen-Bruchwald entwickeln können;

– kalkreich-oligotrophe Niedermoore (ELLENBERG 1986)
= kalk-oligo(meso)trophe Reichmoore (PFADENHAUER 1993)
= Basen-Zwischenmoore (SUCCOW 1988)
und (Quell-)Sümpfe mit Kalk-Kleinseggen- und Schneidbinsen-Rieden;

– kalkarm-oligotrophe Niedermoore (oder Zwischenmoor nach ELLENBERG 1986)
= sauer-oligo(meso)trophe Reichmoore (PFADENHAUER 1993)
= Sauer-Zwischenmoore (SUCCOW 1988)
mit sauren Kleinseggen-Rieden, die sich über Verbuschungsstadien zu Birken-Erlen- und Fichten-Erlen-Bruchwäldern entwickeln können.

Die Pflanzengesellschaften der Wiesen und Weiden auf Niedermoorstandorten werden auch dem Biotoptyp Moorwiese zugeordnet (HAMEL in WEGENER 1991). Sie können einen hohen Anteil von Pflanzenarten der Feuchtwiesen und feuchten Glatthafer-Wiesen enthalten.

Gefährdung: Entwässerung, Überdüngung und intensive Nutzung, bei einigen Typen Nutzungsaufgabe.

Nutzung und Pflege: Jährlich einmaliger Schnitt oder extensive Beweidung bei trockener Witterung, bei einigen Typen Biomassenentnahme in zwei- bis fünfjährigem Abstand oder ohne Pflege.

3.1.1.3 Salzwiesen und Dünensümpfe

Beschreibung: Salzwiesen (Salzweiden) entstehen vorwiegend an der Nordsee außendeichs zwischen mittlerer Gezeitenhochwasserlinie und Sturmflutlinie sowie an der Ostseeküste und im Binnenland im Einflußbereich von salzhaltigem Wasser.

Es werden vorwiegend folgende Vegetationseinheiten der Salzwiesen unterschieden:
– Strandnelken-Wiesen
– Andel-Rasen
Dünensümpfe können je nach Gehalt von Salz und Kalk und der Nutzung unterschiedlich ausgeprägt sein; so kommen z. B. Gesellschaften vor, die mit Borstgras-Rasen, Kleinseggen-Gesellschaften, Glockenheide-Gesellschaft und Röhrichten durchmischt sind.

Gefährdung: Eindeichung, Vorlandgewinnung, Entwässerung, Überbeweidung, Verbrachung, Tourismus.

Nutzung und Pflege: je nach Ausprägung extensive Beweidung oder Mahd oder keine Nutzung.

3.1.1.4 Feuchtwiesen, Hochstaudenfluren, Flutrasen und Feuchtweiden

Beschreibung: Die Biotoptypen umfassen Grünlandflächen mit hohem Grundwasserstand, in denen Feuchtgrünland-Arten dominieren. Sie leiten über zu den Sümpfen mit Röhrichten, Seggen-Rieden und Quellfluren der »Süßwasser- und Moorvegetation« und zu den Gesellschaften der Hochstauden und Binsen-Sümpfe.

Flutrasen und Feuchtweiden befinden sich oft kleinflächig in Geländemulden der oft intensiver genutzten Weiden und werden nach ELLENBERG et al. (1991) den Gesellschaften der »Krautigen Vegetation oft gestörter Plätze« zugeordnet.
Untertypen der Feuchtwiesen:
– Pfeifengras-Wiesen, ungedüngte Wiese oder Brache auf wechselfeuchten, nährstoffarmen Böden

– Mädesüß-Uferfluren (Hochstaudenfluren)
– Subkontinentale Brenndolden-Wiesen
– Subatlantische Waldbinsen-Wiesen
– Sumpfdotterblumen-Wiesen (Naßwiesen).

Gefährdung: Entwässerung, Nutzungsaufgabe, Nutzungsintensivierung.

Nutzung und Pflege: Extensive Wiesennutzung mit ein bis zwei Schnitten oder Beweidung.

3.1.2 Heiden und Magerrasen

3.1.2.1 Borstgras-Rasen

Beschreibung: Borstgras-Rasen sind Magerrasen auf basen- und nährstoffarmen, mäßig trockenen bis feuchten Standorten auf sandigen, lehmigen und torfigen Böden. Sie leiten über zu den Zwergstrauch- und Ginsterheiden. Die Gesellschaften kommen meist nur kleinflächig vor. Ihre Hauptvorkommen liegen in den Hochlagen der Mittelgebirge wie z. B. im Harz, Solling, Rheinischen Schiefergebirge, Bayerischen Wald, Schwarzwald, Erzgebirge, in der Rhön und in Küstengebieten.

Gefährdung: Nutzungsintensivierung, Düngung, Nährstoffeintrag, Umbruch, Skisport, Aufforstung und Nutzungsaufgabe mit Verbuschung und Verwaldung, stark gefährdet.

Nutzung und Pflege: Extensive Weide- oder Mahdnutzung ohne Düngung, gegebenenfalls Gehölzbeseitigung.

3.1.2.2 Zwergstrauch- und Ginster-Heiden

Beschreibung: Die Gesellschaften mit Zwergsträuchern wie Besenheide *(Calluna vulgaris)*, Krähenbeere *(Empetrum nigrum)*, Glocken-Heide *(Erica tetralix)*, Preiselbeere *(Vaccinium vitis-idaea)* und Heidelbeere *(V. myrtillus)* sowie Ginsterarten wie Behaarter Ginster *(Genista pi-*

losa), Flügel-Ginster *(G. sagittalis)* und Englischer Ginster *(G. anglica)* sind vorwiegend auf trockenen bis mäßig feuchten, sandigen Böden sowie basen- und nährstoffarmen Silikatgesteinen verbreitet. Sie sind pflanzensoziologisch den *Calluna*-Heiden zuzuordnen, in denen die Besenheide als Kennart hohe Stetigkeit hat. Sie stehen in der Artenzusammensetzung den Borstgras-Rasen, den Sand- und Silikatmagerrasen und den Moorheiden nahe.

Untertypen:
– Sandheide: z. B. im norddeutschen Flachland (großflächig in der Lüneburger Heide)
– Hochheide: In den Hochlagen der Mittelgebirge über 650 m (Harz, Rheinisches Schiefergebirge, Rhön, Bayerischer Wald und Schwarzwald)
– Sonstige Heiden des Berg- und Hügellandes

Gefährdung: Umwandlung in Acker oder Grünland, Überbeweidung, Düngung, Vergrasung – z. B. mit Draht-Schmiele *(Deschampsia flexuosa)*, Pfeifengras *(Molinia coerulea)*, Land-Rohr *(Calamagrostis epigejos)* und Rotem Straußgras *(Agrostis capillaris)* –, Verbuschung und Verwaldung, Aufforstung, Nutzungsaufgabe und Überalterung der Zwergsträucher.

Nutzung und Pflege: Extensive Beweidung mit Schafen (vorwiegend Heidschnucken), Verjüngung der Besenheide *(Calluna vulgaris)* durch Schnitt, Plaggen und Brand, Entbuschen bei Gehölzsukzession.

3.1.2.3 Lockere Sand- und Felsrasen

Beschreibung: Die Biotoptypen kommen auf trockenen bis frischen Böden auf Quarzit, Sand, Tonschiefer, Grauwacke und oberflächlich versauertem Basalt vor. Die Sandrasen sind durch bewegte offene Böden geprägt. Pflanzensoziologisch werden die Biotoptypen den Gesellschaften der Silbergras-Fluren, Graudünen, Sandtrockenrasen und Felsrasen zugeord-

net, die den *Calluna*-Heiden, den Rotschwingel-Rotstraußgras-Magerrasen und den Borstgras-Rasen nahestehen.

Gefährdung: Umwandlung in Acker, Grünland oder Wald, Überbeweidung oder Nutzungsaufgabe mit Grasverfilzung und Gehölzsukzession, Trittschäden durch Freizeitnutzung.

Nutzung und Pflege: extensive Beweidung (z. B. mit Heidschnucken) und/oder Mahd (je nach Vegetationseinheit in sehr unterschiedlichen Abständen).

3.1.2.4 Kalkmagerrasen

Beschreibung: Kalkmagerrasen kommen auf kalkreichen, trockenen bis frischen Lehm-, Mergel- und Sandböden vor. Vegetationskundlich erfolgt eine Gliederung in kontinentale Steppenrasen, wie sie z. B. in Brandenburg und Thüringen vorkommen, und in Trocken- und Halbtrockenrasen mit Verbreitungsschwerpunkt im südlichen und mittleren Deutschland mit submediterranen und submediterran-subatlantischen Arten. Durch die deutliche Tendenz zu extrem trockenen Boden- und Klimaverhältnissen haben die meisten Gesellschaften dieser Magerrasen lückigen Aufwuchs mit geringer Biomasseproduktion. Sie zeigen eine geringe Nährstoffverfügbarkeit an. Die Kalkmagerrasen gehören zu den artenreichsten Pflanzengesellschaften mit laufend wechselnden Bluhaspekten, z. B. Orchideen *(Orchidaceae)*, Enzianen *(Gentianella* spec.), Skabiosen *(Scabiosa* spec.). Viele haben eine große Strukturvielfalt hinsichtlich Boden, Relief und Vegetation. Neben gehölzfreien Magerrasen kommen Ausprägungen vor, die durch unregelmäßige Gehölzstruktur mit Wacholder- und Trockengebüschen oder lockeren Baumbewuchs charakterisiert sind. Kalkmagerrasen sind vorwiegend durch Waldrodung und anschließende Beweidung mit Schafen entstanden.

Gefährdung: Aufgabe der extensiven Nutzung, Verbrachung, Grasverfilzung mit Fieder-Zwenke *(Brachipodium pinnatum)*, Verbuschung und Bewaldung; Intensivierung der landwirtschaftlichen Nutzung (Düngung, Überbeweidung, Biozideintrag oder Umbruch); Freizeitaktivitäten (z. B. Motocross); Abbau von Gesteinen, Auffüllungen und Bebauung.

Nutzung und Pflege: Einbindung aller Restflächen in Pflegemaßnahmen mit teilweiser Rücknahme der Gehölze, Beweidung und/oder Mahd.

3.1.3 Dauergrünland frischer Standorte

3.1.3.1 Frischwiesen

Beschreibung: In ihrer Artenstruktur und Nutzung haben sich die Wirtschaftsgrünländer der Frischwiesen und -weiden in den letzten Jahrzehnten am stärksten verändert. Die Trennung in Wiese und Weide ist oft nicht mehr gegeben, da die Wiesen meist nachbeweidet werden und durch stärkere Düngung mehrere Schnitte möglich werden, die das Artenspektrum der Wiesen dem der Weiden stark angleichen. Bei einer erkennbaren Dominanz von Wiesenarten kann eine Aufteilung in zwei Typen vorgenommen werden:
1. Extensiv genutzte Frischwiesen mit geringeren Stickstoffzeigerwerten (unter 6), großem Angebot an Blüten, Samen und Früchten und mehrschichtigem Bestandsaufbau und Nutzung als ein- bis zweischürige Wiese. Pflanzensoziologisch kann eine weitere Untergliederung in Goldhafer-Wiesen, die in höheren Lagen vorkommen und in Glatthafer-Wiesen, mit Hauptverbreitung in tieferen Lagen, vorgenommen werden. Die Gesellschaften leiten über zu den Magerrasen oder Feuchtwiesen.
2. Intensiv genutzte Frischwiesen mit Stickstoffzeigerwerten zwischen 6 und 9, geringem Artenreichtum und häufigen Nutzungen.

Gefährdung: Extensive ein- bis zwei(drei-)schürige Frischwiesen sind je nach Ausprägung gefährdet bis stark gefährdet, vorwiegend durch Nutzungsintensivierung, Umwandlung in Ackerland oder Nutzungsaufgabe.

Nutzung und Pflege: Ein- bis zweischürige Mahd mit geringer oder keiner Düngung. Auf nährstoffreichen Wiesen sind auch drei Schnitte oder eine Nachweide möglich.

3.1.3.2 Frischweiden

Beschreibung: Frischweiden können ähnlich wie Frischwiesen in zwei nach der Nutzungsintensität charakterisierte Typen gegliedert werden, die pflanzensoziologisch den Weißklee-Weiden zuzuordnen sind:
1. Extensiv genutzte Frischweiden: Sie sind vor allem im Bergland in abgelegenen Tälern verbreitet und werden in der Regel als Jungviehweiden genutzt. Sie sind meist arten- und strukturreich mit hohem Blütenangebot. Auf nährstoffarmen Standorten können sie als Magerweiden ausgeprägt sein und werden dann auch im weiteren Sinn zu den Magerrasen gezählt. Zu diesen Pflanzengesellschaften ist auch die Rotschwingel-Rotstraußgras-Weide bzw. -Hute zu stellen.
2. Intensiv genutzte Frischweiden: Sie sind sehr ertragreich, benötigen hohe Düngergaben und werden mehrmals im Jahr intensiv beweidet und/oder gemäht. Sie sind sehr artenarm.

Gefährdung: Die extensiv genutzten Weiden sind vorwiegend durch Nutzungsaufgabe oder Intensivierung gefährdet. Die Intensivweiden sind nicht gefährdet.

3.1.4 Säume, Brachen und Gebüsche

Beschreibung: **Säume** können unterschiedliche Vegetationsstrukturen aus Gräsern, Kräutern und Gehölzen haben, die sich pflanzensoziologisch aus Arten sehr verschiedener Pflanzengesellschaften zusammensetzen können, die oft kleinflächig wechselnde Mosaike oder Zonierungen bilden. Sie werden als Übergangszonen zwischen Wald und Freiland gesehen (Wald- und Hecken-Saum), sind vorwiegend linienförmig ausgeprägt und haben meist eine längere Entwicklungszeit hinter sich als die großflächigen Brachen und Stillegungsflächen in der Landwirtschaft. In der Artenzusammensetzung der Tier- und Pflanzengemeinschaften können sie älteren Brachen (Kapitel 5.2) und Altgrasbeständen gleichen. Sie haben einen höheren Anteil an Stauden, die sich bei Aufgabe der Mahd und Beweidung entwickeln, und werden daher auch als Staudenfluren bezeichnet. Das Brachfallen von Flächen wird auch als »Versaumung« beschrieben.

Gefährdung: Nährstoffeintrag, Verbuschung, regelmäßige jährliche Nutzung durch Mahd und Beweidung, Verkleinerung der Fläche durch Abackern.

Nutzung und Pflege: Mahd oder Beweidung in mehrjährigen Abständen auf Teilflächen.

Gebüsche und **Hecken** werden meist unter dem Aspekt der Struktur gegliedert. Alter, Verteilungsmuster, Ausformung, Größe und die Durchmischung oder Benachbarung zu anderen Vegetationsstrukturen oder Nutzungsformen sind für eine Bewertung als Landschaftsstruktur, als Lebensraum für Tiere, für die Erhaltung, die Pflege und die Entwicklung wesentlich.
   Die Entwicklung von **Brachen** mit Gehölzen wird in Kapitel 5.2 ausführlich behandelt.

3.2 Pflanzengesellschaften des Grünlandes

Die einzelnen Pflanzenarten des Grünlandes bilden Pflanzengemeinschaften, die in ihrer Artenzusammensetzung durch Umwelteinflüsse, die sich teilweise durch die Bewirtschaftung ergeben, und gegen-

seitige Konkurrenz beeinflußt werden. Die Artenverbindungen, die eine ähnliche floristische Zusammensetzung und Struktur aufweisen, werden typisiert und als Pflanzengesellschaften beschrieben. Diese Pflanzengesellschaften können in ganz unterschiedlichen Landschaften Mitteleuropas, die annähernd gleiche Lebensbedingungen aufweisen, mit ähnlicher Artenzusammensetzung vorkommen. Die Typisierung der Pflanzengesellschaften basiert auf methodischen Erfassungen nach Braun-Blanquet (Kapitel 9.1.2), die überörtliche Vergleiche der Erfassungsergebnisse ermöglichen. In der Pflanzensoziologie sind die Pflanzengesellschaften der Bundesrepublik Deutschland oder einzelner Naturräume oder Regionen beschrieben. Für die vorliegende Arbeit wurden die Veröffentlichungen folgender Autoren ausgewertet: Briemle et al. (1991), DIERSSEN et al. (1988), ELLENBERG (1986), ELLENBERG et al. (1991), FOERSTER (1983), KLAPP (1965), KNAPP et al. (1985), OBERDORFER (1977, 1978, 1983 & 1992), POTT (1992), PREISING et al. (1990), RUNGE (1990a), WILMANNS (1989).
   Die nachfolgende Beschreibung der Pflanzengesellschaften nennt die wichtigsten Standortverhältnisse, gegebenenfalls Hinweise zu Schwerpunktvorkommen in Landschaften Deutschlands sowie häufige bestandsbildende Arten oder Zeigerarten. Die Namen der Arten und Gesellschaften sind den oben genannten Werken entnommen. Da die Pflanzengesellschaften bei verschiedenen Autoren teilweise unterschiedliche Bezeichnungen haben, wurden Synonyme der Gesellschaftsbezeichnungen mit aufgeführt, auch wenn nicht immer eine vollständige Identität sein muß. Bei zusammengesetzten deutschen Artnamen sind die Gattungsnamen durch Bindestrich abgetrennt worden (z. B. Sumpf-Rispengras statt Sumpfrispengras, Wiesen-Fuchsschwanz statt Wiesenfuchsschwanz). Bei der Bezeichnung von Vegetationsgemeinschaften wurden die einzelnen Arten voneinander mit Bindestrich abgetrennt, ebenso der Gemeinschaftsbegriff – Gattungs-

und Artname aber zusammengeschrieben, wie z.B. Wiesenfuchsschwanz-Wiese, Rotschwingel-Rotstraußgras-Wiese, Steppenschwingel-Pfriemgras-Trockenrasen –. Wenn eine Klasse nur eine Ordnung oder die Ordnung nur einen Verband hat, gilt der deutsche Name jeweils auch für die untergeordnete Rangstufe.

Systematische Übersicht über die Pflanzengesellschaften in Grünlandgebieten (Gliederung nach ELLENBERG et al. 1991)

1   Formation: Süßwasser- und Moorvegetation

1.1   Klasse: **Röhrichte** und **Seggen-Riede,** syn.: Röhrichte und Großseggen-Sümpfe (Phragmitetea)

1.1.1   Ordnung: Phragmitetalia

1.1.1.1 Verband: Verlandungsröhrichte und Landröhrichte, syn.: Süßwasserröhrichte **(Phragmition)**

Der Verband hat nasse bis feuchte Standortansprüche und setzt sich aus Röhrichten in langsam fließenden oder stehenden Gewässern oder aus Landröhrichten zusammen. Sie können großflächig ausgeprägt sein oder als Säume oder Inseln bestehen, die mit anderen Grünlandgesellschaften in Kontakt stehen und oft mehrere Dezimeter über dem Wasserspiegel liegen, mit Rhizomen aber den Wasserspiegel erreichen. In vielen Gebieten sind sie nach Entwässerung in Grünland oder Äcker umgewandelt worden, die sich bei Nutzungsaufgabe und entsprechendem Wasserstand wieder zu Röhrichtbeständen entwickeln können. Die Feuchtezahl liegt bei 9,0 (Schwankungen zwischen 6,5 bis 12). Die Standorte sind vorwiegend Aueböden und Gleye mit einer durchschnittlichen Stickstoffzahl von 5 (mäßig stickstoffreich).

Arten:

Butomus umbellatus	Schwanenblume
Cladium mariscus	Schneide
Glyceria maxima	Wasser-Schwaden (Großer Schwaden)
Iris pseudacorus	Wasser-Schwertlilie
Phalaris arundinacea	Rohr-Glanzgras
Phragmites australis	Schilf (Schilfrohr)
Poa palustris	Sumpf-Rispengras
Sparganium erectum	Ästiger Igelkolben
Typha angustifolia	Schmalblättriger Rohrkolben
Typha latifolia	Breitblättriger Rohrkolben

1.1.1.2 Verband: **Großseggen-Riede (Magnocaricion)**

Der Verband ist in zahlreiche Assoziationen aus hochwüchsigen Seggen aufgegliedert. Sie grenzen landeinwärts an Röhrichte an und fallen im Herbst und Winter meist trocken; das Grundwasser kann bis auf einen Meter absinken. Die Bodenverhältnisse entsprechen denen der Röhrichte; neben Gley- und Aueböden bilden Anmoor und Niedertorfe geeignete Standorte. Die durchschnittliche Feuchtezahl liegt bei 8,5 und die Stickstoffzahl bei 4,6. Großseggenriede sind noch häufiger als Röhrichte in andere Grünlandbiotope eingestreut.

Arten:

Carex acutiformis	Sumpf-Segge
Carex disticha	Zweizeilige Segge
Carex elata	Steife Segge
Carex gracilis	Schlanke Segge
Carex paniculata	Rispen-Segge
Carex riparia	Ufer-Segge
Carex rostrata	Schnabel-Segge
Carex vesicaria	Blasen-Segge
Carex vulpina	Fuchs-Segge
Equisetum fluviatile	Schlamm-Schachtelhalm
Lysimachia vulgaris	Gewöhnlicher Gilbweiderich

1.2   Klasse: **Kleinseggen-Riede** u.ä., syn.: Kleinseggen-Sümpfe und Nieder-
        moor-Gesellschaften (Scheuchzerio-Caricetea nigrae)

1.2.1   Ordnung: Moorschlenken-Gesellschaften und Schwingrasen (Scheuchze-
        rietalia palustris)

1.2.1.2 Verband: Fadenseggen-Moor (**Caricion** lasiocarpae)

1.2.2   Ordnung: Braunseggen-Sümpfe (Caricetalia nigrae)

1.2.2.1 Verband: Caricion nigrae (= fuscae)

Die beiden Ordnungen und Verbände können in Saure Kleinseggenriede
(syn.: Saure Kleinseggen-Wiesen, Braunseggen-Sümpfe und mesotrophe
Übergangs-/Zwischenmoore) zu einer ökologischen Gruppe zusammengefaßt werden. Bei den Gesellschaften handelt es sich um niedrigwüchsige
Seggenbestände. Die Standorte haben einen hohen Grundwasserstand, der
nur selten unter 50 cm absinkt und eine durchschnittliche Feuchtezahl von 8
bis 9 aufweist. Die Böden, vorwiegend vom Typ Naßgley, Anmoor- und
Moorgley, sind sauer, nährstoff-, basen- und luftarm und meist naß. Die
mittlere Stickstoffzahl beträgt 2,6.
Arten:

Agrostis canina	Hunds-Straußgras
Carex canescens	Grau-Segge
Carex echinata	Igel-Segge
Carex diandra	Draht-Segge
Carex nigra	Braune (= Wiesen-) Segge
Carex filiformis	
(= C. *lasiocarpa*)	Faden-Segge
Eriophorum angustifolium	Schmalblättriges Wollgras
Molinia caerulea	Pfeifengras, Bentgras
Potentilla palustris	Sumpf-Blutauge

1.2.3   Ordnung: Kalk-Kleinseggen-Riede und verwandte Gesellschaften (Tofiel-
        dietalia)

1.2.3.1 Verband: Kalk-Kleinseggen-Riede, syn.: Kalkflachmoore und Kalksümpfe
        (**Caricion** davallianae)

Die Bestände ähneln dem vorigen Verband, wachsen jedoch auf kalkhalti-
gem Boden, oft auf quelligen Standorten mit Feuchtezahlen zwischen 7 und
8 und einem durchschnittlichen Grundwasserstand zwischen 5 und 30 cm
unter Flur. Von den Verbänden wurden zahlreiche Assoziationen beschrieben, die teilweise sehr artenreich und farbenprächtig sind.

Arten:

Carex davalliana	Davall-Segge
Carex flava	
ssp. *lepidocarpa*	Gelbe Segge
Carex pulicaris	Floh-Segge
Epipactis palustris	Sumpf-Stendelwurz (= Weiße Sumpfwurz)
Eriophorum latifolium	Breitblättriges Wollgras
Juncus subnodulosus	Stumpfblütige Binse (Knoten-Binse)
Parnassia palustris	Sumpf-Herzblatt
Pinguicula vulgaris	Fettkraut
Tofieldia calyculata	Kelch-Simsenlilie

2   Formation: Salzwasser- und Meerstrandvegetation

2.1   Klasse: Salzmarschen, syn.: **Salzrasen** oder Salzwiesen (Asteretea tripolii, syn.: Juncetea maritimi)
2.1.1   Ordnung: Glauco-Puccinellietalia
2.1.1.1   Verband: **Andel-Rasen (Puccinellion** maritimae)
2.1.1.2   Verband: **Strandnelken-Rasen (Armerion** maritimae)

In der Formation der Salzwasser- und Meerstrandvegetation, auch Halophytenvegetation genannt, wurden zahlreiche Pflanzengesellschaften beschrieben. Die artenreichen Salzwiesen sind an der Nord- und Ostsee verbreitet und kommen auch an Salzstellen des Binnenlandes vor. Sie werden zeitweise mit Salzwasser überstaut. Vom Wirtschaftsgrünland unterscheiden sie sich durch die Toleranz des Salzeinflusses und eine höhere Überflutungsdauer. Die Ausprägung unterschiedlicher Assoziationen und Artenstrukturen richtet sich vor allem nach der Stärke des Salzeinflusses, der Häufigkeit und Dauer der Überflutung und der Stärke der Beweidung und des Tritteinflusses der Weidetiere. Bei den Gesellschaften handelt es sich teilweise um Naturwiesen, die keine Nutzung zur Erhaltung benötigen; Andel- und Strandnelken-Rasen werden meistens extensiv beweidet.
Arten:

Agropyron pungens	Strand-Quecke
Agrostis stolonifera	Weißes Straußgras
Armeria maritima	Gemeine (= Strand-)Grasnelke
Aster tripolium	Strand-Aster
Carex extensa	Strand-Segge
Festuca rubra	
ssp. *litoralis*	Rot-Schwingel
Juncus compressus	
ssp. *gerardii*	Bodden- (= Salz-)Binse
Juncus maritimus	Meer- (= Strand-)Binse
Limonium vulgare	Strandflieder (Widerstoß)
Puccinellia maritima	Andel (= Strand-Salzschwaden)

3   Formation: Krautige Vegetation oft gestörter Plätze

3.1   Klasse: **Stickstoffkrautfluren** (Artemisietea)
3.1.1   Ordnung: Glechometalia
3.1.1.1   Verband: Knoblauchhederich-Fluren **(Alliarion)**
3.1.1.2   Verband: Giersch-Saumgesellschaften **(Aegopodion** podagrariae)

In den Übergangszonen von Grünlandgesellschaften oder Äckern zu Wald oder Gebüschen befinden sich an den Schattenseiten stickstoff- und luftfeuchtebedürftige Krautsäume. In wärmeren und trockeneren Lagen befinden sich die mit ihnen verwandten Mittelklee-Krautsäume (Klasse 5.1).
Arten:

Aegopodium podagraria	Giersch
Alliaria petiolata	Gemeiner Lauchhederich
Cruciata laevipes	Gemeines (= Gewimpertes) Kreuzlabkraut
Galium aparine	Gemeines Klebkraut
Glechoma hederacea	Gundelrebe
Lamium album	Weiße Taubnessel
Lamium maculatum	Gefleckte Taubnessel
Poa trivialis	Gemeine Rispe
Ranunculus repens	Kriechender Hahnenfuß
Urtica dioica	Große Brennessel
Veronica chamaedrys	Gamander-Ehrenpreis

3.2   Klasse: **Quecken-Trockenpioniergesellschaft** (Agropyretea)
3.2.1   Ordnung: Agropyretalia repentis
3.2.1.1 Verband: **Convolvulo-Agropyrion**

Die Assoziationen des Verbandes sind vorwiegend Pionierrasengesellschaften auf Ackerbrachen, Feldrainen, Ödland und in Halbtrockenrasen und meist mit Arten der Ackerwildkräuter, Halbtrockenrasen, Wirtschaftswiesen oder stickstoffreicher Staudenfluren durchmischt.
Arten:

Agropyron repens	Gemeine Quecke
Anthemis tinctoria	Färber-Hundskamille
Bromus inermis	Wehrlose (= Unbegrannte) Trespe
Bunias orientalis	Orientalische Zackenschote
Cardaria draba	Gemeine Pfeilkresse
Chondrilla juncea	Großer Knorpellattich
Convolvulus arvensis	Acker-Winde
Falcaria vulgaris	Gemeine Sichelmöhre
Tussilago farfara	Huflattich

3.3   Klasse: **Flutrasen** und **Feuchtweiden**, syn.: Flechtstraußgras-Flutrasen, Flut- und Feuchtpionierrasen (Agrostietea stoloniferae)
3.3.1   Ordnung: Agrostietalia
3.3.1.1 Verband: Flutrasen und Fingerkraut-Quecken-Flutrasen (**Agropyro-Rumicion** und **Lolio-Potentillion**)

Die artenarmen Pflanzengesellschaften des Verbandes zeichnen sich durch Widerstandsfähigkeit gegen Störungen aus. Sie können länger andauernde Überflutung und starke Trittbelastung vertragen; die Böden sind oft lehmig und luftarm. Die Gesellschaft findet man in Flutmulden der Auen, an Trittstellen auf Pfaden, an Weidetoren oder Tränken. Der Verband wird auch zu den Gesellschaften des Wirtschaftsgrünlandes (Klasse Molinio-Arrhenatheretea) gestellt und leitet über zu den Trittrasen-Gesellschaften (Klasse Plantaginetea), die hier nicht gesondert aufgeführt werden, da sie meist nur kleinflächig ausgeprägt sind.

Arten:

Agropyron repens	Gemeine Quecke
Agrostis stolonifera	Weißes Straußgras
Alopecurus geniculatus	Knick-Fuchsschwanz
Festuca arundinacea	Rohr-Schwingel
Juncus compressus	Zusammengedrückte (= Platthalm-) Binse
Poa annua	Einjähriges Rispengras
Potentilla anserina	Gänse-Fingerkraut
Potentilla reptans	Kriech-Fingerkraut
Ranunculus repens	Kriechender Hahnenfuß
Rorippa sylvestris	Wald-Kresse
Rumex crispus	Krauser Ampfer
Rumex obtusifolius	Stumpfblättriger Ampfer

4 Formation: Von Menschen und Tieren geprägte (= anthropozoogene) Heiden und Rasen

4.1   Klasse: **Borstgras-Rasen**, **Zwergstrauchheiden** und **Ginster-Heiden** (Nardo-Callunetea)

4.1.1   Ordnung: Borstgras-Magerrasen (Nardetalia stricta)

4.1.1.1 Verband: Hochmontane und Subalpine Borstgras-Matten (**Nardion**) ab ca. 1000 m Höhe

4.1.1.2 Verband: Borstgras-Rasen des Flachlandes und der Mittelgebirge, syn.: Hundsveilchen-Rasen auf frischen bis trockenen Standorten (**Violion** caninae)

4.1.1.3 Verband: Rasen der Sparrigen Binse, syn.: Rasen der Torfbinsen-Gesellschaften, Feuchte Borstgras-Rasen (**Juncion** squarrosi)

Die Verbände der Borstgras-Rasen kommen außerhalb der Alpen meist nur noch kleinflächig, vorwiegend im Mittelgebirge und in den Geestgebieten Norddeutschlands, vor. Düngerfreie traditionelle Nutzung durch Mahd oder Beweidung sind die wichtigsten Voraussetzungen für die Erhaltung oder Regeneration von Borstgras-Rasen. Die Standorte sind durch niedrige pH- und Stickstoffwerte geprägt. Die durchschnittliche Feuchtezahl liegt bei 4,9; beim Hundsveilchen-Rasen mehr im trockenen Bereich bei 4 und beim Rasen der Sparrigen Binse, der auf gut durchfeuchteten bis wechselfeuchten Böden vorkommt, bei 7. Innerhalb der Verbände wurden mehr als zehn Assoziationen beschrieben.

Arten:

Anthoxanthum odoratum	Gemeines Ruchgras
Antennaria dioica	Gemeines Katzenpfötchen
Arnica montana	Arnika (= Bergwohlverleih)
Calluna vulgaris	Heidekraut
Carex leporina	Hasenpfoten-Segge
Carex pallescens	Bleiche Segge
Carex pilulifera	Pillen-Segge
Danthonia decumbens	Dreizahn
Festuca nigrescens (= *rubra* ssp. *commutata*)	Horst-Schwingel
Festuca tenuifolia	Haar-Schafschwingel (= Fein-Schwingel)
Galium harcynicum	Harzer Labkraut

Hieracium lactucella	Öhrchen-Habichtskraut
Hypericum maculatum	Kanten-Johanniskraut
Juncus squarrosus	Sparrige Binse
Luzula campestris	Feld-Hainsimse
Luzula multiflora	Vielblütige Hainsimse
Nardus stricta	Borstgras
Pedicularis sylvatica	Wald-Läusekraut
Polygala vulgaris	Gewöhnliche Kreuzblume
Polygala serpyllifolia	Quendelblättrige Kreuzblume
Veronica officinalis	Echter Ehrenpreis
Viola canina	Hunds-Veilchen

4.1.2   Ordnung: Atlantische Zwergstrauchheiden (Vaccinio-Genistetalia, syn.: Calluno-Ulicetalia)

4.1.2.1   Verband: Ginster-Sandheiden, syn.: subatlantisch-subboreale Ginster-Heiden, Zwergstrauchheiden saurer Sand- oder Felsböden (**Calluno-Genistion,** syn.: Genisto-Callunion)

4.1.2.2   Verband: Krähenbeer-Heiden der Küsten und Tertiärdünen (**Empetrion nigri,** syn.: Empetrion boreale)

4.1.2.3   Verband: Besenginster-Heiden (**Cytision scoparii,** syn.: **Sarothamnion**)

Die Gesellschaften haben sich auf den Standorten ehemaliger bodensaurer Wälder durch extensive Heidewirtschaft (Plaggen, Brand, Mahd, Beweidung) entwickelt. In Gebieten mit atlantisch geprägtem Klima sind zerstreute Restvorkommen der Pflanzengesellschaften vorhanden. Am bekanntesten sind die Flächen im Naturschutzgebiet Lüneburger Heide. Von den Heiden wurden zahlreiche Assoziationen beschrieben. Sie zeichnen sich durch geringe Nährstoffversorgung der Standorte aus. Die Böden bestehen aus Hochmooren, Binnendünen oder auch lehmigen oder tonigen Substraten auf sehr unterschiedlichen geologischen Formationen. Die Gesellschaften haben oft einen hohen Anteil an Moosen und Flechten.

Arten:

Agrostis tenuis	
(= A. capillaris)	Rotes Straußgras
Avenella (= Deschampsia)	
flexuosa	Draht-Schmiele
Calluna vulgaris	Heidekraut (Gem. Besenheide)
Carex arenaria	Sand-Segge
Cytisus (= Sarothamnus)	
scoparius	Besenginster
Empetrum nigrum	Gemeine (Schwarze) Krähenbeere
Erica tetralix	Glocken-Heide
Festuca ovina	Schaf-Schwingel
Genista anglica	Englischer Ginster
Genista pilosa	Behaarter Ginster
Molinia coerulea	Pfeifengras, Bentgras
Vaccinium myrtillus	Heidelbeere
Vaccinium vitis-idaea	Preiselbeere

4.2   Klasse: Lockere **Sand-** und **Felsrasen** (Sedo-Scleranthetea, syn.: Koelerio-Corynephoretea)

4.2.1   Ordnung: Silbergrasreiche, lockere Sandrasen, Gesellschaften der Sand-
        trockenrasen und Graudünen (Corynephoretalia canescentis)
4.2.1.1 Verband: **Silbergras-Fluren (Corynephorion** canescentis)
4.2.1.2 Verband: **Schillergras-Fluren** der stärker festgelegten Küstendünen und
        Strandwälle (**Koelerion** arenariae = albescentis)

Die Verbände bestehen aus lückigen bis geschlossenen, wärme- und
trockenheitertragenden, lichtbedürftigen und niedrigwüchsigen Pionierflu-
ren. Natürliche Vorkommen sind Dünenstandorte der Küstenregionen und
des Binnenlandes auf sauren, nährstoffarmen Rohböden (Podsolranker). Einen hohen Artenanteil haben Moose.
Arten:

Agrostis vinealis	Sand- (= Schmalrispiges)
(= A. coarctata)	Straußgras
Armeria elongata	Sand-Grasnelke
Carex arenaria	Sand-Segge
Corynephorus canescens	Silbergras
Festuca ovina	Schaf-Schwingel
Helichrysum arenarium	Sand-Strohblume
Potentilla argentea	Silber-Fingerkraut
Rumex acetosella	Kleiner Ampfer
Scleranthus perennis	Ausdauernder Knäuel
Spergula morisonii	Frühlings-Spergel (-Spark)
Teesdalia nudicaulis	Sand-Bauernsenf
Viola canina	
var. *dunensis*	Dünen-Veilchen

4.2.2   Ordnung: **Mauerpfeffer-Schafschwingel-Rasen**, Sandsteppengesellschaf-
        ten (Festuco sedetalia)
4.2.2.1 Verband: Wärme- und kalkliebende Blauschillergras-Sandrasen (**Koeleri-
        on** glaucae)

Die wärme- und kalkliebenden Blauschillergras-Sandrasen kommen auf
Binnendünen im kontinental-subkontinentalen Bereich in verschiedenen
Ausprägungen vor. Sie stellen Reliktgesellschaften der nacheiszeitlichen
Warmezeit dar. Im westlichen Gebiet sind die Blauschillergras-Sandrasen
mit der Silberscharte als Charakterart der Silberscharten-Flur z.B. in der
Oberrheinebene vertreten. Im östlichen Bereich dominiert als Grasart der
Sand-Schwingel.
Arten:

Dianthus arenarius	Sand-Nelke
Festuca psammophila	Sand-Schwingel
Helichrysum arenarium	Sand-Strohblume
Jurinea cyanoides	Sand-Silberscharte
Koeleria glauca	Blaugrünes Schillergras

4.3   Klasse: **Kalkmagerrasen**, syn.: **Steppen-** und **Kalktrockenrasen**, Schwin-
        gel-Steppen und **Trespen-Rasen**, Basiphile Trockenrasen (Festuco-Brome-
        tea)
4.3.1   Ordnung: Kontinentale Steppenrasen (Festucetalia valesiacae)

4.3.1.1 Verband: Kontinentale Steppenrasen, syn.: Pfriemengras-Gesellschaften (Festucion valesiacae)

Die Pfriemengras-Gesellschaften kommen auf trockenen, kalkhaltigen Standorten auf Sand, kiesigem Sand, Lößlehm oder Geschiebemergel in kontinentalen Gebieten Mitteldeutschlands vor, wo sie fast meterhohe lückige Rasen bilden. Die Vorkommen liegen in Trockengebieten Thüringens und Brandenburgs; die westlichste Verbreitung ist in Mainfranken, Rheinhessen und im südlichen Braunschweiger Hügelland.
Arten:

Asperula cynanchica	Hügel-Meister (-Meier)
Aster linosyris	Goldhaar-Aster
Festuca valesiaca	Walliser-Schwingel
Koeleria gracilis	
(= *K. macrantha*)	Zartes (= Zierliches) Schillergras
Potentilla arenaria	Sand-Fingerkraut
Scabiosa canescens	Graue Skabiose
Stipa capillata	Haar-Federgras (= Pfriemengras)

4.3.1.2 Verband: Subkontinentale, mesophile Halbtrockenrasen, syn.: Wiesensteppen (Cirsio-Brachipodion)

Vorkommen dieser Steppenrasen sind kalkreiche Mergel- und Lehmböden und sandig-lehmige bis tonige, saure Lockergesteinsböden (z.B. Garchinger Heide bei München, Kyffhäuser-Gebiet in Thüringen und Oderterrassen).
Arten:

Adonis vernalis	Frühlings-Adonisröschen
Oxytropis pilosa	Zottige Fahnenwicke
Scorzonera purpurea	Rote Schwarzwurzel
Thesium linophyllum	Mittleres Leinblatt

4.3.2 Ordnung: Submediterrane Trocken- und Halbtrockenrasen (Brometalia erecti)

4.3.2.1 Verband: Kalktrockenrasen, syn.: Trespen-Trockenrasen, Steppenheide, Submediterrane Trockenrasen (Xerobromion erecti)

Die Trockenrasen sind auf extrem trocken-warmen Standorten mit lückiger Vegetationsdecke in den Trockengebieten Deutschlands (Oberrheingebiet, Mainzer Sand, Gebiete bei Regensburg, Kaiserstuhl und Mainfranken) verbreitet. Die Gesellschaften vermischen sich mit den kontinentalen Pfriemengras-Steppen. Sie werden durch Beweidung offengehalten und entwickeln sich bei Aufgabe der Nutzung zu wärmeliebenden Eichen- oder Orchideen-Buchen-Wäldern. Die Assoziationen sind reich an Moosen und Flechten.
Arten:

Bromus erectus	Aufrechte Trespe
Carex humilis	Erd-Segge
Dianthus carthusianorum	Karthäuser-Nelke
Fumana procumbens	Gemeines Heideröschen
Inula hirta	Rauher Alant

Linum tenuifolium	Schmalblättriger Lein
Melica ciliata	Wimper-Perlgras
Phleum phleoides	Glanz-Lieschgras
Pulsatilla vulgaris	Gewöhnliche Küchenschelle
Stipa pennata	Zierliches Federgras
Teucrium botrys	Trauben-Gamander
Teucrium chamaedrys	Edel-Gamander
Teucrium montanum	Berg-Gamander

4.3.2.2 Verband: Kalkhalbtrockenrasen, syn. Trespen-Halbtrockenrasen, Kalkmagerrasen (**Mesobromion**, syn.: **Bromion** erecti)

Die Gesellschaften haben sich durch Beweidung oder einschürige Mahd auf flachgründigen, kalkhaltigen und durchlässigen Böden entwickelt und können einen außerordentlichen Artenreichtum an Blütenpflanzen aufweisen. Orchideen, Enziane und Wacholder sind in vielen Kalkhalbtrockenrasen typische Arten. Die Blaugras-Rasen der Mittelgebirge können ebenfalls den Halbtrockenrasen oder auch den Trockenrasen zugeordnet werden. Eine klare Trennung von Typen der gemähten, beweideten und brachgefallenen Kalkmagerrasen ist nicht immer möglich, da sehr viele Übergänge und Intensitäten der Bewirtschaftung eine klare Abgrenzung verwischen. Von den Assoziationen des Mesobromion ist der beweidete Enzian-Schillergras-Rasen (syn.: Enzian-Zwenken-Rasen, Gentiano-Koelerietum) am weitesten verbreitet und kommt vorwiegend mit drei Subassoziationen vor:

1. Die Glatthafer-Subassoziation (Gentiano-Koelerietum arrhenatheretosum) zeichnet sich durch einen geschlossenen Grasteppich aus und leitet über zu den Wirtschaftswiesen und -weiden.
2. In der typischen Subassoziation (Gentiano-Koelerietum typicum) kommen die Kalkmagerrasenarten wie Enziane, Orchideen und die Golddistel zur optimalen Entwicklung.
3. Die Flechten-Subassoziation (Gentiano-Koelerietum cladonietosum) zeichnet sich durch einen lückigen Bewuchs aus, der meist eine Deckung zwischen 50 bis 80 % aufweist. Die Böden sind extrem flachgründig (Proto-Rendzinen).

Gemähte Kalkhalbtrockenrasen sind vor allem im Hügelland des südlichen Oberrheingebietes und angrenzenden Landschaften verbreitet. Weiterhin kommen sie in den trockeneren Gebieten der Flußauen an Rhein, Donau und Neckar vor.
Ungenutzte Kalkmagerrasen gehen häufig in Dominanzbestände der Fiederzwenke *(Brachypodium pinnatum)* über oder verbuschen und entwickeln sich über Vorwaldstadien zum Orchideen-Buchen-Wald.
Arten:

Anthyllis vulneraria	Gemeiner (= Echter) Wundklee
Carex caryophyllea	Frühlings-Segge
Carlina acaulis	Silberdistel (Stengellose Eberwurz)
Carlina vulgaris	Golddistel (Gemeine Eberwurz)
Cirsium acaule	Stengellose Kratzdistel
Gentianella ciliata	Fransen-Enzian
Gentianella germanica	Deutscher Enzian

Koeleria pyramidata	Pyramiden-Schillergras
	(Große Kammschmiele, Pyramiden-K.)
Ophrys insectifera	Fliegen-Orchis (Fliegen-Ragwurz)
Orchis militaris	Helm-Knabenkraut
Primula veris	Wiesen-Schlüsselblume
Ranunculus bulbosus	Knolliger Hahnenfuß
Sesleria varia	Kalk-Blaugras

4.3.2.3 Verband: Bodensaure Trockenrasen, (**Koelerio-Phleion** phleoidis)

Bodensaure Trockenrasen sind auf kalkarmen, lehmig-kiesigen Stein- und Sandböden im östlichen Norddeutschland (Brandenburg und Mecklenburg-Vorpommern), im Rhein- und Moseltal verbreitet. Sie leiten zu den Steppenrasen und lockeren Sand- und Felsrasen über und sind durch Charakterarten nur schwach gekennzeichnet.
Arten:

Genista sagittalis	Flügel-Ginster
Phleum phleoides	Glanz-Lieschgras
Pulsatilla vernalis	Frühlings-Küchenschelle
Saxifraga granulata	Knöllchen-Steinbrech

4.4 Klasse: **Mähwiesen-** und **Weidegesellschaften**, syn.: Gesellschaften des Wirtschaftsgrünlandes (Molinio-Arrhenatheretea)

4.4.1 Ordnung: **Feuchtwiesen (Molinietalia)**

4.4.1.1 Verband: Pfeifengras-Wiesen, syn.: Bentgras-Wiesen (**Molinion** caeruleae)

Die Gesellschaften wurden vorwiegend als einschürige Streuwiesen spät im Jahr gemäht, werden aber auch als Huteflächen genutzt oder liegen brach. Die Böden sind wechselfeucht (Feuchtezahl zwischen 6 und 7) und stickstoffarm (Stickstoffzahl um 3,4). Die Pflanzengesellschaften können sowohl auf kalkreichen wie auch auf kalkarmen Standorten vorkommen. Auf sauren Böden bilden sie oft artenarme Gesellschaften mit dominierenden Beständen des Pfeifengrases und können hier in die Gesellschaften der Borstgras-Rasen übergehen. Auf kalkreichen Standorten kommen Arten der Kalkhalbtrockenrasen in den Gesellschaften vor. Artenreiche Ausprägungen sind vorwiegend in Süddeutschland verbreitet.
Arten:

Achillea ptarmica	Sumpf-Schafgarbe
Betonica officinalis	Betonie (Gemeiner Ziest)
Galium boreale	Nordisches Labkraut
Gentiana asclepiadea	Schwalbenwurz-Enzian
Gentiana pneumonanthe	Lungen-Enzian
Inula salicina	Weidenblättriger Alant
Molinia caerulea	Pfeifengras
Selinum carvifolia	Kümmel-Silge
Serratula tinctoria	Färber-Scharte
Succisa pratensis	Teufelsabbiß

4.4.1.2 Verband: Mädesüß-Uferfluren, syn.: nasse Hochstaudenfluren (**Filipendulion**)

Die Gesellschaften bestehen aus ungenutzten oder sehr extensiv genutzten, hochwüchsigen Pflanzenbeständen. Hauptvorkommen sind nährstoffreiche

Böden mit hoch anstehendem Grundwasser; häufig auf feuchten Brachen und in Uferzonen von Bächen und Gräben.
Arten:

Filipendula ulmaria	Echtes Mädesüß
Geranium palustre	Sumpf-Storchschnabel
Hypericum tetrapterum	Geflügeltes Johanniskraut
Lysimachia vulgaris	Gemeiner Gilbweiderich
Lythrum salicaria	Gemeiner Blutweiderich
Valeriana officinalis ssp. *procurrens*	Kriechender Arzneibaldrian

4.4.1.3 Verband: Subkontinentale Brenndolden-Wiesen, syn.: Brenndolden-Pfei-fengras-Wiesen (**Cnidion** dubii)

Auf grundwassernahen, wechselfeuchten, mageren Standorten der Strom-täler von Elbe, Saale, Rhein und Main kommen im Überflutungsbereich einschürige Brenndolden-Wiesen mit subkontinentaler Verbreitung vor.
Arten:

Cnidium dubium	Sumpf-Brenndolde
Deschampsia cespitosa	Rasen-Schmiele
Viola persicifolia	Bleiches Torfveilchen (Gräben-Veilchen)

4.4.1.4 Verband: Binsen-Moore, syn.: Waldbinsen-Gesellschaften (**Juncion** acuti-flori)

Die Waldbinsen-Gesellschaften kommen auf sickernassen, sauren Nieder-moorböden in luftfeuchten, wintermilden Lagen mit subatlantischer Ver-breitung vor. Die Spitzblütige Binse, auch Wald-Binse genannt, (der Name gilt aber auch für *Scirpus sylvaticus* = Wald-Simse) hat in den Gesellschaf-ten eine hohe Dominanz.
Arten:

Juncus acutiflorus	Spitzblütige Binse (Wald-Binse)
Molinia caerulea	Pfeifengras (Bentgras)
Potentilla erecta	Blutwurz (Aufrechtes Fingerkraut)

4.4.1.5 Verband: **Sumpfdotterblumen-Wiesen**, syn.: nährstoffreiche **Feucht- und Naßwiesen (Calthion)**

Die sogenannten Dotterblumen-Wiesen gedeihen auf wechselfeuchten (Feuchtezahl 7), mäßig gedüngten (Stickstoffzahl zwischen 4 und 5), basen-reichen Standorten und werden meist als zweischürige Wiesen genutzt. Bei Verbrachung breitet sich das Echte Mädesüß *(Filipendula ulmaria)* stark aus, und es entwickelt sich eine nasse Hochstaudenflur (Filipendulion). Die Gesellschaften kommen in Tallagen von den Stromtälern bis in die Bergla-gen vor, sind aber durch Entwässerung und Düngung stark gefährdet und daher für den Feuchtwiesenschutz wichtig. In dem Verband wurden mehre-re Assoziationen beschrieben (z. B. Kohldistel-Wiese, Bachdistel-Wiese, Wassergreiskraut-Wiese, Silgen-Wiese).
Arten:

Caltha palustris	Sumpf-Dotterblume
Cirsium oleraceum	Kohl-Kratzdistel

Cirsium rivulare	Bach-Kratzdistel
Crepis paludosa	Sumpf-Pippau
Juncus filiformis	Fadenförmige Binse
Lotus uliginosus	Sumpf-Hornklee
Lychnis flos-cuculi	Kuckucks-Lichtnelke
Myosotis palustris	Sumpf-Vergißmeinnicht
Polygonum bistorta	Wiesen-Knöterich
Scirpus sylvaticus	Wald-Simse
Senecio aquaticus	Wasser-Greiskraut
Silaum silaus	Gewöhnliche Wiesensilge
Valeriana dioica	Kleiner Baldrian

4.4.2 Ordnung: Wiesen und Weiden trockener bis mäßig nasser Standorte, syn.: Gedüngte **Fettwiesen** und **Weißklee-Weiden** *(Arrhenatheretalia)*

4.4.2.1 Verband: **Glatthafer-Wiesen (Arrhenatherion)**

Dieser Grünlandtyp war bis in die 60er Jahre in niedrigen Lagen (bis etwa 500 m Höhe) weit verbreitet. Er wurde zweimal gemäht und gegebenenfalls im Herbst beweidet. Heute ist dieser Wiesentyp des Dauergrünlandes weitgehend durch Mehrschnittwiesen verdrängt worden. Durch die intensive Nutzung ist die Gesellschaft in der Artenzusammensetzung stark verarmt. Wiesen werden heute häufiger nachgeweidet als früher; die hierdurch entstehenden Mähweiden sind pflanzensoziologisch Mischformen verschiedener Gesellschaften und meist artenarm. Nach den Standortverhältnissen werden drei Formen unterschieden:

1. die frische bis feuchte Variante **(Kohldistel-Glatthafer-Wiese)** mit Feuchtezahl um 5,5 kommt auf frischen bis mäßig feuchten oder wechselfeuchten gedüngten Wiesen auf tiefgründigen Standorten vor.
2. die typische Variante (Typische Glatthafer-Wiese) mit Feuchtezahl 5,2 ist auf frischen, tiefgründigen Braunerden verbreitet, die Stickstoffzahl liegt bei 4,5.
3. die trockene Variante **(Salbei-Glatthafer-Wiese)** mit Feuchtezahl um 4,8 bevorzugt Braunerden und pararendzina-ähnliche Böden mit vorwiegend leichteren, durchlässigen Bodenarten. Die Stickstoffzahl liegt zwischen 4 und 4,5.

Arten:

Alopecurus pratensis	Wiesen-Fuchsschwanz
Arrhenatherum elatius	Glatthafer
Campanula patula	Wiesen-Glockenblume
Crepis biennis	Wiesen-Pippau
Galium mollugo	Wiesen-Labkraut
Geranium pratense	Wiesen-Storchschnabel
Knautia arvensis	Wiesen-Knautie
Pastinaca sativa	Pastinak
Rumex thyrsiflorus	Straußblütiger Ampfer (Rispen-Sauerampfer)
Salvia pratensis	Wiesen-Salbei

4.4.2.2 Verband: **Goldhafer-Bergwiesen**, syn.: Gebirgsfettwiesen **(Polygono-Trisetion)**

Die Goldhafer-Bergwiese löst in Höhenlagen um 500 m die Glatthafer-Wiese ab. Sie wird als ein- bis zweischürige Wiese genutzt. Auf basen- und nährstoffarmen Standorten geht die Gesellschaft in Borstgras-Rasen über und auf Pseudogleyen in Feucht- und Naßwiesen. Der Goldhafer als namengebende Art der Gesellschaften wird oft angesät und kann dadurch auch in Wiesen in geringer Höhenlage häufig auftreten.

Arten:

Astrantia major	Große Sterndolde
Centaurea nigra	Schwarze Flockenblume
Crepis mollis	Weicher Pippau
Geranium sylvaticum	Wald-Storchschnabel
Meum athamanticum	Bärwurz
Trifolium montanum	Berg-Klee
Trisetum flavescens	Goldhafer

4.4.2.3 Verband: **Weißklee-Weiden**, syn.: Weidelgras-Weiden, Wirtschaftsweiden **(Cynosurion)**

Die intensiv gedüngte, artenarme Weide gedeiht auf Lehm-, Löß und sandigem Lehm bei hohen Niederschlägen oder betont frischen bis feuchten Böden am besten (Feuchtezahl 5). Die Stickstoffzahl kann zwischen 4 und 7 schwanken. Die magere artenreichere Ausprägung mit Feld-Hainsimse *(Luzula campestris)* und Kleinem Habichtskraut *(Hieracium pilosella)* ist durch Düngung stark zurückgegangen, ist aber auf mäßig trockenen und sandigen Böden noch anzutreffen. Das namengebende Kammgras kommt ebenfalls nur in mageren Ausprägungen der Weidelgras-Weiden vor.

Arten:

Bellis perennis	Ausdauerndes Gänseblümchen, (Maßliebchen)
Crepis capillaris	Kleinköpfiger Pippau
Cynosurus cristatus	Weide- (= Wiesen-)Kammgras
Lolium perenne	Deutsches Weidelgras
Odontitis vulgaris	Gewöhnlicher Zahntrost
Phleum pratense	Wiesen-Lieschgras
Poa pratense	Wiesen-Rispengras
Taraxacum officinale	Gemeiner Löwenzahn
Trifolium repens	Weiß-Klee
Veronica filiformis	Faden-Ehrenpreis

5   *Formation: Waldnahe Staudenfluren und Gehölze*

5.1   Klasse: **Staudensäume** an Gehölzen (Trifiolo-Geranietea)
5.1.1   Ordnung: Mittelklee-Wirbeldost-Gesellschaften (Organetalia vulgaris)
5.1.1.1 Verband: Mittelklee-**Saumgesellschaften (Trifolion** medii)

5.1.1.2 Verband: Blutstorchschnabel-Saumgesellschaften (**Geranion** sanguinei)

Die Verbände der Saumgesellschaften setzen sich aus Gräsern und Kräutern zusammen und kommen vorwiegend an Wald- und Gebüschrändern vor. Sie sind aber auch in extensiv genutztes Grünland eingestreut. In dessen Brachestadien bilden sie »Versaumungen«. Sie stehen in Konkurrenz mit Gehölzen und werden von diesen im Laufe der Sukzession verdrängt, wenn Einflüsse von Tieren und Menschen ausgeschaltet sind. In Magerweiden

und auf Huten bilden sie Mosaike oder Komplexe mit anderen Pflanzengesellschaften des Grünlandes. Sie sind verwandt mit den Stickstoffkrautsäu-
men (Klasse 3.1), sind aber wärmebedürftiger und ertragen Trockenheit
besser. Die Mittelklee-Krautsäume sind artenärmer als die Blutstorchschna-
bel-Säume, die an südexponierten Standorten, vor allem in den Kalkgebieten, sehr artenreiche Ausbildungen haben und in die Halbtrocken- und
Trockenrasen übergehen.

Arten:

Agrimonia eupatoria	Kleiner Odermennig
Astragalus glyciphyllos	Süße Bärenschote
Brachipodium pinnatum	Fieder-Zwenke
Dictamnus albus	Diptam
Festuca rubra	Rot-Schwingel
Geranium sanguineum	Blut-Storchschnabel
Hypericum perforatum	Tüpfel-Johanniskraut
Melampyrum nemorosum	Hain-Wachtelweizen
Origanum vulgare	Gemeiner Dost
Trifolium medium	Mittel-Klee

Die feuchte- und stickstoffliebenden Halbschattenstaudensäume sind unter
Klasse 3.1 aufgeführt.

6   Formation: Laubwälder und verwandte **Gebüsche**

6.1   Klasse: Schlehen-, Dünenweiden- und Holunder-Gebüsche
(Rhamno-Prunetea)

6.1.1   Ordnung: Schlehen-Gebüsche (**Prunetalia** spinosae)

Die Gehölzarten der Ordnung Schlehen-Gebüsche sind als Hecken, Gebüsche oder Waldmäntel ausgeprägt. In Grünland sind sie als Linienstruktu-
ren, Gebüschgruppen, Solitäre oder mit Bäumen gemischt als Baumhecken
eingestreut oder begrenzen diese zu anderen Vegetations- bzw. Nutzungs-
einheiten. Je nach Standortfaktoren bilden sie unterschiedliche Gesellschaften aus, in denen meist Schlehe, Weißdorn, Rose und/oder Brombeere dominieren.

Arten:

Amelanchier ovalis	Gemeine (= Eiblättrige) Felsenbirne
Berberis vulgaris	Gemeine Berberitze
Cornus sanguinea	Blutroter Hartriegel
Corylus avellana	Gemeine Haselnuß
Cotoneaster integerrimus	Gemeine Zwergmispel
Crataegus spec.	Weißdorn-Arten
Euonymus europaeus	Europäisches Pfaffenhütchen
Frangula alnus	Faulbaum
Juniperus communis	Gemeiner Wacholder
Ligustrum vulgare	Gemeiner Liguster
Lonicera periclymenum	Wald-Heckenkirsche (-Geißblatt)
Prunus spinosa	Schwarzdorn, Schlehe
Rhamnuns cartharticus	Purgier- (= Echter) Kreuzdorn
Rosa spec.	Rosen-Arten
Rubus fruticosus	Echte Brombeere
Sambucus nigra	Schwarzer Holunder

Sambucus racemosa	Roter (= Hirsch-)Holunder
Viburnum lantana	Wolliger Schneeball
Viburnum opulus	Gemeiner Schneeball

Auf den gefestigten Dünen im norddeutschen Küstenbereich kommen Dünenweiden-Gebüsche mit den Gehölzen Sanddorn *(Hippophae rhamnoides)*, Dünen-Rose *(Rosa spinosissima)*, Kratzbeere *(Rubus caesius)* und Schwarzer Holunder *(Sambucus nigra)* vor.

Die Pflanzengesellschaften der Gebüsche sind wegen der schwierigen Artzuordnung von Rosen-, Weißdorn- und Brombeersippen erst in wenigen Regionen der Bundesrepublik erforscht (Hecken in Bayern, REIF 1983, 1985; Brombeeren, WEBER 1990).

4 Grünland und Gehölzstrukturen als Habitate für Tiere

Die Habitate der Tiere werden vom Biotoptyp, den Kleinstrukturen, der Flächengröße und den Nutzungseingriffen beeinflußt. Jede Tierart hat einen anderen Anspruch an den Lebensraum. Bei Schutz- und Pflegekonzepten für Grünlandlebensräume muß daher festgelegt sein, für welche Tiere sie zu sichern und zu pflegen sind.

4.1 Vogelhabitate

Die Grünlandbiotope können bei den Vögeln als Brutplatz, als Nahrungsgebiet während oder außerhalb der Brutzeit oder als Rastplatz für Zugvögel dienen.

Als Brutplatz sind nur extensiv genutzte Grünlandflächen geeignet, die in der Brutzeit (vom Nestbau bis zur Aufzucht der Jungvögel in den ersten Tagen nach dem Schlüpfen aus dem Ei) nicht gemäht oder nur extensiv beweidet werden dürfen, um den Bruterfolg zu sichern. Eine Grünlandnutzung kann je nach Vogelart vom 15. März (z. B. beim Kiebitz *Vanellus vanellus*) bis in die zweite Hälfte Juni (z. B. bei Nachgelegen von Wiesenvögeln) die Brutvögel beeinträchtigen (BÖLSCHER 1992; s. Abb. 2). Die meisten Wiesenvögel benötigen weite offene

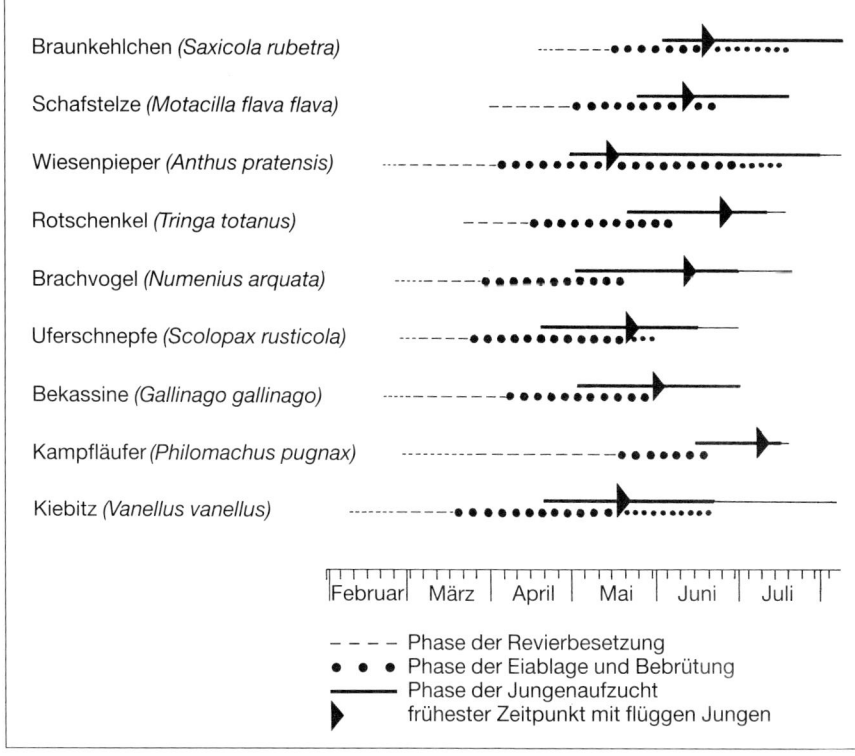

Abb. 2: Brutphänologie von Wiesenvogelarten in Mitteleuropa (Quellen: GLUTZ et al. 1975, 1977, 1985; zit. in BÖLSCHER 1992, verändert).

Flächen und brüten nicht in der Nähe von Gehölzen; in schmalen Waldwiesentälern oder in verbuschten Flächen fehlen sie.

Vogelarten, die durch Schutzmaßnahmen gefördert werden

Im Rahmen der Extensivierung der Grünlandnutzung haben mehrere Bundesländer Förderprogramme mit Vertragsmustern für spezielle Vogelarten wie Wiesenvögel, Brachvögel und Birkwild (z. B. Ministerium für Ernährung, Landwirtschaft und Forsten des Landes Schleswig-Holstein 1986, zit. in ZIESEMER 1992) ausgearbeitet.

Am häufigsten werden Verträge zum Schutz von Wiesenvögeln abgeschlossen. Im engeren Sinne zählen hierzu die Vögel, die die Grünlandflächen als Nist- und Nahrungshabitat nutzen.

Watvögel: Kiebitz *(Vanellus vanellus)*, Kampfläufer *(Philomachus pugnax)*, Bekassine *(Gallinago gallinago)*, Uferschnepfe *(Limosa limosa)*, Großer Brachvogel *(Numenius arquata)* und Rotschenkel *(Tringa totanus)*.

Sperlingsvögel: Wiesenpieper *(Anthus pratensis)*, Schafstelze *(Motacilla flava)*, Braunkehlchen *(Saxicola rubetra)* und Feldlerche *(Alauda arvensis)*.

Sonstige Bodenbrüter: Wachtelkönig *(Crex crex)*, Wiesenweihe *(Circus pygargus)* und Sumpfohreule *(Asio flammeus)*.

Wiesenvögel benötigen meist Grünland mit hohem Wasserstand, eingestreuten Feuchtflächen, Gräben, Tümpeln und moorigen Standorten.

Neben den Wiesenvögeln im engeren Sinne (Wiesenbrutvögel) kommen in Grünlandgebieten zahlreiche weitere Vogelarten vor, die bestimmte Strukturen oder Ausprägungen der Vegetation benötigen:

Sumpfrohrsänger *(Acrocephalus palustris)*	– Hochstaudensäume, z. B. Säume aus Gemeiner Brennessel *(Urtica dioeca)*,
Feldschwirl *(Locustella naevia)*	– Strukturen mit höherem Bewuchs,
Rohrammer *(Emberiza schoeniclus)*	– Hochstauden und Röhrichte,
Teichrohrsänger *(Arcocephalus scirpaeus)*	– Röhrichte und Großseggen-Sümpfe.

Einige bedrohte Arten benötigen Flächen mit einer größeren Ausdehnung, z. B. die Rohrweihe *(Circus aeruginosus)* größere Feuchtgebiete, der Weißstorch *(Ciconia ciconia)* ausgedehnte Feuchtwiesengebiete. Zerstreute Kleinflächen bestimmter Grünlandtypen entsprechen in ihrer Ausdehnung oft nicht mehr den Ansprüchen, welche die Charaktervogelarten an den Biotoptyp stellen.

Weitere Vogelarten haben in Gebieten mit Grünland ihre höchste Siedlungsdichte oder sind auf grünlandähnliche Biotope oder Kleinstrukturen mit Grünlandarten angewiesen, brüten aber nicht in Wiesen, sondern meist in höherem Aufwuchs der Gras-/Krautschicht (Brachestreifen), in Gehölzen oder Siedlungen: z.B. Weißstorch *(Ciconia ciconia)*, alle Würgerarten *(Lanius spec.)*, Rebhuhn *(Perdix perdix)*, Grasmücken *(Sylvia spec.)*. Die meisten Vogelarten ernähren sich teilweise von Tierarten, die ihren Lebensraum im Grünland haben und an den dort vorkommenden Gras- und Krautarten oder im Boden vorkommen.

Ökologische Nischen der Wiesenvögel – Habitatfaktoren und -strukturen

Für die Existenz der Wiesenvögel sind einerseits das Vorkommen bestimmter Vegetationseinheiten der Feuchtgebiete wichtig (z. B. Großseggen-Sümpfe, Pfeifengras-Streuwiesen, Mädesüß-Uferfluren, Sumpfdotterblumen-Wiesen), andererseits aber auch Kleinstrukturen von Bedeutung, die sich durch Standortfaktoren und bestimmte Nutzungen entwickelt haben.

Spezialisten unter den Watvögeln sind Uferschnepfe *(Limosa limosa)* und Bekassine *(Gallinago gallinago)*, die ihre Nahrungstiere unter der Erdoberfläche orten und diese nur erreichen können, wenn der Boden gut durchfeuchtet ist.

Der Brachvogel *(Numenius arquaticus)* kann sich durch seine Technik der Nahrungssuche auch in trockenerem

Grünland mit weniger weichem Boden ernähren. Der Kiebitz *(Vanellus vanellus)* muß die Erdoberfläche sehen können und meidet daher Habitate mit hoher, dichter Vegetation. Die Weichheit des Bodens hat für die Nahrungssuche beim Kiebitz keine wesentliche Bedeutung. Er brütet auch auf Stillegungsflächen, die nicht eingesät wurden und nur mit schütterer Vegetation bewachsen sind. Sein Neststandort darf zur Brutzeit nur eine Vegetationshöhe erreichen, die ihm eine freie Sicht beim Brüten erlaubt, andernfalls verläßt er sein Nest, und der Brutversuch ist gescheitert.

Habitate mit niedriger Vegetation benötigen z.B. auch Feldlerche *(Alauda arvensis)*, Wiesenpieper *(Anthus pratensis)* und Bachstelze *(Motacilla alba)* zur Fortbewegung und für die Nahrungssuche; die Halme können aber dichter stehen als im Nahrungshabitat des Kiebit-

zes. Die drei Gattungen finden diese Biotope vorwiegend auf extensiv genutzten Weiden und auf breiten Graswegen. Als weitere Kleinstrukturen benötigen Pieper und Stelzen Sitzwarten (z.B. Maulwurfshügel, Stauden, niedrige Gehölze, Zaunpfähle, Dunghaufen oder Viehschuppen) für die Ansitzjagd, als Gesangsplatz und zur Überwachung des Brutgebietes.

Das Braunkehlchen *(Saxicola rubetra)* kann die Nahrung sowohl bei der Flugjagd in hoher Grünlandvegetation als auch bei der Bodenjagd auf kurzgrasigen Flächen erbeuten. Als Strukturen sind Warten, die z.B. aus Hochstauden, Weidezäunen oder Einzelbüschen bestehen können, in größerer Zahl erforderlich; als Brutplatz werden Altgrasstreifen, Hochstaudenfluren oder Brachen ausgewählt.

Entscheidend für das Tierleben im Grünland ist die Bestandsstruktur, die auch als Schichtung oder Stratifikation

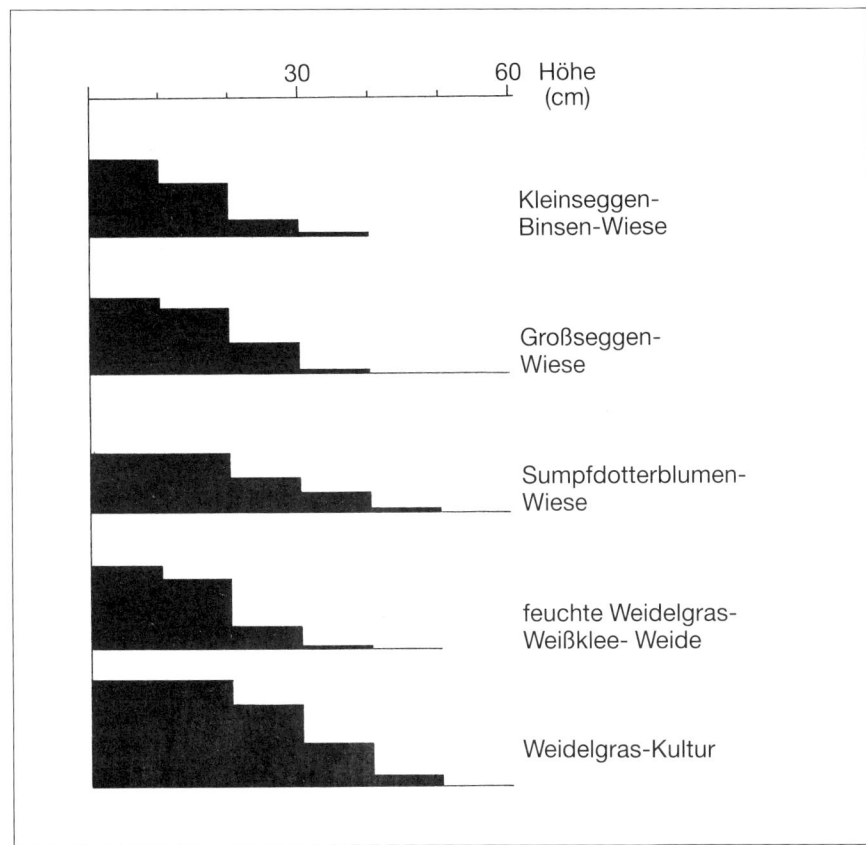

Abb. 3: Schichtungsdiagramm für verschiedene Grünlandtypen. Sämtliche Proben wurden zwischen dem 20.5. und 25.5.1984 geschnitten und einzeln ausgezählt und vermessen. Die Breite der Säule gibt den relativen Anteil der in jedem Dezimeter-Intervall vorhandenen Pflanzenanteile an der Gesamtfläche der auf einer Ebene projizierten Vegetation wieder (nach Bölscher 1992).

Abb. 4: Relative Abundanzen von Wiesenvogelarten über jeweils drei Intervalle von drei Habitatgradienten in den Wümmewiesen 1985 (nach BÖLSCHER 1992, verändert).

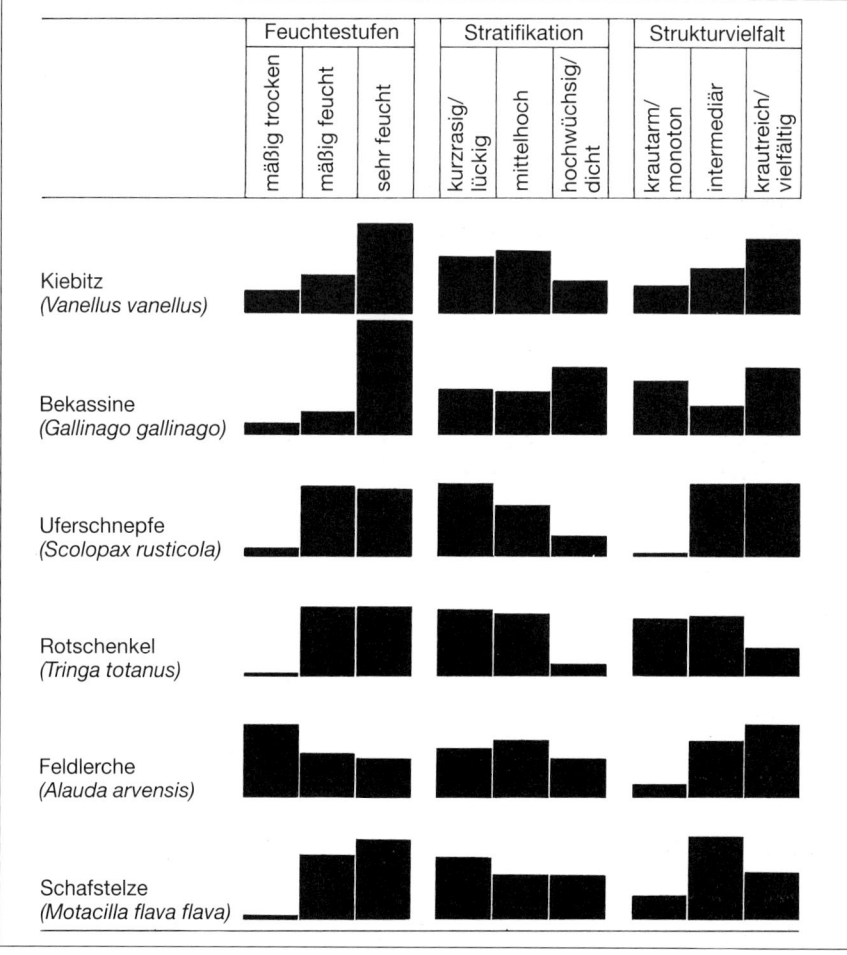

Abb. 5: Seite 61 – 63. Strukturtypen von Magerrasen und Gehölzen

bezeichnet wird. Sie kann nach Dezimeter-Intervallen oder in einer vereinfachten Stufung der Deckungsgrade oder Pflanzenmasse angegeben werden (BÖLSCHER 1992; s. Abb. 3) oder in einer vierstufigen Skala mit Deckungsgraden (BRIEMLE 1992) oder Massenanteilen (NITSCHE 1993) der Pflanzen (s. Kapitel 9.1.7.). Neben der relativen Mengenverteilung in den einzelnen Schichten ist die Dichte des Aufwuchses für das Vorkommen vieler Arten entscheidend. Als die wichtigsten Habitatgradienten hat BÖLSCHER (1992) die Feuchtestufen des Bodens, die Stratifikation und die Strukturvielfalt (s. Abb. 4) für sechs Wiesenvögel zusammengestellt.

Gefährdung der Wiesenvögel

Wiesenvögel sind am stärksten durch intensive Landwirtschaft und durch Aufgabe der Nutzung gefährdet. Wesentliche Faktoren sind Entwässerung, Reliefmelioration, Düngung und Herbizidanwendung. In Schutzgebieten ist ein abgestimmter Mahdrhythmus und/oder eine geregelte Beweidungsdichte in bestimmten Weidezeiten wichtig. Zur Brutzeit ist eine geringe Beweidungsdichte erforderlich. Die Hauptnutzung ist in die zweite Jahreshälfte zu legen. Die Naturschutzauflagen bringen allerdings wesentliche Verluste für den wirtschaftenden Landwirt, der entschädigt werden muß (s. Kapitel 7.2.3.).

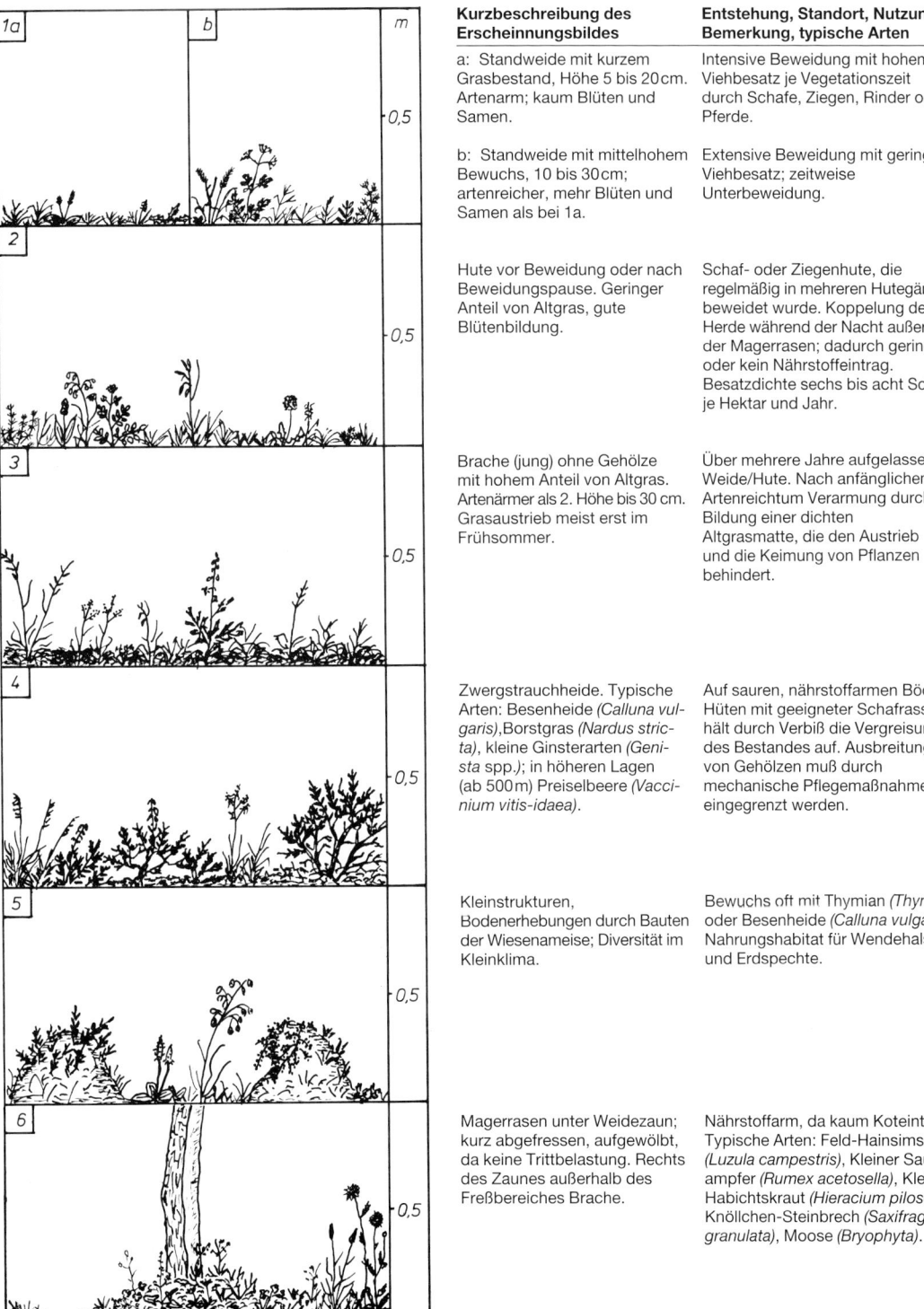

Kurzbeschreibung des Erscheinnungsbildes	Entstehung, Standort, Nutzung, Bemerkung, typische Arten
a: Standweide mit kurzem Grasbestand, Höhe 5 bis 20 cm. Artenarm; kaum Blüten und Samen.	Intensive Beweidung mit hohem Viehbesatz je Vegetationszeit durch Schafe, Ziegen, Rinder oder Pferde.
b: Standweide mit mittelhohem Bewuchs, 10 bis 30 cm; artenreicher, mehr Blüten und Samen als bei 1a.	Extensive Beweidung mit geringem Viehbesatz; zeitweise Unterbeweidung.
Hute vor Beweidung oder nach Beweidungspause. Geringer Anteil von Altgras, gute Blütenbildung.	Schaf- oder Ziegenhute, die regelmäßig in mehreren Hutegängen beweidet wurde. Koppelung der Herde während der Nacht außerhalb der Magerrasen; dadurch geringer oder kein Nährstoffeintrag. Besatzdichte sechs bis acht Schafe je Hektar und Jahr.
Brache (jung) ohne Gehölze mit hohem Anteil von Altgras. Artenärmer als 2. Höhe bis 30 cm. Grasaustrieb meist erst im Frühsommer.	Über mehrere Jahre aufgelassene Weide/Hute. Nach anfänglichem Artenreichtum Verarmung durch Bildung einer dichten Altgrasmatte, die den Austrieb und die Keimung von Pflanzen behindert.
Zwergstrauchheide. Typische Arten: Besenheide *(Calluna vulgaris)*, Borstgras *(Nardus stricta)*, kleine Ginsterarten *(Genista spp.)*; in höheren Lagen (ab 500 m) Preiselbeere *(Vaccinium vitis-idaea)*.	Auf sauren, nährstoffarmen Böden. Hüten mit geeigneter Schafrasse hält durch Verbiß die Vergreisung des Bestandes auf. Ausbreitung von Gehölzen muß durch mechanische Pflegemaßnahmen eingegrenzt werden.
Kleinstrukturen, Bodenerhebungen durch Bauten der Wiesenameise; Diversität im Kleinklima.	Bewuchs oft mit Thymian *(Thymus)* oder Besenheide *(Calluna vulgaris)*. Nahrungshabitat für Wendehals und Erdspechte.
Magerrasen unter Weidezaun; kurz abgefressen, aufgewölbt, da keine Trittbelastung. Rechts des Zaunes außerhalb des Freßbereiches Brache.	Nährstoffarm, da kaum Koteintrag. Typische Arten: Feld-Hainsimse *(Luzula campestris)*, Kleiner Sauerampfer *(Rumex acetosella)*, Kleines Habichtskraut *(Hieracium pilosella)*, Knöllchen-Steinbrech *(Saxifraga granulata)*, Moose *(Bryophyta)*.

Kurzbeschreibung des Erscheinnungsbildes	Entstehung, Standort, Nutzung, Bemerkung, typische Arten
Lückige Pflanzenbestände auf meist ungenutzten, steinigen Flächen mit geringer Bodenbildung. Einzelne Sträucher mit Krüppelwuchs, die in extrem trockenen Jahren sogar in Teilbereichen vertrocknen.	Flachgründige, steinige Böden (Rendzina, Ranker). Biomassenproduktion unter 1 t TM je Hektar und Jahr. Sehr langsames Gehölzwachstum.
Gehölze auf ungenutzten Flächen, die wie eine Schnitthecke aussehen, weisen auf starken Verbiß durch Wild. Je nach Tierart Verbißspuren bis 1,5 m Höhe. Auch der Bodenbewuchs ist kurz abgefressen.	Ganzjähriger (starker) Verbiß durch Wild (Schalenwild, Hasen, Kaninchen, Nager). Wiederbewaldung der Flächen wird aufgehalten, besonders durch Knospenverbiß im Winter.
Einzelbüsche oder Gruppen in lockerem Wuchs ohne Verbißschäden. Artenzahl an Blütenpflanzen ist reduziert.	Brache (langjährig) mit hohem Altgrasanteil. Langfristig Entwicklung zum Wald.
Hute mit Gehölzen, die Verbiß bis ca. 80 cm Höhe aufweisen.	Schafverbiß, häufig an Ruheplätzen und Tränken. Durch den Koteintrag werden an diesen Plätzen nährstoffzeigende Pflanzen gefördert.
Starker Verbiß von Gehölzen bis 2,5 m Höhe. Blatter, Nadeln, Zweige bis 3 mm Durchmesser und Rinde sind verbissen. Einige Sträucher oder Bäume sterben ab. Einige Arten treiben aus dem Wurzelstock wieder neu aus.	Ziegenhute oder -koppel. Verbißstärke hängt vom Gehölzanteil, der Jahreszeit und der Aufenthaltsdauer ab. Zweige werden mit den Vorderbeinen heruntergebogen und dann befressen.
Gehölzverbiß bis 1,5 m Höhe. Extrem dichter Wuchs im Verbißbereich; wie eine Schnitthecke aussehend. Ähnliches Erscheinungsbild wie bei Nr. 8.	Verbiß durch Rinder (Kuhbusch). Nachwachsende Triebe werden jährlich neu verbissen. Wenn die Mitte des Busches nicht mehr erreicht werden kann, wächst ein Teil des Busches oder ein in der Mitte aufkommender Baum nach oben durch.

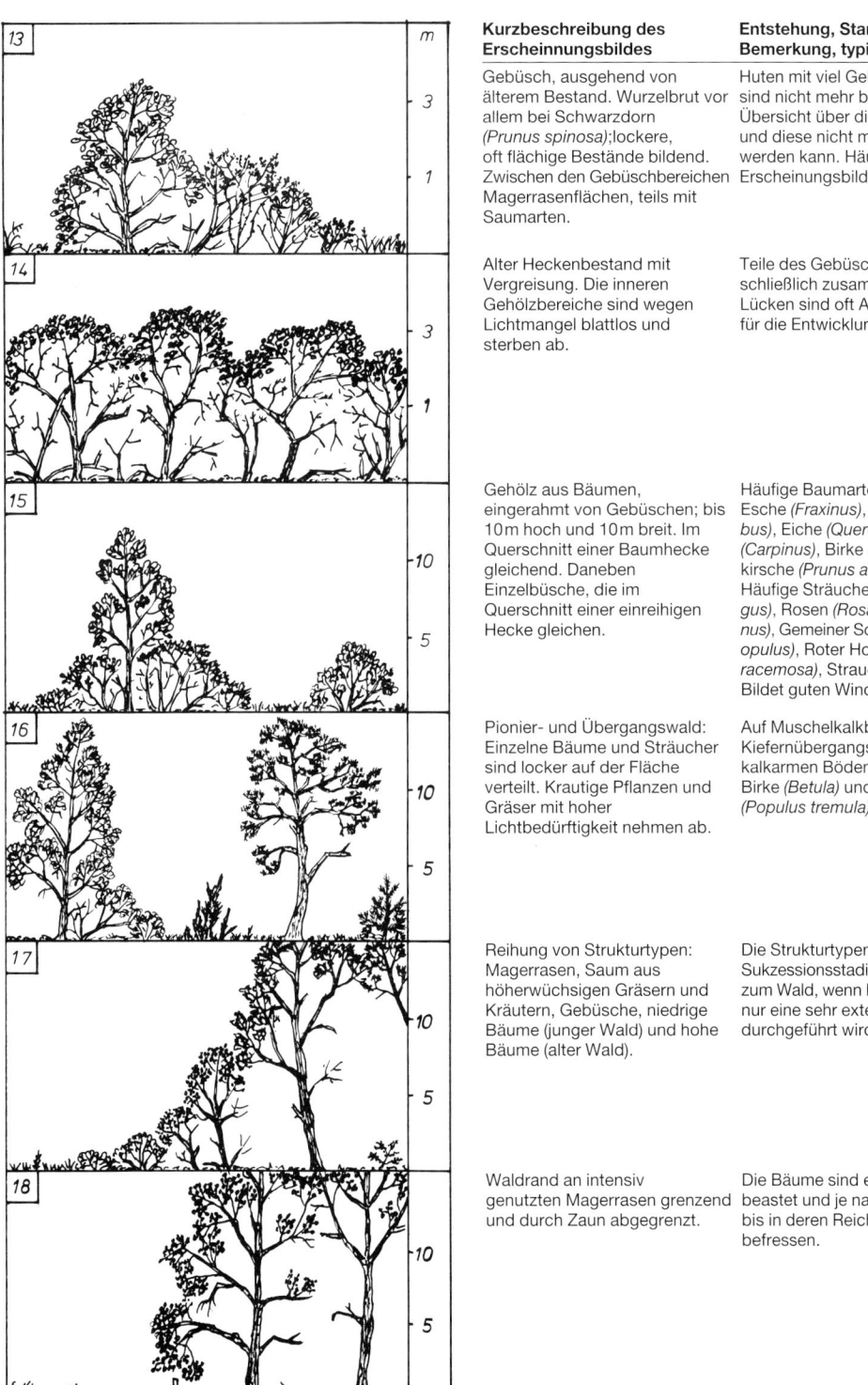

Kurzbeschreibung des Erscheinungsbildes	Entstehung, Standort, Nutzung, Bemerkung, typische Arten
Gebüsch, ausgehend von älterem Bestand. Wurzelbrut vor allem bei Schwarzdorn *(Prunus spinosa)*;lockere, oft flächige Bestände bildend. Zwischen den Gebüschbereichen Magerrasenflächen, teils mit Saumarten.	Huten mit viel Gebüschbereichen sind nicht mehr beweidbar, da die Übersicht über die Herde fehlt und diese nicht mehr geführt werden kann. Häufiges Erscheinungsbild auf Brachen.
Alter Heckenbestand mit Vergreisung. Die inneren Gehölzbereiche sind wegen Lichtmangel blattlos und sterben ab.	Teile des Gebüsches brechen schließlich zusammen. Diese Lücken sind oft Ausgangspunkte für die Entwicklung von Bäumen.
Gehölz aus Bäumen, eingerahmt von Gebüschen; bis 10m hoch und 10m breit. Im Querschnitt einer Baumhecke gleichend. Daneben Einzelbüsche, die im Querschnitt einer einreihigen Hecke gleichen.	Häufige Baumarten: Weide *(Salix)*, Esche *(Fraxinus)*, Eberesche *(Sorbus)*, Eiche *(Quercus)*, Hainbuche *(Carpinus)*, Birke *(Betula)*, Vogelkirsche *(Prunus avium)* u. a. Häufige Sträucher: Schwarzdorn gus), Rosen *(Rosa)*, Hartriegel *(Cornus)*, Gemeiner Schneeball *(Viburnum opulus)*, Roter Holunder *(Sambucus racemosa)*, Strauchweiden u. a. Bildet guten Windschutz.
Pionier- und Übergangswald: Einzelne Bäume und Sträucher sind locker auf der Fläche verteilt. Krautige Pflanzen und Gräser mit hoher Lichtbedürftigkeit nehmen ab.	Auf Muschelkalkböden ist Kiefernübergangswald häufig. Auf kalkarmen Böden dominieren häufig Birke *(Betula)* und Zitterpappel *(Populus tremula)*.
Reihung von Strukturtypen: Magerrasen, Saum aus höherwüchsigen Gräsern und Kräutern, Gebüsche, niedrige Bäume (junger Wald) und hohe Bäume (alter Wald).	Die Strukturtypen entsprechen den Sukzessionsstadien von Magerrasen zum Wald, wenn keine Nutzung oder nur eine sehr extensive durchgeführt wird.
Waldrand an intensiv genutzten Magerrasen grenzend und durch Zaun abgegrenzt.	Die Bäume sind einseitig tief beastet und je nach Tierart nur bis in deren Reichweite befressen.

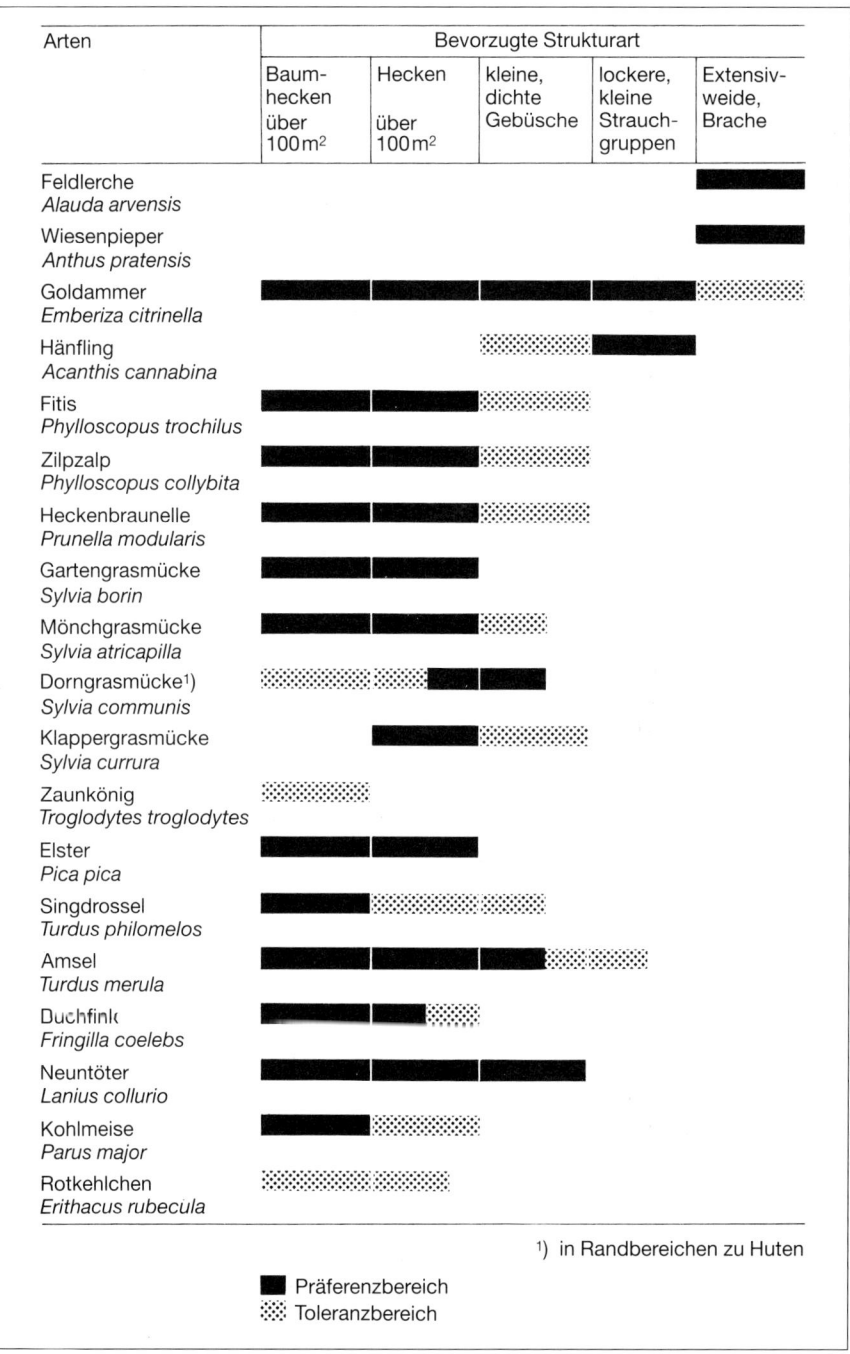

Arten	Bevorzugte Strukturart				
	Baumhecken über 100 m²	Hecken über 100 m²	kleine, dichte Gebüsche	lockere, kleine Strauchgruppen	Extensivweide, Brache
Feldlerche *Alauda arvensis*					■
Wiesenpieper *Anthus pratensis*					■
Goldammer *Emberiza citrinella*	■	■	■	■	▨
Hänfling *Acanthis cannabina*			▨	■	
Fitis *Phylloscopus trochilus*	■	■	▨		
Zilpzalp *Phylloscopus collybita*	■	■	▨		
Heckenbraunelle *Prunella modularis*	■	■	▨		
Gartengrasmücke *Sylvia borin*	■	■			
Mönchgrasmücke *Sylvia atricapilla*	■	■	▨		
Dorngrasmücke[1]) *Sylvia communis*	▨	▨	■		
Klappergrasmücke *Sylvia currura*		■	■	▨	
Zaunkönig *Troglodytes troglodytes*	▨				
Elster *Pica pica*	■	■	■		
Singdrossel *Turdus philomelos*	■	▨	▨		
Amsel *Turdus merula*	■	■	■	▨	
Buchfink *Fringilla coelebs*	■	■	▨		
Neuntöter *Lanius collurio*	■	■	■		
Kohlmeise *Parus major*	■	▨	▨		
Rotkehlchen *Erithacus rubecula*	▨	▨			

[1]) in Randbereichen zu Huten

■ Präferenzbereich
▨ Toleranzbereich

Oben: Feuchtwiesen mit Trollblumen *(Trollius europaeus)* in der Hohen Rhön (Hessen und Bayern) sind zur Blütezeit im Mai und Juni gelb gefärbt. Im Hintergrund sind Weideflächen mit Großvieh zu erkennen (s. Kapitel 2).

Unten: Frühjahrsüberschwemmung in der Oderniederung bei Schwedt in Brandenburg (s. Kapitel 2).

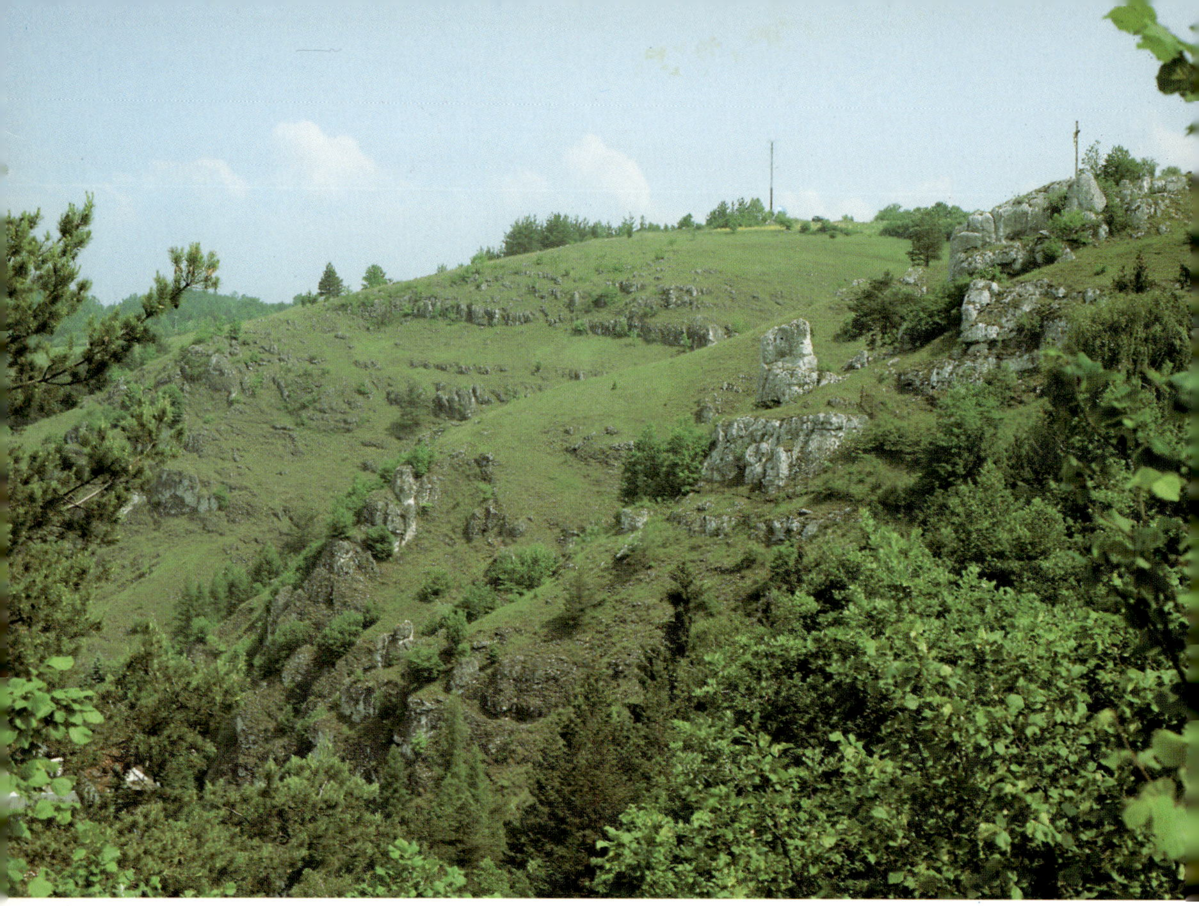

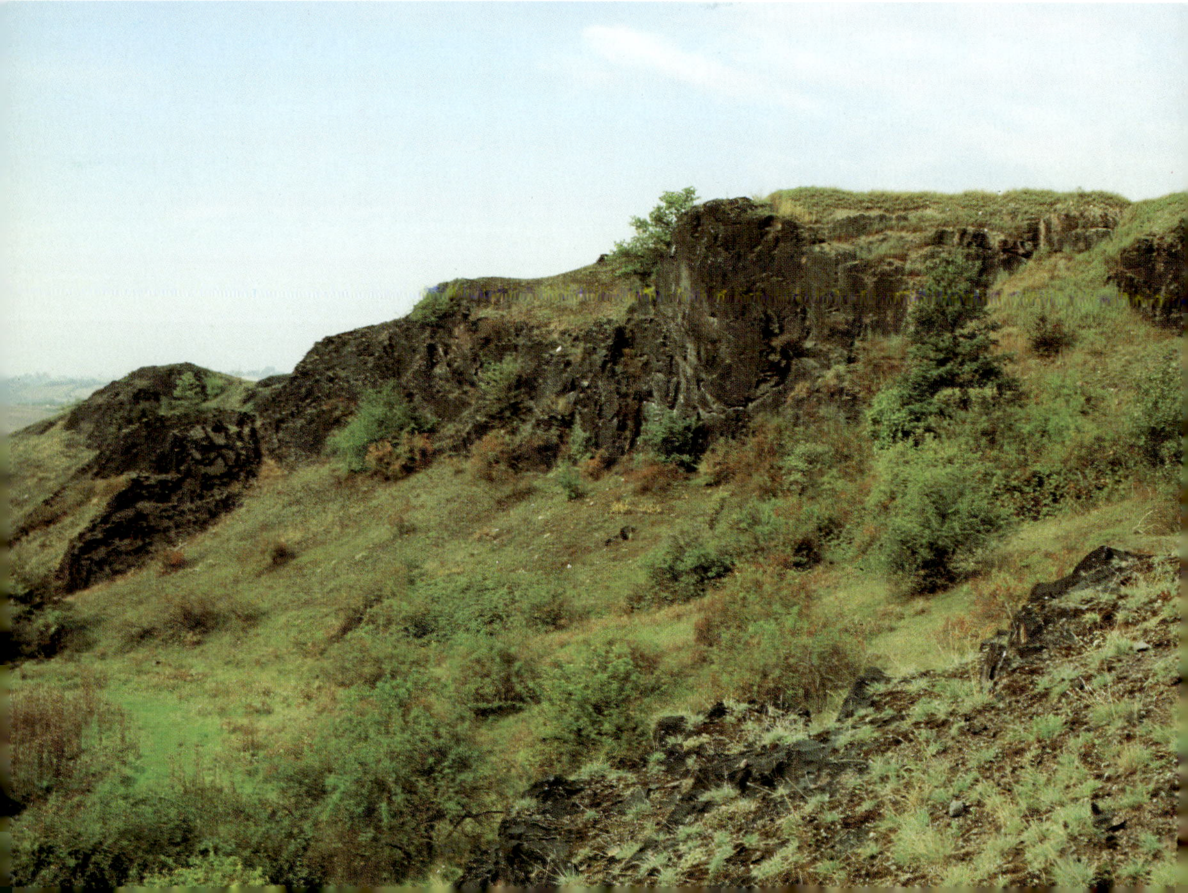

Charaktervögel in Magerrasen- und Heidegebieten

Bei Siedlungsdichteuntersuchungen der Vögel in großen **Kalk-Magerrasenge-bieten** (Wacholder-Heiden) in Nordhessen wurden 18 Strukturen mit unterschiedlicher Gehölzdurchmischung und Nutzungsintensität von NITSCHE (1990) herausgestellt (s. Abb. 5). Für 19 Vogelarten von insgesamt 39 nachgewiesenen Arten konnten fünf bevorzugte Strukturtypen der Magerrasen und Gehölzbereiche ermittelt werden (s. Abb. 6).

Als charakteristische Brutvögel der **Wacholder-Heiden** wurden von HÖLZINGER (1987) in Baden-Württemberg nachgewiesen: Wendehals *(Jynx torquilla)*, Heidelerche *(Lullula arborea)*, Baumpieper *(Anthus trivials)*, Neuntöter *(Lanius collurio)*, Raubwürger *(L. excubitor)*, Heckenbraunelle *(Prunella modularis)*, Gartengrasmücke *(Sylvia borin)*, Mönchsgrasmücke *(S. atricapilla)*, Klappergrasmücke *(S. currura)*, Dorngrasmücke *(S. communis)*, Fitis *(Phylloscopus trochilus)*, Zilpzalp *(P. collybita)*, Berglaubsänger *(P. bonelli)*, Nachtigall *(Luscinia megarhynchos)*, Steinschmätzer *(Oenanthe oenanthe)*, Grauammer *(Emberina calandra)* und Goldammer *(E. citrinella)*.

In der **Heidelandschaft** (3000 ha) des Naturschutzgebietes Lüneburger Heide konnten von LÜTKEPOHL & TÖNNIESSEN (1992) bestandsbedrohte Vogelarten mit folgenden Brutpaarzahlen nachgewiesen werden: Baumfalke *(Falco subbuteo)* 3, Rebhuhn *(Perdix perdix)* 4, Brachvogel *(Numenius arquata)* 4, Ziegenmelker *(Caprimulgus europaeus)* über 40, Heidelerche *(Lullula arborea)* über 50, Neuntöter *(Lanius collurio)* 26, Grau-(Raub-)würger *(Lanius excubitor)* 7, Schwarzkehlchen *(Saxicola torquata)* 12, Braun-

kehlchen *(S. rubeta)* 17 und Steinschmätzer *(Oenanthe oenanthe)* 21.

Als Leitarten werden die Vogelarten bezeichnet, die in einem oder wenigen Landschaftstypen wegen ihrer Strukturen und Requisiten signifikant höhere Stetigkeiten und Siedlungsdichten erreichen als in anderen Landschaftstypen (FLADE).

4.2. Habitate der Wirbellosen

Von den etwa 3500 Tierarten des Grünlandes in Norddeutschland gehören über 95 % zu den Wirbellosen, die als Adulttiere oder in ihren Entwicklungsstadien in der Gras-Kraut-Schicht, der Streuschicht oder im Boden leben (HEYDEMANN & MÜLLER-KRACH 1980). Wirbellose Tiere haben für das Ökosystem des Dauergrünlandes eine wichtige Bedeutung; für Wiesenvögel sind sie eine unverzichtbare Nahrungsgrundlage.

Typische Wirbellose des Grünlandes sind vor allem

– Insekten wie Schmetterlinge *(Lepidoptera)*, Käfer *(Coleoptera)*, Heuschrecken *(Saltatoria)*, Zweiflügler *(Diptera)*, Bienen *(Apidae)*, Wespen *(Vespoidae)*, Ameisen *(Formicoidae)*, Wanzen *(Heteroptera)*, Zikaden *(Cicadina)* und Libellen *(Odonata)*,
– Spinnentiere wie Webspinnen *(Araneae)*, Weberknechte *(Opiliones)*, Milben *(Acari)*,
– Tausendfüßler *(Myriapoda)*,
– Weichtiere, insbesondere Schnecken *(Gastropoda)*,
– Ringelwürmer, insbesondere Regenwürmer *(Annelida)*,
– Fadenwürmer *(Nematoda)*,
– Wimpertierchen *(Ciliata)*.

Oben: Kalkhalbtrockenrasen in der Frankenalb bei Schönhofen in Bayern, die traditionell von Schafen beweidet werden (s. Kapitel 2).

Unten: Porphyrhänge bei Gimritz an der Saale in Sachsen-Anhalt. Sie tragen Trockenrasen, mit vielen bedrohten Arten (s. Kapitel 2).

Abb. 7: Besiedlung der verschiedenen Vegetationsschichten des Grünlandes durch einige typische Wirbellose (verändert nach SCHMIDT 1988 und ZUCCHI 1988; zit. in v. NORDHEIM 1992).

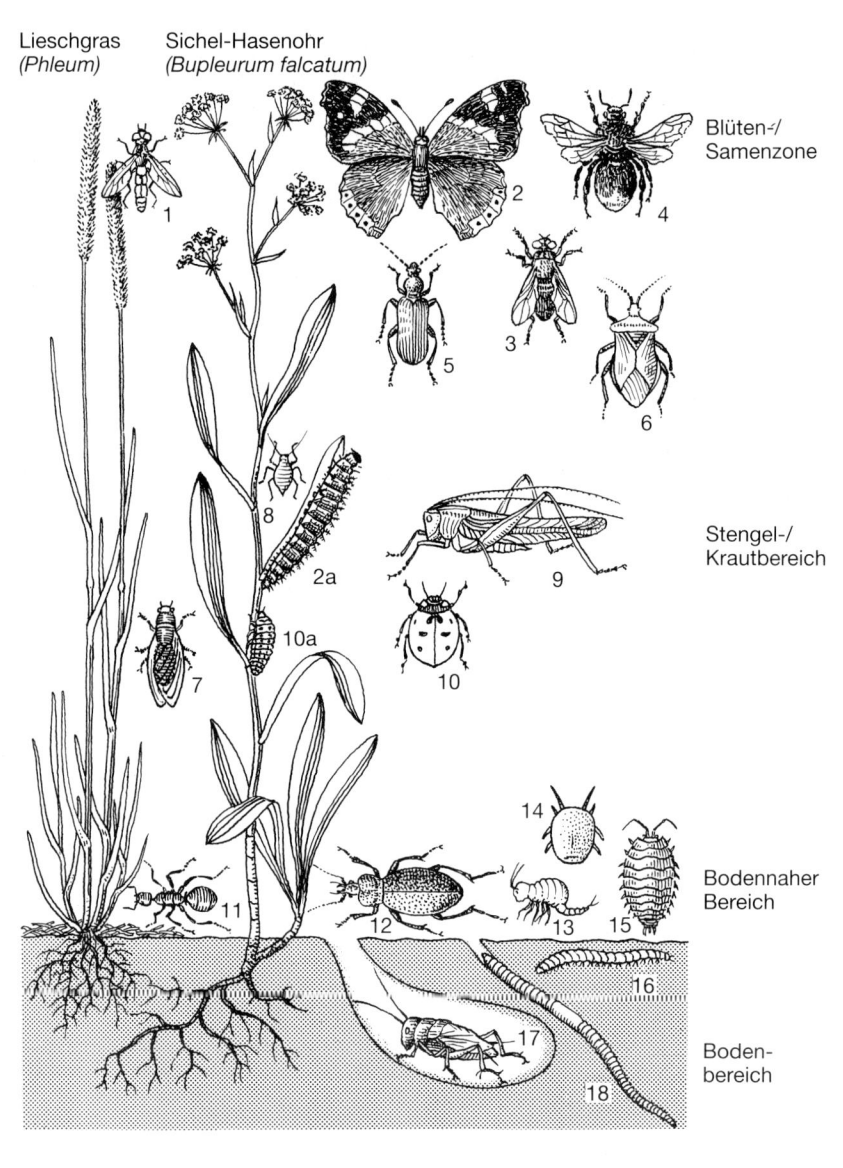

Lieschgras (Phleum)

Sichel-Hasenohr (Bupleurum falcatum)

Blüten-/ Samenzone

Stengel-/ Krautbereich

Bodennaher Bereich

Boden- bereich

1 = Schwebfliege (Syrphidae)
2 und 2a = Schmetterling (Lepidoptera) und Raupe
3 = Fliege (Brachycera)
4 = Hautflügler (Hymenoptera)
5 = Käfer (Coleoptera)
6 = Wanze (Heteroptera)
7 = Zikade (Cicadina)
8 = Blattlaus (Aphidina)
9 = Heuschrecke (Saltatoria)

10 und 10a = Marienkäfer (Coccinellidae) und Larve
11 = Ameise (Formicidae)
12 = Laufkäfer (Carabidae)
13 = Springschwanz (Collembola)
14 = Milbe (Acari)
15 = Assel (Isopoda)
16 = Tausendfüßer (Diplopoda) (Myriapoda)
17 = Grille (Gryllidae)
18 = Regenwurm (Annelida)

Diese Tiergruppen besiedeln nach v. NORDHEIM (1992) spezifische Vegetationsschichten innerhalb des Grünlandes (s. Abb. 7), I. die Blüten- und Samenzone, II. die Stengel- und Krautzone, III. die Zone der Bodenoberfläche (epigäischer Bereich) und der Streuschicht und IV. die Bodenschicht (endogäische Zone). Durch die Bewirtschaftung (z.B. Mahd, Beweidung und Biozidanwendung) kann der Lebenszyklus einer Art unterbrochen werden, was in der Regel zu ihrem Erlöschen auf der Bewirtschaftungsfläche führt.

Die Lebensbedingungen im Dauergrünland haben sich durch Flächen- und Qualitätsverluste, insbesondere durch Intensivierung, für die wichtige Tiergruppe der Wirbellosen erheblich verschlechtert. Von den 3300 wirbellosen Tierarten des Grünlandes sind viele Arten zurückgegangen, nur ein Teil der Arten hat sich den geänderten Bewirtschaftungssystemen angepaßt.

Als wesentliche Auswirkungen der Bewirtschaftungsweisen auf die Wirbellosen im Grünland nennt v. NORDHEIM (1992) den Grünlandumbruch mit anschließender Acker- oder Grasackernutzung und den Verlust echter Mähwiesen. Ein wesentlicher Teil des Dauergrünlandes geht durch die Grünlanderneuerung verloren. Hierbei wird in der Regel das Grünland in einem Turnus umgebrochen, oft in Verbindung mit Einsatz eines Totalherbizids. Wenige Hochleistungsgräser werden neu eingesät. In Niedersachsen werden z.B. 5 bis 10% der Grünlandfläche jährlich erneuert.

Der Eingriff in den Wasserhaushalt durch Absenkung des Grundwassers im Grünland bewirkt eine weitere Veränderung in der Artenzusammensetzung der Wirbellosen. Durch die Stickstoffdüngung des Grünlandes kann die Grasnarbe das Bodenwasser besser ausnutzen, wodurch eine zusätzliche »biologische Entwässerung« erfolgt, die nasse in mittelfeuchte Standorte umwandeln kann.

Die Düngung durch Gülle, Mineraldünger, Mist, Überschwemmung, Immissionen und Mineralisation von Moor-

böden bei Wasserabsenkung bewirkt eine Veränderung der Artenzusammensetzung im Dauergrünland. 90% der bestandsbedrohten Pflanzenarten sind an stickstoffarme Standorte gebunden und werden durch Düngung und der damit verbundenen Förderung der frohwüchsigen Arten zurückgedrängt. Nach MEISEL (1984) standen 1984 23% der 680 Pflanzenarten des Wirtschaftsgrünlandes auf der Roten Liste. Da von jeder Pflanzenart mehrere wirbellose Tiere leben, werden durch die Düngung indirekt Arten zurückgedrängt oder auch durch direkte Auswirkung, z.B. beim Ausbringen der Gülle, geschädigt.

Die häufige Mahd und Beweidung, meist großer Flächen, bewirkt einen katastrophalen Eingriff in die Artenvielfalt der Wirbellosen. Bis in die 50er Jahre waren die üblichen Mahdtermine Mitte Juni und Ende August. Bei diesem Mahdregime konnten die meisten Arten ihre Entwicklung abschließen, andere Arten auf Streuwiesen waren mehr an eine einschürige Mahd im Herbst angepaßt. Da die Mahd ein unverzichtbarer Eingriff zur Erhaltung des Grünlandes ist und es keinen optimalen Mahdzeitpunkt für alle wirbellosen Tierarten gibt, wird für Naturschutzflächen empfohlen, das Mahdregime möglichst unterschiedlich auf einem mosaikartigen System auf verschiedenen Grünlandflächen zu realisieren und Randstreifen von 2 bis 5 m Breite als Rückzugsflächen und Ausgangspunkt für eine Rekolonisation stehen zu lassen. Die Beweidung des Dauergrünlandes bei trockenen bis mittelfeuchten Standorten in Form einer extensiven Standweide stellt einen geringeren Eingriff in den Lebensraum der Wirbellosen dar. Besatzdichte und Viehart haben hierbei einen wesentlichen Einfluß (s. Kapitel 5). Für Wiesenvögel können besonders die Regenwurmpopulationen als Nahrungsgrundlage wichtig sein. Untersuchungen von neun verschiedenen Regenwurmarten bei unterschiedlicher Nutzung haben gezeigt, daß extensive Mähwiesennutzung feuchter Standorte höchste Artenzahlen bedingt, jedoch besonders hohe

Individuenzahlen auf Mähweiden mittlerer Nutzungsintensität erreicht werden (v. NORDHEIM 1992).

Der Lebensraum der Wirbellosen kann weiterhin durch Einsatz der Geräte negativ beeinflußt werden:

- tiefer Schnitt von 2,5 bis 3 cm mit hohen Tierverlusten (gegenüber 6 bis 15 cm bei Naturschutzeinsätzen
- schlagende Schneidwerkzeuge gegenüber der früher üblichen Doppelmesser-Mähbalken,
- schwere Maschinen, die den Lebensraum im Boden durch Verdichtung einengen.

4.3   Habitate für Reptilien und Amphibien im Grünland

Die hier aufgeführten Lebensraumansprüche der einzelnen Arten sind den Arbeiten von BLAB et al. (1991) und BEUTELER in KAULE (1986) entnommen.

Für die heimischen **Reptilien** sind von den extensiv bewirtschafteten Grünlandtypen vor allem die Extremstandorte im warm-trockenen wie im nassen Bereich geeignete Lebensräume. Übergangszonen von aneinander angrenzenden Biotopen, bei denen eine Nutzung nur sehr extensiv ist oder jahrweise aussetzt, sind wesentlich.

Zauneidechse *(Lacerta agilia)*, Mauereidechse *(Lacerta muralis)* und Schlingnatter *(Coronella austriaca)* benötigen eine Mosaikstruktur in ihren Habitaten:

- vegetationsfreie, steinige Flächen mit Hohlräumen zur Wärmeaufnahme, zur Temperaturregelung, zum Versteck und als Überwinterungsquartier,
- Flächen mit unterschiedlich lockerer und hoher Vegetationsstruktur zur Nahrungssuche und zum Tagesaufenthalt,
- Gebüsche und Gebüschränder als Schutz.

Trocken- und Halbtrockenrasen mit diesen Mosaikstrukturen sollten durch eine Pflege, die die Ansprüche dieser Arten berücksichtigt, erhalten werden. Eine Ausweitung von Habitaten ist durch gestaltende Maßnahmen möglich, so z. B. durch Anlage von Steinhaufen oder Böschungsanrissen in sonst geeigneten Biotopen.

Die Waldeidechse *(Lacerta vivipara)*, auch Bergeidechse genannt, und die Blindschleiche *(Anguis fragilis)* sind nicht ganz so stark an trocken-warme Kleinstandorte gebunden; sie benötigen aber ebenfalls ein Mosaik verschiedener Strukturen bestehend aus hoher und niedriger Vegetation und warmen und feuchten Bereichen.

Moore, Heiden, montane und submontane Magerrasen, aber auch Waldlichtungen und lichte Wälder, sind bevorzugte Lebensräume von Waldeidechse *(Lacerta vivipara)* und Kreuzotter *(Vipera berus)*.

In den Naß- und Feuchtbiotopen wie ausgedehnten Sümpfen, in Auen und Weiherkomplexen, die meist mit dem Grünland verzahnt sind, sind Würfelnatter *(Natrix tessellata)*, Ringelnatter *(Natrix natrix)* und Sumpfschildkröte *(Emys orbicularis)* heimisch. Die geringste Bindung an einen Biotoptyp hat die Blindschleiche *(Angius fragilis)*. Außer Bergeidechse und Blindschleiche stehen alle Reptilien auf der Roten Liste der gefährdeten Tierarten der BRD. Die Gefährdungsursachen sind Biotopschwund und Biotopdegradierung (BLAB et al. 1991).

Die **Amphibien**, außer dem Alpensalamander *(Salamandra atra)*, benötigen als Laichbiotop Gewässer. Die Sommerquartiere vieler Arten befinden sich in Grünlandbiotopen oder Heiden. Magerrasen, Heiden, lichte, xerotherme Gehölze und ausgedehnte Raine sind Sommerquartiere für Kreuzkröte *(Bufo calamita)*, Wechselkröte *(B. viridis)*, Teichmolch *(Triturus vulgaris)*, Laubfrosch *(Hyla arborea)*, Knoblauchkröte *(Pelobates fuscus)*, teilweise auch für Bergmolch *(Triturus alpestris)*, Grasfrosch *(Rana temporaria)* und Erdkröte *(Bufo bufo)*.

Streuwiesen, Sümpfe, Moore und Verlandungszonen dienen Teichmolch *(Triturus vulgaris)*, Laubfrosch *(Hyla arborea)*, Kammolch *(Triturus cristatus)*,

Grasfrosch *(Rana temporaria)*, Moorfrosch *(Rana arvalis)* und teilweise auch Bergmolch *(Triturius alpestris)*, »Grünfröschen« *(Rana esculenta, R. ridibunda, R. lessonae)* und Erdkröte *(Bufo bufo)* als Sommerlebensraum (BEUTELER in KAULE 1986).

4.4   Habitate für Säugetiere

Die Säugetiere zeigen aufgrund ihres unterschiedlichen Aktionsradius teilweise sehr enge Bindungen an einen Lebensraum, andere sind weniger an einen Bioptyp gebunden und kommen in sehr unterschiedlich ausgeprägten Landschaften mit verschiedenen Biotoptypen in unterschiedlicher Vernetzung vor.

In verschiedenen Grünlandbiotopen haben von den Säugetieren (ohne Fledermäuse) folgende Arten ihren Verbreitungsschwerpunkt (BEUTELER & SCHILLING in KAULE 1986):

– extensiv oder ungenutzte Grasfluren (aber auch sehr lichte unterwuchsreiche Wälder) werden von Maulwurf *(Talpa europaea)*, Zwergspitzmaus *(Sorex minutus)*, Feldspitzmaus *(Crocidura leucodon)*, Erdmaus *(Microtus agrestis)*, Kurzohrmaus *(Pitymys subterraneus)* und Bayerischer Kurzohrmaus *(P. bavaricus)* bewohnt.
– Magerrasen, Heiden, Ödland, größere Böschungssysteme (aber auch xerotherme Wälder), also schwerpunktmäßig trockene Biotope nutzen Kaninchen *(Oryctolagus cuniculus)*, Feldhase *(Lepus capensis)*, Hamster *(Cricetus circetus)*, Brandmaus *(Apodemus agrarius)* und Gartenschläfer *(Eliomys quercinus)*.
– Mehrschürige Wiesen (und Äcker) bevorzugt die Feldmaus *(Microtus arvalis)*.
– Moore, Sümpfe und Brüche sind Siedlungsraum für Sumpfmaus *(Microtus oeconomus)*, Zwergmaus *(Micromys minutus)* und Birkenmaus *(Sicista betulina)*.
– In Grasfluren (und lichten Wäldern, Gärten, Parks) fühlt sich der Igel *(Erinaceus europaeus)* zu Hause.

Zusätzlich werden Grünlandbiotope von Arten genutzt, die nicht eine so deutliche Bindung an offene oder bewaldete Biotope haben und meist zwischen Landschaftselementen verschiedener Nutzung wechseln. Für sie ist das Grünland ein Teilhabitat. Eine Mischung von Wald- und Grünlandflächen mit langen Linieneffekten hat auf die Siedlungsdichte einen positiven Einfluß. Reh *(Capreolus capreolus)* und Rothirsch *(Cervus elaphus)* ernähren sich zu großen Teilen auf Grünlandflächen. Raubtiere *(Carnivora)* wie beispielsweise Fuchs *(Vulpes vulpes)* und Hermelin *(Mustela erminea)* suchen die Habitate der Kleinnager im Grünland auf und ernähren sich von ihnen.

5 Grünlandnutzungen und ihre Auswirkungen auf Vegetation und Tiere

5.1 Dauergrünland

In der Bundesrepublik Deutschland waren 1991 36,5 % der landwirtschaftlichen Nutzfläche Wiesen (einschließlich Streuwiesen und Hutungen) und Viehweiden (einschließlich Mähweiden) (Hydro Agri Dülmen 1993). Ein großer Teil dieses Grünlandes ist absolutes Grünland, d. h. es befindet sich auf Flächen, die für die Ackernutzung ungeeignet sind. Gründe für die Nichteignung zum Ackerbau sind: hohe Niederschläge, hoher Grundwasserstand, Überschwemmungsgefahr, unebenes Gelände, zu schwere Böden, Substanz- und Strukturschwund, Erosionsgefahr, Flachgründigkeit, kurze Vegetationszeit, niedrige Ackerfruchterträge und unregelmäßige Schläge (MOTT 1988). Neben dem absoluten Grünland werden auch ackerfähige Standorte als Grünland genutzt. Hierbei handelt es sich vor allem um hofnahe Weiden oder um Flächen von Betrieben, die schwerpunktmäßig Grünlandwirtschaft betreiben. Diese Standorte werden als fakultatives Grünland bezeichnet.

Für eine rationelle Grünlandwirtschaft sind tragfeste, trittfeste Narben Voraussetzung. Eine gute Durchlüftung des Bodens garantiert eine gute **Tragfähigkeit**[1]. Diese Tragfähigkeit ist hauptsächlich vom Feuchtigkeitsgehalt des Bodens ab-

hängig. Naßwiesen und Streuwiesen gehören deshalb nicht zu den rationell nutzbaren Grünlandtypen. Die Tragfähigkeit dieser Grünlandtypen ist so gering, daß die Narbe durch den Tritt der Tiere oder das Befahren mit Erntemaschinen zerstört wird. Sie wurden früher in futterarmen Zeiten oder zur Gewinnung von Streu anstelle von Stroh mit Sensen gemäht. Eine maschinelle Ernte des Aufwuchses dieser Flächen ist nur mit Spezialmaschinen mit geringem Flächendruck und/oder zu bestimmten Zeiten (Trockenperioden und Frostzeiten) möglich. Viele dieser Standorte wurden durch Entwässerung in besser nutzbare Grünlandtypen umgewandelt.

Für eine Bewirtschaftung der Naß- und Streuwiesen, u. U. in einem mehrjährigen Rhythmus, spricht die Bedeutung dieser selten gewordenen Lebensräume für eine Anzahl hoch spezialisierter Pflanzen und Tiere, die nur hier überleben können.

Die Pflanzenzusammensetzung des Dauergrünlandes hängt nicht nur von den Standortgegebenheiten ab, sondern auch von den Eingriffen durch die Bewirtschaftung, die das Konkurrenzverhalten der Pflanzen untereinander beeinflussen. Die Art der Bewirtschaftung wie Mahd, Weidegang und Düngung sowie ihre Intensität und Häufigkeit bestimmen wesentlich das Aussehen und die Zusammensetzung der Grünlandgesellschaften und entscheiden über ihren Wert als Öko-

---

[1] Der Begriff Tragfähigkeit wird hier als Maß für die Belastbarkeit des Bodens und des Bodenbewuchses benutzt. Die Bedeutung der Tragfähigkeit als Maß für das Vermögen einer Weidefläche, eine Zahl von Weidetieren während der Vegetationszeit ausreichend zu ernähren (KLAPP 1971), ist hier nicht gemeint.

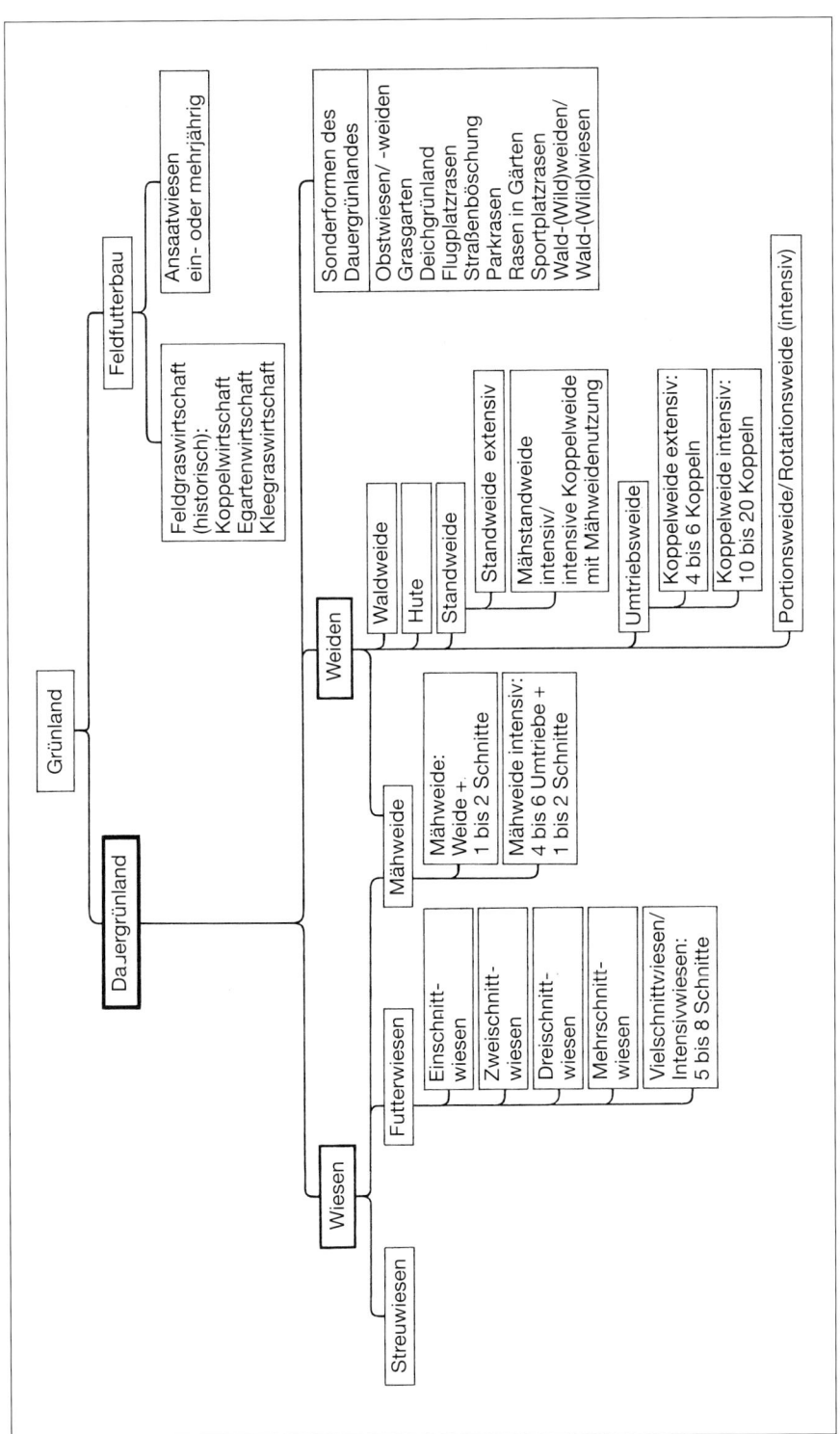

Abb. 8: Gliederung des Grünlandes nach Nutzungsart und -intensität (zusammengestellt nach: ERNST & RIEDER 1990, KLAPP 1971, MOTT 1988, VOIGTLÄNDER & JACOB 1987).

system. Nutzungsform und Intensität wirken sich auch auf die Wurzelmasse der Grünlandnarben aus. Das Wurzelnetz befindet sich dicht unter der Oberfläche des Bodens und hat ein hohes Gewicht. Eine gute Durchwurzelung des Bodens verhindert Erosionen, hält das Regenwasser und vermindert ein Auswaschen von Nährstoffen in das Grundwasser. Den Einfluß der Nutzungsform zeigt das Gewicht der Wurzeltrockenmasse: bei Ödland 252 dt/ha, bei Mähwiesen 131 und bei Weiden 85. Wenig genutzte Weiden haben eine Wurzelmasse von 121dt/ha, häufig genutzte von 70 (nach KMOCH zit. in MOTT 1988).

Die meisten Grünlandpflanzen haben die Fähigkeit, nach dem Schnitt oder Verbiß neu auszutreiben, entweder aus dem Wurzelstock oder mit Seitentrieben aus den verbliebenen oberirdischen Teilen. Einige Grünlandpflanzen werden von der Nutzung kaum beeinträchtigt. Dies sind die Frühjahrsblüher, die blühen, fruchten und ihre Reservestoffe speichern können, bevor die Nutzung einsetzt, dazu gehören Scharbockskraut *(Ranunculus ficaria)*, Lerchenspornarten *(Corydalis* spec.*)*, Gelbsternarten *(Gagea* spec.*)* und Echte Schlüsselblume *(Primula veris)*. Weiterhin entziehen sich einige Pflanzen sowohl der Mahd als auch der Beweidung durch eng an den Boden angepreßte Blätter. Zu diesen Rosettenpflanzen gehören z.B. Gänseblümchen *(Bellis perennis)*, Mittel-Wegerich *(Plantago media)*, Breit-Wegerich *(P. major)* und Kleines Habichtskraut *(Hieracium pilosella)*.

Abbildung 8 zeigt eine Gliederung des Grünlandes nach Nutzungsart und -intensität.

5.1.1 Weiden

Die nachfolgenden Ausführungen über Weiden sind den Arbeiten von ERNST & RIEDER (1990), KLAPP (1971), BOBER-FELD (1986) und VOIGTLÄNDER & JACOB (1987) entnommen.

Die unterschiedlichen Typen der Weiden werden durch naturgegebene Fakto-ren, durch die Weidetierart mit ihrem Tritt und Verbiß und die Art der Weideführung geprägt. Die naturgegebenen Faktoren wie Standort, Höhenlage, Exposition und Klima geben den Rahmen für die Zuordnung der Pflanzengesellschaften der Weiden. Sie lassen sich in wechselfeuchte Weidelgras-Weiden, trockene Weidelgras-Weiden, typische Weidelgras-Weiden, Rotschwingel-Straußgras-Weiden, Borstgras-Rasen, Ginster-Heiden, beweidete Kalkmagerrasen und beweidete alpine Rasen gliedern.

Die Artenzusammensetzung der Weiden ist bedingt durch die Auswirkungen von Verbiß, Tritt, Exkrementen und Verhalten der Weidetiere anders als bei Wiesen gleicher Standortbedingungen. Während bei Wiesen die Obergräser vorherrschen (s. Kapitel 5.1.2), sind bei den Weiden die **Untergräser** die Hauptbestandsbildner. Zu ihnen zählen: Deutsches Weidelgras *(Lolium perenne)*, Wiesen-Rispengras *(Poa pratensis)*, Rot-Schwingel *(Festuca rubra)*, Rot- Straußgras *(Agrostis capillaris)*, Kammgras *(Cynosurus cristatus)*, Gemeines Rispengras *(Poa trivialis)* und Weißes Straußgras *(Agrostis stolonifera)*. Lediglich das Gemeine Knäuelgras *(Dactylis glomerata)*, ein ertragreiches, ausdauerndes Obergras, verträgt neben der Schnittnutzung auch die Beweidung. Die Untergräser zeichnen sich durch niedrige Wuchsform, relativ größeren Blattanteil gegenüber dem Halmanteil und Rhizombildung aus. Durch die niedrig über dem Boden ausgebildeten Blätter bleibt nach dem Abweiden der oberen Pflanzenteile immer noch ein aktiver Teil der Blattmasse übrig, wodurch ein schnelles Nachwachsen möglich ist. Die Wurzelsproßbildung bewirkt ein »in die Breite Wachsen« der Pflanzen nach Tritt und Biß und trägt zur Ausbildung einer dichten Narbe des Weidelandes bei (SCHUBERT & WAGNER 1991).

Die wirtschaftsbedingten Ausprägungen der Weiden lassen sich anhand der Intensität der Bewirtschaftung, die sich in dem Tierbesatz, der Zahl der Koppeln auf einer Fläche und der Menge und Art der Düngung ausdrückt, charakterisieren.

Die Haltung vom pflanzenfressenden Haustieren[2] brachte lokal eine intensivere Nutzung der Natur mit sich, als es die Wildtiere zuvor taten. Die Nutzung durch Mensch und Haustier nahm mit zunehmender Bevölkerungszahl zu. Die primitivste Form der Weidenutzung war das Eintreiben des Viehs in die Waldungen, die sogenannte **Waldweide.** Auf den für den Feldbau geeigneten ehemaligen Waldflächen wurden Äcker angelegt. Die verbliebenen Waldflächen wurden durch Holznutzung und Hute stark aufgelichtet und zu großen Teilen in Grasfluren umgewandelt. Die Beweidung dieses in früheren Zeiten sehr knappen Grünlandes führte oft zu einer Übernutzung der Flächen. Aller aberntbare Aufwuchs wurde von den Flächen durch das Vieh entfernt. Der Kotanteil, der nicht während der Weidezeit abgegeben wurde, wurde als wertvoller Dünger auf die Äcker gebracht. Intensiver Fraß und Tritt führten zu Kahlstellen im Bewuchs, so daß Boden abgewaschen wurde und die Standorte verarmten. Die **Huten**[3] und **Triften**[3], die in den meisten Gebieten Deutschlands im Gemeinschaftsbetrieb auf den Allmendeflächen bestanden, waren räumlich und zeitlich keinen Regelungen unterworfen. Vom Frühjahr bis in den späten Herbst weideten die Herden, geführt von Hirten, auf den gleichen Flächen. Getrennte Weidegebiete hatten nur die einzelnen Tierarten. So hütete der Kuhhirte auf anderen Flächen als der Schaf- und Ziegenhirte oder Schweinehirt. In Ortsnähe gab es zusätzlich noch die Gänseweiden.

Auf den Huten wurden nach dem Auftrieb zunächst die schmackhaftesten Pflanzen gefressen, die allmählich durch Überbeweidung geschädigt wurden. Die ungern gefressenen oder verschmähten Pflanzen konnten sich dadurch stärker ausbreiten. Besonders gefördert wurden Pflanzen, die mit Dornen, Stacheln oder Nadeln bewehrt waren sowie bitter schmeckten oder unangenehm dufteten und Giftpflanzen. Durch die fortwährende Beweidung nahmen anspruchslose, oft rohhumusbildende Pflanzen zu und trugen zur Bodenverschlechterung bei (KLAPP 1965). Auf den basenarmen Silikatböden nahm das Borstgras *(Nardus stricta)* eine dominante Stellung ein. Nur in frischem Zustand und bei gleichzeitigem Futtermangel wurde es verbissen. Auf den basenreicheren Böden breitete sich die Fieder-Zwenke *(Brachipodium pinnatum)* aus. Die Hirten stachen während der Weidezeit aufkommende Gehölze aus. Die früher gehaltenen Rassen waren anspruchsloser und konnten auch besser rohfaserreiche Pflanzenarten auswerten, so daß die Flächen sehr kahl gefressen wurden. Zu den Huten, die oft weit entfernt von den Siedlungen lagen, führten breite Triftwege. Landkarten aus dem vorigen Jahrhundert und alte Gemälde und Stiche von Landschaften zeigen die große Ausdehnung dieser Huten. Nach Einführung der Mineraldüngung wurden so große Ackerflächen nicht mehr benötigt, da diese intensiver bewirtschaftet werden konnten und höhere Erträge brachten. Viele im Mittelalter als Acker genutzte Flächen wurden in Wiesen oder Weiden umgewandelt und weit entfernte Huten aufgegeben. Einige von ihnen wurden aufgeforstet. Dies erfolgte meist mit Nadelhölzern. Andere wurden bis in die heutige Zeit weiter extensiv genutzt oder fielen in den letzten Jahrzehnten brach. Auf diesen verarmten Standorten setzte

---

[2] Zu ihnen gehören Vertreter der Gruppe der wiederkäuenden Paarhufer *(Artiodactyla)* wie Rind *(Bos),* Schaf *(Ovis),* Ziege *(Capra),* sowie Unpaarhufer *(Perissodactyla),* wie das Pferd *(Equus).* Die meisten Vertreter dieser Familien werden an anderer Stelle noch häufig genannt. In Abweichung von der bisher geübten Praxis sowohl Trivial- als auch wissenschaftliche Namen anzugeben, wird im Folgenden abgewichen und die deutsche Artbezeichnung gegebenenfalls um die Rasse erweitert.

[3] Das Wort »Hute«, gebietsweise auch »Hude«, kommt von hüten. Das Wort »Trift« mit dem Wortstamm »treiben« wird sowohl für die Wege zu den Huteflächen als auch gebietsweise für die Huten selbst benutzt (Brockhaus 1953).

Tab. 6: Relative Häufigkeit verschiedener Pflanzen auf Weiden und Mähwiesen (nach KLAPP, zit. in VIOSIN 1961)

Deutscher Name	Botanischer Name	Relative Häufigkeit	
		Mähwiesen	Weiden
Weißes Straußgras	*Agrostis stolonifera*	1	3
Wiesen-Fuchsschwanz	*Alopecurus pratensis*	22	1
Glatthafer	*Arrhenatherum elatius*	106	1
Weide-Kammgras	*Cynosurus cristatus*	1	6
Wiesen-Platterbse	*Lathyrus pratensis*	622	1
Deutsches Weidelgras	*Lolium perenne*	1	33
Wiesen-Lieschgras	*Phleum pratense*	1	4
Wiesen-Rispengras	*Poa pratensis*	1	4
Weiß-Klee	*Trifolium repens*	1	5
Goldhafer	*Trisetum flavescens*	56	1
Rohr-Glanzgras	*Typhoides arundinacea*	30	1

Anmerkung: Es handelt sich um durchschnittliche Verhältniszahlen, die sich ggf. durch die Schnittzahl und besonders durch die Weideführung ändern können. Die Häufigkeit ist einheitlich mit 1 für den Pflanzentyp angegeben, wo dieser weniger häufig ist.

eine zunächst sehr langsam fortschreitende Gehölzsukzession ein, so daß sich das Artenspektrum der Huten hier teilweise bis heute erhalten konnte. In Begleitung des Gehölzaufwuchses kamen Saumarten hinzu; auf diese Weise konnten sich die aufgelassenen Huten auf basenreichen Böden in Übergangsstadien zu den artenreichsten Pflanzenstandorten entwickeln. Auf den sauren Böden erhielten sich typische Borstgras- und Heidegesellschaften, die sich aber ohne Nutzung ebenfalls allmählich in Wald zurückverwandeln.

Die **Standweide** stellt ein Grünland mit extensiver Nutzung dar. Die Abgrenzung der Weide von den anderen Flächen oder Besitzungen erfolgt durch Zäune, wassergefüllte Gräben, Wälle, Hecken oder natürliche für die Tiere als Grenze wirkende Hindernisse wie Bachläufe und Felsen. Die Standweide wird vom Frühjahr bis in den Spätherbst genutzt, meist von jungen Rindern (Färsen). Eine Schnittnutzung entfällt. Gedüngt werden die Standweiden teils gar nicht, teils gering vor dem Auftrieb.

Zur Hauptwuchszeit herrscht ein Überangebot an Futter, wodurch Teile des Aufwuchses überständig sind und nicht mehr gefressen werden. Im Hochsommer kann es in trockenen Jahren durch den dann geringeren Nachwuchs zu Futtermangel kommen, so daß eine Überbeweidung einzelner Flächen stattfindet. Ein Anpassen der Besatzstärke an den jeweiligen Aufwuchs durch Herausnehmen von Tieren in der zweiten Hälfte der Weidezeit kann eine Mangelernährung der Tiere und eine Zerstörung der Grasnarbe verhindern. Da die Exkremente der Tiere wieder auf die Weideflächen kommen, findet ein geringerer Nährstoffaustrag statt, als auf Huteflächen, da bei Hutebewirtschaftung ein großer Teil im Pferch, Stall oder auf den Triftwegen abgekotet wird. Lediglich die Futterinhaltsstoffe, die die Tiere in Gewichtszunahme, Energie und bei Rindern auch in Methangas umsetzen, werden der Fläche entzogen.

In den Mittelgebirgslagen werden häufig abgelegene Hochflächen und Hänge, auf denen eine Ackernutzung oder intensive Grünlandnutzung unrentabel ist, als Standweiden genutzt. Manche Orte haben noch großflächige Allmenden, die sie gemeinsam für das Jungvieh des Ortes und zusätzlich für Pensionsvieh nutzen. Außer dem Instandhalten der Einzäunung, dem Bereitstellen von Trinkwasser und der Kontrolle der Tiere fallen während der Weidezeit keine Arbeiten an. Stellenweise kann eine extensive

Tab. 7: Nutzungsformen und Leistungen der Weide (Mott 1988, verändert)

Nutzungs-intensität und -form	Anzahl der Koppeln	Auftriebs-dauer = Freßzeit in Tagen	N-Dün-gung kg/ha	Besatz-stärke dt/ha	Besatz-stärke GV/ha	Trocken-masse-ertrag dt/ha	Netto-leistung kstE
gering							
Hutungen	keine	laufend besetzt	0	1 bis 4	0,2 bis 0,8	10 bis 20	unter 1000
Almen	1 bis 2	über 30		5 bis 10	1 bis 2	25 bis 50	1000 bis 2000
Standweiden	1 bis 2	über 30		5 bis 10	1 bis 2	25 bis 50	1000 bis 2000
mittel							
Standweiden	1 bis 2	über 30		10 bis 18	2 bis 3,6	35 bis 75	2000 bis 3000
Umtriebs-weiden	4 bis 8	4 bis 10		10 bis 18	2 bis 3,6	35 bis 80	2000 bis 3200
hoch							
Standweiden	1 bis 2	über 30		15 bis 25	3 bis 5	75 bis 125	2900 bis 5700
Umtriebs-weiden	8 bis 16	2 bis 4		15 bis 25	3 bis 5	75 bis 130	3000 bis 6000
Portions-weiden	Zutei-lung mit E-Zaun	0,5 bis 1	400	20 bis 30	4 bis 6	80 bis 130	3100 bis 6300

Weidepflege, z. B. Distelmahd oder Einebnen von Schwarzwildschäden, notwendig sein. Die Weideform der Standweide ist arbeitsextensiv und benötigt keine hohen Investitionen. Durch die zunehmende Extensivierung von landwirtschaftlichen Flächen könnte die Standweidenutzung in Zukunft wieder zunehmen.

Eine Übergangsform zur Mähstandweide bildet die Aufteilung der Standweide in zwei bis drei Koppeln, die nacheinander nach Abfressen des jeweiligen Aufwuchses genutzt werden.

Die **Mähstandweidenutzung**, auch **Intensiv-Standweide** genannt, paßt den Viehbesatz an den jahreszeitlich unterschiedlichen Aufwuchs an. Von einer in vier Teile gegliederten Weidefläche werden die Tiere zunächst auf die erste Fläche gelassen. Erst wenn diese abgefressen ist, wird die zweite Teilfläche hinzugenommen. Da der Aufwuchs der dritten und vierten Fläche in dieser Zeit überständig würde, wird er meist gemäht. Wenn auf diesen Flächen wieder genügend Nachwuchs vorhanden ist, werden sie nacheinander den ersten Flächen hinzugefügt (ERNST & RIEDER 1990). Mähstandweiden werden gedüngt. Eine Einteilung in bis zu acht Teilflächen (Koppeln) stellt eine intensiv genutzte Mähstandweide oder Intensiv-Standweide dar und leitet zur Umtriebsweide über.

Eine weitere Nutzungsform des Grünlandes ist die **Umtriebsweide** verschiedenster Intensität. Eine mittlere Intensität liegt bei einer Unterteilung in vier bis acht Flächen vor. Die Auftriebsdauer beträgt vier bis zehn Tage je Fläche und rotiert. Die Ruhezeiten zwischen der ersten und zweiten Nutzung betragen im Frühjahr etwa 20 Tage und erweitern sich auf 35 Tage zwischen sechster und siebter Nutzung. Eine hohe Intensität liegt bei 8 bis 16 Teilflächen mit Freßzeiten von zwei bis vier Tagen vor.

Umtriebsweiden mit intensiver Nutzung werden mit hohen Stickstoffgaben, verteilt über die gesamte Weideperiode, versorgt (MOTT 1988).

Die intensivste Weidenutzung ist die **Portionsweide.** Hier wird den Tieren je Tag ein- bis zweimal eine neue Futterfläche zugeteilt. Um höchste Erträge zu erzielen, werden hier bis zu 400 kg Stickstoff je Hektar auf die Fläche ausgebracht (MOTT 1988).

Mit zunehmender Häufigkeit der Nutzung und zunehmender Düngung nimmt die Artenzahl der bestandsbildenden Pflanzen ab. Das Gräser-Kräuterverhältnis verschiebt sich zu reinen Grasbeständen mit wenigen Arten wie Deutsches Weidelgras *(Lolium perenne)*, Wiesen-Schwingel *(Festuca pratensis)*, Wiesen-Lieschgras *(Phleum pratense)*, Gemeines Knäuelgras *(Dactylis glomerata)*, Wiesen-Fuchsschwanz *(Alopecurus pratensis)*, Wiesen-Rispengras *(Poa pratensis)*, Rot-Schwingel *(Festuca rubra)*.

Ein Anbinden einzelner Tiere an Pflock und Kette, **Tüdern** genannt, auf Weideflächen bei täglichem Umsetzen auf neuen Aufwuchs, entspricht der Portionsweide. Wie intensiv oder extensiv diese Nutzung ist, hängt von den zugeführten Nährstoffen ab. Zum Tüdern geeignet sind (Milch-)Schafe, Ziegen und teilweise auch Pferde.

Eine Übersicht über die Nutzungsformen und Leistungen der Weide (MOTT 1988) zeigt Tabelle 7.

5.1.1.1 Trittwirkungen der Weidetiere

Der Tritt der Weidetiere verursacht je nach Intensität und Boden Änderungen in der Zusammensetzung der Pflanzenarten der Weide. Pflanzenarten, die weniger trittempfindlich sind, nehmen zu, während trittempfindliche Arten abnehmen. Neben der direkten Schädigung der Pflanzen durch Zertreten kommt es durch die Verdichtung des Bodens zu veränderten Voraussetzungen für das Pflanzenwachstum. Durch langjährige Nutzung eines Graslandes als Weide entstehen typische Pflanzengesellschaften, wie Weidelgras-Weiden und Rotschwingel-Straußgras-Weiden. Der Feuchtigkeitsgrad eines jeden Bodens ist entscheidend, ob Trittschäden auftreten oder unterbleiben. Feuchtstellen durch Quellwasseraustritt oder Staunässe in Weiden sind besonders trittempfindlich. Der Boden kann hier durch den Tritt der Tiere löchrig werden. In den Löchern sammelt sich das Wasser und zieht durch die Verdichtung langsamer ab oder verdunstet erst allmählich.

Bei häufigem Betreten dieser Stellen kann die gesamte Vegetation zerstört werden. Ein seltenes Betreten nasser Standorte kann dagegen in Vegetationsbeständen, die oft recht artenarm sind, Lücken schaffen, die von konkurrenzschwachen Arten genutzt werden und so zu einer reichhaltigeren Vegetation führen. Auf beweideten Feuchtstandorten kann sich ein charakteristischer Bültenwuchs ausbilden, der für Pflanzen und Tiere neue Mikrostandorte bzw. -lebensräume bildet. Auch auf frischen bis trockenen Standorten können erhebliche Trittschäden entstehen, wenn z. B. bei feuchtem Wetter beweidet wird. Durch Viehtritt kann der Samen von Pflanzen in den Boden getreten werden und damit eine Möglichkeit zum Keimen erhalten. Altgras und andere abgestorbene Pflanzenteile werden durch den Tritt auf den Boden gedrückt und zersetzen sich damit schneller. Der Tritt fördert eine dichtere Grasnarbe der Weiden, die dagegen in Wiesen oft recht lückig ist. Die verdichtende Wirkung des Tritts auf den Boden wird über Winter durch den Frost meist wieder aufgehoben (KLAPP 1971).

Bei Steigungen des Geländes von 20 bis 25 % und mehr verursacht der Weidegang besonders auf feuchtem Boden zunehmend Trittschäden (KLAPP 1971).

Der Druck des Tritts von Weidetieren ist je nach Art, Rasse und Alter unterschiedlich. Für schwere Kühe wird beim Stehen 1 kp/cm^2 und mehr angegeben, beim Wandern 4 kp/cm^2 (KLAPP 1971). Zum Vergleich: Der Bodendruck von Schleppern liegt je nach Radlast und Bereifung um 2 kp/cm^2 (Ruhr-Stickstoff AG 1988).

Die bodenverdichtende Wirkung reicht unter Schafweiden etwa 1 bis 4 cm tief, unter Kuhweiden 10 bis 15 cm (WOIKE & ZIMMERMANN 1992). Während Rinder mehr mit der gesamten Klauenfläche auftreten, setzen Schafe und Ziegen mit ihren spitz geformten Klauen mehr geneigt auf den Boden auf und stechen daher mehr in den Bewuchs und Boden. Deshalb spricht man auch vom »scharfen« Tritt der Schafe. Diese Trittwirkung machte man sich in einigen Ländern zum Eintreten von Saaten und zur Auflockerung verfilzter Ödland-Grasnarben zunutze (KLAPP 1971). In diesem Zusammenhang ist auch der Ausdruck der »goldenen Klauen« und der »Trippelwalze« zu verstehen. Die bodenverdichtende Wirkung durch Schaftritt bewirkt nach WOLKE & ZIMMERMANN (1992) eine Verminderung der Besatzdichte von »Grünlandschädlingen« wie Feldmaus *(Microtus arvalis)*, Schnellkäfer *(Ela teridae)*, Larven der Schnaken *(Tipulidae)* und Maulwurfsgrillen *(Gryllotalpidae)*. Von dieser Wirkung sind aber vermutlich nicht nur die »Schädlinge« betroffen. Die Schafbeweidung gleicht weiterhin Unebenheiten im Gelände aus.

Rinder benutzen auf den Weideflächen bei längerem Aufenthalt die gleichen Wechsel. Sie gehen meist im »Gänsemarsch« in einer bestimmten Rangfolge hintereinander, um von ihrem Freß- oder Ruheplatz zur Tränke zu kommen. Die häufige Benutzung derselben **Pfade** führt zu einer Veränderung des Bodengefüges und der Pflanzenzusammensetzung. Je nach Bodentyp und Benutzungshäufigkeit sind diese etwa 30 cm breiten Pfade bis unter das Niveau der Grasflächen zusammen- oder ausgetreten. Der Boden ist verfestigt, läßt den Niederschlag langsamer eindringen und ist entweder vegetationsfrei oder mit trittfesten Arten oder aufkommenden Rohbodenpionierpflanzen bewachsen. Die trittfesten Pflanzenarten gehören der Pflanzengesellschaft der Weidelgras-Breitwegerich-Trittrasen an.

Offene, stickstoffreiche, lehmige und sandige, teils frische Böden, die an Tränkestellen, Weideeinfahrten und Ruheplätzen des Weideviehs und in den Weidepfaden vorhanden sind, werden gelegentlich im Frühjahr und Frühsommer von der seltenen Mäuseschwanz-Trittgesellschaft besiedelt. Der Mäuseschwanz *(Myosurus minimus)* zählt in einigen Ländern der Bundesrepublik Deutschland zu den gefährdeten Arten (s. Rote Listen von Hessen, Niedersachsen und Bremen und Thüringen).

Nach SAMBRAUS (1987) vermeiden es Rinder möglichst, bergauf und noch stärker bergab zu grasen. Sie halten sich bevorzugt auf gleicher Höhe auf. Bei langjährig bestehenden Hangweiden haben sich durch dieses Verhalten Terrassen gebildet. Die Streifen zwischen den Pfaden haben eine Breite von etwa 80 cm und verlaufen hangparallel bei einem Höhenunterschied von bis zu 50 cm. Die Terrassen werden je nach Landschaft als Kuhtreppen, Viehgangeln oder Ochsenklaviere bezeichnet. Die Benutzung dieser Treppen führt dazu, daß auf engem Raum stark betretene Pfade und nahezu unbetretene aber befressene Streifen miteinander abwechseln. Trittempfindliche Pflanzenarten, wie zum Beispiel die Orchideen *(Orchidaceae)*, können bei spätem Auftrieb des Weideviehs und geringer Weideintensität auf den nicht betretenen Streifen durchaus gute Bestände ausbilden. Beispiele hierzu sind Rinderweiden auf Kalkhalbtrockenrasen im Diemelraum in Nordhessen mit Blühaspekten von Manns-Knabenkraut *(Orchis mascula)* und Mücken-Händelwurz *(Gymnadenia conopsea)*.

Die Trittwirkung der Pferde wird gegenüber anderen Weidetieren als besonders schädigend dargestellt (v. KORN 1992). Es muß jedoch berücksichtigt werden, daß Pferde durch ihre unterschiedlichen Größen und Verhaltensweisen sehr uneinheitliche Trittauswirkungen auf Boden und Bewuchs zeigen. Viele Pferderassen haben einen ausgeprägten Bewegungsbedarf. Wenn dieser nicht außerhalb der Weide durch Reiten, Sport, Ziehen von Wagen oder bei anderer Arbeit gedeckt wird, werden die Weiden durch ihr Umherrennen stark beansprucht. Besonders schnelles Stoppen und Wenden beim Laufen verursacht große Zerstörung am Bewuchs und im Bodengefüge. Ruhige Kaltblutpferde, die zur Arbeit genutzt werden, verursachen trotz größeren Gewichts beim Weidegang weniger Schäden als bewegungsaktive Reit- und Sportpferde. Kleinpferde und Ponys sind je nach Rasse und Temperament ruhig bis agil. Mit Eisen beschlagene Pferde verursachen mehr Schäden als unbeschlagene.

Der Weidegang auf feuchten Böden kann auch die Gesundheit von Klauen und Hufen beeinflussen. Einige Arten (z. B. Schafe) aber auch Rassen sind besonders empfindlich gegen Moderhinke. Der Tierhalter sollte diesen Faktor bei seinen Beweidungsplanungen mit berücksichtigen.

5.1.1.2 Fraßwirkungen der Weidetiere

Je nach Tierart wird der Pflanzenwuchs einer Weide unterschiedlich abgeweidet. Dies ist zum einen bedingt durch den arteigenen Bau des Maules, zum anderen durch die Vorliebe der Tiere für bestimmte Pflanzenarten. Wesentlichen Einfluß auf das Freßverhalten hat auch die Menge des zur Verfügung stehenden Futters. Auch das Alter der Tiere spielt eine Rolle; Jungtiere sind meist nicht so wählerisch wie Alttiere.

Rinder ergreifen die Pflanzen mit der Zunge und drücken sie gegen den Oberkiefer und quetschen oder reißen sie ab. Sehr kurzes Gras wird ohne Hilfe der Zunge abgerupft. Da bei dieser Freßweise die Pflanzenteile in unterschiedlicher Höhe abreißen, entsteht keine einheitliche Verbißtiefe (nach BLATTMANN, zit. in KLAPP 1971).

Pferde fassen die Pflanzen mit den Lippen und schneiden sie dann mit ihren Zähen dicht über dem Boden ab. Der verbleibende Rest ist kürzer als bei Rindern. Pferde wählen jedoch stärker aus als Rinder (KLAPP 1971).

Schafe beißen die Pflanzen sehr kurz über dem Boden ab und reißen dabei oft Teile der Pflanzen aus dem Boden. Ihr schmales Maul erlaubt ein tiefes Eindringen in den Aufwuchs, um schmackhafte Pflanzen auszuwählen (KLAPP 1971).

Beim Weiden werden die Pflanzen nicht alle gleichzeitig und in gleicher Intensität geschädigt, wie dies beim Schnitt einer Wiese geschieht. Dadurch finden sich auf einer Weidefläche bei extensiver Nutzung gleichzeitig verschiedene Entwicklungsstadien einer jeden Pflanzenart.

Während einzelne Pflanzen in ihrer Entwicklung ungestört bleiben und teilweise blühen und fruchten können, sind andere gerade frisch verbissen, wogegen früher abgeweidete wieder aus der Basis des Haupttriebes, aus Seitensprossen oder Wurzelsprossen neu austreiben. Das häufige Verbeißen fördert bei typischen Weidepflanzen einen an den Boden angepreßten dichten Wuchs, der eine dichtere Grasnarbe bildet als der auf Wiesen. Pflanzen mit Rosettenblättern sind in Weiden häufiger.

Die Hauptbestandsbildner bei den Gräsern sind sogenannte **Untergräser** wie Deutsches Weidelgras *(Lolium perenne)*, Kammgras *(Cynosurus cristatus)*, Rot-Schwingel *(Festuca rubra)*, Wiesen-Rispengras *(Poa pratensis)*, Gemeines Rispengras *(Poa trivialis)* und Weißes Straußgras *(Agrostis stolonifera)*, die je nach Standort und Bewirtschaftungsintensität mit unterschiedlichen Anteilen vorkommen.

Unter den Pflanzen des Grünlandes befinden sich auch **Giftpflanzen** (s. Tab. 8).

Diese werden gelegentlich auch aufgenommen, wobei die Gesundheit des Weideviehs nicht unbedingt beeinträchtigt werden muß. Es hängt von der aufgenommenen Menge, dem Verhältnis zu anderen gefressenen Pflanzen, dem Gewicht des Tieres und dem allgemeinen Gesundheitszustand ab, ob eine schädigende Wirkung eintritt. Die giftig wirkenden Substanzen sind je nach Entwicklungszustand der Pflanze in unterschiedlicher Konzentration vorhanden oder kommen auch nur in bestimmten Pflanzenteilen (z. B. Früchten) vor.

In der Liste werden scheinbar auch Pflanzen als giftig bezeichnet, die genießbar sind, aber unangnehme Begleiterscheinungen haben. Nur so ist es zu verstehen, daß Lauch *(Allium)* bei den Giftpflanzen geführt wird, aber offensichtlich doch in größeren Mengen von Kühen gefressen wird. Ihre Milch und auch der daraus hergestellte Käse sollen nach Lauch riechen und bitter schmecken (KLAPP 1971). Sumpf-Dotterblumen *(Caltha palustris)*, Sumpf-Schwertlilie

Tab. 8: Pflanzenarten oder -gattungen mit Giftstoffen (KLAPP 1965)	
Allium spec.	Lauch-Arten
Anemone nemorosa	Busch-Windröschen
Anthericum spec.	Graslilien-Arten
Arenaria serpyllifolia	Quendelblättriges Sandkraut
Caltha palustris	Sumpf-Dotterblume
Cardamine pratensis	Wiesen-Schaumkraut
Colchicum autumnale	Herbst-Zeitlose
Coronilla varia	Bunte Kronwicke
Equisetum fluviatile	Teich-Schachtelhalm
Equisetum palustre	Sumpf-Schachtelhalm
Euphorbia spec.	Wolfsmilch-Arten
Euphrasia spec.	Augentrost-Arten
Iris spec.	Schwertlilien-Arten
Linaria vulgaris	Gewöhnliches Leinkraut (Frauenflachs)
Lycopodium spec.	Bärlapp-Arten
Melampyrum spec.	Wachtelweizen-Arten
Menyanthes trifoliata	Fieberklee
Pedicularis spec.	Läusekraut-Arten
Pulsatilla vulgaris	Gemeine Küchenschelle
Ranunculus spec.	Hahnenfuß (fast alle Arten)
Rhinanthus spec.	Klappertopf-Arten
Senecio spec	Greiskraut (Kreuzkraut)-Arten
Thalictrum spec.	Wiesenrauten-Arten
Triglochin palustre	Sumpf-Dreizack
Trollius europaeus	Trollblume
Vincetoxicum hirundinaria	Schwalbenwurz

Tab. 9: Beispiele für geringstwertige Pflanzen (nach NITSCHE 1993) bzw. »wertlose« (nach KLAPP 1965), s. Tabelle 35:	
Calamagrostis epigejos	Land-Rohr
Calluna vulgaris	Besenheide
Carlina vulgaris	Golddistel
Cirsium arvense	Acker-Kratzdistel
Cirsium acaule	Stengellose Kratzdistel
Cirsium paluste	Sumpf-Kratzdistel
Cirsium vulgare	Gemeine Kratzdistel
Equisetum arvense	Acker-Schachtelhalm
Erica tetralix	Glocken-Heide
Eriophorum vaginatum	Scheidiges Wollgras
Genista spec.	Ginster-Arten
Gentiana spec.	Enzian-Arten
Juncus spec.	Binsen-Arten
Mentha spec.	Minze-Arten
Ononis spec.	Hauhechel-Arten
Polygonum hydropiper	Wasserpfeffer
Sarothamnus scoparius	Besenginster
Tanacetum vulgare	Rainfarn
Tussilago farfara	Huflattich
Vaccinium myrtillus	Heidelbeere
Vaccinium oxycoccus	Moosbeere
Veronica officinalis	Wald-Ehrenpreis

(Iris pseudacorus) und Wiesen-Schaumkraut *(Cardamine pratensis)* werden ebenfalls gefressen (JANHOFF 1989, zit. in WARNKEN 1992). Zypressen-Wolfsmilch *(Euphorbia cyparissias)* wird von Ziegen aufgenommen (KNAUER 1992).

Einige Pflanzenarten werden vom Weidevieh gar nicht oder nur bei extremem Futtermangel verbissen. Hierzu gehören vor allem Pflanzen mit Dornen, Stacheln, Nadeln, Haarfilz, ledriger Struktur oder Arten, die wegen ihrer chemischen Eigenart abstoßend wirken, beispielsweise durch bitteren Geschmack oder unangenehmen Duft. Diese Pflanzen haben für die Tierernährung einen geringeren Wert, sind wertlos oder gesundheitsschädlich (s. Tab. 9 und Tab. 35 in Kapitel 9.1.9). Manche werden aber in jungem Zustand noch angenommen, andere in Teilen, z. B. den Blütenköpfen, verbissen. Moorschnucken ernähren sich größtenteils von »wertlosen« Arten wie Heidekraut *(Calluna vulgaris)* und Scheidigem Wollgras *(Eriophorum vaginatum).*

Johanniskrautarten *(Hypericum spec.)* haben den Wert 1, gehören also zu den genießbaren aber für die Ernährung unbedeutenden Pflanzen. Der Verzehr von Johanniskraut in Kombination mit einem Aufenthalt in der Sonne kann jedoch bei Schafen (besonders solchen mit hellen Hautpigmenten im Gesicht) zu einer Photoallergie führen, die lebensbedrohend sein kann (BEHRENS et al. 1983). So erkrankten z.B. in einer Herde fast alle Jungtiere nach dem Auftrieb auf eine Brache, auf der sie Johanniskraut gefressen hatten.

Durch die Schonung bestimmter unbeliebter Arten beim Abweiden einer Fläche nehmen diese mit der Zeit in ihrem Bestandsanteil zu und verschlechtern somit den Futterwert einer Weide. Eine Nachmahd oder eine eingeschobene Wiesennutzung kann hier ausgleichend wirken.

Disteln und Brennesseln werden z. B. als lebende Pflanzen nicht angerührt, als angewelktes oder getrocknetes Schnittgut jedoch vom Vieh gefressen.

5.1.1.3 Auswirkungen des Dungs der Weidetiere

Beim Weidebetrieb gelangt ein großer Teil der Nährstoffe, die durch das Abweiden des Aufwuchses dem Boden entzogen wurden, über Kot und Urin auf die Fläche zurück. Bei ganztägigem Weidegang sind die Nährstoffausträge am geringsten.

Der Nährstoffkreislauf in Weiden (KLAPP 1971) ist in Abbildung 9 dargestellt.

Bei Ganztagsweiden fallen je Großvieheinheit (GVE) in 180 Weidetagen rund 36 kg N, 11 kg P_2O_5, 54 kg K_2O und 23 kg CaO je Hektar an (KLAPP 1971).

Die Exkremente der Weidetiere werden ungleichmäßig auf der Weidefläche abgegeben. Neben der zufälligen Verteilung kommt es zu Konzentrationen an Ruheplätzen. Die Kot- und Urinstellen enthalten Nährstoffe in hoher Konzentration, wodurch die Ausnutzung herabgesetzt ist, die Auswaschung jedoch erhöht wird. Bei geringem Ertrag und Besatz der Weiden (Extensivweiden) kommt nur eine geringe Düngewirkung zustande. Punktuell entstehen jedoch Kot- und Uringeilstellen. An den Urinstellen (ein Teil

---

Oben links: Der Enzian-Schillergras-Rasen (Gentiano-Koelerietum) stellt eine Ausbildungsform des Kalkhalbtrockenrasens (Mesobromion) dar, der durch extensive Beweidung entstanden ist. Assoziationscharakterart ist der Fransen-Enzian *(Gentianella ciliata),* der wegen seiner Bitterstoffe vom Weidevieh verschmäht wird (s. Kapitel 3.2).
Oben rechts: Der Esparsetten-Halbtrockenrasen (Onobrychido-Brometum) ist eine Ausbildungsform des Kalkhalbtrockenrasens (Mesobromion). Die hier vorkommende Esparsette *(Onobrychis viciifolia)* fehlt in regelmäßig beweideten Flächen, da sie bevorzugt gefressen wird und verbißempfindlich ist (s. Kapitel 3.2).

Unten links: Die Sand-Strohblume *(Helichrysum arenarium)* ist Klassencharakterart der lockeren Sand- und Felsrasen (Sedo-Scleranthetea) vor allem im Nordosten Deutschlands (s. Kapitel 3.2).
Unten rechts: Die Herbst-Wendelorchis *(Spiranthes spiralis)* kommt in kalkarmen Halbtrockenrasen und Silikatmagerrasen, meist auf Schafhuten, vor. Sie gehört zu den stark gefährdeten Arten der Bundesrepublik Deutschland (s. Kapitel 3.2).

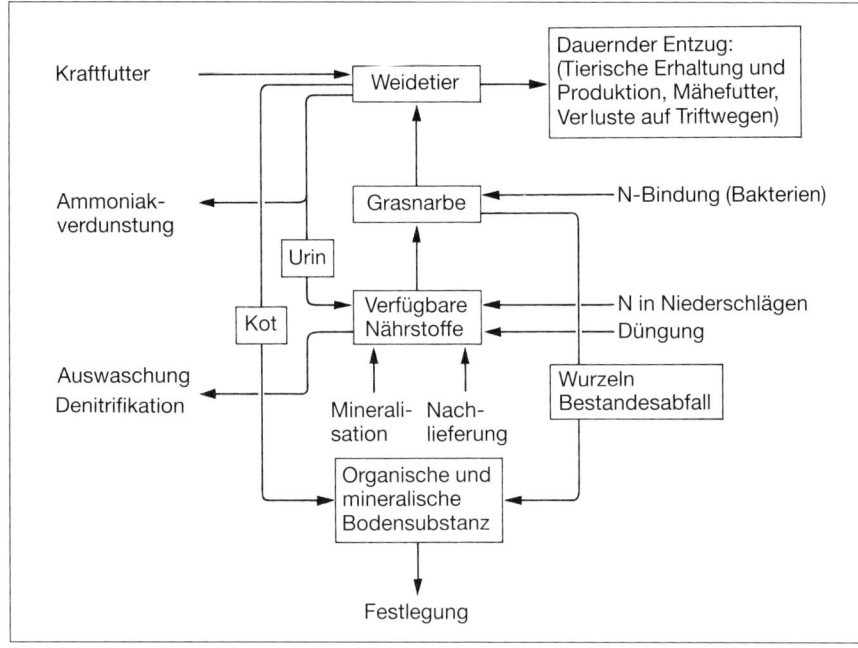

Abb. 9: Nährstoffkreislauf in Weiden (KLAPP 1971).

wird als Ammoniak in die Luft verdunstet) werden die Nährstoffe relativ schnell von den Pflanzen wieder aufgenommen. Der Aufwuchs an diesen Stellen hat höhere K- und N-Werte und wird nach einer gewissen Zeit von Rind und Pferd bevorzugt gefressen (KLAPP 1971). Anders verhält es sich mit den Kotstellen. Hier wird der Gras-Kräuteraufwuchs gehemmt oder sogar erstickt. Der anschließende Aufwuchs ist sehr hochwüchsig. Die hohen Nährstoffgaben begünstigen das Wachstum von Pflanzen, die hohe Nährstoffkonzentrationen benötigen oder erdulden. So kommt es bei häufigen Düngergaben durch den Kot zu einer Umschichtung des Bestandes. Da die Weidetiere das Futter der Geilstellen meiden, entstehen ungleichmäßig befressene Weideflächen. Zusammen mit den Randwirkungen der Kotstellen können so 10 bis 20% der Weidefläche als Freßfläche ausfallen (KLAPP 1971). Das Verteilen des Kotes ist jedoch meist zu arbeitsaufwendig. Eine Nachmahd des Geilgrases nach jedem Abtrieb bewirkt, daß im Folgejahr die alten Geilstellen wieder befressen werden.

Da die Tiere hauptsächlich die Geilstellen der eigenen Tierart meiden, weniger aber die anderer Tierarten, kann ein Mischbesatz von Rindern und wenigen Pferden die Geilstellenflächen verkleinern helfen. Eine andere Möglichkeit wäre das Beschicken der Weide beim folgenden Auftrieb mit einer anderen Tierart, wenn dazu die betrieblichen Voraussetzungen gegeben sind.

5.1.1.4 Unterbeweidung und Überbeweidung

Im Gegensatz zur Mahd, bei der zum gleichen Zeitpunkt aller Aufwuchs des

---

Ziegen verbeißen an Gehölzen sowohl Nadeln bzw. Blätter als auch Zweige und Rinde. Bei starkem Verbiß sterben die Bäume oder Sträucher ab. Einige treiben aus dem Wurzelstock wieder aus.
Oben links: Gemeiner Wacholder *(Juniperus communis)*,
Oben rechts: Gemeine Fichte *(Picea abies)*,
Unten links: Elsbeere *(Sorbus torminalis)*,
Unten rechts: Schwarzdorn *(Prunus spinosa)* (s. Kapitel 3.2).

Grünlandes in einer bestimmten Höhe abgeschnitten wird, erfolgt das Ernten des
Aufwuchses einer Weide durch das Vieh
nach für nach. Alle Weidetiere bevorzugen bei der Futteraufnahme zunächst die
schmackhaftesten Pflanzen, die anderen
werden in Teilen eher zufällig mit erfaßt.
Wenn die Tierzahl so gering ist, daß immer nur die schmackhaftesten Pflanzen
gefressen werden, werden die übrigen
Pflanzen auf der Fläche älter (sie werden
dann noch weniger gern gefressen), können reifen und aussamen und sich ausbreiten. Das dauernde Befressen der be-
liebtesten Pflanzen macht sie mit der Zeit
konkurrenzschwächer. Die Folge ist
schließlich eine Verdrängung der belieb-
testen Pflanzen und eine Artverschiebung
innerhalb der Weide. Das ständige oder
zeitweise Bereitstehen von mehr Futter
auf einer Weide als zur Sättigung der
Tiere notwendig ist, wird als **selektive
Unterbeweidung** bezeichnet (KLAPP
1965).

Bei Unterbeweidung wechseln meist
mosaikartig stark befressene Stellen und
gemiedene Stellen mit unbeliebten Pflanzen ab. Wirtschaftlich gesehen bleiben
erhebliche Erträge der Weide ungenutzt
und die Weidequalität verschlechtert sich
mit der Zeit. Die Weidetiere dagegen zeigen optimale Leistungen. Einer Unterbeweidung kann mit höheren Besatzstärken
entgegengewirkt werden. Die Auswirkungen einer Unterbeweidung lassen sich
durch Nachmahd des verbleibenden Aufwuchses mildern.

Wenn jedoch mehr Futter benötigt
wird, als auf der Fläche zur Verfügung
steht, spricht man von **Überbeweidung**.
Dabei werden die schmackhaftesten
Pflanzen bis zur Vernichtung befressen
und die übrigen teils verbissen, teils zertreten. Es entstehen Kahlstellen, in die
teilweise einjährige Kräuter (Ackerkräu-
ter) oder tritt- und verbißfeste Arten einwandern. Dabei handelt es sich besonders
um Rosettenpflanzen, deren Blätter dem
Boden anliegen.

Eine selektive Überbeweidung kann
sowohl durch einen zu hohen Besatz (zu
hohe Tierzahl auf der Fläche) als auch
durch zu lange Freßzeit hervorgerufen
werden. Die Leistung der Tiere wird herabgesetzt und deckt im Extremfall nur
noch den Erhaltungsbedarf.

Tab. 10:	Weidewirkungen – Zeigerpflanzen, Gegenmaßnahmen (v. BOBERFELD 1986)			
	Selektive Unterbeweidung		Selektive Überbeweidung	
	Deutscher Name	Botanischer Name	Deutscher Name	Botanischer Name
Zeigerpflanzen	Gem. Quecke	*Agropyron repens*	Weißes Straußgras	*Agrostis stolonifera*
	Acker-Kratzdistel	*Cirsium arvense*	Gänseblümchen	*Bellis perennis*
	Sumpf-Kratzdistel	*Cirsium palustre*	Gemeines Hirtentäschel	*Capsella bursa-pastoris*
	Gem. Kratzdistel	*Cirsium vulgare*	Strahlenlose Kamille	*Chamomilla suaveolens*
	Rasen-Schmiele	*Deschampsia caespitosa*	Herbst-Löwenzahn	*Leontodon hispidus*
	Rohr-Schwingel	*Festuca arundinacea*	Breit-Wegerich	*Plantago major*
	Schaf-Schwingel	*Festuca ovina*	Jährige Rispe	*Poa annua*
	Borstgras	*Nardus stricta*	Vogel-Knöterich	*Polygonum aviculare*
	Krauser Ampfer	*Rumex crispus*	Gänse-Fingerkraut	*Potentilla anserina*
	Stumpfblättriger Ampfer	*Rumex obtusifolius*	Gem. Löwenzahn	*Taraxacum officinale*
Gegenmaßnahmen	stärkerer Besatz längere Freßzeiten Nachmahd Nutzungswechsel		geringerer Besatz kürzere Freßzeiten Nährstoffversorgung Nutzungswechsel	

Bei der Weidenutzung mit geringer Intensität, z. B. bei Standweiden, die ganzjährig genutzt werden, herrscht im Frühsommer ein übergroßes Futterangebot, so daß zu dieser Zeit eine selektive Unterbeweidung stattfindet. In Trockenperioden während des Sommers kann durch einen zu geringen Nachwuchs die Futtermenge für die Herdengröße nicht ausreichen. Der überständige Aufwuchs vom Frühjahr hat keine verwertbaren Inhaltsstoffe mehr. Er bleibt fast unberührt und gibt dem nicht fachkundigen Betrachter den Eindruck von ausreichendem Aufwuchs auf der Fläche. Die Tiere fressen dann an den Stellen, die verwertbares Futter haben, bis zu dessen Schädigung – eine partielle Überbeweidung findet statt. Durch geeignete Weideführung mit geringerer Zuteilung von Flächen im Frühsommer, zusätzlichem Bereitstellen von Flächen in Trockenzeiten (die vorher gemäht wurden und wieder neuen Aufwuchs tragen) und/oder Anpassen der Viehzahl an den Aufwuchs können Über- und Unterbeweidung ausgeschlossen werden. (s. auch Kapitel 5.1.1.5 Beweidungszeiten).

Bei der Beweidung kommt es zu Weideverlusten, d. h. die Ausnutzung des Aufwuchses beträgt je nach Witterung, Weideführung und Weidetechnik zwischen 30 und 70 %. Bei der Portionsweide beträgt der Weideverlust 20 bis 25 %, bei der Umtriebsweide 25 bis 35 % und bei der Standweide 35 bis 70 % (ALSING 1993).

Eine kurzzeitige Überbeweidung kann aus Artenschutzgründen in besonderen Fällen gut sein; sie schafft Lücken in die Grasnarbe, läßt das Licht bis auf den Boden hindurch, verhindert ein Verfilzen der Grasnarbe und bietet hierdurch Möglichkeiten der Keimung für Pflanzen, die als Samen im Boden vorhanden sind oder eingetragen wurden. Einjährige Pflanzen wie Feld-, Fransen- und Deutscher Enzian (*Gentianella campestris, G. ciliata, G. germanica*) benötigen diese Keimbedingungen jedes Jahr aufs neue.

Weidewirkungen, ihre Zeigerpflanzen und Gegenmaßnahmen hat v. BOBERFELD (1986) in Tabellenform zusammengefaßt (s. Tab. 10).

5.1.1.5 Beweidungszeiten

Bei einer Beweidung ohne Zufütterung muß gewährleistet sein, daß die Weidetiere auf der Fläche genügend verwertbaren Aufwuchs zur Deckung ihres Futterbedarfs vorfinden. Gleichzeitig soll die Leistung der Weide langfristig nicht gemindert werden. Wenn eine Weidefläche bei sehr niedrigem, jungem Aufwuchs zur Beweidung freigegeben wird, führt das zu einer Schwächung der Nachwuchsleistung, da zu Beginn der Wachstumszeit alle Energiereserven der Pflanzen aufgebraucht werden und neue noch nicht eingelagert wurden. Sehr junger Aufwuchs ist sehr eiweiß- und wasserreich, aber nicht stärke- und rohfaserhaltig genug, um eine ausgewogene gesunde Ernährung für das Vieh zu gewährleisten. Deshalb sollte sowohl für die Erhaltung der Weideleistung als auch zur geeigneten Ernährung der Weidetiere ein gewisses Alter des Aufwuchses erreicht sein, bevor die Beweidung einsetzt. »**Weidereife** bedeutet das für den Nettoertrag günstigste und der jeweiligen Tiergattung bekömmlichste Aufwuchsstadium einer Weide. Das Stadium ist bei 15 bis 20 cm Wuchshöhe erreicht...« (MOTT 1988). »Zumindest für (holländisches) Niederungsgrünland ist das Stadium der Weidereife zugleich mit einem TM-Ertrag von 15 bis 25 dt/ha definiert« (VOIGTLÄNDER & JACOB 1987). Magerrasen erreichen solche durchschnittlichen Wuchshöhen und Erträge häufig nicht. Hier kann der Beginn der Grasblüte ein Anhaltspunkt für die Weidereife sein. Durch den höheren Artenreichtum der Magerrasen ist die Weidereife auf einen längeren Zeitraum erweitert.

Wenn eine Beweidung von sehr jungem Aufwuchs stattfinden muß, ist eine stundenweise Beweidung je Tag und eine Zufütterung von stärke- und rohfaserreichem Futter (Heu) für die Tiergesundheit und Leistung notwendig.

Nach dem Abfressen des Aufwuchses sind **Ruhezeiten** für die Weide notwendig, bis erneut die Weidereife erreicht wird. Diese Ruhezeiten können in Abhängigkeit von Standort, Düngung und besonders der Jahreszeit 12 bis 50 Tage betragen (KLAPP 1971). Magerrasen auf schutzwürdigen Flächen sollten nur ein- bis dreimal, je nach Aufwuchs und Schutzziel, beweidet werden.

So berichtet KLAPP (1971) von langjährigen Versuchen durch v. BOGU-SLAVSKI und GEBHARDT zur **Vorweide:** Eine Frühjahrsschafweide auf Wiesen bis Ende März bzw. bis Mitte April, jeweils kurzfristig an mehreren Tagen des Monats, bewirkte die um eine Woche verspätete Schnittreife der Wiese, das bedeutet – Erholung des Zuwachses. Der zweite und dritte Schnitt lieferten etwas höhere und eiweißreichere Erträge als ohne Schafvorweide. Insgesamt wurde der Jahresertrag, auch durch eine mäßige **Herbstnachweide**, nicht vermindert. Die Weidegänge führten zu einer Narbenverdichtung der Wiese, was im Rahmen der Wiesenpflege durch Walzen erreicht werden kann.

Eine durch Vorweide verspätete Schnittreife kann aus betrieblichen Gründen zu einer zeitlich erwünschten Arbeitsverteilung führen.

Eine Vorweide mit Rindern ist jedoch schädigend für die Wiese, da im Frühjahr der sehr saftige (wasserreiche) Erstaufwuchs durch den Tritt der Tiere zerstört und die Grasnarbe geschädigt wird.

Eine Winterbeweidung geringer Intensität mit Schafen wird für die Weiden nicht als schädigend angesehen (KLAPP 1971).

Die **Winterbeweidung** durch Großvieh (Rinder und Pferde) ist wegen der Zerstörung der Grasnarbe, die selbst bei geringer Besatzdichte kaum zu vermeiden ist, nicht sinnvoll. Versuche zur Winterbeweidung mit Großvieh, bei denen Robustrassen eingesetzt wurden, zeigen, daß die Tiere durchaus das hiesige Winterklima im Flachland und den niederen Mittelgebirgslagen vertragen. Bei Rassen mit geringem Gewicht und breiten Klauen weist die Grasnarbe nur an häufig aufgesuchten Stellen Schäden auf (Tränkebereich, Fütterungsstellen, Ruheplatz). Da aber die Ernährung zur Winterzeit auch bei geringer Besatzdichte nicht von der Fläche gedeckt werden kann, muß zugefüttert werden. Diese Zufütterung kommt einer indirekten Düngung gleich, weil auch Kot und Urin vom Zusatzfutter auf die Fläche kommen. Man kann dann nicht mehr von einer extensiven Weidewirtschaft sprechen. Unter folgenden Voraussetzungen kann eine Winterbeweidung akzeptiert werden:

- robuste Tierrasse,
- geeignetes Winterklima: keine hohen Schneelagen, keine starken Dauerfröste,
- Weidefläche mit geeignetem Boden: geringe Feuchtigkeit, keine Staunässe, keine steilen Hanglagen, keine Erosionsgefahr,
- Gewährleistung von Zufütterung und Betreuung,
- Vorhandensein von Tränke und offenem Unterstand,
- an die Fläche und ihrem Aufwuchs angepaßte Tierzahl,
- keine geschützten oder seltenen Arten oder Pflanzengesellschaften auf der Fläche.

5.1.1.6 Einfluß der Tiere auf Gehölzbestände

Da der überwiegende Teil unserer Grünlandbestände von Natur aus mit Wald bewachsen wäre und sie sich nach Aufgabe der Nutzung über Sukzessionsstadien mit Gebüschen wieder zu Wald entwickeln würden, besteht ein enger Zusammenhang zwischen Grünland und Gehölzen. Während zu Beginn der Viehhaltung Wald und Weide eine Einheit bildeten, wurde mit zunehmender Ausdehnung der Viehwirtschaft der Gehölzbestand auf den beweideten und gemähten Flächen zurückgedrängt und als Konkurrenz für die Futterflächen betrachtet. Die Gehölze wurden entweder als Solitäre oder Gruppen auf der Fläche geduldet oder auch als Schattenspender oder Windschutz geschätzt bzw. an den Grenzen zu benachbarten Grünlandflächen, Äckern oder landwirtschaftlich nicht gut nutzbaren steilen Hangkanten als Hecken belassen. Gebietsweise entstanden klein gekammerte Landschaften, bei denen die Gehölzstreifen das Landschaftsbild der Kulturlandschaft prägten.

Eine zunehmende Mechanisierung und Technisierung bewirkte, daß vor allem gleichförmige, großflächige Bewirtschaftungseinheiten besonders rentabel waren. Die einzelnen Parzellen wurden zu großen Flächen zusammengelegt und hindernde Gehölze entfernt. Andererseits wurden bisher beweidete, weniger ertragreiche Flächen nicht mehr genutzt und fielen brach. Hier breiteten sich Gehölze aus und bildeten teilweise undurchdringliche Dickichte.

Da die Erhaltung einer vielfältig gegliederten Kulturlandschaft ein Ziel einer ökologisch orientierten Landwirtschaft ist, müssen auch die Bäume und Sträucher mit in die Landschaftsplanung und Pflege von Grünlandbereichen einbezogen werden.

Wälder, Wiesen, Weiden und Äcker bilden ein buntes Mosaik von Lebensräumen für Pflanzen und Tiere. Gerade der Wechsel von Offenlandschaften zu bewaldeten Bereichen und Gebüschen führt zu fein abgestuften Nuancen auf engstem Raum, wie z.B. Übergänge von Licht zu Schatten, Windexposition zu Windruhe, lange Taufeuchte und schnelles Abtrocknen oder Wärme zu Kühle. Für viele Pflanzen- und Tierarten bilden diese feinen Unterschiede den Ausschlag für ihr Vorkommen.

Während früher die Rinder, Ziegen und Schafe besonders im Winterhalbjahr einen großen Teil ihrer Nahrung mit Knospenfraß im Wald deckten, wie es auch heute noch Rehe und Hirsche tun, haben Gehölze für die Ernährung der Haustiere jetzt keine wirtschaftliche Bedeutung mehr.

Die auf und an den Weiden und Huten vorhandenen Gehölze werden durch die Weidetiere vor allem durch Verbiß beeinflußt. Diesen Verbiß vertragen die Gehölze bis zu einer gewissen Intensität. Die Stärke des Verbisses hängt sowohl von der Tiergattung und -rasse, vom Alter der Tiere und ihren Gewohnheiten als auch von der Art und Menge der Gehölze auf der Fläche, der Zusammensetzung des übrigen Futters und der Futtermenge, von der Aufenthaltsdauer und der Jahreszeit ab. Blätter und Jungtriebe werden von den Weidetieren vom Boden bis in Reich-

Abb. 11: Von Rindern verbissener Strauch, bei dem die Mitte nicht mehr erreicht wird, und der nach oben durchwachsen kann.

weite und -höhe des Maules abgebissen oder abgerupft. Die verbissenen Triebe sind meist im Durchmesser nicht mehr als 3 mm stark. Durch häufiges jährliches Verbeißen können Gebüsche oft jahrelang wie eine Schnitthecke in gleicher Höhe gehalten werden. Erst wenn in der Mitte des dichten Buschwerkes Triebe vom Maul nicht mehr erreichbar sind, wachsen sie in die Höhe und breiten sich wie der Hut eines Pilzes über dem dichten Buschwerk aus. Es entstehen die für Weiden typischen Weidbüsche und -bäume, auch Kuhbüsche genannt (SCHWABE & KRATOCHWIL 1987, NITSCHE 1990). Rinder verbeißen Gehölze bis zu einer Höhe von etwa 1,30 m, Pferde je nach Größe bis über 2 m, Schafe und Rehe bis 0,80 m und Ziegen bis 1,80 m und auch darüber. Ziegen richten sich auf den Hinterbeinen auf und biegen die Zweige mit den Vorderbeinen herunter. Dadurch können sie oder ihre Mitweidetiere diese entblättern und befressen. Während alle Weidetiere Gehölzgruppen vom Rand verbeißen, klettern Ziegen auch in die Gebüsche hinein und lichten sie von innen her aus. Da die Ziegen hierbei nicht nur Blätter fressen und Triebe einkürzen, sondern auch

die Rinde abschälen, können sie Gebüsche wie z.B. den Gemeinen Schneeball (*Vivurnum opulus*), Rosenarten (*Rosa* spec.) und Blutroten Hartriegel (*Cornus sanguinaeus*) in einer Weideperiode zum Absterben bringen. Diese treiben jedoch im nächsten Jahr wieder aus den Wurzelstöcken aus. Schwarzdorn (*Prunus spinosa*) und Weißdornarten (*Crataegus* spec.) wurden nach eigenen Beobachtungen an der Rinde kaum geschädigt. Dagegen wurden Jungbäume wie Esche (*Fraxinus excelsior*), Eberesche (*Sorbus aucuparia*), Elsbeere (*S. torminalis*) und Eichenarten (*Quercus* spec.) mit einem Stammdurchmesser bis 10 cm geschält und vertrockneten. Ähnliche Schäden sind vom Rotwild an Waldbäumen bekannt. Selbst Wacholderbestände wurden durch Ziegen bei immer neuem Verbiß von Nadeln, Trieben und Rinde zum Teil zum Absterben gebracht, der andere Teil überdauerte als stark zerzauster Rest. Die Verbißschäden waren über mehrere Jahre sichtbar, wachsen sich aber nach Verbißruhe je nach Schadensstärke wieder aus. Ziegen können sich bei gleich hohem Angebot von Gräsern und Kräutern einerseits und Gehölzen andererseits zu 50 %

von Laub, Zweigen und Rinde ernähren. Schafe fressen allgemein nur zu einem geringen Prozentsatz Gehölzteile; Landschafrassen, Heidschnucken und besonders Moorschnucken nehmen in höherem Maß Gehölzaufwuchs auf wie Heidekraut *(Calluna vulgaris)*, Birkenarten *(Betula spec.)*, Weidenarten *(Salix spec.)*, Faulbaum *(Frangula alnus)* und Brombeerarten *(Rubus spec.)*.

Frisches Laub und junge Triebe werden von allen Tieren bevorzugt gefressen. Bei bedornten, stacheligen oder benadelten Gehölzen werden meist nur die weichen Jungtriebe abgebissen.

Wenn Ziegen zum Zurückdrängen von Gehölzaufwuchs eingesetzt werden, muß berücksichtigt werden, daß von ihnen zwar Gehölze verbissen werden, dies aber selektiv geschieht. Die Problemgehölze vieler Magerrasen wie Schwarzdorn *(Prunus spinosa)* und Weißdornarten *(Crataegus spec.)* können mit ihnen kaum verdrängt werden. Wenn die Ziegen nach Verbiß der bevorzugten Gehölze noch länger auf der Fläche gehalten werden, müssen sie wegen Nahrungsmangel auch die weniger beliebten befressen. Gleichzeitig ist dann aber der Gräser-Kräuteraufwuchs überbeweidet und die Tiergesundheit wegen Mangelernährung in Gefahr. Wenn dagegen in einer Ziegenweide nur ein geringer Anteil Gehölze vorhanden ist, werden diese überbeweidet und bis zur Vernichtung geschädigt. Sollen Gehölze auf Weiden vor jedem Verbiß geschützt werden, müssen sie durch Zäune abgegrenzt werden.

Magerrasen können durch maschinelles Abschneiden der Gehölze über dem Boden offen gehalten werden. Diese Maßnahme wird kombiniert mit anschließender Beweidung, bei der der frische Austrieb aus den Wurzeln eingekürzt und geschwächt wird. Ein Nachschneiden der neu aufgewachsenen, teils verbissenen Triebe ist je nach Wuchskraft und Dichte im Folgejahr oder auch erst im Abstand von mehreren Jahren notwendig. Der Neuaustrieb aus den Wurzeln (Wurzelbrut) kann am wirksamsten im Juni durch

Verbiß oder Schnitt geschädigt und zurückgedrängt werden.

Auf Menge, Verteilung, Struktur und Pflege von Gebüschen und Bäumen auf Weiden und Huten wird in Kapitel 5.2.2 eingegangen.

Einzeln stehende Bäume werden vom Vieh gern zur Körperpflege genutzt. Sie reiben ihr Fell am Stamm oder an herunterragenden Ästen. Das Vorkommen verschiedener Gehölzarten in Pflanzengesellschaften und die Verbißstärke durch Tiere ist in Tabelle 11 dargestellt.

5.1.2 Wiesen

Die extensive Wiesenwirtschaft begünstigt die Pflanzen, die dem ein- bis zweimaligen Mahdrhythmus angepaßt sind oder sich diesem anpassen können. Neben zahlreiche Gräsern werden die Bestände von einer großen Artenzahl von Kräutern gebildet, die je nach Jahreszeit in verschiedenen Farbaspekten die Wiesen schmücken. Auf den wüchsigeren Standorten entwickelt sich nach dem ersten Schnitt ein zweiter blühender Aufwuchs, der erneut gemäht werden kann.

Die häufigsten Wiesengräser zählen zu den **Obergräsern**. Sie zeichnen sich vorwiegend durch horstigen Wuchs aus, haben einen hohen Halmanteil gegenüber einem geringen Blattanteil und meist Büschelwurzeln (keine Rhizome). Sie haben eine getreideähnlichen Habitus (SCHUBERT & WAGNER 1991). Kräuter nutzen die Räume zwischen den Horsten aus, bilden hier ihr Blattwerk und recken ihre Blütenstengel zum Licht. Selbst einige niedrige Kräuter können noch in der Wiese gedeihen, da die Zeiten des Tiefstandes einer Wiese für ihre Entwicklung ausreichen, so z.B. Gänseblümchen *(Bellis perennis)* und Gemeiner Löwenzahn *(Taraxacum officinale)*. Tiefstände der Wiese sind im Frühjahr zu Beginn der Vegetationszeit und jeweils nach einer Mahd festzustellen. Dazwischen liegen die Hochstände der Wiese, in denen die hochwüchsigen Gras- und Krautarten zur Entwicklung kommen (ELLENBERG

Tab. 11: Vorkommen verschiedener Gehölze in Pflanzengesellschaften der Magerrasen und der Verbißeinfluß durch Tiere

Botanischer Name	Vorkommen Gesellschaft			Verbißstärke Tierart				Deutscher Artname
	KT	BRH	RSW	Sch	Zie	Ri	Wi	
Alnus glutinosa	–	–	–				3	Schwarz-Erle
Berberis vulgaris	2	–	–		1	–	–	Gemeine Berberitze
Betula pendula	1	3	2	1	2		2	Hänge-Birke
Betula pubescens	–	3	–	1	2		2	Moor-Birke
Calluna vulgaris	1	3	1	1	1	1	2	Heidekraut
Carpinus betulus	–	–	1	1	2		2	Hainbuche
Cornus sanguinea	3	–	–	1	3	2	3	Roter Hartriegel
Corylus avellana	1	–	–	2	3	2		Haselstrauch
Crataegus spec.	3	–	2	1	2	2	2	Weißdorn
Cytisus scoparius	–	3	1		3	2	3	Besenginster
Fagus sylvatica	3	1	1	1	3	2	3	Buche
Frangula alnus	1	3	1	2	3		3	Faulbaum
Fraxinus excelsior	2	–	–	1	3		3	Gemeine Esche
Juniperus communis	3	2	–	–	3	1		Gemeiner Wacholder
Ligustrum vulgare	2	–	–		2		3	Gemeiner Liguster
Picea abies	2	1	1		2		2	Gemeine Fichte
Pinus sylvestries	3	2	1	1	2		2	Gemeine Kiefer
Populus tremula	1	2	2	1	3			Zitter-Pappel
Prunus avium	(1)			1	3			Vogelkirsche
Prunus padus	–	–	1	1				Traubenkirsche
Prunus spinosa	3	–	2	1	2	2	2	Schwarzdorn
Pyrus pyraster	2	–	–					Wild-Birne
Quercus spec.	2	2	1	1	3	1	3	Eiche
Robinia pseudoacacia		(1)	(1)		3			Robinie
Rosa spec.	3	2	2		3	1	1	Rose
Rubus fruticosus	1	2	1	1	3		3	Brombeere
Rubus idaeus	–	2	1	2	3		3	Himbeere
Salix spec.	1	3	2	2	3		3	Weide
Sorbus aucuparia	1	2	1		3		3	Eberesche
Vaccinium myrtillus	–	2	1	1			2	Heidelbeere
Vaccinium vitis-idaea	–	2	–					Preiselbeere
Viburnum opulus	2	–	–		3			Gemeiner Schneeball

Pflanzengesellschaft:

Kalktrockenrasen	KT
Ginster-Heiden und Borstgras-Rasen	BRH
Rotschwingel-Straußgras-Weide	RSW

Tierart:

Schaf   Sch   Ziege   Zie   Rind   Ri   Wild   Wi

Vorkommen der Gehölzart in der Pflanzengesellschaft (besonders bei Brachfallen)

3	Schwerpunktvorkommen
2	mittleres Vorkommen
1	Nebenvorkommen
(1)	eingebracht oder verwildert

Verbißstärke durch Schafe (Sch), Ziegen (Zie), Rinder (Ri), Wild (Wi):

3	starker Verbiß
2	mittlerer Verbiß
1	geringer Verbiß
–	kein Verbiß
	keine Beobachtung

Quellen: Eigene Beobachtungen, FLÖRKE (1967), WILMANNS & MÜLLER (1976), v. KORN (1988), (nach NITSCHE & WILKE 1991, verändert)

1986). Die Wiesengräser und einige Kräuter treiben nach einem Schnitt aus Seitentrieben wieder aus. Andere Kräuter sind in den Mahdrhythmus so eingepaßt, daß sie beim ersten Schnitt ihre Entwicklung schon beendet haben. Hoch- und Tiefstand, die mit Schatten und Lichtphasen verknüpft sind, geben den Lebensrhythmus der Wiese an.

Die extensive Bewirtschaftung mit ein bis zwei (drei) Schnitten und geringen Düngergaben schuf artenreiche Lebensräume für Pflanzen und Tiere.

Etwa seit Beginn des 20. Jahrhunderts, verstärkt von den 50er Jahren an, fand eine zunehmende Intensivierung der landwirtschaftlichen Produktion statt, die auch die Grünlandbewirtschaftung mit einbezog. Bei den Wiesen wirkte sich die Mechanisierung und der Einsatz von Industrieprodukten in zwei Beziehungen aus:

1. Die Standortverhältnisse wurden durch Entwässerung der nassen und feuchten Flächen zu einheitlichen frischen Böden umgewandelt. Damit verschwanden Moorwiesen, Seggen-Wiesen sowie Naß- und Feuchtwiesen.

2. Es fand eine intensive Düngung mit Mineraldünger oder Gülle statt, die zu höheren Wuchsleistungen führte. Gleichzeitig konnte die Schnittzahl erhöht und höhere Erträge erzielt werden. Die Wiesenbestände wurden artenärmer und bestanden nur noch aus Arten, die höhere Stickstoffeinträge und häufige Schnitte vertragen sowie dichte Aufwüchse bildeten.

Ökologisch führten beide Maßnahmen zu einer Verarmung der Landschaft an unterschiedlichen Standorten und zu einer Verminderung der Artenzahl von Pflanzen und Tieren, die an bestimmte Wiesentypen gebunden sind.

Über die Intensitätsstufen der Bewirtschaftung und die Leistungen von Wiesentypen gibt die Tabelle 12 eine Übersicht.

Die in der Tabelle aufgeführten Verluste sind sogenannte Ernteverluste. Sie sind auf Intensivwiesen geringer, da hier der Aufwuchs fast nur aus Gräsern besteht (lange Halme und lange Blätter), die sich bei der Ernte gut aufnehmen lassen, während bei Kräutern kleine Blätter oder Blatteile verloren gehen und vor allem

Tab. 12: Nutzungsformen und Bewirtschaftung des Grünlandes, Intensitätsstufen und Leistungen, Brutto- und Nettoerträge auf Wiesen (MOTT 1988)

Wiesentyp	Schnitt-zahl	N-Düngung kg/ha	TM dt/ha	StE je kg TM	brutto kStE/ha	Verluste %	netto kStE/ha
Arme Bergwiese	1	–	10 – 15	450	560	30	390
Rotschwingel-Straußgras-Wiese	1	–	15 – 30	450	1050	30	735
trockene Glatthafer-Wiese	2	0 – 60	40 – 60	490	2450	30	1715
typische Glatthafer-Wiese	2 – 3	80 – 120	80 – 90	515	4380	25	3285
frisch-feuchte Glatthafer-Wiese	3 – 4[*]	200	100 – 115	540	5830	21	4606
feuchte Glatthafer-Wiese	4 – 5[**]	300	115 – 130	565	6950	18	5700
Intensivwiese (weidelgrasreich) = Vielschnittwiese	5[***]	400	120 – 140	590	7670	15	6520

[*] 1 Schnitt, [**] 2 Schnitte, [***] 3 Schnitte davon für Grünfütterung

bei der Heutrocknung hohe Bröckelverluste entstehen.

5.1.2.1 Schnittiefe

Bei der Schnittiefe wird zwischen drei Stoppellängen unterschieden:

– dem Rasierschnitt mit Stoppellängen unter 3cm
– dem Tiefschnitt mit Stoppellängen von 3 bis 6cm
– dem Hochschnitt, auch Normalschnitt bei Erstnutzung, mit Stoppellängen über 4 cm (VOIGTLÄNDER & JACOB 1987).

Der Rasierschnitt führt besonders bei mehrfacher Wiederholung zur Schädigung der Grasnarbe, da sowohl die Trieb-, Bestockungs- als auch Speicherzonen dicht über dem Boden verloren gehen und sich die Bewurzelung zurückbildet. Als Folgen sind Lückenbildung durch Absterben von Pflanzen, Ausbreiten von Rosettenpflanzen und ausläufertreibenden Pflanzen sowie die Zunahme von Moosen und Flechten auf armen Böden zu beobachten. Die dem jeweiligen Standort angepaßte Wiesenvegetation wird geschädigt. Gleichzeitig wird das Kleinklima in Bodennähe nachteilig verändert, da Temperaturextreme durch die geringe oder fehlende Stoppellänge nicht mehr ausgeglichen werden. Dürre- und Frostschäden können zunehmen.

Einen Normalschnitt vertragen die Wiesenpflanzen gut. Die Artenzusammensetzung ist relativ gleichbleibend, und die Erträge bleiben bei gleicher Nährstoffversorgung auf gleicher Höhe.

Der Hochschnitt verzichtet auf einen Teil der Erträge der Wiese. Die Pflanzen behalten einen Teil ihrer Blattmasse und Sproßlänge. Die auf die Blatt- und Sproßbildung anregende Schnittwirkung bei Normalschnitt wirkt sich bei hohen Stoppellängen nicht entsprechend aus, da höhere Stoppeln zur Reservespeicherung übergehen und das Pflanzenwachstum frühzeitig im Jahr verringern.

Aus wirtschaftlichen Gründen richtet sich die optimale Schnitthöhe

– nach der Zusammensetzung des Pflanzenbestandes, wobei ein vielseitiger Pflanzenbestand eher eine tiefe Schnitthöhe verträgt;
– nach der Stickstoffversorgung, wobei geringe Stickstoffaufwendungen einen Tiefschnitt eher zulassen als höhere;
– nach dem Alter des Aufwuchses, wobei ein höheres Alter einen tieferen Schnitt zuläßt, da die Reservespeicherung teilweise schon abgeschlossen ist.

Die einzelnen Pflanzenarten und Wiesengesellschaften reagieren auf verschiedene Schnittiefen unterschiedlich, wobei Häufigkeit und Zeitpunkt gleichzeitig ihre Auswirkungen zeigen.

5.1.2.2 Schnitthäufigkeit

Durch den Schnitt des Aufwuchses wird den Wiesenpflanzen der größte Teil ihrer Blätter und Halme genommen. Um wieder neue Blätter und Sprosse bilden zu können, ist eine Zufuhr von Baustoffen und Energie notwendig. Die Aktivierung des Wachstums geschieht über die verbliebenen Restflächen noch aktiver (assimilationsfähiger) Blätter und/oder die in den Stoppeln, Rhizomen und/oder Wurzeln angelegten Reserven. Wenn die Nutzung des Aufwuchses zur Zeit des stärksten Wachstums erfolgt, d. h. zur Zeit des stärksten Reserveverbrauchs, kommt es zu einer Schwächung, die bei wiederholter und übertriebener Nutzung zu Wachstumshemmungen und zur Erschöpfung der Speicherreserven führt. Eine verstärkte Einlagerung von Reservestoffen erfolgt bei Gräsern meist erst nach dem Schossen (Bildung von Halmen). Dies ist der günstigste Zeitpunkt für einen Schnitt, weil dann der Wiederaustrieb aus den Reserven erfolgen kann. Je nach Klima (vor allem bedingt durch die Höhenlage) können die Grasbestände ein- bis dreimal im Jahr dieses Stadium erreichen und so eine Schnittnutzung ermöglichen (s. Tab. 13).

Mähweiden und Vielschnittweiden (Intensivwiesen) werden bis zu fünfmal im Jahr geschnitten. Um hohe Erträge zu

Tab. 13: Schnitthäufigkeit einiger Wiesentypen entsprechend ihrer Nutzungsgeschichte (BRIEMLE et al. 1991)

Wiesentyp	Anzahl Schnitte	Düngung
Pfeifengras-Streuwiese	1 (spät)	keine
Nährstoffreiche Feucht- und Naßwiesen	2	mäßig
Glatthafer-Wiese	2 (+ Nachweide)	ja
Goldhafer-Wiese	1 bis 2	keine /schwach
Trespen-Halbtrockenrasen	1 bis 2	keine

Tab. 14: Bestandszusammensetzung von Wiesen bei unterschiedlicher Schnitthäufigkeit (KLAPP 1971):

Bestandszusammensetzung	bei seltenem Schnitt	bei häufigem Schnitt
Obergräser	47 %	15 %
Untergräser	18 %	49 %
Niedrige Kleearten	10 %	25 %
andere Kräuter	25 %	11 %

erzielen, erfolgt eine intensive Düngung mit bis zu 400kg N/ha.

Während bei Einschnittwiesen mit ihrer späten Mahd lange Zeiten für die Entwicklung der Pflanzen zur Verfügung stehen, sind bei mehrschürigen Wiesen die Entwicklungszeiten der Pflanzen auf kurze Zeiträume beschränkt. Mehrschnittnutzung führt zu einer Selektion von raschwüchsigen und schnittfesten Pflanzen. Je intensiver die Nutzung ist, desto weniger Arten können dem Selektionsdruck widerstehen. Der Wiesenbestand wird artenärmer, die verbleibenden Arten aber individuenreicher. Während eine Vielschnittwiese aus 10 bis 15 Arten zusammengesetzt ist, hat eine Glatthafer-Wiese dreimal so viele Arten. Eine extensive Bewirtschaftung der Wiesen mit ein- bis zweimaliger Mahd und Düngeverzicht oder mäßiger Düngung, z.B. bis 60kg N/ha je nach Wiesentyp, kann die standörtlich angepaßten Wiesengesellschaften erhalten und Grundlage für die an diese Lebensräume angepaßte Tierwelt sein.

Die in Wiesen typischen Obergräser Wiesen-Fuchsschwanz *(Alopecurus pratensis)*, Glatthafer *(Arrheatherum elatius)*, Flaum-Hafer *(Avena pubescens)* und Wiesen-Goldhafer *(Trisetum flavescens)* werden durch eine geringe Nutzungshäufigkeit gefördert, durch eine erhöhte aber zurückgedrängt. Die für Weiden typischen Untergräser (s. Kapitel 5.1.1.2) vermehren sich und niedrige Kleearten nehmen zu (s. Tab. 14).

Bei Mehrschnittnutzung und reichlicher Düngung bildet sich im Lauf der Zeit ein ertragreicher, weideähnlicher Unter- und Mittelgrasbestand aus.

Diese Entwicklung von Wiesen mit bis zu drei Schnitten zu Mehrschnittwiesen führte in den vergangenen Jahrzehnten zu den über weite Strecken relativ gleichförmigen artenarmen Grünlandbeständen. Das brachte eine Abnahme der Pflanzen und Tieren mit sich, die an extensiv genutzte Wiesenbestände gebunden sind.

Zum Einfluß der Schnittzahl auf die Entwicklung verschiedenen Wiesenarten vergleiche Tabelle 15.

5.1.2.3 Schnittzeitpunkt

Das Massenwachstum der Gräser und Kräuter setzt im Frühjahr ein und erreicht je nach Höhenlage und Temperaturverhältnissen von Mai bis Juni seinen Höhepunkt. Mit dem Beginn der Gräserblüte

Tab. 15:   Einfluß der Schnittzahl auf die Entwicklung verschiedener Gräser (nach Geering, zit. in Voisin 1961)

Botanischer Name	Deutscher Name	Prozentzahlen der Pflanzenart für verschiedene Anzahl jährlicher Schnitte			
		12	6	4	3
Agrostis stolonifera	Weißes Straußgras	57,4	20,9	5,0	4,4
Dactylis glomerata	Knäuelgras	1,8	16,7	11,0	16,9
Festuca pratensis	Wiesen-Schwingel	0,9	0,3	0,7	1,7
Festuca rubra	Roter Schwingel	1,4	14,1	11,2	18,8
Lolium perenne	Deutsches Weidelgras	10,4	15,6	15,0	9,9
Poa pratensis	Wiesen-Rispengras	3,8	5,5	9,6	4,2
Poa trivialis	Gemeines Rispengras	12,4	11,0	5,8	4,5
andere Poaceae	andere Gräser	–	0,9	1,0	2,0
Cardamine pratensis	Wiesen-Schaumkraut	4,1	3,1	1,0	0,6
Heracleum sphondylium	Wiesen-Bärenklau	–	0,5	0,6	2,8
Rumex acetosa	Großer Ampfer	–	3,6	0,4	0,3
Ranunculus acris	Scharfer Hahnenfuß	0,1	0,2	3,2	6,5
Taraxacum officinale	Gemeiner Löwenzahn	2,9	4,1	30,8	22,5
Trifolium repens	Weiß-Klee	0,2	0,7	1,5	0,5

nimmt die tägliche Zuwachsrate ab, gleichzeitig sinken Nährstoffgehalt, Schmackhaftigkeit, Verdaulichkeit und die Eignung zur Konservierung (als Heu oder Silage). Da die Witterung in jedem Jahr unterschiedlich ist, kann für ein und denselben Standort der jährliche Schnittzeitpunkt kalendermäßig nicht im voraus festgelegt werden. Auch die Folgeschnitte müssen den jeweiligen Aufwüchsen angepaßt werden. Als günstigster Zeitpunkt gilt nicht der Erntetermin, an dem die größte Masse geerntet werden kann, sondern der Zeitpunkt, an dem Energiedichte und Verdaulichkeit besonders hoch sind, der Rohfasergehalt aber noch recht niedrig ist. Für den Schnitt zur Heugewinnung gilt die Zeit vom Schieben der Blütenstände bis zum Beginn der Blüte der bestandsbildenden Gräser als der geeignete Zeitraum (Voigtländer & Jacob 1987).

Den Einfluß der Schnittzeit auf Rohfaseranteil und Energiegehalt des Futters verdeutlicht die Tabelle 28 in Kapitel 7.2.4.

Extensiv bewirtschaftete Wiesen sind ertragsärmer, aber artenreicher als artenarme »Mähweiden« und können bis zu drei Wochen später geschnitten werden (Briemle et al. 1991). In Beständen mit höherer Artenzahl ist der Anteil der Arten, die in ihrer Entwicklung später sind, höher, so daß diese dem Aufwuchs noch gute Qualitätseigenschaften geben. Dadurch ist eine Mahd von Extensivwiesen nicht so stark auf einen Schnittzeitpunkt fixiert, sondern kann witterungsbezogen oder auch angepaßt an betriebliche Gegebenheiten variiert werden. Hierfür wurde der Begriff »nutzungselastisch« geprägt (Briemle et al. 1991).

Aus betriebswirtschaftlichen Gründen wird ein Betrieb den Mahdtermin wählen, der die höchsten und qualitativ wertvollsten Erträge liefert. Wenn aus Artenschutzgründen eine spätere Mahd sinnvoll ist, muß überlegt werden, wie die geernteten Aufwüchse sinnvoll verwertet werden können, welche finanzielle Minderung für den Landwirt eintritt und wie diese ausgeglichen werden kann (s. Kapitel 7.2.3).

Für den Artenschutz ergeben sich bei einer späten Mahd folgende Vorteile:
- Es kommen mehr Pflanzenarten zum Blühen und Fruchten,
- es entwickelt sich eine höhere Artenzahl im Bestand,
- für die Insekten bleiben Nahrung und Lebensraum bietende Pflanzen länger stehen; sie können ihre Entwicklungszyklen hier abschließen und
- Vögel der Wiesen können ihre Brut tätigen und ihre Jungen aufziehen.

Eine Wiese sollte nicht zu spät im Jahr zum letzten Mal geschnitten werden, da sonst ein kurzer Aufwuchs, der die Weidenarbe vor Frostschäden schützt, nicht mehr heranwachsen kann. Andererseits sollte der Aufwuchs auch nicht so hoch sein, daß er sich durch Schnee und Regen als Matte auf der Wiese ausbreitet, und somit den Austrieb im Frühjahr behindert. Eine Altgrasschicht bietet außerdem Mäusen ideale Entwicklungsmöglichkeiten. Sie schädigen durch Wurzel- und Triebfraß die Grasnarbe. Ihre natürlichen Feinde wie Fuchs, Bussarde, Falken und Eulen haben bei einer Altgrasschicht weniger Möglichkeit, sie zu dezimieren.

5.1.3 Mähweiden

Gelegentlich oder regelmäßig werden Weiden gemäht und Wiesen beweidet. Dies wurde früher als Mähweide bezeichnet. Gründe für diese wechselnde Nutzung waren:

- Auf Weiden fällt vor allem beim ersten Aufwuchs so viel Futter an, daß dieses nicht rechtzeitig abgeweidet werden kann und überständig würde. Diese Weiden werden gemäht und der Aufwuchs zur Winterfütterung aufbewahrt.
- Die Auflockerung der Grasnarbe auf Wiesen läßt sich durch eine eingeschobene Weidenutzung reduzieren, da der Tritt der Tiere und die Fraßwirkung eine dichtere, enger am Boden anliegende Vegetation fördert.

- Eine Mahdnutzung von Weiden gleicht die durch die Beweidung entstandenen ungleichmäßigen Aufwüchse, hervorgerufen durch Geilstellen und selektiven Fraß, aus.
- Eine Mahdnutzung von Weiden fördert die Ausnutzung des Aufwuchses bei der folgenden Beweidung, da gemiedene Geilstellen wieder befressen werden.

Heute wird der Begriff »Mähweide« für mehr als dreimal (zur Silagebereitung) genutztes Wirtschaftsgrünland unter Mäh- oder wechselnder Mäh- und Weidenutzung verwendet. Die vor allem in Süddeutschland verbreiteten Mähwiesen kennzeichnen eine intensive Bewirtschaftung mit hoher Düngung, früh einsetzender Nutzung und hohen Erträgen, die aber von meist monotonen, artenarmen Pflanzenbeständen (10 bis 20 Arten) gebildet werden. Für die Düngung wird häufig Gülle verwendet, so daß stickstofffliebende Doldenblütler wie Wiesen-Kerbel *(Anthriscus sylvestris)* und Wiesen-Bärenklau *(Heracleum sphondylium)* stark vertreten sein können. Für den Artenschutz sind diese Flächen wertlos. Durch Überdüngung kann nicht gebundenes Nitrat in das Grundwasser ausgewaschen werden und dieses belasten. Bei der Mähweide-Wirtschaft kann durch unsachgemäße Bestandesführung und Überdüngung der Stumpfblättrige Ampfer *(Rumex obtusifolius)* zum Problemunkraut werden (BRIEMLE et al. 1991).

Bei einer extensiven Grünlandnutzung kann der Wechsel zwischen Mahd und Weide durchaus eine Bewirtschaftungsmethode sein, die die Vorteile beider Nutzungsformen vereinigt. Auch für den Artenschutz z.B. in Wiesenvogelschutzgebieten ist es möglich, daß eine späte Mahd für eine ungestörte Jungenaufzucht erforderlich ist und eine nachfolgende Beweidung für einen strukturreichen Lebensraum sorgt (z.B. Bewirtschaftungsauflagen für Mähweiden nach dem Feuchtwiesenprogramm NRW; MURL 1989a).

Tab. 16:   Bruttoertrag und Bruttoentzug wichtiger Pflanzenbestände des Dauergrünlandes (ERNST & RIEDER 1990)

Pflanzengesellschaft	Zahl der Nutzungen	Bruttoertrag dt T/ha	Bruttoentzug kg/ha		
			N	P_2O_5	K_2O
Extensivwiesen kleearm (Kleeanteil < 15%	2	70	100	40	160
kleereich (Kleeanteil > 15%)	2	70	120	45	170
typische Glatthafer-Wiese	3	90	180	65	230
wechseltrockene Glatthafer-Wiese in durchlässiger Auenlage	3	85	150	50	180
(Berg-)Goldhafer-Wiese	3	85	200	65	200
Wiesenfuchsschwanz-Wiese	3	100	210	70	270
	4	110	270	85	280
	5	120	350	110	370
kräuterreiche voralpine Mähweide	3	85	210	100	260
	4	90	280	110	300
	5	110	370	125	380
weidelgrasreiche Weiden und Mähweiden	3	110	240	110	380
	4	125	330	125	450
	5	135	400	140	470

5.1.4 Düngung des Grünlandes

Durch Mahd und Beweidung werden dem Grünland Nährstoffe entzogen. Da der Boden diese Nährstoffe nicht in jedem Fall selbst nachliefern kann, muß eine wirtschaftlich orientierte Düngung die entzogenen Nährstoffe wieder ergänzen.

Eine umweltgerechte Düngung muß die für den Pflanzenbau erforderliche, für die Tierernährung angemessene und für die Ökologie vertretbare Düngeintensität berücksichtigen. Um Düngemittel in geeigneter Menge und Zusammensetzung anwenden zu können, sind nach v. BORSTEL (1993) sechs Kenndaten notwendig:

– Das **Ertragsniveau** des Standorts in seiner Abhängigkeit von der **Nutzungsintensität** ist zu berücksichtigen, d. h. es müssen die **Nährstoffentzüge** ermittelt werden. Eine hohe Nutzungsintensität bewirkt hohe Nährstoffentzüge. Bei einer extensiven Bewirtschaftung lassen sich die Nährstoffentzüge senken (s. Tab. 16).
– Der Nährstoffbedarf einer Grünlandfläche ist aber nicht nur von der Inten-

sität der Nutzung, sondern auch von der **Art der Nutzung** abhängig. Eine Schnittnutzung bewirkt einen höheren Nährstoffentzug als eine Beweidung gleicher Intensität, da beim Weidegang über Kot und Harn wieder ein Teil der Nährstoffe auf die Fläche zurückgegeben werden. So werden z.B. bei einer viermaligen Schnittnutzung mit 100 dt TM/ha 290 kg Stickstoff entzogen, beim Weidegang durch Milchkühe entsteht durch das Abfressen des gleichen Ertrages (Bruttoentzug 290 kg N) ein Nettoentzug von nur 56 kg Stickstoff.
– Die **Nährstoffvorräte im Boden** sollten durch Bodenuntersuchungen ermittelt werden. Durch sie kann festgestellt werden, welche Nährelemente im Minimum vorhanden sind und ergänzt werden müssen, um einen standortangepaßten Ertrag erzielen zu können. Da bei steigenden Düngemittelgaben die Erträge nicht in gleichem Maß mit steigen (Gesetz vom abnehmenden Ertragszuwachs), ist die Kenntnis der Menge der Bodennährstoffe als Ausgangsbasis für die Berechnung der zu ergänzenden Nährstoffe und der hierfür erforderlichen Kosten wichtig.

– Die **Ernteverluste**, die auf der Fläche verbleiben (bei Beweidung sind dies z.B. zertretene, überständige, gemiedene Pflanzen; bei Mahd Bröckelverluste und zurückbleibende oberirdische Pflanzenteile, die je nach Schnitthöhe unterschiedlich hoch sind), führen dem Grünland wieder Nährstoffe zu. Die erforderliche Düngemenge wird dadurch reduziert.

– Menge und Zusammensetzung des **wirtschaftseigenen Düngers** (Mist, Jauche, Gülle), der für das Grünland zur Verfügung steht, muß bekannt sein und berücksichtigt werden.

– Die Kenntnis der **Stickstoffnachlieferung** aus dem Boden, die von der Nutzungsart und -intensität abhängig ist, hilft, die Stickstoffgaben richtig zu dosieren (s. Tab. 17).

Eine Düngung des Grünlandes erfolgt hauptsächlich in Form von Festmist, Jauche, Gülle oder Mineraldüngung. Für die sachgerechte Düngung sind die Zeit der Ausbringung, die Häufigkeit der Gaben, die Menge je Teilgabe, die Berücksichtigung von Witterungsverhältnissen und die Düngetechnik zu berücksichtigen.

Bei einer Umstellung von einer intensiven Grünlandbewirtschaftung auf eine extensive spielt die Verringerung des Düngemitteleinsatzes eine wesentliche Rolle. Gleichzeitig muß die Nutzungsintensität dem veränderten Ertragsniveau angepaßt werden. Wenn eine Aushagerung erfolgen soll, muß zunächst die Nutzungsintensität beibehalten werden, bis der erwünschte Aushagerungseffekt erreicht ist.

Zur Extensivierung der Grünlandwirtschaft können in den einzelnen Ländern Verträge abgeschlossen werden, die neben anderen Auflagen die Düngung gänzlich untersagen oder bestimmte Düngemittel, z.B. Stickstoff, verbieten, Phosphorsäure und Kali aber zulassen oder eine Begrenzung der Mengen vorschreiben. In der Regel ist eine Kalkung untersagt. Für die Ertragsverluste werden in diesen Verträgen Vergütungen vereinbart.

Besondere Auflagen zur Düngung bestehen in Wasserschutzgebieten und vielen Naturschutzgebieten mit Grünland.

Aus der Sicht des Naturschutzes richtet sich die Düngung nach dem zu erhaltenden oder zu entwickelnden Vegetationsbestand. Vegetationsbestände mit bestandsbedrohten Pflanzenarten, die eine geringe verfügbare Stickstoffmenge anzeigen, z. B. Borstgras-Rasen mit Arnika *(Arnica montana)*, die den Stickstoffzeigerwert 2 hat, müssen von einer Düngung ausgeschlossen werden (LÖLF Merkblätter zum Biotop- und Artenschutz Nr. 24). Wie FRISSE & GROBMEYER (1990) feststellten, können sich Bärwurz-Goldhafer-Wiesen, wie sie in den Bergwiesen des Harzes vorkommen, bei einer jährlichen Stickstoffgesamtdüngung bis 40 kg N/ha erhalten. Auf diese Problematik wird in Kapitel 5.5 eingegangen.

Als grobe Faustzahlen wurden in den unterschiedlichen Naturschutzprogrammen der Länder für bestimmte Vegetationsbestände Düngeintensitätsstufen festgelegt, die an die vorhandenen oder auch zu entwickelnden Pflanzenbestände angepaßt sind.

Bei Vereinbarungen über extensive Nutzung werden unterschiedliche Düngeintensitätsstufen vorgesehen, z.B.:

1. Mahd ohne jegliche Düngung.
2. Beweidung ohne zusätzliche Düngung.
3. Düngung ohne N mit P_2O_5 (z.B. 20 kg) und K_2O (z.B. 40 kg); durch P-

Tab. 17:	N-Nachlieferung aus dem Boden (ERNST & RIEDER 1990)	
Nutzungsart	Zahl der Nutzungen	N-Nachlieferung aus dem Boden
Extensivwiesen	2 × geschnitten	100 kg/ha
Wiesen	3 × geschnitten	80 kg/ha
Weiden und Mähweiden	4 × und öfter genutzt	60 kg/ha

und K-Düngung werden in der Regel Leguminosen gefördert und dadurch indirekt zusätzlich Stickstoff verfügbar. 1 % Flächendeckung mit Leguminosen hat 3 bis 4 kg N-Bindung /ha und Jahr zur Folge (LAMPETER 1967, zit. in BOBERFELD 1986).

4. Düngung mit Mineralstickstoff bis 30 kg N.
5. Düngung mit Mineralstickstoff zwischen 30 und 60 kg N, 20 kg P_2O_5 und 40 kg K_2O.
6. Düngung mit Mineralstickstoff zwischen 60 bis 100 kg N; P- und K-Düngung nicht eingeschränkt.

Bei Düngungseinschränkungen aus ökologischer Sicht wird vor allem auf eine Bedarfsermittlung des Stickstoffs Wert gelegt, da dieser bei überhöhten Gaben vom Boden nicht gebunden werden kann und ins Grundwasser oder bei Dränage in Bäche und Flüsse ausgewaschen wird. Überhöhte Gaben von Phosphat- und Kalidünger sind infolge der geringen Auswaschungsraten ökologisch kaum schädlich. Andererseits senkt ein hohes K-Angebot den Magnesiumgehalt im Gras (FINCK 1992).

Die Mineraldüngergaben können auch durch entsprechende Mengen organischen Düngers ersetzt werden. Als Maßeinheit für den wirtschaftseigenen Dünger (Stallmist. Jauche und Gülle) werden **Dungeinheiten** (DE) verwendet.

Danach entspricht einer Dungeinheit ein Tierbesatz, der jährlich über Kot und Harn nicht mehr als 80 kg Stickstoff absetzt, bewertet als Gesamtstickstoff, oder nicht mehr als 70 kg Phosphat (P_2O_5), bewertet als Gesamtphosphat (Ruhr-Stickstoff AG 1988; s. Tab. 18).

Bei der Wiesen- und Weidennutzung ohne Auflagen werden je nach Nutzungsintensität die in Tabelle 19 aufgeführten Düngemengen verschiedener Nährstoffe verabreicht.

Die Stickstoff-Düngung erfolgt in Abhängigkeit von der Nutzungszahl in mehreren Gaben.

Stallmist und **Jauche** entstehen bei der Haltung von Vieh in Ställen, bei der die Tiere auf ihren Liegeplätzen eine Einstreu, vorwiegend Stroh, erhalten, damit sie trocken, sauber und warm gehalten werden können. Kot und ein Teil des Harns werden mit dem Stroh gebunden und vermischt, wobei Festmist entsteht. Wenn dieser auf einer Dungstätte (Miste) längere Zeit lagert, entsteht Rottemist. Der nicht vom Stroh aufgesaugte Teil des Harns, der direkt aus dem Stall aber auch von dem gelagerten Mist abfließt, wird in Jauchegruben aufgefangen. **Gülle** entsteht bei der Haltung von Vieh, bei der Kot und Harn zusammen abgeleitet und als Flüssigmist in Güllebehältern gelagert werden. Je nach Verfahren ist der Zusatz von Wasser unterschiedlich hoch. Auch kleingehäckseltes Stroh, Strohmehl oder andere Zusatz-

---

Tab. 18: Umrechnungsschlüssel für Dungeinheiten (DE)
Im Rahmen von Gülle-Verordnungen oder -Richtlinien werden die zulässigen Tierzahlen nach dem folgenden Umrechnungsschlüssel ermittelt:

	Stück
Rinder > 2 Jahre	1,5
Jungrinder 3 Monate bis 2 Jahre	3
Kälber < 3 Monate	9
Zuchtsauen mit Ferkeln < 20 kg	3
Schweine < 20 kg	7
Legehennen	100
Junghennen	300
Masthähnchen	300
Mastenten	150
Mastputen	100
(Hydro-Agri Dülmen 1993)	

Tab. 19: Reinnährstoffgaben in kg/ha auf Wirtschaftsgrünland (Ruhrstickstoff AG 1988)

Wirtschaftsgrünland	Stickstoff (N)	Phosphat (P_2O_5)	Kali (K_2O)
Wiesen, zweischürig	60 bis 100	60 bis 100	160 bis 200
Wiesen, mehrschürig	160 bis 200	90 bis 120	200 bis 280
Umtriebsweiden, ohne Mähnutzung	100 bis 180	60 bis 120	60 bis 120
intensive Mähweiden bzw. Portionsweiden	220 bis 380	190 bis 210	120 bis 180
intensive Standweiden	200 bis 240	60 bis 120	60 bis 120

stoffe wie z. B. Gesteinsmehl sind je nach Aufstallungsart und Aufbereitung im Flüssigmist enthalten. Die Zusammensetzung der Gülle ist von der Tierart abhängig. Der Trockensubstanzgehalt sowie die Menge der Nährstoffgehalte der Gülle schwanken in weiten Grenzen und müssen, um eine sachgerechte Düngung ausführen zu können, für jeden Betrieb analysiert werden. Vor der Ausbringung ist auf eine sorgfältige Durchmischung der Gülle zu achten, damit keine erstickende oder ätzende Wirkung die Pflanzenbestände des Grünlandes schädigt. Eine Verdünnung mit Wasser ist häufig angebracht. Die Höhe der Einzelgabe richtet sich nach dem Nährstoff, der in der höchsten Konzentration in der Gülle vorhanden ist. Bei Rindergülle ist dies der Kaliumgehalt (v. BORSTEL 1993).

Wenn bei der organischen Düngung die gleichen Mengen von Nährelementen wie bei einer mineralischen Düngung auf das Grünland ausgebracht werden, ist ihre Wirkung nicht gleich.

Stallmist ist eine langsam wirkende Nährstoffquelle. Eine gleichmäßige Ausbringung, die die Grasnarbe nicht in einer dichten Schicht bedecken darf, sondern locker ausgebracht sein sollte, ist für den erwünschten gleichmäßigen Aufwuchs wesentlich. Stallmist kann besonders in Höhenlagen durch starke Erwärmung (hervorgerufen durch die dunkle Farbe) und das Verhindern starker Abstrahlung für günstige Wachstumsbedingungen sorgen (v. BOBERFELD 1986). Strohreicher Mist als Nachwintergabe kann vor Frostschäden im Frühjahr schützen (KLAPP 1971).

In der Jauche befinden sich die höchsten Konzentrationen von ätzenden Salzen und Säuren, die im Harn enthalten sind. Sie können bei unsachgemäßer Ausbringung und ungünstiger Witterung Schäden an der Vegetation und im Boden verursachen. Die Stickstoffverluste sind durch Ammoniakbildung besonders bei Jauche aber auch bei Gülle hoch. Die Ammoniak-Emissionen führen zu versauernden und eutrophierenden Wirkungen der Ökosysteme.

Tab. 20: Stickstoffausnutzung[1] von Gülle, Festmist und Jauche in v. H. der Düngewirkung von mineralischem Stickstoff auf Grünland in Abhängigkeit von dem Applikationstermin nach Angaben des Arbeitskreises Düngeberatung über EDV (1982) (v. BOBERFELD 1986)

Applikationstermin	Gülle	Festmist	Jauche
September	20	30	10
Oktober	20	30	20
November	20	30	20
Dezember	30	30	30
Januar	40	30	40
Februar	50	40	50
März	60	50	70
April	70	50	70
Mai	60	40	50
Juni	50	30	30
Juli	30	30	10
August	30	30	10
Varianz	20 bis 70	30 bis 50	10 bis 70

[1] Unterstellt sind übliche Mengen/Termin mit gleichmäßiger Verteilung auf den Flächen

Bei Gülle, Festmist und Jauche ist die Stickstoffausnutzung wesentlich stärker vom Ausbringungstermin abhängig als bei mineralischer Düngung (s. Tab. 20).

Wirtschaftseigene Dünger sind verstärkt einzusetzen, da sie die Kreisläufe im Naturhaushalt am geringsten belasten. Eine Gülleaufbereitung, die den stark mobilen Stickstoff stabilisiert, ist anzustreben (PLACHTER 1991).

Im allgemeinen gehört zu einem Kreislauf eine flächenbezogene Produktion, d. h. für die Grünlandwirtschaft, daß auf der Fläche nur die Menge von Dungeinheiten ausgebracht werden sollte, die dem Entzug an Nährstoffen entspricht, den die von ihr ernährten Tiere abzogen.

Um den Gülleeinsatz zu reglementieren, wurden in den Bundesländern Schleswig-Holstein, Bremen, Niedersachsen und Nordrhein-Westfalen Gülleverordnungen erlassen. Das Ziel besteht in erster Linie in einer Begrenzung der Tierzahlen pro Flächeneinheit und einer Reglementierung von Menge und Zeitraum bei der Gülleausbringung. Die Definition der DE ist in den einzelnen Bundesländern unterschiedlich: in Schleswig-Holstein entspricht eine Milchkuh einer Dungeinheit, während in den anderen Bundesländern 1,5 Milchkühe je Dungeinheit zugrunde gelegt werden. Die Einhaltung dieser Vorschriften bei der Ausbringung von Gülle beinhaltet aber noch nicht eine extensive Grünlandwirtschaft, sie begrenzt lediglich die Intensität nach oben. Bei der Bemessung von zwei bis drei Dungeinheiten (unterschiedlich nach Bundesland) je ha dürfen nach der Verordnung 160 bis 240 kg N ausgebracht werden (Umweltstiftung WWF-Deutschland 1992).

Besonders negative Folgen hat die Ausbringung von Gülle auf Niedermoorböden, da durch sie die Zersetzung der Torfe besonders intensiv angeregt wird. Auf Moorgrünland führt die Ausbringung von Gülle zu:

– Haftnässebildung in der Narbe,
– Höhenverlust der Fläche,
– Verflachung der Durchwurzelungszone,
– Abnahme der Tragfähigkeit und Trittfestigkeit,
– Verschlechterung der Narbe, besonders Lückenbildung und Einwanderung von Gemeiner Quecke *(Elymus repens)*, Vogelmiere *(Stellaria media)*, Einjährigem Rispengras *(Poa annua)* u.a.,
– verstärkter Austrocknung in Trockenzeiten

(BARTELS & SCHEFFER, zit. in Umweltstiftung WWF-Deutschland 1992).

5.2 Vegetationsentwicklung auf Grünland- und Ackerbrachen

5.2.1 Definition und Bedeutung

Brachen sind ungenutzte oder wenig beeinflußte Pflanzenbestände, die sich aus Äckern, Grünland, Gärten, Weinbergen oder auch anderen Flächennutzungen entwickelt haben und sehr unterschiedliche Vegetationsstrukturen bilden können. Oft wechseln kleinflächig Mosaike oder Zonierungen sehr unterschiedlicher Pflanzengesellschaften mit großräumiger Dominanz von Gräsern, Kräutern oder Gehölzen. Mit ein- oder mehrjähriger Brache wurde beim Ackerbau über viele Jahrhunderte hinweg das Ziel verfolgt, Fruchtfolgeschäden durch Krankheitserreger und Ertragsverluste zu reduzieren.

Zur Zeit der **Dreifelderwirtschaft** diente die einjährige Brache vor allem zur Wiederherstellung der Bodenfruchtbarkeit. Im 18. und 19. Jahrhundert verlor die Brachewirtschaft mit dem Kleeanbau und der hiermit verbundenen Nährstoffansammlung (vor allem Stickstoff) sowie der Mineraldüngung an Bedeutung und nahm flächenmäßig ab. Eine Ausdehnung der Brachflächen ergab sich vor etwa 100 Jahren durch billige Nahrungsmittel- und Wollimporte und der hierdurch ausgelösten Agrarkrise.

In den letzten Jahrzehnten haben sich durch vielfältige Veränderungen in der

Flächennutzung Brachen und bracheähnliche Vegetationstypen gebildet:

Naturbrachen entwickelten sich auf Grenzertragsböden der Landwirtschaft, vorwiegend auf Flächen, die durch ungünstige Geländestruktur kaum mit Maschinen zu bearbeiten waren.

Strukturbrachen entstanden vorwiegend durch Besitzerzersplitterungen und zu großer Entfernung vom Hof.

Spekulationsbrache entwickelt sich durch Flächenverplanungen für Bauland oder durch Berufswechsel des Landwirtes mit Aufgabe der Landwirtschaft.

Mit dem Begriff **Sozialbrache** wird die Aufgabe der landwirtschaftlichen Flächennutzung aus unterschiedlichen wirtschaftlichen oder sozialen Gründen zusammengefaßt. In den alten Bundesländern haben in manchen Landkreisen Brachen bereits einen Anteil von mehr als 10 % an der landwirtschaftlichen Nutzfläche, manche Gemarkungen liegen bereits vollkommen brach. Auch in den neuen Bundesländern sind durch gebietsweise Aufgabe der landwirtschaftlichen Nutzung größere Brachen entstanden.

Nach der politischen Wende wurden daneben viele **militärische Übungsflächen** aufgegeben und entwickeln sich zu bracheähnlichen Vegetationsstrukturen. In vielen Fällen werden sie als Schafhuten extensiv genutzt.

Brachflächen können auch durch **Flächenstillegung** entstehen, die in den 80er Jahren als agrarpolitische Maßnahme der Europäischen Gemeischaft begonnen wurde. Sie umfaßte je Betrieb mindestens 20 % der Ackerfläche (über 1 ha) für einen Zeitraum von mindestens fünf Jahren. Die Flächen sind meist nährstoffreich und dürfen nicht durch Nutzung ausgehagert werden.

Brachen zeichnen sich durch einen hohen Anteil von abgestorbener Pflanzenmenge (Nekromasse) aus, die sich im Laufe eines Jahres durch Zersetzung verringert (s. Abb. 12), wobei extrem trockene oder nasse Standorte den Zersetzungsvorgang hemmen können.

Einige Arten, die zur Dominanz neigen, wie Landrohr *(Calamagrostis epigejos)*, Fieder-Zwenke *(Brachypodium pinnatum)* oder hohe Seggenarten *(Carex spec.)*, können bis in den Sommer hinein dichte Altgrasmatten bilden und damit das Aufkommen anderer Arten hemmen bzw. verhindern.

Auch Wegränder, Feldraine, Bahndämme, Kahlschläge im Wald, ehemalige Brandflächen und Flächen in Industriegelände können bracheähnliche Strukturen haben, oder aber sie sind kleinflächig in extensives Grünland oder in Huten eingestreut. Brachen lassen sich hinsichtlich der räumlichen Ausdehnung und der In-

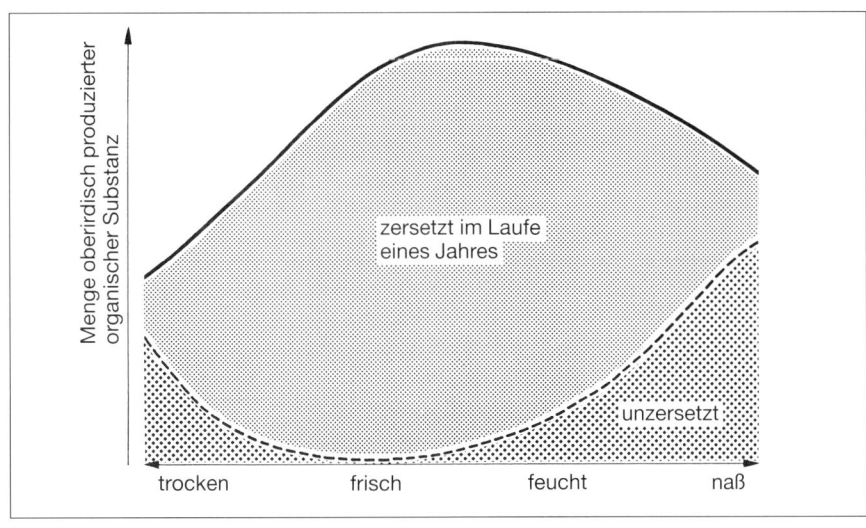

Abb. 12: Verlauf der oberirdischen Phytomassenproduktion und deren Zersetzung im Laufe eines Jahres auf Grünlandbrachen (SCHREIBER 1980; zit. in BRIEMLE et al. 1991).

tensität der Nutzungen nicht immer scharf von anderen extensiv genutzten Flächen abgrenzen.

Die Bedeutung des Brachlandes als Lebensraum für zahlreiche bestandsbedrohte Tier- und Pflanzenarten ist unbestritten (JEDICKE 1989b, SCHOLL & ZUNDEL 1986). In vielen Fällen kann aber eine Brache gegenüber einer vorhergehenden Nutzung eine Verschlechterung des Lebensraumes für seltene oder bestandsbedrohte Arten darstellen. Im Einzelfall müssen nach einer Bestandserfassung die Entwicklungsmöglichkeiten geprüft werden. Für viele Tierarten ist das Nebeneinander unterschiedlicher Nutzungen für die Existenz entscheidender als die Nutzung auf einer kleineren Teilfläche einer Landschaft.

5.2.2 Sukzessionsabläufe auf Brachflächen

Auf allen Brachflächen können Sukzessionen beobachtet werden. Unter dem Begriff Sukzession versteht man die Ablösung einer Organismengruppe von Pflanzen und/oder Tieren durch eine andere.

Für die Vegetationsentwicklung ist der Ausgangsbestand der Pflanzenarten und die Konkurrenzkraft der einzelnen Arten bei unterschiedlichen Umwelteinflüssen wesentlich. Weiterhin sind Lebensformen und Verbreitungsstrategien der Pflanzen für den Sukzessionsablauf entscheidend.

Auf Ackerbrachen kann die Sukzessionsabfolge von kurzlebigen zu langlebigen Pflanzen eine sehr unterschiedliche Artenzusammensetzung aufweisen. Es können sich Problemarten wie Gemeine Quecke *(Elymus repens)*, Landrohr *(Calamagrostis epigejos)*, Weiches Honiggras *(Holcus lanatus)*, Adlerfarn *(Pteridium aquilinum)*, Acker-Kratzdistel *(Cirsium arvense)* zu dauerhaften Massenbeständen entwickeln, die aus der Sicht des Naturschutzes nicht befriedigen. Auf den Hutebrachen in den Kalkmagerrasengebieten sind Dominanzbe-

stände von Fieder-Zwenke *(Brachypodium pinnatum)*, Schwarzdorn *(Prunus spinosa)* und Gemeiner Kiefer *(Pinus sylvestris)* häufig. Pioniergehölze sind Hänge-Birke *(Betula pendula)* und Sal-Weide *(Salix caprea)*. Die Rotbuche *(Fagus sylvatica)* als Art der potentiellen natürlichen Vegetation vieler Brachestandorte wandert erst spät ein. Sie hat Schwierigkeiten, beim Konkurrenzdruck der Gräser über das Keimlingsstadium herauszuwachsen.

Die im Boden vorhandenen Samen haben bei der Entwicklung von Brachen, besonders auf Äckern, einen großen Einfluß auf die Vegetationsentwicklung. Bei den Samenbanken im Boden kann es sich um Samen des aktuellen Pflanzenbestandes, des Pflanzenbestandes, der aus vorherigen Nutzungen entstanden war, oder um Samen benachbarter bzw. weit entfernt liegender Pflanzenvorkommen handeln, die auf die Fläche transportiert wurden. Sie können nur unter bestimmten Umweltvoraussetzungen (z. B. Feuchte, Temperatur) aufgehen, viele benötigen den Schutz benachbarter Pflanzen. Bei einem Grasfilz mit hoher Altgrasauflage können Samen häufig nicht auf den Boden gelangen oder wegen Lichtmangels nicht aufgehen. Einjährige oder kurzlebige Pflanzen müssen sich immer wieder durch Aussamung (generative Vermehrung) erneuern. Grünlandbrachen und ältere Ackerbrachen setzen sich vorwiegend aus mehrjährigen Pflanzen zusammen, sie erneuern sich kaum durch jährliche Neuansamung.

In älteren Brachen werden Sämlinge durch die Konkurrenz der ausdauernden Arten oft unterdrückt. So können sich z. B. Gehölzsämlinge in jüngeren Ackerbrachen mit geringem Konkurrenzdruck von Gräsern eher durchsetzen als in Grünlandbrachen, wo sie häufig viele Jahrzehnte für eine Einwanderung benötigen und die meisten von ihnen wieder absterben.

Die Pflanzenarten können nach ihrer unterschiedlichen Wuchsweise in 12 verschiedene Lebensformen (ELLENBERG et al. 1991) gegliedert werden. Durch die

Wuchsweise ist eine Anpassung an bestimmte Umweltbedingungen gegeben. Sommereinjährige wie Klatsch-Mohn *(Papaver rhoeas)* und Hunds-Kamille *(Matricaria inodora)* können sich nur auf Rohböden entwickeln. Der wintereinjährige Windhalm *(Apera spica-venti)* kann auf sandig-lehmigen sauren Böden der Ackerbrachen mehrere Jahre eine Deckung von mehr als 90 % erzielen, und das Klebrige Labkraut *(Galium aparine)* entwickelt auf frischen bis feuchten Lehmböden auch bis in das Gebüschstadium hohe Deckungsanteile. In Sommertracht überwinternde einjährige Pflanzen wie Hirtentäschel *(Capsella bursa-pastoris)* und Einjährige Rispe *(Poa annua)* können in jungen Ackerbrachen aber auch in übernutzten (Pferde-) Weiden hohe Anteile am Artenbestand erzielen. Zu den zweijährigen Pflanzenarten gehört z. B. Weißer Steinklee *(Melilotus albus)*, der an oft gestörten Plätzen zu finden ist. Die Acker-Kratzdistel *(Cirsium arvense)* ist ein Wurzelknospen-Geophyt, der mit seinen ausdauernden Wurzeln bis weit unter die Pflugsohle der Äcker reicht und sich bei ungestörtem Wachstum in Brachen stark ausbreiten kann. Bei der Gemeinen Quecke *(Elymus repens)* handelt es sich um einen Rhizom-Geophyten. Sie kann auf Ackerbrachen durch Wurzelausläufer zur Dominanz gelangen und stabile Bestände bilden, auch im Intensivgrünland und deren Brachestadien kommt sie häufig vor. Die gleiche Lebensform hat Landrohr *(Calamagrostis epigejos)*, das sich in den letzten Jahren in Wäldern und Brachen als »Ungras« stark ausgebreitet hat.

Pflanzenarten, deren Knospen sich an der Erdoberfläche befinden, werden als Erdschürfepflanzen bezeichnet. Sie kommen in drei verschiedenen artgebundenen Wuchsformen vor. Schaftform hat der Löwenzahn *(Taraxacum officinale)* ausgebildet. Er entwickelt sich in Ackerbrachen durch Windansamung oft zur häufigsten Art. Eine häufige Horstpflanze in Brachen ist der Glatthafer *(Arrhenatherum elatior)*; zu den kriechenden Erdschürfepflanzen gehören Kriechender Hahnenfuß *(Ranunculus repens)*, Weißes Straußgras *(Agrostis stolonifera)* Gemei-

nes Rispengras *(Poa trivialis)*. Sie kommen besonders im frischen bis feuchten Wirtschaftsgrünland und deren Brachestadien vor, können aber auch auf Ackerbrachen mit hoher Dominanz auftreten.

Eine Kriechstaude mit Knospen über der Erde ist das Gemeine Hornkraut *(Cerastium holosteoides)*, das in Brachen und Weiden verbreitet ist.

Strauchartige Wuchsform bilden viele Gehölze wie die Hundsrose *(Rosa canina)*, die in Ackerbrachen bereits in zehn Jahren höchste Dominanz erreichen können. In lückigen Rasen oder Extensivweiden werden sie meist erst nach mehreren Jahrzehnten dominant; in gutwüchsigen Grünlandbrachen ohne jede Nutzung dauert die Einwanderung durch die hohe Altgrasauflage am längsten.

Baumartige Gehölze wie Gemeine Birke *(Betula pendula)*, Gemeine Esche *(Fraxinus excelsior)* wandern mit anderen Laub- und Nadelbäumen wie die Sträucher in Brachen und Extensivgrünland ein. Viele Gehölze siedeln sich im (Verbiß- und Klima-) Schutz bereits vorhandener Pioniergehölze an. Sie werden an diesen Stellen vorwiegend mit Hilfe von Verdauungsverbreitung durch Vögel eingeführt.

Die Verbreitung der Pflanzenarten auf Brachen und im Grünland erfolgt durch generative Vermehrung (Samen, Früchte, Sporen) und vegetative Vermehrung (Sproßteile, Ausläufer und Brutzwiebeln). Dafür haben die Pflanzen folgende unterschiedliche **Verbreitungsstrategien** entwickelt:
- Verbreitung durch Wind
- Tierverbreitung: Klettverbreitung häufig durch Wild, Verdauungsverbreitung häufig durch Vögel und Ameisenverbreitung durch Samentransport.
- Verbreitung unter Vermittlung des Menschen durch Ansaaten, Anpflanzungen und Verkehrstrassen.
- Verbreitung mittels fließenden Wassers, vor allem in Überschwemmungsbereichen.
- Selbstverbreitung durch Samenschleuderung, z. B. Springkrautarten *(Impatiens* spec.)*, Wurzelausläufer, z. B. Schwarzdorn *(Prunus spinosa)*, Sproß-

teile, z.B. Gemeine Quecke *(Elymus repens)* und Brutzwiebeln, z.B. Laucharten *(Allium* spec.*).*

Pflanzensoziologisch lassen sich Brachen nur schwer in systematische Übersichten einordnen, da sie sich meist aus Arten unterschiedlicher Vegetationseinheiten zusammensetzen. Jüngere Brachen enthalten vorwiegend Arten aus Gesellschaften der krautigen Vegetation oft gestörter Plätze und ältere Brachen Arten der Heiden und Rasen mit Übergängen zu Staudenfluren und Gebüschen bzw. auf feuchten Standorten auch zu Röhrichten und Rieden.

5.2.3 Erhaltung, Entwicklung und Pflege von Brachen

Brachen können für den Naturschutz eine wichtige Funktion als Lebensraum und Rückzugsgebiet für Tiere und Pflanzen haben. Für ihre Bewertung und die Planung von Erhaltungsmaßnahmen sind Artenzusammensetzung, Vegetationsstruktur, räumliche Verteilung, Flächenausformung und Benachbarung wesentlich. Gefährdet sind Brachen durch Umwandlung in Nutzflächen, die Beeinträchtigung durch Biozide und Artenverarmung. Diese Prozesse gehen meist einher mit Nährstoffanreicherung und/oder Reduzierung der Flächenausstattung, wie beim Abackern von Feldrainen oder der Mahd von Ufersäumen.

Vor der Flächenstillegung waren Brachen vorwiegend als Altgrasstreifen an Wegen, Gräben, Hecken oder Waldrändern zu finden, gelegentlich auch als kleine Inseln wie z.B. an Hochspannungsmasten.

Anzustreben ist die Erhaltung und Entwicklung eines möglichst engmaschigen Netzes von Brachestreifen mit Einbindung von flächenhaften Ausbildungen, die möglichst eine Größe von mehreren tausend Quadratmetern haben sollen. Für gute Rebhuhnbiotope wird eine Netzdichte von 8 km je km2 empfohlen (Giessener Arbeitskreis für Wildforschung

1979, zit. in BLAB 1993). Neben der Netzdichte ist die Breite der Brachestreifen für die Biotopfähigkeit sehr vieler Arten wesentlich. Zeigerarten guter Brachebiotope sind je nach Biotoptyp z.B. Laufkäfer *(Carabidae)*, Rohrsänger *(Acrocephalus* spec.*)*, Rohrammer *(Emberiza schoeniclus)*, Braunkehlchen *(Saxicola rubetra)* und Wiesenpieper *(Anthus pratensis)*. Sie benötigen möglichst breite Brachestreifen zum Überleben. Für viele Arten sind zusätzliche Biotopstrukturen vorteilhaft: z.B. Gehölze als Sitzwarte für Goldammer *(Emberiza citrinella)*, Rotrückenwürger *(Lanius collurio)* und Rohrammer *(Emberiza schoeniclus)* oder Steinhaufen als Sonnenplatz für Eidechsen *(Lacertidae)*.

Planungen von Schutz- und Pflegemaßnahmen für Brachen sollten langfristig angelegt sein und die Nachbarbiotope mit einbeziehen. Die Maßnahmen müssen den Standortfaktoren sowie der verfügbaren Fläche und Artenstruktur angepaßt sein und dabei folgendes beinhalten:

– Abwehr von Eingriffen und Gefährdungsfaktoren,
– gelegentliche Mahd, vorzugsweise im Herbst in Teilabschnitten mit zwei- oder mehrjährigem Abstand,
– bei vorgesehener Aushagerung und Beseitigung von dichtem Grasfilz: Mahd zur Zeit der optimalen Vegetationsentwicklung von Mai bis August, möglichst in Teilabschnitten,
– Mulchschnitt kann aus ökonomischen Überlegungen sinnvoll sein (s. Kapitel 8.2),
– Beweidung, vorzugsweise mit Schafen im Hutebetrieb,
– kontrolliertes Brennen ist wegen der Schäden und der negativen Vorbildfunktion in der Regel auszuschließen.

Die verschiedenen Pflegeeingriffe können bei Ackerbrachen und regelmäßig genutzten Flächen nach den zehnjährigen Untersuchungen von SCHMIDT (1981) folgende Wirkung auf die Arten- und Vegetationsstruktur haben:

– Einmalige Mahd oder Mulchen im Herbst fördern grünlandähnliche

Strukturen, Gehölze werden zurückgedrängt und lichtliebende mehrjährige Arten werden gefördert.

– Durch mehrfache Mahd entwickelt sich eine standortangepaßte Wiesengesellschaft; bei zusätzlicher Düngung werden Nährstoffzeiger, z. B. Löwenzahn *(Taraxacum officinale)* und Gemeines Rispengras *(Poa trivialis)* gefördert. Auf ungedüngten Flächen entwickeln sich stickstoffbindende Leguminosen wie Weiß-Klee *(Trifolium repens)* und Faden-Klee *(Trifolium dubium)* mit höheren Anteilen am Aufwuchs.

– Durch regelmäßige Bodenbearbeitung werden kurzlebige (z. B. Ackerwildkräuter) und unterirdisch überdauernde Pflanzen (Wurzelunkräuter) gefördert.

– Die artenreichsten Beständen entwickeln sich auf einmal gemähten oder gemulchten Flächen, gefolgt von ungestörten Brachen. Mit zunehmenden Eingriffen verarmt die Flora rasch.

SCHIEFER (1981a, b) führte im Rahmen eines Forschungsprojektes »Offenhaltung der Kulturlandschaft« verschiedene **Bracheversuche** durch. Dabei wurden folgende Ergebnisse ermittelt:

– Bei ungestörter Sukzession gehen Horst-, Rosetten- und kurzlebige Pflanzen zurück, solche mit unterirdischen Ausläufern und Rhizomen breiten sich aus. Langlebige und hochwüchsige Arten verdrängen niedrigwüchsige (Ausnahmen bilden magere und niedrigwüchsige Pflanzenbestände). Die Artenzahl der Pflanzen geht besonders durch Anhäufung einer Streudecke zurück.

– Die Mulchschnitte sind nach Häufigkeit und Schnittzeit unterschiedlich zu beurteilen. Bei jährlich zwei Schnitten werden Arten der Mähwiesen und Weiden gefördert. Bei einem Mulchschnitt im August entwickeln sich auf entsprechenden Böden Kalkmagerrasen- oder Feuchtwiesenarten günstig. Glatthafer-Wiesen sollten bis Ende Juni gemulcht werden.

– Mulchen jedes zweite Jahr entspricht der Vegetationsentwicklung einer »ungestörten Sukzession«. Bei Pflanzenbeständen mit schneller Vegetationsentwicklung (z. B. typischen Glatthafer-Wiesen) war die Bestandsumschichtung während der beiden Jahre so tiefgreifend, daß das Mulchen den Ausgangsbestand nicht wieder herstellen konnte.

5.3 Anlage von Extensivgrünland

In der landwirtschaftlichen Grünlandnutzung bestand die **Zielsetzung** bisher vorwiegend darin, einen möglichst hohen Ertrag zu erzielen. Erst in den letzten Jahren kamen für die landwirtschaftliche Existenzsicherung als neue Zielsetzungen bei der Grünlandbewirtschaftung die Marktentlastung (Ertragsreduzierung) im Rahmen der EU-Richtlinien, Arten- und Biotopschutz als Naturschutzziele und die Reduzierung von negativen Umwelteinflüssen aus der Landwirtschaft hinzu. Diese Zielsetzungen erfordern Maßnahmen, die von der Allgemeinheit finanziert werden und daher vor allem für die landwirtschaftlichen Betriebe eine neue Existenzgrundlage bilden. Aber auch zur Ortsgestaltung im besiedelten Bereich oder bei der ökologisch orientierten Grünlandpflege an Straßen (STOTTELE & SOLLMANN 1992) wird auf die Anlage und Pflege von Extensivgrünland Wert gelegt.

Anlage von Extensivgrünland auf offenen Bodenflächen

Beim Anlegen von Extensivgrünland sind Vorrangziele festzulegen und die Erfolgsaussichten bei unterschiedlichen Maßnahmen zu prüfen. Ausgehend von der Funktion, die eine künftige Extensivgrünlandfläche in der Kulturlandschaft haben soll, ergeben sich für die Nutzung drei Hauptziele:

- Landwirtschaftliche Nutzung (einschließlich Marktentlastung)
- Natur- und Umweltschutz (Arten- und Biotopschutz sowie Reduzierung der Umweltbelastung durch eine landwirtschaftliche Nutzung als Pflege-Nutzung)
- Erhaltung der Kulturlandschaft, in die ein landwirtschaftlicher Betrieb eingebunden werden soll.

In vielen Fällen sind Gemeinden und Firmen bei der Anlage und Erhaltung von Extensivgrünland tätig. Das gilt vor allem für Sonderstandorte wie z. B. in Ortslagen, an Böschungen und Straßen, wo der Einsatz von Spezialmaschinen erforderlich ist.

Die drei Zielsetzungen für die Nutzung können sich zwar stark überschneiden, sie sind aber für die durchzuführende Einzelmaßnahme als Entscheidungshilfe wesentlich. Weiterhin orientieren sich die Maßnahmen an den Standortverhältnissen, der landwirtschaftlichen Betriebsstruktur und den bereits auf einer Fläche vorhandenen Pflanzenarten (beispielsweise als Samen, Wurzeln oder reproduktionsfähige Pflanzen) sowie an der Möglichkeit einer kostengünstigen Pflege oder Nutzung.

Durch die EU-Richtlinien zur Marktentlastung wurden in großem Umfang landwirtschaftliche Flächen nicht mehr bewirtschaftet und sich selbst überlassen. Auf ihnen entstand eine Selbstberasung, die bereits bei der Brache (Kapitel 5.2) in ihren vielfältigen Erscheinungsformen beschrieben wurde.

Für die rein landwirtschaftliche Nutzung werden von den zuständigen landwirtschaftlichen Institutionen Mischungs- und Sortenempfehlungen für die Ansaat von Wiesen und Weiden herausgegeben. In der Tabelle 21 sind sie in zwei Gruppen gegliedert:
1. Standardmischungen für Weiden und Mähweiden bezogen auf sechs verschiedene Standortverhältnisse.
2. Standardmischungen für Wiesen bezogen auf vier verschiedene Standortverhältnisse.

Die in diesen Tabellen vorgestellten Mischungen wurden in einem Merkblatt vom Hessischen Landesamt für Ernährung, Landwirtschaft und Landentwicklung in Kassel (1992) veröffentlicht.

Aus der Sicht des Arten- und Biotopschutzes ist in der Regel weder die Selbstberasung (Kapitel 5.2) noch die empfohlene Berasung mit Standardmischungen befriedigend. Bei der empfohlenen Einsaat von Standardmischungen mit 20 bis 30kg Saatmenge je ha entfallen je nach dem Tausendkorngewicht der Bestandspartner etwa 2000 bis 3500 Samen auf den Quadratmeter. Die dicht aufkeimenden Pflanzen stehen unter einem erheblichen Konkurrenzdruck, den nur ein ganz geringer Prozentsatz der Pflanzen überstehen kann. Nach einer Entwicklungszeit der Grasnarbe bleiben nach vier Jahren etwa 100 Pflanzen übrig (VOLKERT 1934; zit. in KLAPP 1971). Bei dem Ansaatverfahren haben zusätzliche Pflanzenarten des Extensivgrünlandes kaum eine Chance einzuwandern und sich gegen die Konkurrenz der Ansaat durchzusetzen. Die Standardansaaten beschränken sich auf drei bis acht Arten und sind somit im Vergleich zu einem extensiv genutzten Dauergrünland artenarm.

Für die Berasung vegetationsfreier Flächen werden von Saatgutfirmen zunehmend qualitativ gute Saatgutmischungen aus Wildkräutern angeboten, die eine große Zahl von Pflanzenarten enthalten. Nach den bisherigen Untersuchungen sind auch diese Mischungen aus der Sicht des Arten- und Biotopschutzes skeptisch zu beurteilen. Oft sind die Mischungen nicht für den jeweiligen Standort oder für spezielle magere, pflegeextensive Bestände geeignet oder die Herkünfte haben, ähnlich wie bei den empfohlenen Standardmischungen (mit bestimmten Kultursorten), keinen Bezug zum Ausbringungsort (MOLDER & SKIRDE 1993). Probleme können z. B. bezüglich der Massenwüchsigkeit und des Konkurrenzverhaltens auftreten. Eine Florenverfälschung tritt ein, wenn Arten mit ganz anderem genetischen Verhalten als die im Naturraum vorkommenden

Arten eingemischt sind. Dies ist z. B. bei dem Kleinen Wiesenknopf *(Sanguisorba muricata*, ähnelt dem heimischen *S. minor)*, der Wegwarte *(Cichorium calvarium*, ähnelt der *C. intybus)* oder bei abweichenden Formen der Kleinen Bibernelle *(Pimpinella saxifraga)* gegeben. Von den Wildkräuterarten kann im Laufe der Narbenentwicklung ein hoher Teil ausfallen, da er nicht an den Standort angepaßt ist. Günstiger als fertige Saatgutmischungen sind Zusammenstellungen, die sich an dem örtlich vorkommenden Artenspektrum mit ähnlichen Standortverhältnissen orientieren (s. Tab. 22). Die Herkunft des Saatgutes ist aber auch bei dieser Auswahl in der Regel ungeklärt.

Für eine Berasung von Extensivgrünland kann die Methode der Pflanzung oder der Ansaat angewendet werden. Verpflanzungen stellen einen Eingriff in einen vorhandenen Pflanzenbestand dar und sind in der Regel nur bei einem vorgesehenen genehmigten Eingriff am Entnahmestandort gerechtfertigt. Die Erfolgsaussichten sind nach den bisherigen Erfahrungen bei trockenen und nährstoffarmen Standorten (z. B. Kalkmagerrasen) schlecht und bei nährstoffreichen und nassen Standorten (z. B. Großseggen-Beständen) gut (SCHWICKERT 1992). Der technische Aufwand und die Risiken der Verpflanzung sind allerdings derartig hoch, daß spezielle Fachplanungen erforderlich sind, die hier nicht beschrieben werden können.

Aus der Sicht des Arten- und Biotopschutzes ist es am sinnvollsten, eine Extensivgrünlandfläche aus heimischem Saatgut zu begründen, welches im Nahbereich (Naturraum) mit ähnlichen Standortverhältnissen geworben wurde. Die Werbungstermine müssen hierbei dem Reifestadium des Entnahmebestandes angepaßt sein. Da in einer artenreichen Extensivgrünlandfläche die einzelnen Arten zu unterschiedlichen Zeiten reifen, sollte auch die Werbung und Ausbringung zu verschiedenen Zeiten – jeweils auf Teilflächen – vorwiegend von Juli bis Oktober, erfolgen. Die Werbung

kann beispielsweise durch Heuwerbung oder durch Werbung von frischem Material (z. B. bei Magerrasen mit geringer Aufwuchsmenge) mittels Rasenmäher und Fangsack erfolgen. Bei dieser Methode wird das verfügbare Samenpotential gut abgeschöpft. Für eine gleichmäßige kostengünstige Ausbringung des Schnittgutes, welches mit einem Rasenmäher geworben wurde, hat sich der Einsatz von Miststreuern gut bewährt. Bei der Frischgutwerbung ist eine sofortige Ausbringung wegen der Erhitzung erforderlich und auch am kostengünstigsten.

Ein Engpaß bei der Saatgutbeschaffung ist meist die Verfügbarkeit geeigneter Flächen für eine kostengünstige Werbung. Die Werbeflächen müssen möglichst eben sein, um ein Befahren (z. B. mit Rasenmäher und Miststreuer) zu ermöglichen. Weiterhin sollte die Werbefläche geeignete Mischungsverhältnisse und Reifestadien des Pflanzenmaterials aufweisen. Bei kleineren Flächen oder ungünstigen Geländeverhältnissen können auch Samen in Handarbeit geworben und ausgestreut werden.

Bei größeren Berasungsflächen ist es zweckmäßig, sich bei der Aussaat auf eine Streifensaat (z. B. Streubreite des Miststreuers von etwa 3 m) zu beschränken. Der Abstand der Streifen richtet sich nach dem verfügbaren Material und den vorhandenen Haushaltmitteln und kann fünf bis zehn Meter betragen. Diese Streifen können sich selbst berasen oder in anderen Jahren nachgesät werden, gegebenenfalls auch mit zusätzlichen Arten in Handarbeit. Die nicht besäten Streifen ermöglichen eine Erfolgskontrolle für die Ansaat im Vergleich zur Selbstberasung. Die Materialablage mit dem Saatgut erfolgt auf der Bodenoberfläche auf ein vorbereitetes Keimbett. Samen, Keimlinge und Jungpflanzen sind durch Vertrocknen, Verschlämmen, Verwehen oder Vogelfraß gefährdet. Die Sicherheit des Aufgehens kann durch zusätzliches Eindrücken des Ausbringungsmaterials in das Saatbeet mittels einer Profil**walze** (Cambridgewalze

Tab. 21:   Standardmischungen für Weiden, Mähweiden und Wiesen
(Hess. Landesamt ELL Kassel 1992, verändert)

Wiesen und Weiden

Arten Botanischer Name	Deutscher Name	G I kg/ha	G II kg/ha	G IV kg/ha	G V kg/ha	G VI kg/ha
Lolium perenne	Deutsches Weidelgras					
	früh	1	4		5	
	mittel	1	5		5	
	spät	1	5	8	10	2
Festuca pratensis	Wiesen-Schwingel	14	6			
Phleum pratense	Wiesen-Lieschgras	5	5	5		
Poa pratensis	Wiesen-Rispengras	3	3	3		4
Festuca rubra	Rot-Schwingel	3				12
Dactylis glomerata	Knäuelgras			12		
Trifolium repens	Weiß-Klee	2	2	2		2
Saatmenge		30	30	30	20	20

Mischungseignung

G I: für frische bis feuchte Lagen bei geringer bis mittlerer Nutzungshäufigkeit, Beweidung und Schnittnutzung

G II: für Standorte ohne lange Schneelage und hoher Nutzungshäufigkeit (4 bis 5 Nutzungen, vorwiegend als Weide)

G III: wird für Mittelgebirgsregionen nicht empfohlen

G IV: für austrocknungsgefährdete und sommertrockene Standorte

GV: für Nachsaaten in lückige Narben (Auswinterung, Trittschäden) und für Übersaaten zur Narbenstabilisierung. Die Beimischung von 2 kg/ha Weiß-Klee wird empfohlen.

G VI: für extensiv bewirtschaftetes Grünland, vorwiegend Weidenutzung (Jungviehweiden)

Wiesen

Arten Botanischer Name	Deutscher Name	G VII kg/ha	G VIII kg/ha	G IX kg/ha	G X kg/ha
Festuca pratensis	Wiesen-Schwingel	12	15	10	5
Phleum pratense	Wiesen-Lieschgras	5	5	2	1
Poa pratensis	Wiesen-Rispengras	5	3	5	5
Festuca rubra	Rot-Schwingel		3	5	6
Dactylis glomerata	Knäuelgras				8
Agrostis stolonifera	Weißes Straußgras	1			
Alopecurus pratensis	Wiesen-Fuchsschwanz	3			
Arrhenatherum elatius	Glatthafer			6	
Trifolium repens	Weiß-Klee	2	2		
Trifolium hybridum	Schweden-Klee	2			
Trifolium pratense	Rot-Klee		2		
Lotus corniculatus	Hornschoten-Klee			2	3
Medicago lupulina	Gelbklee, Hopfenklee				1
Medicago sativa	Luzerne				1
Saatmenge		30	30	30	30

Mischungseignung

G VII: für feuchte, wechselfeuchte und zeitweise überflutete Standorte

G VIII: für frische bis feuchte und andere Standorte mit günstiger Wassserversorgung, auch Höhenlagen

G IX: für frische, wärmere Standorte

G X: für trockene, insbesondere sommertrockene Standorte

Tab. 22: Ansaatgrundmischung für trockene bis wechselfeuchte Standorte in Massen-% (MOLDER & SKIRDE 1993)

Arten	M-%	Varianten
Agrostis capillaris	10	**a Trocken-magere Standorte**
Anthoxanthum odoratum	5	mäßig bis stark sauer:
Cynosorus cristatus	5	– *Lychnis f.-c., Galium moll., Camp. patula,*
Festuca ovina	10	*Bellis perennis*
Festuca rubra commutata	15	> *Festuca rubra r., Trisetum flav.*
Festuca rubra rubra	34	< *Anth. odor.* (M). *Cyn. crist.* (M), *Fest. o.,*
Lolium perenne	5	*Pimp. sax., Hier. pil., Camp. rot.,*
Poa pratensis	10	*Leontodon hisp.*
Trisetum flavescens	2	+ *Briza media, Thymus serpyllum,*
		Genista tinctoria
		neutral-alkalisch, Kalk:
Gräser: Arten/Anteil	9/96	– *Lychnis f.-c., Galium moll., Camp. patula*
		u. rotundifolia, Bellis perennis,
		Centaurea jacea, Dianthus deltoides
Lotus corniculatus	0,2	> *Fest. r. r., Fest. o., Agrostis cap.*
Medicago lupulina	0,3	< *Pimp. sax., Sang. min.*
Lathyrus pratensis	0,3	+ *Bromus erectus, Brach. pinn.,*
		Cent. scabiosa, Dianthus carth.,
Leguminosen: Arten/Anteil	3/0,8	*Camp. glomerata, Thymus*
		puleg., Briza media, Onobrychis viciif.
Achillea millefolium	0,1	**b Halb- und Teilschattenbereiche**
Bellis perennis	0,1	– *Trisetum flavescens, Dianthus delt.,*
Campanula patula	0,2	*Tragopogon pratensis*
Campanula rotundifolia	0,2	+ *Poa nemoralis, Poa trivialis, Desch. flex.,*
Centaurea jacea	0,2	*Prunella vulg., Ajuga rept., Camp. persicif.*
Daucus carota	0,2	
Dianthus deltoides	0,2	**c Kräuterrasen**
Galium mollugo	0,2	– *Centaurea jacea, Daucus carota,*
Galium verum	0,1	*Sanguisorba m., Tragopogon prat.*
Hieracium pilosella	0,1	+ *Ajuga reptans, Prunella vulgaris, Veronica*
Hypericum perforatum	0,1	*chamaedrys, Thymus serpyllum*
Leontodon species	0,2	*Ranunc. bulb., Plantago media*
Leucanthemum vulgare	0,1	
Lychnis flos-cuculi	0,2	bei Bedarf
Pimpinella saxifraga	0,2	+ *Centaurea cyanus, Malva sylvestris,*
Plantago lanceolata	0,3	*Papaver rhoeas*
Sanguisorba minor	0,2	
Tragopogon pratensis	0,3	Erläuterungen:
		– = Herausnahme der Arten aus der Mischung
Kräuter: Arten/Anteil	18/3,2	+ = Hereinnahme der Arten in die Mischung
		> = Verringerung des Anteils in der Mischung
Arten insgesamt	30	< = Erhöhung des Anteils in der Mischung

oder Ringwalze) erhöht werden. Glatt-
walzen sollten nicht eingesetzt werden,
da sie keine gute Bodendeckung haben
und die Verschlämmungs- und Erosionsgefahr erhöhen.

Der Erfolg einer Einsaat ist erst nach
mehreren Jahren deutlich sichtbar und
wird von der Vor- und Nachbearbeitung
wesentlich beeinflußt. Die Vorarbeit
kann sich auf mehrere Jahre erstrecken
und sollte bei einer vorhergehenden
Ackernutzung besonders der Aushagerung und gegebenenfalls der Zurückdrän-
gung von Problemarten dienen. Eine
Aushagerung kann je nach Standort z. B.
durch Weizen- oder Roggenanbau ohne
Düngung erfolgen. Nach einer **Aushagerung** können sich Arten des Extensivgrünlandes gegenüber agressiven Problemarten wie Acker-Kratzdistel *(Cirsium arvense)*, Gemeine Quecke *(Elymus
repens)*, Weißes Labkraut *(Galium album)*, Weiß-Klee *(Trifolium repens)* und
Gemeiner Brennessel *(Urtica dioeca)*
besser durchsetzen.

Die Behandlung in den Folgejahren
dient vor allem der Narbenpflege, der
Abschöpfung von Nährstoffen durch Entnahme des Aufwuchses (z. B. durch
Schafhute oder Mahd) und der Förderung
der Arten des Extensivgrünlandes, die
sich von den Saatstreifen aus, durch
Nachsaat oder Einwanderung (z. B. durch
Wind und Tiere) etablieren können.

Die Entwicklung eines artenreichen
Magerrasens durch Aussaat wird sehr
lange Zeit der Pflege benötigen und kann
mit mehreren Jahrzehnten angesetzt werden, bis empfindliche Arten, z. B. Orchideen, einwandern. Für ehemals stark gedüngte Flächen müssen hinsichtlich der
Aushagerungs- und Besiedlungserfolge
noch Erfahrungen abgewartet werden.

Teilerneuerung oder Nachsaat von Extensivgrünland

Eine Teilerneuerung oder **Nachsaat** kann
beim Extensivgrünland vorgesehen werden, wenn ein Bestand mit standortangepaßten Arten angereichert werden soll.
Das wesentliche Problem hierbei besteht
darin, daß aufgehende Pflanzen gegen die

Konkurrenz des Altbestandes um Licht,
Nährstoffe und Wasser ankämpfen müssen. Die Nachsaat kann am ehesten gelingen, wenn der Altbestand lückig ist und
sehr tief abgeerntet wird. Die Saatgutab-
lage kann als »Obenaufsaat« (Übersaat),
besser aber als »Einsaat« in den Boden
erfolgen, da hierbei die Anwuchsrate wesentlich höher ist (VOIGTLÄNDER & JACOB
1987). Diese Erfahrungen decken sich
auch mit den Versuchen zur Etablierung
von Streuwiesenpflanzen auf Hoch- und
Niedermoorflächen, die am besten gelingen, wenn die Streu abgeräumt ist, der
Pflanzenbestand kurzgehalten wird und
die Samen zum Keimen an den Boden
kommen (MAAS 1988).

Wiederbesiedlung von verbuschten oder aufgeforsteten Flächen

Die Rücknahme von Gehölzen auf verbuschten oder bewaldeten Flächen wurde
in den letzten Jahren häufig als Natur-
schutzmaßnahme durchgeführt, und zwar
vorwiegend in Kalkmagerrasen- und Hei-
degebieten. Bei der Bevölkerung findet
diese Maßnahme – in Anbetracht der
Waldschadenssituation – meist kein Ver-
ständnis und ist in jedem Fall mit Öffentlichkeitsarbeit in der Presse einzuleiten.
Eine Rücknahme der Gehölze kann gerechtfertigt sein, beispielsweise wenn ein
Magerrasen mit wertbestimmenden Arten
wieder hergestellt werden soll, die Struktur hinsichtlich der Pflege und Vegetation
dieses erfordert, ein besonderer Erlebniswert – z. B. in einem Naturpark – mit der
Maßnahme verbunden ist und die Erhaltung des Waldbestandes nicht höher einzustufen ist als die Grasland- oder Heidevegetation.

Auf den verbuschten und bewaldeten
Flächen ist die ehemalige Vegetation des
Graslandes wesentlich verändert – oft in
Fieder-Zwenken-Dominanzbestand über-
gegangen – oder nicht mehr vorhanden.
Eine Umwandlung in den ehemaligen
Graslandbestand ist am aussichtsreich-
sten, wenn das Gehölz nicht zu alt ist
(Obergrenze etwa 20 bis 30 Jahre), da in
diesem Fall im Boden noch Samenpoten-
tial vorhanden und keimfähig ist und

nach der Räumung wieder auflaufen kann (POSCHLOD & JORDAN 1992). Die Renaturierungsmaßnahme hat gegenüber einer Ackerberasung den Vorteil, daß die Bodenstruktur bei Aufforstungen oder Verbuschungen nicht verändert wurde und eine Renaturierung in einem relativ kurzen Zeitraum von etwa zehn Jahren möglich ist, wenn gleichzeitig die ehemalige Pflege oder Nutzung durch Beweidung oder Mahd wieder einsetzt. Die Gehölze sollten bei der Entnahme nicht gerodet, sondern an der Erdoberfläche abgeschnitten werden, gegebenenfalls sind Stubben nachzuschneiden. Verbleibende Stubben, die über die Erdobefläche hinausragen, erschweren anschließend die Pflegearbeit mit Maschinen wesentlich. Das anfallende Gehölzmaterial ist von der Fläche zu entnehmen, da sonst eine Nährstoffanreicherung erfolgt. In unwegsamem Gelände wird Astwerk häufig auf der Fläche verbrannt, wobei auf Grasflächen vegetationsfreie Flächen entstehen. Die Asche sollte an diesen Brandstellen möglichst entfernt werden. Eine Neubesiedlung dieser Brandstellen setzt in den nächsten Jahren ein, und nach etwa zehn Jahren hat sich die Vegetation der Benachbarung angeglichen und die Brandstellen sind nicht mehr erkennbar.

5.4 Feldfutterbau

Ein historisches Fruchtfolgesystem neben der Dreifelderwirtschaft war die **Feldgraswirtschaft**. Hier wechselte eine mehrjährige Futternutzung mit Ackerbau ab. In Süddeutschland wurden diese Flächen als Egarten bezeichnet. Bei der **Egartenwirtschaft** fand auf den Flächen eine überwiegende Wiesennutzung mit abwechselndem Umbruch einzelner Teile zum Anbau von Getreide und Kartoffeln u. a. statt (BROCKHAUS 1953). Die Bodenruhe während der Grünlandnutzung führte zur Ansammlung von Humus, der bei

der folgenden Ackernutzung bessere Erträge lieferte. Nach Erschöpfung dieser Vorräte blieben die Flächen der Selbstberasung überlassen (BRIEMLE et al. 1991). Auch bei der »Schiffelwirtschaft« in der Eifel wechselten Weide- und Streunutzung mit der Ackerbewirtschaftung ab (KLAPP 1965; s. auch Kapitel 5.5.2.2). In Norddeutschland wurden die als Weide genutzten Flächen der **Feldgraswirtschaft** (Koppelwirtschaft) als Dreesch (Dreisch, Driesch, Treisch) bezeichnet (BROCKHAUS 1953). Diese Bezeichnungen sind vielfach noch als Flurnamen erhalten und weisen auf die alte Wirtschaftsweise auf diesen Flächen hin.

Der heutige **Feldfutterbau** ist im Gegensatz zu der alten Feldgras- oder Egartenwirtschaft eine intensive Bewirtschaftungsform von Äckern zur Futtererzeugung. Der Feldfutterbau läßt sich untergliedern in Feldgrünfutterbau, Futterhackfrucht- und Futtergetreidebau. Beim Feldgrünfutterbau, auch Feldfutterbau im engeren Sinne genannt, werden Pflanzen auf Ackerflächen zur Erzeugung von Grünfutter für Mäh- oder Weidenutzung, Silagebereitung oder Heugewinnung angebaut (JAHN-DEESBACH 1988).

Obgleich die Feldfutterbauflächen in ihrem Aussehen je nach Anbauart und -dauer den Wiesen ähneln können (so z.B. bei Gras-Klee-Gemischen), zählen sie nicht zum Dauergrünland. Häufige Schnitte und in gewissen Zeitabständen Umbruch mit Neueinsaat oder die danach wieder erfolgende Nutzung zum Hackfrüchte- oder Getreideanbau lassen auf diesen Flächen nur artenarme Lebensgemeinschaften entstehen, die denen von Ackerbauflächen ähneln. Der Feldgrünfutterbau hat für die Futtergewinnung bei viehhaltenden Betrieben mit zu knappen Dauergrünlandflächen eine hohe wirtschaftliche Bedeutung und für den Ackerbau eine wichtige Funktion zur Erhaltung der Bodenfruchtbarkeit. Die sehr vielseitigen Anbaumethoden und die Arten- und Sortenwahl für den Feldfutterbau sollen jedoch hier nicht behandelt werden, da sie den Bereich der Grünlandbewirtschaftung nur tangieren.

5.5 Nutzung und Pflege der Biotoptypen des Grünlandes

5.5.1. Moore, Sümpfe und Feuchtgrünland

5.5.1.1 Moore

Die **Hochmoore** (Armmoore, Regenmoore) bestehen aus extrem sauren und nährstoffarmen Torfen und stellen mit den in ihnen aus Regenwasser gespeicherten Wasservorräten stabile Lebensgemeinschaften dar, die sich in Jahrtausenden entwickelt haben. Intakte Hochmoore bedürfen keiner Pflege. Eingriffe des Menschen in diese Ökosysteme in Form von Entwässerung, Torfabbau oder Kultivierung zu Grün- bzw. Ackerland haben die ehemals vor allem in Nordwestdeutschland weitflächig verbreiteten Hochmoorlandschaften auf Restflächen schrumpfen lassen oder in degenerierten Zustand versetzt (POTT 1992). Auch die Hochmoore nordöstlich der Elbe, die der Mittelgebirge, des Schwarzwaldes und des Alpenvorlandes sind größtenteils umgewandelt oder durch Eingriffe beeinflußt. Die größte zusammenhängende und noch intakte Hochmoorfläche ist das Wurzacher Ried (KAULE 1974, zit. in KRACHT et al. 1991). In Mecklenburg sind von etwa 4 245 ha Hochmoorfläche (JESCHKE 1986, zit. in WEGENER et al. 1991) noch neun Hektar originales, unbewaldetes Hochmoor erhalten, und von 59 000 ha Hochmooren in Bayern sind noch 8 000 ha naturnah vorhanden, einschließlich regenerierender Torfstichgebiete (KAULE et al. 1979).

Die mehr oder weniger stark gestörten Hochmoore oder Hochmoorreste bedürfen der Pflege, wenn sie erhalten – oder bei degeneriertem Zustand – wieder zu ursprünglichen Lebensgemeinschaften entwickelt werden sollen, was aber nicht kurzfristig zu erreichen ist. Zu den Pflegemaßnahmen gehören vor allem die allmähliche Wiedervernässung mit Anhebung des Wasserspiegels durch Verschließen der Abflußgräben, ein Zurücknehmen des Gehölzaufwuchses, ein Verhindern des Aufwachsens von Gehölzen und eine Aushagerung vergraster Bestände (Niedersächs. Landesverwaltungsamt 1990, EIGNER 1991). Die letzten beiden Maßnahmen lassen sich am besten mit Schafherden der Rassen »Weiße Hornlose Moorschnucke« aus dem Diepholzer Raum und »Weißer Gehörnter Moorschnucke« aus dem Emsland durchführen. Diese Rassen sind seit langen Zeiten an die Beweidung und Ausnutzung des energiearmen aber rohfaserreichen Aufwuchses der Moore angepaßt. Nach Pflege- und Beweidungskonzepten (Niedersächs. Landesverwaltungsamt 1990) wird inzwischen vielerorts eine extensive Nutzung der Moorbereiche durchgeführt, die der Erhaltung und Erneuerung der wertvollen Landschaftsbestandteile gilt. Aufgabe der Schafherden ist es, die durch Abholzung, Brand oder Mulchen vorbereiteten Flächen zu beweiden, um Pfeifengras *(Molinia caerulea)*, Scheiden-Wollgras *(Eriophorum vaginatum)*, Birkenstockausschläge und Birkenjungwuchs durch Intensivbeweidung von zwei bis drei Tagen Dauer pro Teilfläche und wiederholte Beweidungen nach ein bis zwei Wochen so zu schwächen, daß kein neuer Austrieb der Birken mehr erfolgt. Ornithologisch wertvolle Teilbereiche dürfen erst vom 16. Juni bzw. ab 1. Juli betreten werden. Feuchtgrünland in den Randzonen dient der Heugewinnung und/oder Pferchung. Von Pfeifengras *(Molinia caerulea)* beherrschte Flächen werden teilweise durch Mulchen und kontrolliertes Brennen (im Januar und Februar) zur Beweidung vorbereitet, um dieses zugunsten von Wollgras und Heidearten zurückzudrängen. Von Wollgras dominierte Flächen werden vor der Wollgrasfruchtzeit gut beweidet, um eine möglichst kurzrasige Vegetationsstruktur zu erhalten und einen hohen Nährstoffaustrag zu bewirken. Vorhandene oder sich regenerierende Heideflächen werden im Frühjahr und Sommer geschont und von Ende September bis Ende April schonend beweidet, um die Regenerationskraft der Heide zu fördern. Die wertvollsten Vegetationseinheiten in den nassen Bereichen, die **Moorheide**flächen mit Dominanz von Glocken-Heide *(Erica tetralix)* und die Hochmoorgesellschaften mit Torfmoosen und typischen Moorpflanzen, werden von der Beweidung ausgenommen. Bei wiedervernäßten Handtorfstichen und überstauten Restmoorflächen ist eine Beweidung ausgeschlossen und auch nicht praktikabel (Beweidungsplan 1992 Neustädter Moor i. A. der Bez. Reg. Hannover – Obere Naturschutzbehörde –, EIGNER 1991).

Die randlichen Bereiche der Hochmoore des Alpenvorlandes wurden vor allem zur Streugewinnung genutzt. Hierzu wurden die an den Randzonen vorhandenen Bruchwälder gerodet und entwässert, was sich auf die Gesamtmoorfläche negativ auswirkte. PFADENHAUER (1988) schlägt vor, die Entwässerungsgräben zu verfüllen und die bisher genutzten Flächen der natürlichen Sukzession zu überlassen, damit wieder eine natürliche Pufferzone um den Moorkörper entsteht. Stärker degradierte Flächen sollten durch Wiedervernässung und angemessene Nutzung (Mahd) ausgehagert und allmählich in nährstoffärmere Stadien zurückentwickelt werden.

5.5.1.2 Sümpfe wie Niedermoore, Röhrichte, Groß- und Kleinseggen-Riede

Die **Niedermoore**, auch Flachmoore genannt, werden von mehr oder weniger mineralreichem Grund- oder Zuflußwasser gespeist. Wegen des höheren Mineralstoffgehalts des Bodens zählen sie zu den Reichmooren, im Gegensatz dazu sind die mineralstoffarmen Armmoore als Regenmoore entstanden und werden auch als Hochmoore bezeichnet. Die Torfe der Niedermoore sind meist nicht so mächtig wie die der Hochmoore. Das Nährstoffangebot bewirkt unterschiedliche Typen, die an ihrer Vegetationsausbildung erkannt werden können (s. Kapitel 3.1.1.2).

Die eutrophen Reichmoore tragen Röhrichte und Großseggen-Riede auf nährstoffreichen Standorten, die für den Baumbewuchs zu naß sind. Stärker verlandete Bereiche zeigen als Übergangsstadien Weidengebüsche, die in Erlenbruchwälder übergehen. Die kalk-oligo(meso)trophen Reichmoore tragen Kalk-Kleinseggen-Riede wie Davallseggen- und Kopfbinsen-Riede. Die sauer-oligo(meso)trophen Reichmoore sind ursprünglich von Bruchwäldern mit Kiefer *(Pinus* spec.), Birke *(Betula* spec.) oder Fichte *(Picea* spec.) bzw. Braunseggen-Rieden bestanden. Auf allen Niedermoorstandorten können durch menschliche Eingriffe Ersatzgesellschaften wachsen, die sich durch geänderte Wasser- und Nährstoffversorgung und/oder Nutzung herausbilden.

An stehenden nährstoffreichen Gewässern entstehen auf Schlamm oder Flachmoortorf **Röhrichte** *(Phragmition)*, die die Bereiche von etwa 25 cm über der Wasserlinie bis 120 cm Wassertiefe besiedeln. Meist bilden einzelne Arten Dominanzbestände und werden dann nach ihnen benannt. Folgende Pflanzen können z.B. Röhrichte bilden:

– Schilf *(Phragmites communis)* – Ges.: Phragmitetum,
– Schmal- und Breitblättriger Rohrkolben *(Typha angustifolia, T. latifolia)* – Ges.: Typhetum angustifolio-latifoliae),
– Seebinse *(Scirpus lacustris)* – Ges.: Scirpetum lacustris.

Die **Verlandungsröhrichte** an stehenden und fließenden Gewässern sind in ihrer Entstehung nicht an Nutzungen durch den Menschen gebunden. In früheren Jahrhunderten fand jedoch eine intensive Nutzung statt. Neben der Streunutzung wurde Schilf zur Dacheindeckung verarbeitet. Die Meinungen über die Notwendigkeit des Schneidens von Verlandungsröhrichten, insbesondere von Schilfbeständen, gehen jedoch weit auseinander. Es gibt Gebiete, wo alljährlich **Schilf** in den Verlandungszonen der Gewässer geschnitten wird und keine Anzeichen von Vitalitätsverlust oder Rückgangstendenzen zeigt, so z. B. im Donaudelta und Neusiedler See (ELLENBERG 1986) oder am Dümmer (LEIPPERT 1978 in BRIEMLE et al. 1991). Nachdem am Bodensee-Untersee in den 70er Jahren jedoch der Rückgang umfangreicher Schilfbestände bekannt geworden war, setzten Untersuchungen ein, ob mit Mahd oder Brand die Ufer-Schilfbestände gepflegt und regeneriert werden könnten. Das Ergebnis war, daß nach Mahd oder Brand im Winter die Belastbarkeit des nachwachsenden Schilfs wesentlich geringer war. Messungen ergaben eine Erhöhung der Halmzahl, die aber einherging mit geringerem Stengeldurchmesser, geringerer Wandstärke, Wachstumszeit, geringerem Längenwachstum und verminderter Reservespeicherung. Durch die Schwächungen wurden die Halme bei Wellenschlag, Sturm und beim Anschwemmen von Algenwatten und Treibgut umgeknickt, auch Fröste schädigten gemähte Bestände stärker als ungemähte (OSTENDORP 1987). Mahd als Pflege von Verlandungsröhrichten mit Schilf sollten deshalb besonders wasserseits nicht praktiziert werden, es sei denn, Schilf soll zurückgedrängt werden. In diesem Fall wird es unter der Wasseroberfläche abgemäht.

Landröhrichte, die sich auf aufgelassenen Naßwiesen bilden, können ohne Pflege lange Zeit stabile Bestände bilden. Langfristig entwickeln sie sich zu Bruchwald. Wenn bei Landröhrichten eine Förderung der Streuwiesenarten erwünscht ist, sollte anfangs im Juni und Ende September das Schilf geschnitten werden, da Schilf frühe Schnitte nicht gut verträgt. Später reicht eine Mahd im Abstand von zwei bis drei Jahren mit Abernten des Mähgutes (BRIEMLE et al.1991, WESTHUS et al. 1984). Bei der Schilfmahd sollten für Vögel und Insek-

ten Streifen von Altbeständen stehen bleiben. Kleinflächige Röhrichtbestände sollten als wichtige Strukturelemente der Landschaft und Habitate für Tiere ungenutzt bleiben oder nur in Teilstücken oder in mehrjährigem Turnus wechselnd gemäht werden. Schilfbestände, die an Weiden angrenzen und erhalten bleiben sollen, müssen ausgezäunt werden, da Schilf trittempfindlich ist und im Frühjahr durch Verbiß der Jungtriebe verdrängt wird (WARNKEN 1992).

Das **Wasserschwaden-Röhricht** *(Glycerietum maximae)* gedeiht an sehr nährstoffreichen Standorten, beispielsweise an vom Menschen stark eutrophierten Uferzonen, an Einmündungen abwasserbelasteter Flüsse oder im Überflutungsbereich der Ströme. Nach KLAPP (1965) hatte die Futterwerbung dieser Gesellschaft in Nord- und Ostdeutschland hohe Bedeutung. In fruchtbaren Überflutungsbereichen können, bei geringwertiger Futterqualität, Erträge von 150 dt Heu/ha erreicht werden. Eine Mahd alle drei bis vier Jahre ist günstig (BÖHNERT & HEMPEL 1987).

An fließendem Wasser von Bächen und Flüssen tritt das **Rohrglanzgras-Röhricht** *(Phalaridetum arundinaceae)* auf. In den nord- und ostdeutschen Stromniederungen kann es große Flächen besiedeln. Nach KLAPP (1965) werden schmale Uferbestände nicht genutzt, da das Rohr-Glanzgras *(Phalaris arundinacea)* zur Zeit der Wiesenmahd schon zu hart ist. In den Stromniederungen wurden dagegen die großen Rohr-Glanzgrasbestände dreimal jährlich vor dem Rispenschieben gemäht und ergaben ein geschätztes Pferdeheu. Streunutzung fand später und nur zweimal im Jahr statt. Der Ertrag liegt im Mittel bei 70 dt Heu /ha.

Großseggen-Riede *(Magnocaricion)*, die an Ufern von Seen oft breite Säume bilden können oder in Flutmulden größe-

---

Oben: Die Standorte von Borstgras-Rasen (Nardetalia) mit Arnika (Bergwohlverleih, *Arnica montana*) sind selten geworden. Da die Borstgras-Rasen nur eine geringe Produktivität besitzen, wurden viele ehemals extensiv beweidete oder gemähte Rasen nicht mehr bewirtschaftet und verbrachten bzw. wurden aufgeforstet (s. Kapitel 3.2).

Unten: Auf aufgelassenen Äckern auf Kalkböden kann sich eine bunte Übergangsgesellschaft mit Genfer Günsel *(Ajuga genevensis)* bilden, der ein Rohbodenpionier ist (s. Kapitel 5.2.2).

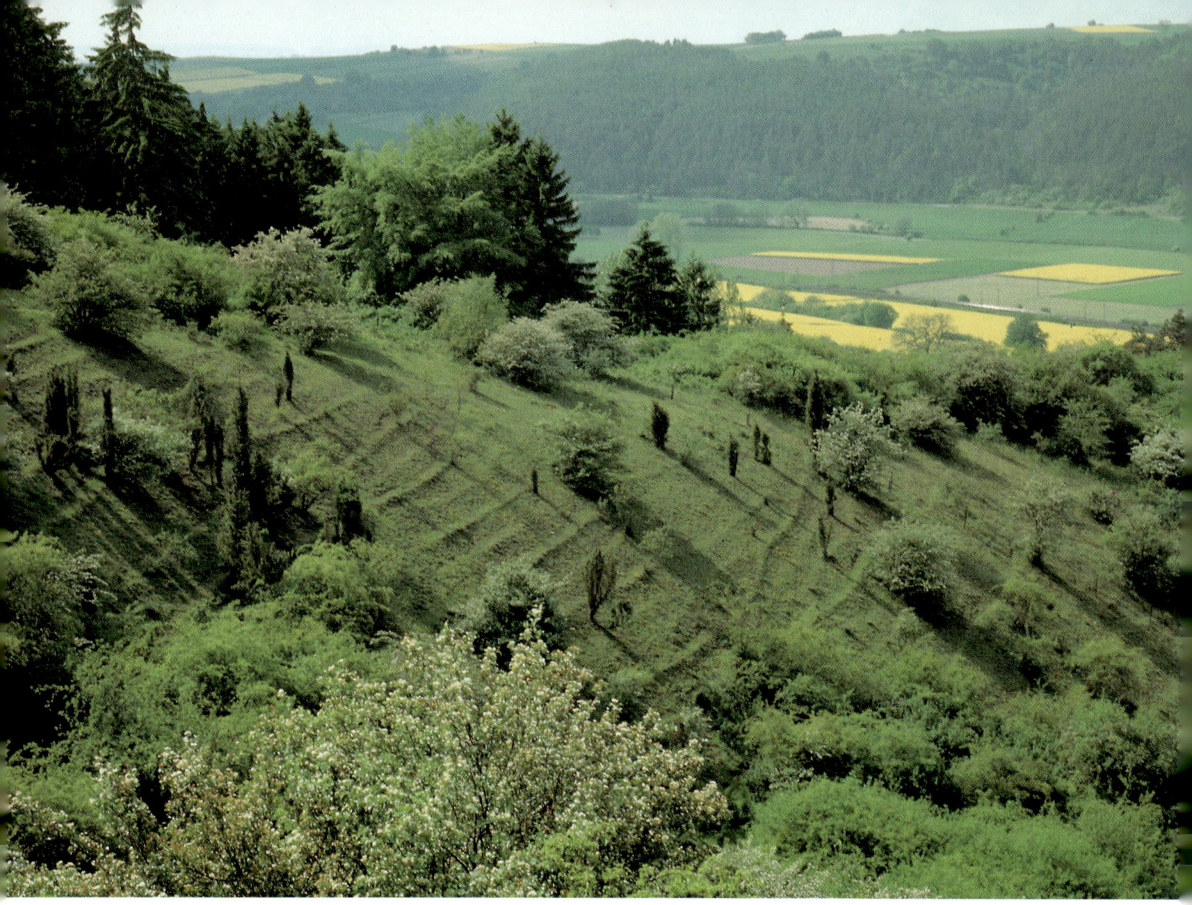

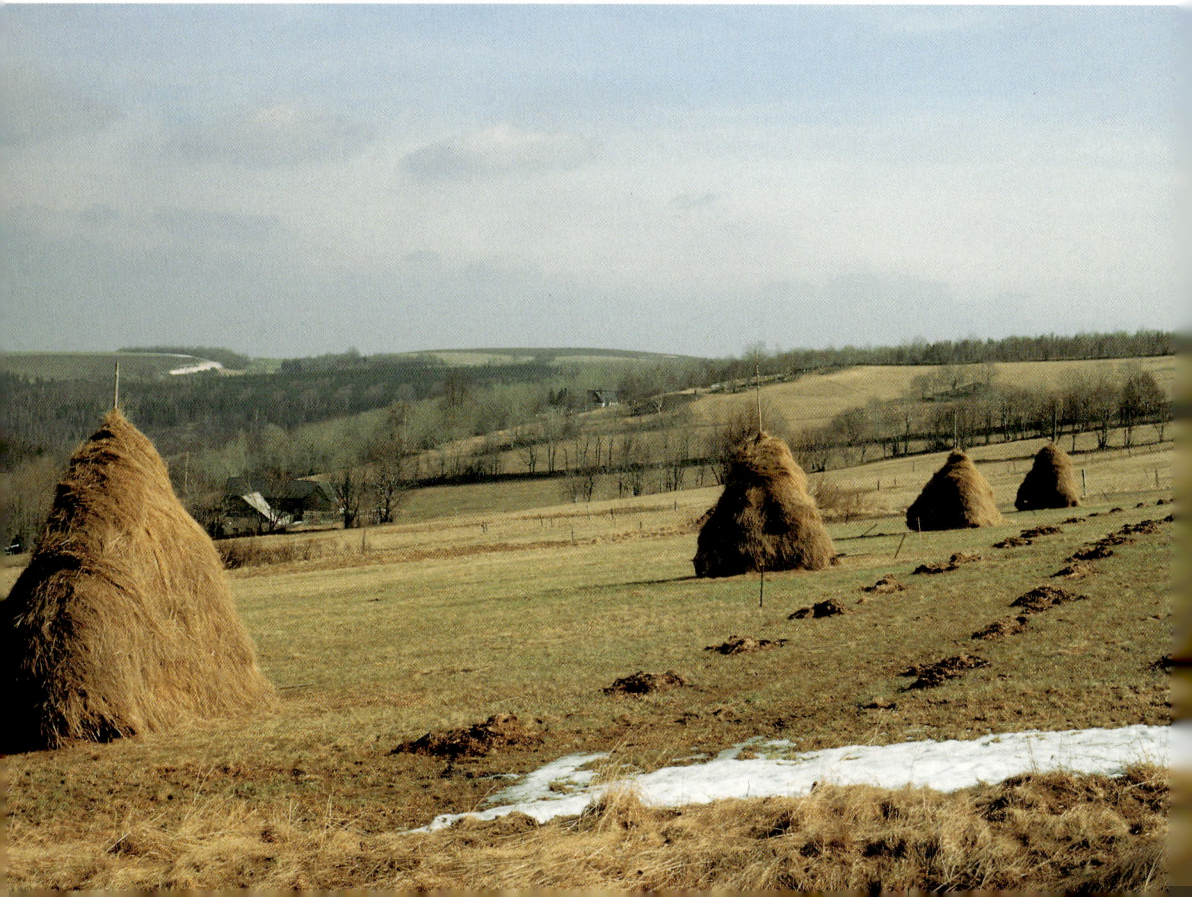

rer Wasserläufe gedeihen, liegen in Bereichen, die nicht das ganze Jahr mit Wasser überstaut sind, sondern meist im Herbst oder Winter trocken fallen. Die artenarmen, oft aus einer Seggenart gebildeten Bestände wurden früher gemäht und als Einstreu verwendet. Durch die Mahd wurde verhindert, daß sich in den trockeneren Bereichen Schwarzerlen- und Grauweidengebüsche bildeten. Auch die Verlandung wurde durch die Entnahme verzögert. Eine Mahd ab Herbst, alle zwei bis vier Jahre, mit Abtransport des Mähgutes wird als geeignete Pflege der Großseggen-Riede angesehen. Bei den nassesten Ausbildungen der Großseggen-Riede kann der Pflegezeitraum auf vier bis fünf Jahre erweitert werden, da eine Bewaldung hier kaum einsetzt (BRIEMLE et al. 1991, WESTHUS et al. 1984). Weil der Alterungsprozeß aber mit einer drastischen Artenverarmung verbunden ist, ist eine häufigere, aber auch unregelmäßige Mahd sinnvoll (BÖHNERT & HEMPEL 1987). Die Biomassenproduktion der Großseggen-Riede kann sehr groß sein, schwankt aber je nach Nährstoffangebot und Lage von 20 bis 150 dt TM/ha und Jahr (ELLENBERG 1986).

Die **Kalk-Kleinseggen-Ried**e (Kalkflachmoore, Kalksümpfe, *Caricion davallianae*) sind mit niedrigen Seggenarten und/oder Knopfbinsen und einem hohen Anteil von Moosen bewachsen. Sie beherbergen eine Anzahl seltener Pflanzen. Das Hauptverbreitungsgebiet liegt in den Voralpen und Alpen. Es kommen jedoch auch in anderen Teilen Deutschlands lokal Kalk-Kleinseggen-Riede vor. Sekundäre Kleinseggen-Riede entstanden auf Bruchwaldstandorten mit Kalkeinfluß. Nach KLAPP (1965) wurden die Bestände, wenn überhaupt, nur einschürig und nicht in jedem Jahr gemäht.

Kleinflächige Vorkommen in Hutungen wurden beweidet oder doch betreten. Als Nutzung und Pflege wird dies auch von WESTHUS et al. (1984) vorgeschlagen. Zusätzlich kann eine kleinflächige Entfernung der Vegetationsdecke Rohbodenstandorte für konkurrenzschwache Arten schaffen. BRIEMLE et al. (1991) weisen darauf hin, daß primäre, nicht durch Nutzung entstandene, Kleinseggen-Riede keiner Pflege bedürfen, während bei sekundär entstandenen eine Mahd alle zwei Jahre ab Mitte September, bei zu nassen Böden auch später, eine Wiederbewaldung verhindert. Ein Liegenlassen des Mähgutes soll nach Untersuchungen von BAUER (1982 in BRIEMLE et al. 1991) nicht schädlich sein.

Die **sauren Kleinseggen-Riede** (*Caricion nigraea*) sind von Natur aus meist nur kleinflächig in Verlandungsmooren, in Quellmooren der Silikatgebiete und im Randbereich von Hochmooren verbreitet. Sekundäre Standorte sind durch Beweidung und folgende Streunutzung aus Föhren-Birken-Bruchwäldern entstanden (PFADENHAUER 1993). Ursprüngliche saure Kleinseggen-Riede müssen vor Eingriffen wie Entwässerung oder Nährstoffeintrag geschützt werden. Sekundäre Kleinseggen-Riede sollten zusätzlich alle zwei oder mehr Jahre ab Mitte September gemäht werden. Ein Mulchen ab Oktober kann die Flächen offen halten und beeinträchtigt den Fortbestand der Gesellschaft nicht (OST 1979, zit. in BRIEMLE 1991).

5.5.1.3 Salzwiesen (*Asteretea tripolii*)

Die Wattenmeersalzwiesen der deutschen Nordseeküste haben eine Größe von 15 917 ha (KEMPF et al. 1987). Davon sind 30 % ungenutzt, 18 % landwirt-

---

Oben: Magerrasen, der von Rindern beweidet wird. Deutlich erkennbar sind die hangparallelen Pfade. Auf den Hangflächen findet nur eine extensive Beweidung statt, so daß hier bedrohte Arten wie Orchideen *(Orchidaceae)* und Enziane *(Gentianella* spec.) zur Blüte kommen. Im Abstand von mehreren Jahren ist eine Gehölzreduzierung in Teilbereichen zur Erhaltung offener Magerrasenflächen notwendig (s. Kapitel 5.1.1.1).

Unten: Grünlandwirtschaft in Berglagen des Osterzgebirges: Das Heu wird in großen Haufen auf Stangen aufbewahrt und ist noch im Frühjahr frisch und aromatisch. Als Dünger wird der im Winter anfallende Mist verwendet, der zunächst in kleinen Haufen abgesetzt und später auf der Fläche verteilt wird (s. Kapitel 5.1.2).

schaftlich extensiv genutzt, 12 % intensiv, 38 % sehr intensiv und 2 % nicht landwirtschaftlich aber anderweitig genutzt.

Als extensive Nutzung gilt bei den Wattenmeersalzwiesen eine Beweidung mit bis zu einem Rind oder drei Schafen (einschließlich Lämmern) pro Hektar oder eine einmalige Mahd nach dem 1. Juli ohne Nachweide. Diese Nutzungsintensität führt zu einer Entwicklung von naturnahen Pflanzen- und Tierbeständen auf großen Teilen der Fläche.

Intensive Nutzung bedeutet: Beweidung mit drei bis sechs Schafen je Hektar oder zwischen 1 und 1,5 Rindern je Hektar; Mahd vor dem 1. Juli; Umtriebsweide mit kurzfristig stark erhöhtem Besatz oder Mehrfachnutzung. Die Vegetation auf diesen Flächen ist weitgehend abgeweidet, voll entwickelte Pflanzen entwickeln sich nur an unzugänglichen Stellen.

Eine sehr intensive Beweidung beinhaltet: Beweiden mit mehr als sechs Schafen je Hektar oder mehr als 1,5 Rindern je Hektar; Mehrfachmahd, Düngung oder Umtriebsweide mit hohem Besatz. Die Vegetation dieser Flächen ist bis auf wenige Zentimeter abgeweidet, weist Trittschäden auf und besteht nur aus wenigen Pflanzenarten.

Um ein möglichst vollständiges Inventar der Salzwiesenarten und -gesellschaften zu erhalten, sollten Gebiete mit sich völlig frei entwickelter Vegetation ohne jede Nutzung und solche mit extensiver Nutzung (Beweidung oder Mahd) zur Erhaltung nutzungsbedingter Pflanzengesellschaften angestrebt werden. Aus der Sicht des Biotop- und Artenschutzes sollten die intensiv und sehr intensiv genutzten Gebiete in eine extensive Nutzung überführt werden. Die Pioniervegetation der unteren Salzwiese, die relativ trittempfindlich ist, wird bei extensiver Beweidung kaum beeinflußt, da die Weidetiere sich die meiste Zeit in den höher gelegenen Zonen der Salzwiese aufhalten (BRONGERS et al. 1990). Bei Aufgabe der Beweidung bilden sich in Abhängigkeit von der Höhe über dem mittleren Tiden-

hochwasser Dominanzbestände verschiedener Arten, beispielsweise aus Andel *(Puccinellia maritima)*, Rot-Schwingel *(Festuca rubra)*, Gemeiner Quecke *(Agropyron repens)*, Strand-Quecke *(A. junceum)* oder Schilf *(Phragmites australis)*, mit erhöhter Biomassenproduktion und Streuanreicherung (BRONGERS et al. 1990). Diese bewirken eine Verdrängung konkurrenzschwächerer Arten. Bei der Beweidung ist die Intensität von wesentlicher Bedeutung für die Qualität der Salzwiese. Eine starke Beweidung fördert Andel- und Boddenbinsenbestände, die arten- und strukturarm sind. Ein den Pflegezielen angepaßter Viehbesatz verhindert die Einförmigkeit der Bestände und den Ausfall von Arten. Eine Überbeweidung bewirkt Tritt- und Verbißschäden und eine zu starke Bodenverdichtung. Eine Beweidung mit 0,5 Rindern je Hektar wird nach langjährigen Beobachtungen in Salzwiesen in der Leybucht als günstig angesehen (BRONGERS et al. 1990). Eine schwache Beweidung auf großer Fläche fördert die Artendiversität der Vegetation, indem ein Mosaik von schwächer und stärker beweideten Flächen geschaffen wird. Auch von der Ostseeküste liegen Untersuchungen vor (SCHMEISKY 1977, zit. in HÄRDTLE 1984), die belegen, daß eine schwache Beweidung nahezu allen Salzwiesenarten günstige Existenzbedingungen schafft. Eine gleiche Beweidungsintensität wie mit 0,5 Rindern je Hektar kann auch mit 1 bis 1,5 Schafen je Hektar bewirkt werden (IRMLER & HEYDEMANN 1986). WEGENER et al. (1991) weisen jedoch darauf hin, daß auf Dauer die Trittwirkung der Rinder auch durch eine noch so intensive Schafbeweidung nicht ersetzt werden kann.

Eine Beweidungsintensität von 0,5 Rindern je Hektar bewirkt, daß die Strand-Aster *(Aster tripolium)* nicht verdrängt wird und sich voll entwickeln kann, während bei einer Intensität von 2 Rindern je Hektar auf gleichem Standort keine dieser Pflanzen zum Blühen kommt. Die Strand-Aster ist für das Ökosystem der Salzwiese von besonderer Bedeutung, weil sich von ihr allein 23 spezialisierte Tierarten ernähren, die wiederum einen wichtigen Nahrungsbestandteil von Vögeln der Salzwiesen bilden. (IRMLER & HEYDEMANN 1986).

Dominanzbestände von Gemeinem Schilf *(Phragmites australis)* oder Gemeiner Quecke *(Agropyron repens)* in degenerierten Salzwiesen können durch eine sehr frühe Beweidung noch vor der Blütenbildung stark geschwächt und wirkungsvoll zurückgedrängt werden, da sie im jungen Stadium bevorzugt gefressen werden (HÄRDTLE 1984). Auch das Mähen verschilfter Salzweiden kann eine Hilfe bei der Wiederherstellung artenreicher Salzwiesen sein. Eine regelmäßige Mahd verdrängt jedoch die selteneren typischen Salzwiesenarten (HÄRDTLE 1984). Sehr negative Folgen hat die Mahd der Salzwiesen auf die Wirbellosenfauna. Nach HEYDEMANN & MÜLLER-KARCH (1980) wird etwa 400 Tierarten, die in den Stengeln und Blüten der Pflanzen leben, der Lebensraum genommen. Eine frühe maschinelle Mahd kann auch die Gelege von Wiesenbrütern vernichten.

Gebiete, in denen Dünenbildungen stattfinden, müssen von jeder Beweidung und jedem Betreten abgegrenzt werden. Nur dann kann sich die für sie charakteristische Pflanzengesellschaft, der Strandhafer-Weißdüne bilden.

Die Beweidung mit Jungrindern (Gewicht 200 bis 250 kg), die WEGENER (1991) für Salzwiesen vorschlägt, wird von HÄRDTLE (1984) aufgrund von Beobachtungen in England für ungünstig gehalten. Jungrinder haben ein unruhiges Verhalten und gefährden damit die Gelege der Wiesenbrüter, während ältere Tiere geeigneter sind. Als Richtwert für die Aufenthaltsdauer für die nordmecklenburgischen Boddenküsten werden 300 Rinderweidetage/ha und Weideperiode angegeben (WEGENER 1991). Wenn die Auftriebszeit verkürzt wird, sollte eine Nachweide mit Schafen angestrebt werden. Auch die jährlich auf den Salzwiesen rastenden Wildgänse weiden die Salzwiesen ab und entziehen erhebliche Mengen von Biomasse. Nach IRMLER und HEYDEMANN (1986) bleibt bei einer schwachen Bewei-

dungsintensität genügend Aufwuchs für die Gänse übrig, und im Frühjahr wächst dann wieder genügend nach, so daß die Gänsebeweidung keine entscheidende Konkurrenz für die Viehhaltung darstellt.

5.5.1.4 Feuchtwiesen, Hochstaudenfluren, Flutrasen und Feuchtgrünland

Feuchtwiesen
Pfeifengras-Wiesen *(Molinion)* werden jährlich ab Ende September/Oktober, je nach geographischer Lage, gemäht. Zu diesem Zeitpunkt ist die Entwicklung der meisten Arten, vorwiegend sich spät entwickelnder Stauden, für das Jahr abgeschlossen. Das Mähgut ist strohig und eignet sich zur Einstreu. Eine Mahd alle zwei (bis drei) Jahre kann ausreichen, um den Typus der Pfeifengras-Wiese zu erhalten (WESTHUS et al. 1984). Jede Düngung ist zu unterlassen, weil die Pfeifengras-Wiesen zu den stickstoffärmsten Ausprägungen der Feuchtwiesen gehören. Wenn keine gefährdeten Spätblüher in den Beständen vorkommen, kann eine Mahd Mitte August zur Erhaltung ausreichen (WESTHUS et al. 1984). Während die Pfeifengras-Wiesen Süddeutschlands vorwiegend auf basenreichen Wiesenmoorböden vorkommen und entsprechend artenreich sind, kommen sie in Norddeutschland auch auf sauren Böden vor und bilden artenarme Streuwiesen.

Bei eutrophierten Pfeifengras-Wiesen, die an ihrem erhöhten Anteil von Futterpflanzen und Fettwiesengräsern zu erkennen sind, muß die Ursache der Eutrophierung (Entwässerungsmaßnahmen am Ort oder in der Nachbarschaft, Frühschnitt, Düngung oder Brachfallen) zunächst festgestellt und beseitigt werden. Um diese Flächen auszuhagern, wird vorgeschlagen, neben dem jährlichen Spätschnitt im Oktober alle zwei Jahre einen Schnitt im Juni vorzunehmen. Wenn die Eutrophierung recht hoch ist, z. B. durch Nutzung als Fettwiese, oder von Hochstauden beherrscht wird, sollte für zwei bis drei Jahre die Mahd zweimal jährlich und zwar nach Mitte Juni und Ende September erfolgen, danach aber zwei Jahre lang nur ein Herbstschnitt durchgeführt werden. Diese behutsame Umwandlung muß in mehreren Zyklen fortgesetzt werden, bis die erwünschte Aushagerung erreicht ist (BRIEMLE et al. 1991). Ob das Artenspektrum der Pfeifengras-Wiese dann wieder vorhanden ist, hängt von den Restbeständen und den Samenbanken im Boden und der Benachbarung ab und ist kaum voraussagbar.

Die **Subkontinentalen Brenndolden-Wiesen** *(Cnidion)* in den Stromtälern auf magerem Boden werden durch periodische Überflutungen von Natur aus gedüngt (ELLENBERG 1986). Sie werden nur einmal im Jahr gemäht (OBERDORFER 1983).

Sumpfdotterblumen-Wiesen *(Calthion)* sind extensiv genutzte Futterwiesen, die bei Nutzungsaufgabe in (Mädesüß-)Hochstaudenfluren übergehen. Umgekehrt können sie durch Mahd aus diesen entwickelt werden. Eine zweimalige Mahd, Mitte Juni und im Herbst, und eine schwache Düngung mit Festmist (keine Gülle) liefern gute Erträge und erhalten eine vielfältige Pflanzen- und Tierwelt (BRIEMLE et al. 1991). Der erste Schnitt sollte bis Ende Juni durchgeführt werden, gegebenenfalls nach der Samenreife der Orchideen *(Orchidaceae)* (WESTHUS et al. 1984). Die zweischürigen Sumpfdotterblumen-Wiesen gehören zu den ertragreichen Wiesen; es gibt aber auch mehrere Typen der Sumpfdotterblumen-Wiesen, die nur einmal im Jahr oder alle zwei bis drei Jahre geschnitten werden dürfen, um sie mit ihrem Artenbestand zu erhalten. Alternativ zur Mahd von nicht mehr genutzten Sumpfdotterblumen-Wiesen, die aber in ihrem Bestand erhalten werden sollen, empfiehlt SCHIEFER (1981a, b) einen Mulcharbeitsgang Mitte August. Nach BRIEMLE et al. (1991) sollte an produktiveren Standorten der Pflegetermin etwas vorgezogen werden, wodurch sich die Biomasse schneller abbaut. Aus Gründen des Insektenschutzes sind hier aber unbedingt jahrweise wechselnde unbearbeitete Bereiche stehen zu lassen.

Ehemalige Pfeifengras-Wiesen, die gedüngt wurden, entwickeln sich zu Sumpfdotterblumen-Wiesen. Um sie in den Ausgangszustand zurückzuführen, sind langjährige Aushagerungsschnitte (zweimal im Jahr) ohne Düngung notwendig.

Die Sumpfdotterblumen-Wiesen haben in der Regel einen anmoorigen oder moorigen Oberboden, sie sind daher wenig trittfest und in der Hauptwachstumszeit nicht weidefähig (FOERSTER 1983). Durch Entwässerung sind viele ehemalige Standorte der Sumpfdotterblumen-Wiesen in Weidelgras-Weißklee-Weiden umgewandelt worden. Für das Naturschutzgebiet »Borgfelder Wümmewiesen« der Freien Hansestadt Bremen sieht die Verordnung bei der Beweidung von Feuchtwiesen eine Besatzdichte bis zu zwei Nutztieren je Hektar ohne mineralische oder organische Düngung in der Kernzone vor (Gesetzblatt Freie Hansestadt Bremen 1987).

Je nach Feuchte im Jahreslauf und Basengehalt des Bodens, natürlicher oder zugeführter Nährstoffmenge und Höhenlage zeigt die Sumpfdotterblumen-Wiese zahlreiche Ausprägungen:

– Die **Trollblumen-Bachdistel-Wiese** *(Valeriano-Cirsietum rivularis)* ist eine submontane bis montane, gut gedüngte Feucht- bis Naßwiese auf kalkreichem Substrat. Sie ersetzt die Kohldistel-Wiese in den Hochlagen der Mittelgebirge Süddeutschlands und im Alpenvorland. Für die Trollblumen-Wiesenknöterich-Gesellschaft empfiehlt SCHWICKERT (1992) für den Hohen Westerwald eine späte Mahd nach der Samenreife der Trollblume *(Trollius europaeus)* etwa ab Ende August und eine geringe Düngung. Dies dürfte für die Trollblumenvorkommen in den übrigen Mittelgebirgen Deutschlands gleichfalls als Richtlinie gelten.

– Die **Submontane Kohldistel-Wiese** *(Angelico-Cirsietum oleracei = Cirsio oleracei-Polygonetum)* ist eine wüchsige, ertragreiche Feuchtwiese. Für sie gilt eine zweimalige Mahd als angemessen. Vorgeschlagene Mahdtermine liegen in Nordrhein-Westfalen für die erste Mahd ab 1. Juli bzw. 15. Juni (wenn keine Vogelarten der Roten Liste hier brüten) und für die zweite Mahd ab 15. September. Aufgelassene Kohldistel-Wiesen verwandeln sich nach JESCHKE & ERDMANN (1984) in Staudenriede mit Mädesüß *(Filipendula ulmaria)* und Wasserdost *(Eupatorium cannabinum)*.

- Die (Rasenschmielen-)**Taubentrespen-Wiese** auch **Wassergreiskraut-Wiese** *(Bromo-Senecionetum aquatici)* genannt, gedeiht auf kalkarmen aber nährstoffreichen Auenböden des Tieflandes und in den Talauen der Mittelgebirge. Eine ein- bis zweimalige Mahd erhält ihren Artenbestand. In Nordrhein-Westfalen wird im Rahmen von Bewirtschaftungsverträgen eine einmalige Mahd ab 15. Juli vereinbart.
- Die **Silikat-Binsen-Wiese**[4] *(Juncetum acutiflori, Crepido-Juncetum acutiflori)* ist eine vorwiegend atlantische Gesellschaft, meist nur kleinflächig entwickelt, auf langfristig wassergesättigten, leicht quelligen, wasserzügigen Standorten. Wiesen der Spitzblütigen (/Wald-)Binse *(Juncus acutiflorus)* werden nicht gedüngt und nur einmal gemäht (WESTHUS et al.1984). Um eine zu starke Verfilzung und Verbuschung zu verhindern, sollte nach den Pflegerichtlinien für Grünlandbiotope im Mittelgebirge alle drei bis fünf Jahre eine Mahd ab Oktober erfolgen (NZNRW 1988).
- Die **Waldsimsen-Wiese** *(Scirpetum sylvatici)* ist eine charakteristische Naßwiese unter Stauwassereinfluß in Silikatgebieten der Mittelgebirge. Pflege siehe vorigen Typ.
- Die **Kalk-Binsen-Wiese** *(Juncetum subnodulosi)* ist eine seltene, schwach gedüngte, einschürige Wiese auf kalkreichen sickernassen, tonigen Böden. Sie kommt an quelligen Stellen, verlandenden Seen und Kalkquellmooren vor.

- Die **Kälberkropf-Wiese** *(Chaerophyllo hirsuti-Ranunculetum aconitifolii)* ist eine Quellstaudenflur an Wiesenbächen der Silikatmittelgebirge. Staudenfluren werden nur einmal jährlich oder im Abstand von mehreren Jahren gemäht.
- Die **Silgen-Wiese** *(Sanguisorbo-Silaetum pratensis)* ist eine staudenreiche Naßwiese und wärmeliebende Tieflandgesellschaft der großen Stromtäler auf basen- und nährstoffreichen Böden. Sie bringt hohe Erträge und ist eine Zweischnittwiese. Übliche Mahdtermine im Rahmen von Bewirtschaftungsverträgen liegen in Nordrhein-Westfalen ab dem 1. Juli (15. Juni.) bzw. ab dem 15. September. Dabei wird nur eine PK-Düngung erlaubt.
- Die **Fadenbinsen-Wiese** *(Juncetum filiformis)* kommt auf nassen nährstoffarmen, moorigen Böden vor und ist meist kleinflächig in andere Sumpfdotterblumen-Wiesen eingestreut. Sie gehört zu den ertragsärmeren Typen und muß nur einmal geschnitten werden.
- Die **Binsen-Weide** *(Epilobio palustris-Juncetum effusi)* ist eine beweidete Naßwiese, die als Störzeiger Massenvorkommen der vom Vieh verschmähten Flatter-Binse *(Juncus effusus)* aufweist. Eine Bewirtschaftung als Wiese wäre dem Naßstandort angemessener.

(Quellen: BRIEMLE et al. 1991, ELLENBERG 1986, FOERSTER 1983, NZNRW 1988, POTT 1992, RUNGE 1990 und WILMANNS 1989)

Hochstaudenfluren
- **Mädesüß-Uferfluren** *(Filipendulion ulmariae)*
  Ränder von Bächen und Wiesengräben begünstigen mit ihrem Nährstoffreichtum die Ausbildung von Staudenfluren, in denen das Echte Mädesüß *(Filipendula ulmaria)* vorherrschend und namensgebend ist. Diese nur selten

---

[4] Bei ELLENBERG (1986) als eigener Verband geführt.

gemähten Streifen beherbergen eine Fülle buntblühender Stauden, dazu gehören Blut-Weiderich *(Lythrum salicaria)*, Gemeiner Gilbweiderich *(Lysimachia vulgaris)*, Sumpf-Storchschnabel *(Geranium palustre)*, Flügel-Johanniskraut *(Hypericum tetrapterum)*, Wasserdost *(Eupatorium cannabinum)* u. a. Eine Mahd in Abständen von mehreren Jahren und das Ausbreiten des Aushubs der Gräben auf diesen Streifen fördern diese Gesellschaft (ELLENBERG 1986).

– **Mädesüß-Staudenfluren**
auf brachliegenden Feuchtwiesen sind meist artenarme Bestände, die nicht die charakteristische Artenkombination der Mädesüß-Uferfluren erlangen. Sie stellen eine Übergangsphase in der Sukzession zum natürlichen Bruchwald dar, die sehr lange im Stadium der Staudenflur verharren kann (nach ELLENBERG 1986). Um artenreichere Bestände zu schaffen, die den Typen einer Sumpfdotterblumen-Wiese oder einer Pfeifengras-Wiese nahekommen, kann ein jährliches Mulchen jeweils Mitte August bzw. ein Mähen und Abräumen des Mähgutes Ende September nach mehrjähriger Pflege erfolgreich sein. Eine zusätzliche geringe PK-Düngung kann die Artenzahl weiter erhöhen (BRIEMLE et al. 1992).

Auch die **Späte Goldrute**/Riesen-Goldrute *(Solidago giganthea)*, ein Gartenflüchtling, kann gebietsweise Dominanzbestände in aufgelassenen Feuchtwiesen bilden. Sie verdrängt die seltenen einheimischen Arten. Will man die Goldrute zurückdrängen, müssen die Bestände in der zweiten Junihälfte, noch vor Blühbeginn, und im Oktober gemäht werden (BRIEMLE et al.1991). Die Rhizompflanze ist sehr unempfindlich gegen Bekämpfungsmaßnahmen und wird durch die Schnittmaßnahmen lediglich geschwächt. Die Goldrute ist als Nahrungspflanze für Insekten von Bedeutung.

Flutrasen und Feuchtweiden
Flutrasen bilden sich in zeitweise überstauten Flutmulden der Flußauen. Weitere sekundäre Standorte sind Niedermoorböden, auf denen durch Entwässerung Sackungen entstanden, die verdichtete Böden aufweisen und zeitweise überstaut werden. Auch schwere Maschinen können feuchte Böden verdichten, so daß sich auf ihnen Flutrasenarten ansiedeln. Diese Arten sind regenerationsfreudig und oft ausläuferbildend. Eine intensive Beweidung mit hoher Tierzahl über einen großen Zeitraum auf der Fläche begünstigt in Feuchtweiden gleichfalls durch die verdichtende Trittwirkung die Ausbildung von artenarmen Flutrasen. Eine extensive Beweidung mit 1 bis höchstens 1,5 Rindern/Hektar fördert vielgestaltige Feuchtwiesenbestände, bei denen die Flutrasen als kleinflächige Biotope eingestreut sind. Eine Nachmahd als Weidepflege ist notwendig, darf aber nur bei abgetrockneten Böden erfolgen und sollte dann nur mit leichten Maschinen durchgeführt werden. Die Erträge und Futterwerte der verschiedenen Ausbildungen der Flutrasen sind recht unterschiedlich: Knickfuchsschwanz-Rasen 15 bis 45 dt Heu/ha, Quecken-Flutrasen 52 dt und Rasen mit Weißem (Flecht-)Straußgras 25 bis 45 dt (KLAPP 1965). Weißes Straußgras *(Agrostis stolonifera)* und Knick-Fuchsschwanz *(Alopecurus geniculatus)* sind gute Futterpflanzen und werden vom Vieh gern gefressen. Für Schafbeweidung sind Weiden mit Flutrasenbeständen wenig geeignet, da die Schafe eher als Rinder von Leberegeln *(Fasciola hepatica)* befallen werden. Die Leberegel benutzen die in den Flutrasen lebenden Zwergschlammschnecken *(Galba truncatula)* als Zwischenwirte. Da sich die Schnecken bei Feuchtigkeit auch an den oberen Blatt- und Halmbereichen aufhalten, können sie beim Abfressen durch das Vieh in den Tierkörper gelangen.

5.5.2 Heiden und Magerrasen

5.5.2.1 Borstgras-Rasen *(Nardetalia)*

Borstgras-Rasen kommen sowohl im Tief- und Hügelland als auch in den subalpin-alpinen Gebieten Deutschlands in verschiedenen Assoziationen vor. Die Art der Nutzung in den einzelnen Gebieten schlägt sich neben den unterschiedlichen Standortverhältnissen deutlich in der Artenzusammensetzung nieder. Da die Borstgras-Rasen zu den ertragsarmen und ungedüngten Grünlandtypen gehören, werden sie entweder nur einmal im Jahr gemäht oder als extensive Hut- oder Standweiden genutzt. Die gemähten Borstgras-Rasen weisen durchschnittlich eine höhere Artenzahl auf als die beweideten. Diese Unterschiede treten besonders auf basenreicheren Standorten auf (PEPPLER 1992). Ihre Nutzung und Pflege sollte sich an der traditionellen Nutzung orientieren. Eine Beweidung ist langfristig meist kostengünstiger, doch sollte beachtet werden, daß die vielfältigere Zusammensetzung der bisher gemähten Borstgras-Rasen durch Beweidung nicht in gleicher Weise erhalten werden kann. Die Selektionswirkung durch den Verbiß der Tiere verdrängt auf Dauer die verbißempfindlicheren Arten. Durch einen späten Schnitt, der je nach Höhenlage zwischen Mitte Juni und Ende Juli liegt, sind die meisten Arten in ihrer Entwicklung so weit fortgeschritten, daß sie entweder schon ausgesamt oder genügend Reservestoffe zum neuen Austrieb gesammelt haben und damit nicht mehr verdrängt werden. Besonders empfindlich reagieren Borstgras-Rasen auf Düngung. Sie verdrängt die lichtliebenden, niedrigwüchsigen Arten und begünstigt die hochwüchsigen. Beim Brachfallen von Borstgras-Rasen breiten sich einzelne Arten wie z. B. Draht-Schmiele *(Deschampsia flexuosa)*, Heidelbeere *(Vaccinium myrthillus)* und Weiches Honiggras *(Holcus lanatus)* je nach Standort stark aus.

Eine zehnjährige Versuchsreihe in der Hochrhön (840 m) untersuchte die Auswirkungen des **Mulchens** als Pflegemaßnahme auf einer trockenen, rotschwingelreichen Borstgras-Wiese im Vergleich zu Heuschnitt (bisherige Nutzung) und Dauerbrache (BÖTTNER 1992). Nach zehnjähriger Brache wurden folgende zehn Arten der bisher gemähten Borstgras-Rasen völlig verdrängt:

Kugelige Teufelskralle
Phyteuma orbiculare
Kleines Habichtskraut
Hieracium pilosella
Spitz-Wegerich
Plantago lanceolata
Gemeine Wucherblume (Margerite)
Leucanthemum ircutianum
Wolliges Honiggras
Holcus lanatus
Zweizahn
Danthonia decumbens
Gemeines Kreuzblümchen
Polygala vulgaris
Echter Ehrenpreis
Veronica officinalis
Pyrenäen-Leinblatt
Thesium pyrenaicum
Schillergras
Koeleria pyramidata
Sie sind überwiegend niedrigwüchsig und somit wenig konkurrenzstark.

Andere Arten erfuhren einen erheblichen Rückgang (ausgedrückt in Prozent der Masse):
Rot-Schwingel
Festuca rubra   von 23 auf 16%
Drahtschmiele
Deschampsia flexuosa von 21 auf 15%
Borstgras
Nardus stricta   von 10 auf 1%
AckerWitwenblume
Knautia arvensis   von 6 auf 1%
Rotes Straußgras
Agrostis capillaris   von 5 auf 2%
Gemeines Ruchgras
Anthoxantum odoratum von 5 auf <1%
bei weiteren 18 Arten zusammen von 17 auf 2%.

Begünstigt wurden acht Arten, die hochwüchsig sind und durch Horstbildung (bei Gräsern) oder unterirdische Ausläufer (bei Kräutern) unempfindlich gegen Bedeckung sind. Am stärksten breiteten sich Berg-Rispengras *(Poa chaixii)* und Wiesen-Knöterich *(Polygonum bistorta)* aus. Jährliches Mulchen begünstigte ebenfalls relativ hochwüchsige, nutzungsverträgliche und verhältnismäßig nährstoffliebende Arten. Während der zehnjährigen Versuchsdauer wurde aber keine Art des Ausgangsbestandes verdrängt. Bei turnusmäßigem Wechsel von Heuschnitt und Mulchen (zwei Jahre Mulchen, im dritten Jahr Heuschnitt) zeigte sich, daß der Heuschnitt die Wirkungen des Mulchens zurückdrängt und letztlich ein ähnlich starker »Aushagerungseffekt« wie bei jährlichem Heuschnitt eintritt.

Wenn eine jährliche Heuernte wegen des geringen Ertrages wirtschaftlich nicht lohnend ist, aber eine Pflege zur Erhaltung des Biotopes vorgesehen ist, so ist diese letzte Methode wesentlich kostengünstiger als ein jährliches Mähen mit anschließendem Abtransport des Mähgutes.

Für Borstgras-Rasen werden in Thüringen nach WESTHUS et al. (1984) in Abhängigkeit von der Produktivität der Böden jährlich eine Mahd in der zweiten Julihälfte bzw. Mahd oder Mulchen alle zwei Jahre bzw. in längeren Zeitabständen vorgeschlagen. Eine Beweidung wirkt sich günstig aus, wenn sie extensiv und bei trockener Witterung erfolgt. Sie kann aber unter Umständen eine Verheidung fördern, die in der Regel nicht erwünscht ist (BÖHNERT & HEMPEL 1987). Ob kontrolliertes Brennen als Pflegemaßnahme in Betracht kommt, wie dies auch vorgeschlagen wird, sollte erst nach Untersuchung der Tierwelt dieses Gebietes entschieden werden und auch dann nur im Abstand von mehreren Jahren im Wechsel mit Mahd und nur auf Teilflächen erfolgen.

5.5.2.2 Zwergstrauch- und Ginster-Heiden *(Vaccinio-Genistetalia = Calluno-Ulicetalia)*

Im 18. Jahrhundert hatten die atlantischen Zwergstrauch-Heiden (Sandheiden) ihre größte Ausdehnung. Sie reichten von Nordwestdeutschland über die Altmark in Sachsen-Anhalt bis in die Lausitz in Sachsen. Diese Heiden entstanden schon sehr früh nach der Rodung der natürlichen Wälder auf trockenen Sandböden durch Nutzung als Hute, durch Mahd und Plaggen (zur Streugewinnung) bzw. Abbrennen. Dies führte zu einem Nährstoffaustrag und einer Verarmung der Böden.

Seit dem Beginn des 19. Jahrhunderts verringerte sich die Fläche der Zwergstrauch-Heiden, da man auf Streu und Plaggen zur Düngung der Äcker nicht mehr angewiesen war und die Schafhaltung an Bedeutung verlor. Nach Nutzungsaufgabe überalterten die Heidepflanzen. Gräser, besonders die Draht-Schmiele *(Deschampsia flexuosa)*, gelangten auf dem inzwischen nährstoffreicher gewordenen Boden zur Dominanz. Gleichzeitig wanderten Gehölze in die Brachen ein, vor allem Hänge-Birken *(Betula pendula)* und Gemeine Kiefern *(Pinus sylvestris)*. Diese Gehölze verdrängten durch ihre Schattenwirkung die lichtliebende Heidevegetation und förderten so das Graswachstum. Weiträumig wurden ehemalige Heideflächen mit Kiefern aufgeforstet, sodaß jetzt nur noch geringe Reste der Heidelandschaft vorhanden sind.

Wenn man Zwergstrauch-Heiden, wie z. B. im Naturschutzgebiet »Lüneburger Heide«, erhalten will, muß man die alten Methoden der Heidebewirtschaftung wieder aufleben lassen, wobei Maschinen (Mäher, Planierraupen u. a.) teilweise die Handarbeit übernehmen können.

Untersuchungen zu den Auswirkungen von Beweidung, Mahd, Plaggen, Brand und den Einflüssen von Einträgen aus der Luft (vor allem Stickstoff) sind in neuerer Zeit u. a. von EIGNER (1991), LAMPRECHT (1991), MUHLE & RÖHRIG (1979), POTT & HÜPPE (1991), STEUBING & BUCHWALD (1989) und WEGENER (1988) veröffentlicht worden.

Die Pflege der **Heiden** muß folgende Ziele verfolgen:
– Förderung aller Stadien der Heideentwicklung, besonders der Entwicklungs- und Aufbauphase,
– Hemmung der Anreicherung von Rohhumus,
– Verhinderung von Baum- und Strauchaufwuchs,
– Schwächung von Konkurrenzarten, besonders Gräsern.

Das Heidekraut *(Calluna vulgaris)* zeichnet sich durch folgende extreme Zeigerwerte aus (ELLENBERG et al. 1991):

– die Lichtzahl 8 weist sie als eine besonders lichtbedürftige Pflanze aus; jede Beschattung mindert ihre Wuchskraft;

– die Stickstoffzahl 1, der geringste Wert der Skala, zeigt, daß das Heidekraut nur konkurrenzfähig ist, wenn auf dem Standort stickstoffärmste Verhältnisse herrschen;

– die Reaktionszahl 1 weist es als Starksäurezeiger aus.

Das Heidekraut ist somit ein Spezialist, der nur auf den Standorten existieren kann, die diese Bedingungen langfristig garantieren (primäre Heidestandorte) oder auf denen sie immer wieder neu geschaffen werden. Diese Bedingungen wurden in den Sandheiden in den vergangenen Jahrhunderten durch die Heidebauernwirtschaft ständig neu geschaffen.

Der Lebenszyklus des Heidekrauts sieht nach EIGNER (1991) und WILMANNS (1984) folgendermaßen aus:

Pionierphase 0 bis 6 Jahre: Jungpflanzen bilden zunächst lückige Bestände, die sich aber bald schließen;

Aufbauphase 6 bis 12 Jahre: geschlossener dichter Heidekrautbestand; die Streuproduktion nimmt zu; niederliegende Seitenäste bewurzeln sich, wenn der Rohhumus feucht genug ist;

Reife-/Optimalphase 12 bis 18 Jahre: bei noch üppiger Blüte beginnen die Pflanzen vom Zentrum aus abzusterben;

Alters-/Degenerationsphase 16 bis 30 (bis 40) Jahre: die Anzahl der absterbenden Exemplare nimmt zu, in die Lücken wandern Gräser ein und zehren den Rohhumus auf.

Wenn für die Gräser nicht mehr genügend Nährstoffe vorhanden sind, werden die Bestände lichter, Heidekraut kann keimen, der Zyklus beginnt von neuem. Diese zyklische Entwicklung, die den Phasen einer ungestörten Waldentwicklung vergleichbar ist, wird aber durch die Störungen (z. B. Nutzung oder Stoffeinträge), die auf das Ökosystem Heide einwirken, beeinflußt. Diese Störungen sind besonders stark in der Pionierphase und in der Altersphase wirksam.

Die **Beweidung** der Heide mit **Heidschnucken** erfolgte sehr intensiv. Die damalige Rasse der Heidschnucke war noch wesentlich genügsamer als heutige Tiere. Sie ernährten sich ausschließlich von dem Aufwuchs der Heidelandschaft. Das Gewicht der Tiere war wesentlich geringer, die Trittwirkung dementsprechend auch. Die Beweidung bewirkte einen ständigen Neuaustrieb verbissener Heidesträucher, wobei die Pflanzen in der Aufbauphase und in der Optimalphase am regenerationsfreudigsten sind. Durch die Beweidung wurden den Flächen Nährstoffe entzogen, und die Rohhumusauflage blieb gering. Die Konkurrenzpflanzen der Heide, vor allem Gräser, wurden ebenfalls verbissen. Die heutigen Grauen Heidschnucken, die vom früheren anspruchslosen Wollschaf zum leistungsfähigen aber anspruchsvolleren Fleischschaf gezüchtet wurden, fressen die Gräser Draht-Schmiele *(Deschampsia flexuosa)* und Schaf-Schwingel *(Festuca ovina)* meist nur im jungen Zustand. Trotzdem ist die Beweidung mit Heidschnucken auch heute noch ein wirksamer Beitrag zur Heidepflege. Es lassen sich alle positiven Wirkungen der Beweidung mit Heidschnucken nutzen:

– Verbiß des Heidekrauts *(Calluna vulgaris)* und damit Verzögerung des Alterns,

– Austrag von Nährstoffen (das Pferchen über Nacht darf nicht auf der Heide erfolgen)

– Verbiß von Konkurrenzpflanzen (Gräser, Kräuter)

– Verbiß von aufkommenden Gehölzen. Bei stark vergrasten Beständen bewirkt die Beweidung eine Zunahme von Draht-Schmiele *(Deschampsia flexuosa)* und Borstgras *(Nardus stricta)* (POTT & HÜPPE 1991).

Die Mahd vergraster Bestände kann eine wirksame Vorbereitung für eine anschließende Beweidung sein. Wenn im Anschluß einer Mahd ab Frühjahr das frisch austreibende Gras von den Schafen wiederholt verbissen wird, bewirkt dies eine Schwächung der Gräser. Da die Schnucken im Frühjahr und Sommer bevorzugt Gräser und Kräuter fressen, kann die noch vorhandene Besenheide *(Calluna vulgaris)* neue Triebe bilden. Umgekehrt werden im Herbst und Winter die überständigen Gräser gemieden, die Besenheide aber gefressen. Zu dieser Zeit ist der Einsatz der Herde auf dichten Heidebeständen zur Verjüngung des Heidekrauts besonders wirkungsvoll. Flächen mit jungem Heidekraut, z. B. auf frisch geplaggten Stellen, sollten etwa die ersten drei Jahre von der Beweidung ausgeschlossen werden (WOIKE & ZIMMERMANN 1988), da die Jungpflanzen beim Befressen ausgerissen werden können. Die Beweidung der Heide kann ganzjährig erfolgen, sollte aber turnusmäßig auf den einzelnen Flächen wechseln. Besonders im Herbst und Winter sollte die Besenheide beweidet werden. Dadurch werden die ausgesamten Triebe der letzten Vegetationszeit eingekürzt und im kommenden Frühjahr können sich neue Triebe bilden, die im Sommer blühen und anschließend fruchten. Etwa 60% des Zuwachses werden durch die Beweidung entfernt (MUHLE & RÖHRIG 1979). Wichtig für die Förderung des Heidekrauts durch Beweidung ist die Besatzdichte. Ist sie zu hoch, führt das zu einem Rückgang des Heidekrauts, während eine angepaßte Besatzdichte einer Förderung der Heide dient. Für die norddeutschen Sandheiden und verheideten Moore wird je Hektar Heidefläche ein Besatz von einem Schnucken-Mutterschaf mit Nachwuchs empfohlen. Als Richtwert sollte eine Dichte von zwei Schafen je Hektar nicht überschritten werden (WOIKE & ZIMMERMANN 1988). Geeignete Rassen für die **Heidepflege** sind: Graue Gehörnte Heidschnucke, Weiße Gehörnte und Weiße Hornlose Heidschnucke (Moorschnucke), Bentheimer Landschaf, Skudde und Rauhwolliges Pommersches Landschaf. Für Heiden in den Mittelgebirgen

sind Rhönschaf und Coburger Fuchsschaf geeignet (WOIKE & ZIMMERMANN 1988).

Die **Mahd** der Heide diente früher zur Streugewinnung. Gleichzeitig wurde das Heidekraut *(Calluna vulgaris)* zu neuem Austrieb angeregt, der ein gutes Futter für die Schafe ergab. Heute wird die Heidemahd angewendet, um noch geschlossene Heidekrautflächen zu verjüngen. Eine Folgemahd in weniger als zehnjährigem Turnus (EIGNER 1991) oder 11 bis 15jährigem Turnus (POTT & HÜPPE 1991) können dauerhafte Heideverjüngung bewirken. Der Erfolg der Verjüngung der Heidebestände hängt vom Alter der Heidepflanze ab, wobei diese bis maximal 50 Jahre alt werden können. Pflanzen in der Aufbau- und Optimalphase verjüngen sich gut. Bei bereits vergrasten Beständen bewirkt das Mähen eine verstärkte Vergrasung, weil sich die Gräser schneller ausbreiten als die Zwergsträucher (POTT & HÜPPE 1991). Bei überalterten Heidebeständen, die durch Degeneration bereits lückig geworden sind und Vergrasung aufweisen, kann als eine Zwischenstufe zwischen Plaggen und Mahd mit tiefeingestellten Schlegelmähern der Pflanzenbestand abgeschnitten und gleichzeitig der Boden teilweise bis an die Mineralschicht angerissen werden (EIGNER 1991). Hierdurch können partieller Neuaustrieb an verbliebenen Stöcken und Keimung von Jungpflanzen auf dem Mineralboden einander ergänzen. Als günstigster Zeitraum für die Mahd der Heide wird das zeitige Frühjahr angegeben (MUHLE & RÖHRIG 1979). Eine Mahd im Herbst kann bewirken, daß durch Frost, Pilze und Wassermangel an den Schnittstellen Schäden entstehen. Wenn Samengut für Neuansaat von geplaggten Flächen gewonnen werden soll, ist eine Herbstmahd notwendig.

Beim **Plaggen** wurden mit einer speziellen Hacke der gesamte Heidepflanzenbestand zusammen mit Moosen, Flechten, eingestreuten Gräsern und Kräutern sowie der gesamten Rohhumusauflage bis zum Mineralbodenhorizont abgeschält. Diese abgeschälten Heidestücke

Abb. 13: Überalterte Besenheide *(Calluna vulgaris)* kann nach einer Mahd am Grund des Stockes wieder ausschlagen und sich so verjüngen. An den stark verholzten Ästen bildet sich kein Jungwuchs.

wurden als Stalleinstreu im Winter genutzt und dann, angereichert mit Mist und Jauche, zur Düngung auf die Äcker verteilt. Da der Vorgang des Plaggens mit erheblichen Nährstoffeinbußen verbunden war, konnte auf den geschälten Flächen erst nach 10 bis 20 Jahren, bzw. nach dem zweiten Plaggen erst nach weiteren 40 Jahren erneut geplaggt werden (EIGNER 1991). Je nach Standortqualität und Bodenzustand schwanken die Regenerationszeiten zwischen 4 und 40 Jahren (POTT 1992).

Da die Heide sehr viele Samen hervorbringt, die der Wind gut verbreiten kann, und die geplaggten Flächen immer nur kleinflächig oder in Streifen in den schon älteren Heidebeständen angelegt wurden, kamen immer genügend Heidesamen auf den freigelegten Mineralboden.

Die Besiedlungsdauer vegetationsfreier Flächen mit Besenheide hängt sehr von der Niederschlagsverteilung ab. Trockenperioden verhindern das Keimen oder bringen frisch gekeimte Pflanzen zum Absterben. Es bleiben jedoch immer genügend keimbereite Samen übrig, so daß letztlich eine Wiederbesiedlung der Flächen erfolgt. Südexponierte grobsandige Lagen sind besonders schwierig zu besiedeln. Neue Pflanzen können im günstigsten Fall schon im ersten Jahr blühen. Da auf dem humusfreien Mineralboden die Keimbedingungen für Gräser und Kräuter sehr schlecht sind, hat die junge Heidepflanze kaum Konkurrenz. Wenn aber noch Reste einer Rohhumusdecke vorhanden sind, ist die Draht-Schmiele *(Deschampsia flexuosa)* konkurrenzstärker (LAMPRECHT 1991).

Eine wesentliche Rolle bei der Entwicklung zahlreicher Samen spielen die Bienen, die für die Bestäubung sorgen. Bienenvölker gehörten deshalb zum Heidebauern und zum Kulturökosystem Heide.

Da heute das Plaggen mit Heidehacken zu kostenaufwendig ist, wird versucht, die überalterte oder vergraste

Heide bis auf den Mineralboden mit Maschinen abzufräsen oder abzuhobeln und von der Fläche zu transportieren. Um sicher zu gehen, daß genügend Heidesamen auf der Fläche vorhanden ist, sollte im November gemähtes Heidekraut mit den Samenkapseln auf der Fläche ausgebreitet werden. Die herausfallenden Samen werden nicht eingearbeitet, da die Besenheide ein Lichtkeimer ist. Im kommenden Frühjahr kann dann im Schutz der dünnen Mulchdecke das neue Heidekraut keimen. Bei zu trockener Witterung können die Heidepflanzen auch erst im folgenden Frühjahr aufgehen (EIGNER 1991).

Früher wurden gelegentlich von den Schäfern Heideflächen abgebrannt. Sie erreichten damit, daß neuer junger Heideaufwuchs für ihre Schafe entstand.

Das **kontrollierte Brennen** auf **Heide**flächen zur Verjüngung oder Neuentwicklung von Heidekrautbeständen wird als weitere Pflegemöglichkeit angesehen. In der deutschen Literatur werden vor allem die langjährigen Erfahrungen aus England zitiert. Auch in den Heiden Deutschlands wurden Wirkungen des Brennens untersucht und Empfehlungen und Erkenntnisse formuliert (EIGNER 1991, ELLENBERG 1986, MUHLE & RÖHRIG 1979, WEGENER 1991, WILMANNS 1984):

– Die zu brennende Fläche sollte Größen von einigen Ar bis zu zwei Hektar nicht überschreiten;
– bei überalterten Heidebeständen hat sich eine große Streumenge gebildet, die bei Brand zu hohen Temperaturen führt;
– wenn im Februar/März gebrannt wird, sind noch viele Kleintiere im Boden, die im feuchten Rohhumus vor Feuer geschützt sind;
– bei niederen Brandtemperaturen kann es zu einem Eutrophierungseffekt kommen;
– wenn im Herbst gebrannt wird, wird der trockene Rohhumus nahezu vollständig verbrannt; durch die dabei entstehenden hohen Temperaturen wird der Stickstoff eliminiert;

– brandfeste Arten wie Pfeifengras *(Molinia caerulea)* und Adlerfarn *(Pteridium aquilinum)* werden gefördert;
– wenn ein Austrieb der Besenheide *(Calluna vulgaris)* erfolgen soll, muß die Brandtemperatur so gewählt werden, daß das Feuer nur wenig die Stammmbasen und die Samen beeinträchtigt;
– kritische Temperaturen für Knospen sind 290 °C, für Samen 200 °C;
– Heidekrautsamen keimen nach kurzer Brandeinwirkung besser;
– die Lufttemperatur sollte zwischen -5 und +10 °C liegen;
– günstige Brandbedingungen herrschen bei einer Luftfeuchte von 40 bis 60 % und Windgeschwindigkeiten von 5 bis 10 km/h.

Da die ökologischen Folgen von kontrolliertem Brennen nicht vollständig geklärt sind, sollte nur sehr kleinflächig gebrannt werden und Untersuchungen, die die verschiedensten Auswirkungen ermitteln, diese Brandversuche langfristig begleiten.

Alle Maßnahmen der Heidepflege wie Beweidung, Mahd, Plaggen und Brand bewirken einen Entzug von Biomasse aus dem Ökosystem. Der auf die Heide durch Ferntransport erfolgende Eintrag von **Immissionen** in den letzten Jahrzehnten beeinflußt die bisher ablaufenden Zyklen. Besonders die Stickstoffeinträge bewirken eine Bodeneutrophierung und damit eine Schwächung der Konkurrenzkraft des Heidekrauts. Gleichzeitig wird es anfälliger gegen Schädlinge und extreme Witterungsverhältnisse (Frost, Trockenheit). So läßt sich in den Heiden zu beobachtende Vergrasung mit dieser immissionsbedingten Förderung der Gräser und Schwächung des Heidekrauts erklären (STEUBING & BUCHWALD 1991).

Bergheiden (Hochheiden, *Vaccinio-Callunetum)* auf sauren Gesteinsböden der Mittelgebirge ab 650 m Höhenlage sind Ersatzgesellschaften für bodensaure Buchen-Wälder. In ihnen sind die Zwergsträucher Preiselbeere *(Vaccinium vitis-idaea)* und Heidelbeere *(Vaccinium myrthillus)* häufig vertreten. Die Bergheiden wurden früher geplaggt und extensiv beweidet. Die Pflegemaßnahmen gleichen denen der vorher beschriebenen Sandheiden.

Die **Besenginster-Heiden** *(Sarothamnion)* der submontanen und montanen Stufe sind meist aus Hainsimsen-Buchen-Wäldern hervorgegangen oder waren kleinflächig natürlichen Ursprungs. Sie dienten meist als Huten. Besonders die »Schiffelwirtschaft« in der Eifel sorgte für die ständige Neubildung der Heiden (KLAPP 1965). »Beim Schiffeln wurde die Heidenarbe abgeplaggt; die Plaggen wurden nach dem Trocknen verbrannt, die verbleibende Asche diente der Düngung der anschließend für einige Jahre geackerten Fläche. Dann überließ man den Acker wieder für längere Jahre der stets rasch verlaufenden, oft durch Aussaat von Besenginstersamen geförderten Wiederverheidung. Nach einigen Jahren der Heidebrache setzte die Streunutzung ein. Bis zur Jahrhundertwende verschwand die Schiffelwirtschaft. Was blieb waren Schaf- und Rinderweidegang, wobei das Schaf mehr und mehr dem Rinde wich, und gelegentliche Mähnutzung.« (KLAPP 1965).

Zur Pflege der Besenginster-Heiden sollte eine extensive Beweidung, am besten als Schafhute, erfolgen. Überalterte oder nach strengen Wintern erfrorene Besenginsterbüsche und starkes Gehölzaufkommen durch langfristige Brache sollten entfernt werden. Bei zu starker Grasverfilzung kann eine Mahd eine notwendige Vorbereitung für die Wiederaufnahme der Beweidung sein.

5.5.2.3 Lockere Sand- und Felsrasen

Während sich die **Sandrasen** in der Küstenregion durch Sandverwehungen selbst entwickeln und/oder erhalten, sind die Sandrasen des Binnenlandes langfristig nur durch extensive Nutzung und/oder Pflege vor einer Sukzession zu Gesellschaften mit geschlosseneren Grasnarben zu schützen. Die Sandrasen bestehen aus Pionierpflanzengesellschaften, die zu ihrer Existenz immer wieder Rohbodenflächen benötigen. Das Silbergras *(Corenophorus canescens)* ist die namengebende Art für die Pflanzengesellschaft der **Silbergras-Fluren** *(Corynephorion canescentis)*, die auf bewegten, lockeren, sauren, humusarmen Flugsanden wachsen. Auf festgelegteren Sanden lösen die **Kleinschmielen-Rasen** *(Thero-Airion)* die Silbergras-Fluren ab. Neben ausdauernden Spezialisten unter den Sandrasenbesiedlern gehören auch eine Anzahl einjähriger, wärmeliebender Arten sowie Moose und Flechten zu den Gesellschaftsbildnern. Auf kalkhaltigeren Sanden haben sich **Schillergras-Fluren** *(Koelerion albescentis)* gebildet. Mehr östlich verbreitet sind die **Sandsteppen-Gesellschaften** *(Festuco-Sedetalia)*, die aber bis in die Oberrheinebene ihre westlichsten Vorposten haben. Zu ihnen gehören die **Blauschillergras-Rasen** *(Koelerion glaucae)* und die **Grasnelken-Fluren** *(Armerion elongatae)*.

Bei der früher üblichen Beweidung dieser Sandrasen-Gesellschaften oder ihrer Benutzung als Trift bewirkte der Tritt der Tiere eine Bodenverwundung, die durch Winderosion verstärkt wurde. So wurden an diesen Stellen kleinflächig neue Wuchsorte für die Sandrasen geschaffen. Bei Überbeweidung wurde so viel Rohboden freigelegt, daß der Sand wie im Küstenbereich durch Wind verlagert wurde und für einige Zeit unbewachsene Sanddünen entstanden, bis allmählich wieder die Silbergras-Flur Fuß fassen konnte.

Die extensive Beweidung ist für den Erhalt der Sandrasen wesentlich. Um eine Wiederbewaldung, die zwar meist sehr langsam einsetzt, zu unterbinden, und um die Windwirkungen nicht abzuschwächen, sollte Gehölzjungwuchs entfernt werden. Wichtig ist, Nährstoffeinträge zu vermeiden. Das Einwandern von Störzeigern wie z.B. Nachtkerzen *(Oenothera)*, die die typische Sandrasenvegetation verdrängen, wird durch diese Einträge begünstigt (GREGOR 1991). Sandrasen und Steppenrasen zeigen so unterschiedliche Ausprägungen, daß eine allgemein gültige Pflegeanleitung nicht gegeben werden kann. Erst nach einer genauen Untersuchung der herrschenden Lebensbedingungen, der vorausgegangenen Nutzungen und der zu erwartenden Sukzessionsabläufe können Maßnahmen wie Beweidung (Intensität, Zeitpunkt, Tierart), Mahd oder Aufreißen der Vegetationsdecke festgelegt werden. Besonders wichtig ist es, bei Pflegeeingriffen neben den gesellschaftsbildenden Pflanzenarten der Sandrasen auch die hochspezialisierten Tierarten, besonders Insekten, die diesen Lebensraum besiedeln, zu berücksichtigen.

5.5.2.4 Kalkmagerrasen

Die **kontinentalen Trocken- und Halbtrockenrasen** *(Festucetalia valesiacae)*, auch kontinentale Steppenrasen genannt, sind Ausläufer osteuropäischer Steppenformationen. Sie setzen sich aus Pflanzen zusammen, die extreme Trockenheit und Hitze vertragen. Die Steppenrasen sind in Deutschland teilweise Reliktvorkommen oder durch Abholzung aus Trockenwäldern hervorgegangen. Auffallend sind verschiedene Federgrasarten *(Stipa* spec.)*, die hoch aufwachsende Grasbestände bilden können. Viele buntblühende Kräuter sind beigemischt, die Pflanzendecke ist aber lückig. Früher war eine Beweidung der Steppenrasen üblich.

Die kontinentalen Steppenrasen zeigen »Weidecharakter«, d. h. sie sind vorrangig aus Arten zusammengesetzt, die nicht gern vom Vieh gefressen werden. Das sind Schaf-Schwingelarten *(Festuca ovina* ssp.)*, die durch dichten Horstwuchs der Beweidung widerstehen, oder Federgräser *(Stipa* spec.)*, die nur in der Jugend verbissen werden. Verbißspuren zeigen ebenfalls nur ausnahmsweise die Vertreter der Gattungen Gamander *(Teucrium)*, Thymian *(Thymus)*, Beifuß *(Artemisia)*, Sonnenröschen *(Helianthemum)*, Meier (=Meister) *(Asperula)*, Lauch *(Allium)*, Graslilie *(Anthericum)* und Mauerpfeffer *(Sedum)* (ELLENBERG 1986).

So wird verständlich, daß die Steppenrasen für die Beweidung nur einen geringen Wert haben und deshalb auch heute kaum noch beweidet werden. »Sofern sie aber nicht auf extrem trockenen Sonderstandorten gedeihen, verdanken sie ihre Existenz geringfügiger Beweidung durch Schafe. Endet diese, müssen solche Steppenrasen gemäht werden, und zwar durch Herbstmahd« (Bayerisches Staatsministerium für Landesentwicklung und Umweltfragen 1992). Bei längerer Brachezeit können Gehölze aufwachsen, z. B. Gemeine Kiefern *(Pinus sylvestris)*, die aus benachbarten Anpflanzungen oder Wäldern aussamen und in die Steppenrasen gelangen. Damit die Steppenrasen baumfrei bleiben, müssen diese Gehölze entfernt werden.

Die **subozeanischen Trockenrasen** *(Xerobromion)*, auch submediterrane Trockenrasen oder Volltrockenrasen genannt, sind von Natur aus baumfreie (primäre) Trockenrasen, die häufig im Anschluß an Pionierrasen auf flachgründigen Böden zu finden sind. Lokal sind sie nach PFADENHAUER (1993) auch durch Überbeweidung steiler, erosionsanfälliger Böden entstanden (sekundäre Trockenrasen). Beispiele für unterschiedliche Trockenrasen sind die Trespen-Trockenrasen *(Xerobrometum erecti)*, die Erdseggen-Trockenrasen *(Pulsatillo-Caricetum humilis)* und die Blaugras-Trockenrasen *(Seslerio-Xerobromion)*, die ihren Namen von der jeweils vorherrschenden Grasart haben. Es sind meist sehr schön blühende Pflanzengesellschaften mit vielen sonst seltenen Arten. Teilweise sind die Trockenrasen Dauergesellschaften, die nicht von Wald überwachsen werden können und daher keiner Pflege bedürfen. Kennzeichnend für ihre Abgrenzung zu den Halbtrockenrasen ist, daß Gehölzaufwuchs in den Trockenrasen in außergewöhnlichen Trockenjahren wieder verdorrt und somit eine Entwicklung zum Wald unterbleibt (WILMANNS 1984).

Die durch Abholzung und Überbeweidung mit anschließender Erosion des Bodens entstandenen Trockenrasen müssen zu ihrer Erhaltung genutzt oder gepflegt werden. Eine Pflege im Abstand von mehreren Jahren oder auch Jahrzehnten ist meist ausreichend, da sowohl Zuwachs als auch Einwanderung von Gehölzen sehr langsam fortschreiten. Negative Randeinflüsse von benachbarten Flächen sollten beseitigt werden; das sind z. B. Baum- und Strauchbewuchs, die Schatten werfen oder das Mikroklima der Trockenrasen verändern, Nährstoffeinträge von intensiv bewirtschafteten Flächen sowie Herbizid- und Insektizideinträge aus landwirtschaftlichen Kulturen (Weinbau). Ideal ist es, wenn Trocken- und Halbtrockenrasen einander ablösen oder ineinander übergehen. Dann können vor allem Insekten in die ähnlichen Nachbarbiotope ausweichen und das Blütenangebot dort mitnutzen.

Die **subozeanischen Halbtrockenrasen** *(Mesobromion)*, auch submediterrane Halbtrockenrasen genannt, sind in Süddeutschland besonders artenreich, während sie nach Norden hin artenmäßig verarmen. Durch unterschiedliche Nutzungen bildeten sich zwei Gesellschaften heraus, die **Trespen-Halbtrockenrasen** *(Mesobrometum)*, die als gemähte Halbtrockenrasen in Süddeutschland ihren Schwerpunkt haben, und die **Enzian-Schillergras-Rasen** *(Gentiano-Koelerietum)* im östlichen und nördlichen Bereich, die beweidet wurden. Beide Gesellschaften sind vorwiegend auf den Verwitterungsböden des Jura und Muschelkalks anzutreffen.

Die **Trespen-Trockenrasen** (Esparsetten-Halbtrockenrasen) sind buntblühende, orchideenreiche einschürige Wiesen der kollinen bis montanen Stufe, die nicht gedüngt werden. Das Heu ist sehr reich an Kräutern und damit wertvoll. Der Ertrag ist niedrig und liegt nur bei 10 bis 35 dt/ha. Das führte dazu, daß viele Flächen zu Brachen bzw. durch gezielte Düngung zu ertragreicheren Wiesengesellschaften umgewandelt wurden.

Eine einmalige Mahd der Trespen-Trockenrasen im Juli, in höheren Lagen auch im August, ist die geeignete Nutzung, die auch in früheren Zeiten üblich war und das Artenspektrum stabil gehalten hat. Wenn der jährliche Mahdtermin unter Naturschutzgesichtspunkten festgelegt werden kann, sollte der Zeitpunkt nach der Orchideenblüte erfolgen, die in den einzelnen Jahren um ein bis zwei Wochen schwanken kann. Durch die Verlegung des Schnittermins in den Sommer werden die Frühjahrs- und die Wiesenblüher gefördert, die Spätblüher jedoch behindert. Um ein möglichst breites Spektrum von Arten zu fördern, kann deshalb bei ausreichend großen Gebieten eine flächenweise wechselnde und zeitlich gestaffelte Mahd für größeren Artenreichtum sorgen (BRIEMLE et al. 1991, DIERSCHKE 1985).

Untersuchungen am Kaiserstuhl ergaben, daß bei Trespen-Trockenrasen, die längere Zeit nicht mehr genutzt wurden, Saumarten der Wald- und Gebüschränder in die Flächen einwanderten. Diese Saumarten sind hauptsächlich Spätblüher und erweitern das Blütenangebot für blütenbesuchende Insekten bis in den Spätherbst (KRATOCHWIL 1983).

Wenn man also nicht die historische Ausbildung der unversaumten Halbtrockenrasen erhalten will, sondern sowohl Rasen- als auch Saumarten auf der gleichen Fläche, kann durch Häufigkeit und Termin der Mahd dieser Zustand herbeigeführt und erhalten werden. Eine Verbuschung nicht mehr genutzter ehemals gemähter Halbtrockenrasen kann bei großen Flächen lange Zeit nur geringfügig fortschreiten, wie dies Untersuchungen am Kaiserstuhl belegen. Die Einwanderung von Gehölzen erfolgte meist dort, wo schon Gebüsche vorhanden waren, und zwar vorwiegend durch Vogelverbreitung (KOLLMANN 1992).

Die **Enzian-Schillergras-Rasen** haben durch ihre langfristige Nutzung als Weide (Hute), vor allem durch Schafe, eine Vegetation, die durch Arten gekennzeichnet ist, die weniger verbiß- und trittempfindlich sind bzw. vom Vieh gemieden werden oder eng am Boden anliegen und damit vom Verbiß geschont bleiben. Dazu gehören z. B. Fieder-Zwenke *(Brachipodium pinnatum)*, Hauhechel *(Ononis spec.)*, Stengellose Kratzdistel *(Cirsium acaule)*, Gold- und Silberdistel *(Car-*

lina vulgaris, C. acaulis), Enziane *(Gentianella* spec.*)*, Sonnenröschen *(Helianthemum)*, Thymian *(Thymus)*, Mittel-Wegerich *(Plantago media)*. Aspektbildend sind Wacholder *(Juniperus communis)* als Solitäre oder in Gruppen, die kaum befressen werden und sich ausbreiten konnten, wenn sie nicht von den Hirten entfernt wurden. Auch markante alte einzelstehende Bäume wie Rotbuchen *(Fagus sylvatica)* oder Gemeine Kiefern *(Pinus sylvestris)*, die teilweise als Wetterschutz dienten, prägen das Landschaftsbild der Kalkmagerweiden.

Durch die geringe Rentabilität und den hohen zeitlichen Aufwand bei der Hüteschäferei wurde nach 1950 die Beweidung der Halbtrockenrasen vielerorts eingestellt. Seit dieser Zeit hat sich das Bild der Enzian-Schillergras-Rasen folgendermaßen verändert:

– Aufwachsen von Bäumen wie Gemeiner Kiefer *(Pinus sylvestris)*, Fichte *(Picea abies)* durch Samenanflug aus benachbarten Waldbeständen;
– Ausbreitung und Neuansiedlung von Gebüschen: Schlehe *(Prunus spinosa)*, Weißdornarten *(Crataegus* spec.*)*, Rosen *(Rosa* spec.*)*, Blutroter Hartriegel *(Cornus sanguinea)*, Gemeinem Liguster *(Ligustrum vulgare)*, Gemeinem Wacholder *(Juniperus communis)* u. a. vor allem auf den tiefgründigeren Böden in Muldenlage und am Fuße der Hänge;
– Ausbreitung der Fieder-Zwenke *(Brachypodium pinnatum)* mit dichter Altgrasbildung;
– partieller Rückgang bedrohter Arten durch Flächenverlust und Verdrängung durch konkurrenzstärkere Arten;

– partielle, oft vorübergehende Zunahme von bedrohten und seltenen Arten durch ungestörte Entwicklung.

Durch eine ungestörte Sukzession hat sich die Fläche der offenen Kalkhalbtrockenrasen erheblich verringert. Das Landschaftsbild der offenen oder nur mit wenigen Gehölzen gegliederten Hutungen besteht vielerorts nicht mehr.

Bei der Erhaltung und Pflege von Enzian-Schillergras-Rasen kann man zwei Ziele verfolgen:

– erstens die Erhaltung und Wiederherstellung von Huten, wie sie in den vorigen Jahrhunderten ausgesehen haben, oder
– zweitens Schaffung einer Hutelandschaft, in der auch verschiedene Sukzessionsstadien erhalten werden, sofern eine genügend große Fläche vorhanden ist.

Das Aussehen der historischen Hute

Früher wurden die Halbtrockenrasen sehr intensiv mit Schafen (und Ziegen) beweidet. Die Herden zogen viele Male im Jahr über die gleiche Fläche und räumten den freßbaren Aufwuchs ab. Bäume gab es höchstens als Solitäre oder als Hutewäldchen; Gebüsche wurden auf den Huteflächen kaum geduldet. Hierdurch entstanden kurze aber lückige Rasen. An den Hängen bildeten sich durch den Tritt hangparallele, vegetationsfreie Pfade, die Ansatzpunkte für die Erosion der überbeweideten Hänge wurden. Bei anhaltender Überbeweidung trat sogar stellenweise der steinige Boden zutage. Trotzdem hat sich auf diesen Huten eine vielfältige Halbtrockenrasen-Vegetation erhalten, in der auch die heute auf den Roten Listen

---

Oben: Heidelandschaft in der Diepholzer Moorniederung in Niedersachsen mit Moorschnucken, die den Aufwuchs aus Pfeifengras (Molinia caerulea), Scheidigem Wollgras (Eriophorum vaginatum), Besenheide (Calluna vulgaris) und jungen Gehölzen abweiden. Diese Pflegenutzung wird durch mechanische Rücknahme des Gehölzaufwuchses (vorwiegend Birke) und Wiedervernässungsmaßnahmen ergänzt (s. Kapitel 5.5.1.1).

Unten: Charakteristische Hute- und Weidelandschaft in den Mittelgebirgen sind die Muschelkalkhänge und Hochflächen am Dörnberg bei Zierenberg in Nordhessen. Die Hänge dienen als Schaf- und Ziegenhute, auf den wüchsigeren Hochflächen sind Rinderweiden. Die Hänge waren früher durch Überbeweidung und Pflege fast baum- und strauchfrei. Nach Nutzungsaufgabe oder geringer Huteintensität setzte eine Wiederbewaldung ein, die von den wüchsigeren Mulden ausgeht (s. Kapitel 6).

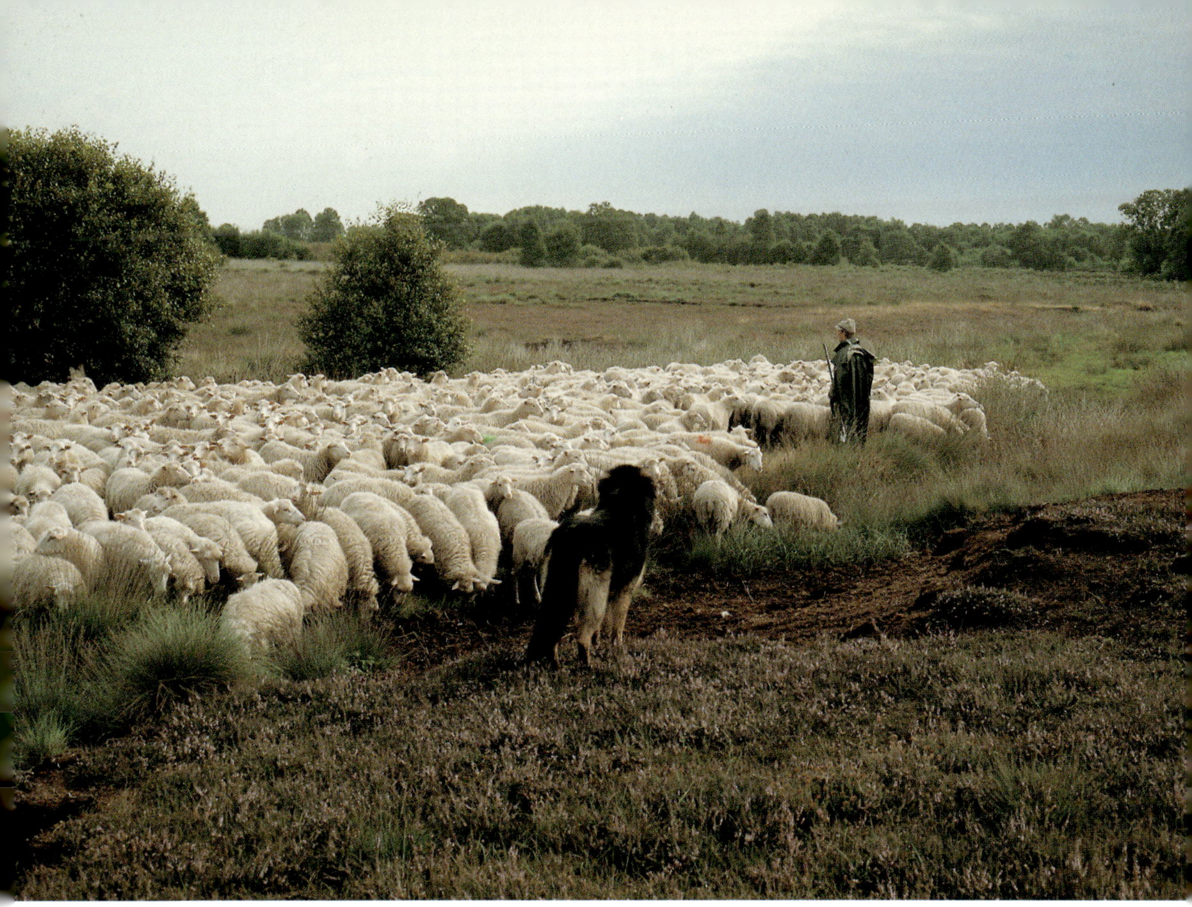

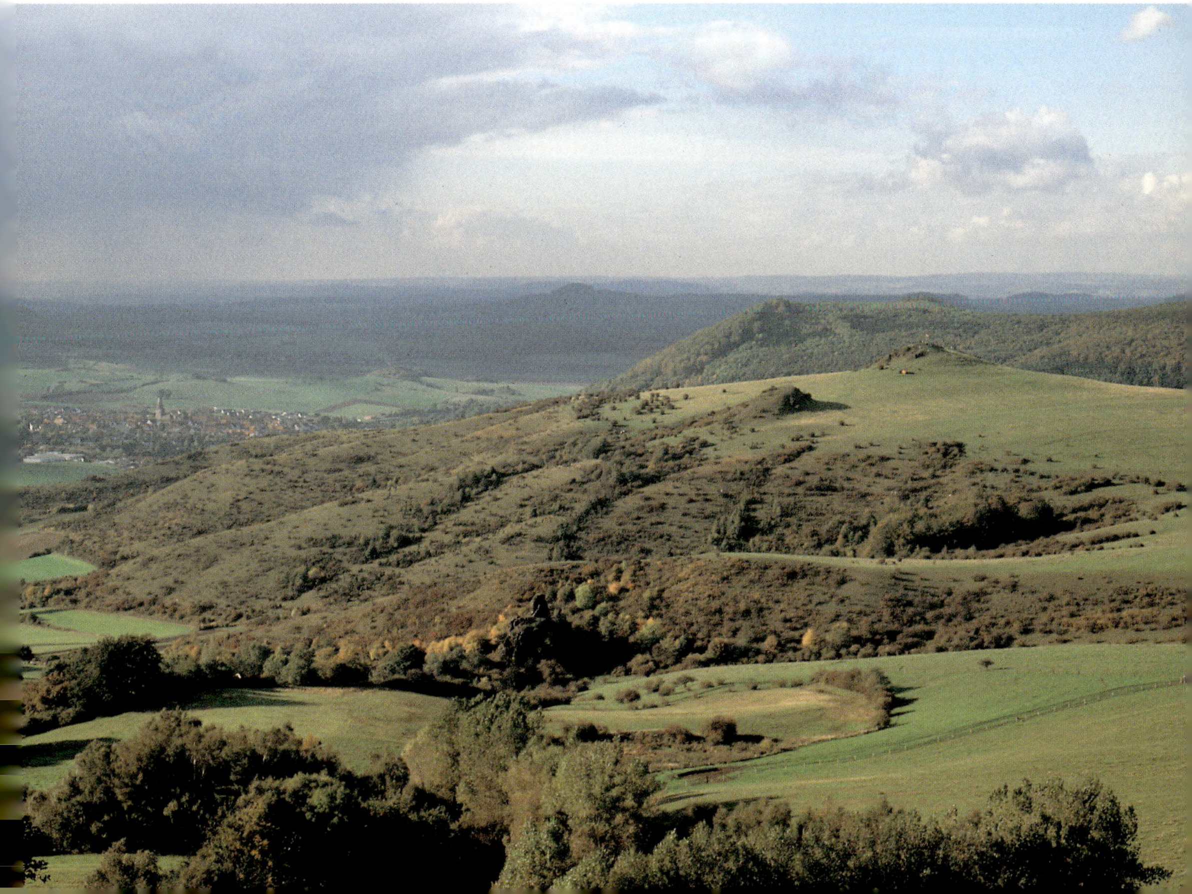

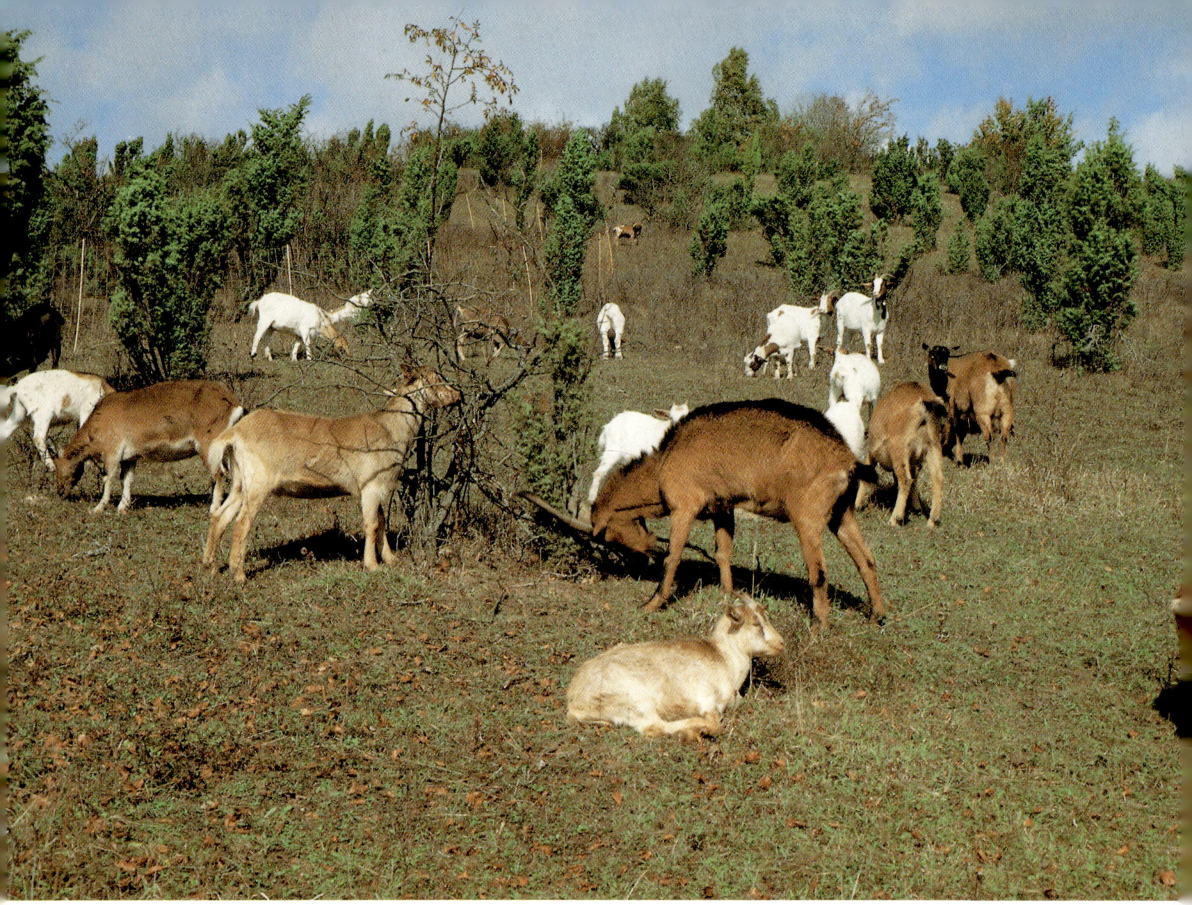

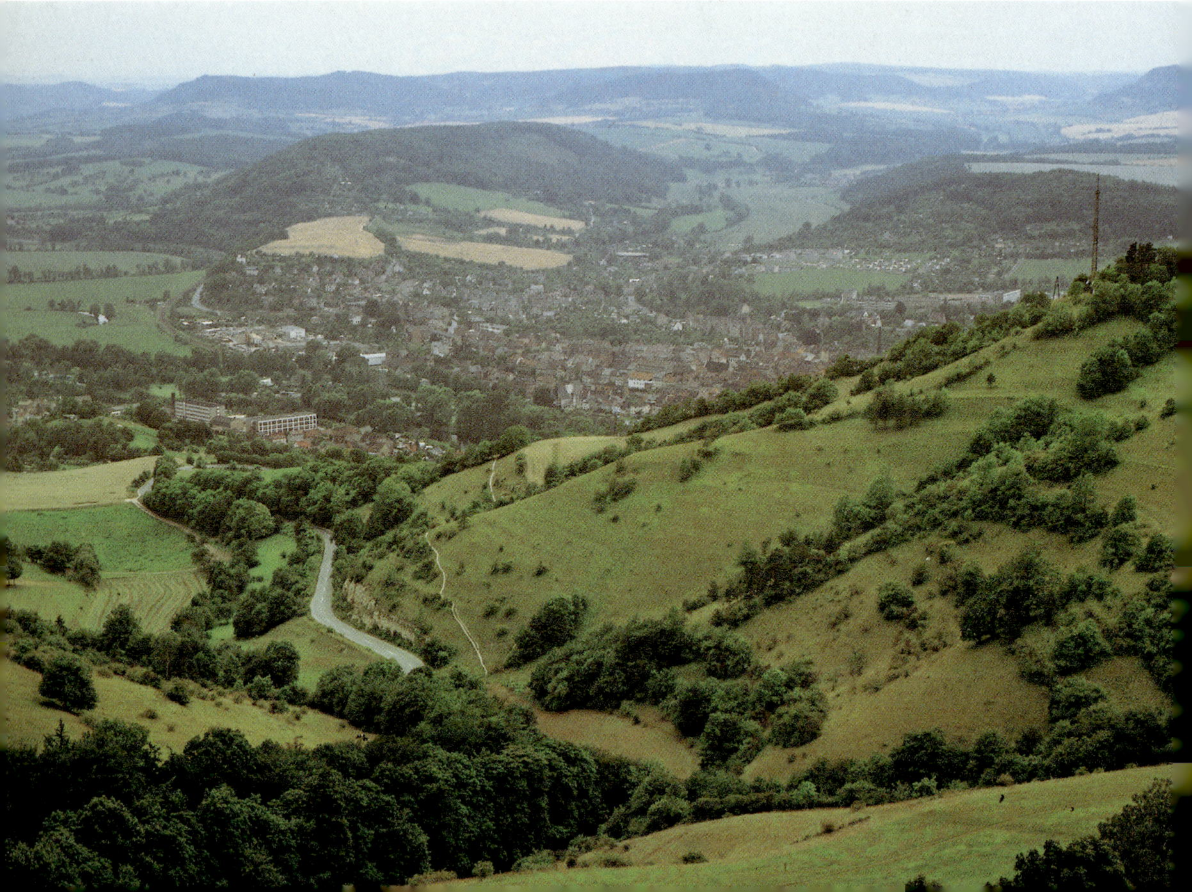

stehenden Arten ihren Platz haben. Enzian-Schillergras-Rasen, die bis in die jüngste Zeit intensiv beweidet wurden liegen z. B. in Südwest-Thüringen (QUINGER et al. 1991). In Thüringen findet aber auch auf diesen Flächen seit längerer Zeit eine Beweidung nach Beweidungsplänen statt, die jährlich jeweils neu abgestimmt werden (KÜMPEL & BIEDERMANN 1988). Dabei werden Gebiete festgelegt, die keine Beweidungsauflagen haben, solche mit Auflagen (Beginn, Zeitraum, Intensität der Beweidung) und Gebiete, die aus Artenschutzgründen in dem betreffenden Jahr ganz von der Beweidung ausgeschlossen sind.

Eine **Beweidung** von Kalkhalbtrockenrasen ist in der Zeit von Mai bis in den Herbst hinein möglich. Am günstigsten ist sie während der Hauptvegetationszeit von Anfang Juni bis Ende August. Je nach Wüchsigkeit des Standortes sind ein bis zwei (manchmal auch drei) Weidegänge je Jahr notwendig, um den Aufwuchs abzuernten. Ruhephasen von sechs bis acht Wochen zwischen den Weidegängen sollten jedoch eingehalten werden (SCHUMACHER 1991), damit sich der Pflanzenbestand erholen kann und eine Blütenentwicklung möglich ist. Eine **Vorweide** im April kann sich günstig auf den Frühjahrsaustrieb auswirken, wenn hierbei Altgras mit abgeräumt wird oder auch in und an den Boden getreten wird, wo es schneller zersetzt werden kann. Die für eine Vorweide geeigneten Flächen sind entweder Brachen oder Flächen, die im Herbst bzw. Spätsommer nicht genügend beweidet wurden und somit einen Pflegenachholbedarf aufweisen. Gebiete mit einem hohen Anteil von Frühjahrsblühern sollten nicht regelmäßig zur Vorweide genutzt werden, da diese Arten dann verdrängt würden. Eine **Herbstweide** kann die Orchideenarten, die bereits für das kommende Jahr Blätter gebildet

haben und in dieser Zeit eine neue Knolle anlegen, schädigen. Hierzu gehören Bocks-Riemenzunge *(Himantoglossum hircinum)*, Kleines, Dreizähniges und Brand-Knabenkraut *(Orchis morio, O. tridentata, O. ustulata)* sowie die Ragwurzarten *(Ophrys spec.)*. Eine Beweidung von Flächen mit diesen Arten sollte vorwiegend in den Ruhezeiten dieser Arten, nämlich von etwa Mitte Juli bis Mitte September erfolgen (HEINRICH et al. 1988).

Verbuschte und verbrachte Kalkhalbtrockenrasen benötigen eine Erstpflege mit Entbuschung und Entfernen der Altgrasauflagen. Die Gehölze sollten aber nicht restlos beseitigt werden, sondern in den Randbereichen als Abgrenzung zu anders genutzten Flächen, an Geländekanten oder an Steinriegeln stehenbleiben. Auch Einzelbüsche, Bäume oder Gruppen können für ein ansprechendes Landschaftsbild bzw. zur Schaffung von Tierlebensräumen wichtig sein, ohne bei einer Beweidung mit Schafen im Hüteverfahren hinderlich zu sein.

Eine Gehölzreduktion läßt sich durch eine Beweidung mit Ziegen erreichen. Versuche in Nordhessen mit Ziegenherden, die für fünf bis zehn Tage in mobilen Koppeln auf den verbuschten Kalkhalbtrockenrasen verweilten bis diese stark abgeweidet waren, zeigten gute Ergebnisse. Die Ziegen beißen Laub und Knospen der Gehölze bis in 1,80m Höhe ab. Durch das Herunterbiegen von Zweigen mit den Vorderfüßen gelingt es ihnen – häufig in Gemeinschaftsarbeit – auch höhere Zweige zu entlauben. Dieses Entlauben und Verbeißen der Triebspitzen bewirkt jedoch nur eine geringfügige Eindämmung der Gehölzausbreitung. Wesentlich wirkungsvoller ist der Verbiß der Rinde. Jungbäume und Äste von Gebüschen fast aller Arten werden vom Boden bis in Reichweite des Maules geschält. Hier-

---

Oben: Ziegen in einer mobilen Koppel (Elektroknotengitterzaun) auf einem Halbtrockenrasen mit Gehölzen (s. Kapitel 8.1).

Unten: Bei großflächigen Magerrasen lassen sich Nutzungskonzepte entwickeln, die sowohl für den Arten- und Biotopschutz als auch für den landwirtschaftlichen Betrieb sinnvoll sind. Hierzu gehören: unterschiedliche Beweidungs- und Mahdzeiten auf einzelnen Teilflächen und unterschiedliche Intensitäten der Bewirtschaftung. (Kalkhalbtrockenrasen im Saaletal in Thüringen) (s. Kapitel 10.2)

durch wird die Saftzufuhr zu den Zweigen und Blättern unterbrochen – die Bäume und Büsche vertrocknen oberhalb der Verbißstellen. Einige Gehölze treiben dann nicht mehr neu aus; hierzu gehören Gemeine Kiefer *(Pinus sylvestris)* und Fichte *(Picea abies)*. Andere Gehölze können aber aus dem verbliebenen Stammansatz oder aus den Wurzeln neue Triebe schieben. Zu ihnen gehören die Sträucher Rose *(Rosa spec.)*, Gemeiner Schneeball *(Viburnum opulus)*, Blutroter Hartriegel *(Cornus sanguinea)* aber auch Bäume wie Hänge-Birke *(Betula pendula)*, Hainbuche *(Carpinus betulus)*, Zitter-Pappel *(Populus tremula)* und Robinie *(Robinia pseudoacacia)*. Am geringsten geschädigt wird der Schwarzdorn *(Prunus spinosa)*. Von ihm fressen die Ziegen zwar auch die jungen, meist noch dornenlosen Triebe, kaum aber die Rinde. Gemeiner Wacholder *(Juniperus communis)* wird von Ziegen auch verbissen. Dies kann zum Absterben einzelner Zweige oder auch einzelner Büsche führen. Viele der nach dem Verbiß recht zerzaust aussehenden Wacholder wachsen aber in den Folgejahren die Verbißschäden wieder aus. Wenn eine regelmäßige Ziegenbeweidung stattfindet, werden fast alle Gehölze verdrängt. Eine kurze intensive Beweidung mit Ziegen hinterläßt eine sehr kurz gefressene Vegetation. Auch Arten, die sonst von ihnen oder auch den Schafen nur ungern verbissen werden, wie Hauhechel *(Ononis spec.)* und Stengellose Kratzdistel *(Cirsium acaule)* werden restlos abgefressen. Ein Mitführen von Ziegen in einer Schafherde kann dazu beitragen, die »Weideunkräuter« der Schafweide zu reduzieren, allerdings werden die Ziegen im Hutebetrieb mit ihrer normalerweise selektiven Freßweise bevorzugt die beliebten Pflanzen fressen. Da sie aber von Natur aus einen höheren Anteil von Gehölzen in der Nahrung bevorzugen, können sie die Ausbreitung von Gehölzen eindämmen. Es ist deshalb zu entscheiden, ob eine gelegentlich zwischen die Schafbeweidung eingeschobene Beweidung durch eine Ziegenherde eine weitere Pflegevariante

sein kann. Wenn auf Huteflächen, die für eine Beweidung mit Ziegen vorgesehen sind, einzelne Gehölze langfristig geschont bleiben sollen, müssen diese ausgezäunt werden.

Die Schlehe *(Prunus spinosa)* vermag durch Austrieb aus den Wurzelausläufern immer größere Flächen zu überwachsen. Nach dem Abhacken des Hauptbusches ist die Vermehrung durch Wurzelbrut besonders stark. Um die Schlehe auf verbrachten Kalkmagerrasen zurückzudrängen, ist ein Abschneiden mit Maschinen notwendig. Im Anschluß an eine Entbuschung sollten sogleich nach dem Aufwachsen neuer Triebe Beweidungsgänge durch Schafe oder Ziegen erfolgen, um die Wuchskraft zu schwächen. Eine zusätzliche Nachmahd kann dabei eine wichtige Ergänzung sein und muß auch im Abstand von mehreren Jahren wiederholt werden.

Bei der Wiederaufnahme der Beweidung von nicht genutzten Halbtrockenrasen sollte anfangs die Beweidung intensiv sein, um einen hohen Nährstoffaustrag zu bewirken. In den Folgejahren wird man zu einer extensiven Beweidung übergehen. Durch geschickte Herdenführung kann ein Schäfer auch Fieder-Zwenken-Bestände durch Schafe abfressen lassen, obgleich diese zu den ungern gefressenen Grasarten gehört. Wenn er die zu Hütebeginn hungrigen Tiere auf diesen Flächen im engen Gehüt weiden läßt, werden sie die Fieder-Zwenke *(Brachypodium pinnatum)* vor allem im Jungstadium in Ermangelung von besserem Futter befressen. Stark verfilzte Grasbestände sollten gemäht werden, damit eine kurze Grasnarbe, die für die lichtliebenden Magerrasenarten notwendig ist, erzielt wird. Eine Mahd kann die Weidebedingungen verbessern oder auch zunächst eine Beweidung ersetzen, bis diese organisiert werden kann.

Probleme kann das Beweiden von Flächen bringen, die durch Mulchen von Gehölzen befreit wurden. Die auf dem Boden liegenden harten Gehölzsplitter oder Dornen können leicht zu Fußverletzungen der Tiere führen. Die notwendige

Beweidung kann auf solchen Problem-
flächen durch eine Folgemahd des Jung-
aufwuchses ersetzt werden, die auch die
Gehölze stärker schwächt.

Eine extensive Beweidung von Enzian-Schillergras-Rasen ist zur Erhaltung
einer vielfältigen Flora und Fauna, die an
diese Lebensbedingungen angepaßt ist,
geeignet. Eine Gehölzsukzession läßt
sich aber durch eine extensive Beweidung langfristig nicht aufhalten. Von Zeit
zu Zeit sind maschinelle Pflegeeinsätze
mit Mähwerken notwendig. Diese Folge-
pflege ist aber nicht so arbeits- und kostenaufwendig wie die Erstpflege. Der
neue Gehölzaufwuchs sollte rechtzeitig
abgeschnitten werden und möglichst
Kniehöhe nicht überschreiten, da dann
bei dichtem Aufwuchs eine Beweidung
schon erschwert wird und zusätzlich die
Magerrasenarten durch Beschattung verdrängt werden.

Arbeiten über Halbtrockenrasen liegen
aus vielen Gebieten Deutschlands vor. In
ihnen werden die Vegetation beschrie-
ben, Sukzessionen, Untersuchungen und
Vorschläge zur Pflege aufgezeigt: BÖHLE
& HALFMANN 1992, BÖTTCHER et al.
1992, BRIEMLE 1988, BRUELHEIDE 1991,
DIERSCHKE 1985, GANZERT et al. 1982,
GLAVAC 1983, GLAVAC & SCHLAGE 1978,
GLAVAC et al. 1979, GREGOR 1991, HA-
KES 1987, HAKES 1988, HESS & RITSCHEL-
KANDEL 1989, HOFMEISTER 1984, KERS-
BERG 1968, KNAPP & REICHHOFF 1975,
KOENIES et al. 1991, MATTERN et al. 1980,
MÖSELER 1989, MÜNZEL & SCHUMACHER
1991, RUNGE 1990b, SCHUMACHER 1977,
WILMANNS & MÜLLER 1976.

5.5.3 Dauergrünland frischer
   Standorte

5.5.3.1 Frischwiesen

Glatthafer-Wiesen *(Arrhenatherion
elatioris)*
Die Glatthafer-Wiesen gedeihen im
Flachland und in den Mittelgebirgen bis
zu einer Höhe von etwa 500 m auf nährstoffreichen, warmen, trockenen bis fri-

schen Böden. Sie zählen zu den ertragreichsten Wiesengesellschaften (90 dt
TM/ha) mit guten Futterqualitäten (Hydro Agri 1993) und erreichen in der Ausbildung der Wiesenfuchsschwanz-Wiese,
die auf sommertrockenen Überschwem-
mungsstandorten in den Stromtälern anzutreffen ist, höchste Wiesenerträge (100
bis 120 dt TM/ha bei 3 bis 5 Schnitten).
Die Glatthafer-Wiesen sind zwei- bis
dreischürige Wiesen, wobei die dritte
Nutzung auch durch Beweidung erfolgen
kann. Die Schnittermine liegen Ende
Mai/Anfang Juni und August/September.
Da die Heuwerbung mit einem hohen
Wetterrisiko verbunden ist, ging man in
den letzten Jahrzehnten zur Silagebere-
tung des Aufwuchses über. Weil aber eine bessere Futterqualität des Gärfutters
zu einem früheren Zeitpunkt als beim üblichen ersten Schnittzeitpunkt zur Heube-
reitung erzielt werden kann, wurden die
Glatthafer-Wiesen früher gemäht. Dadurch konnte sogar eine zusätzliche Nutzung je Jahr erfolgen, die aber, um einen
Ertragsabfall zu verhindern, eine verstärkte Düngung, vor allem mit Stickstoff, erforderlich machte. Diese intensive Nutzungsform der Glatthafer-Wiesen
veränderte ihre Bestandsstruktur in Richtung artenarme Weidelgras-Weiden. Typische Glatthafer-Wiesen sind durch diese intensive Nutzung vielerorts selten geworden. Auch eine Umwandlung in
Äcker hat ihre Zahl verringert.

In Nordrhein-Westfalen werden Be-
wirtschaftungsverträge für Glatthafer-
Wiesen im Rahmen des Mittelgebirgs-
programms abgeschlossen, die eine zweimalige Mahd (ab 1.07. oder 15.06., wenn
keine Vogelbruten zu berücksichtigen
sind, und ab 15.09.) vorschreiben und nur
eine PK-Düngung zulassen (MURL
1989b).

Bei der Bewirtschaftung der Glatthafer-Wiesen sollte man die verschiedenen
Typen der Gesellschaft berücksichtigen,
wobei hinsichtlich der standortbedingten
Feuchte drei Haupttypen unterschieden
werden können.
– Die **Typische Glatthafer**-Wiese gedeiht vor allem in den Tieflagen des

Tab. 23:   Zusammenhang zwischen Nutzungsanzahl, Bruttoertrag, N-Entzug, N-Nachlieferung und N-Bedarf (HYDRO-AGRI 1993):

Nutzungs-anzahl	Bruttoertrag dt TM/ha	Bruttoentzug N kg/ha	N-Nachlieferung kg/ha	N-Bedarf kg/ha
3	100	210	80	130
4	110	270	60	210
5	120	370	60	310

Die Stickstoffeinträge aus der Luft sind bei der Berechnung des Bedarfs nicht berücksichtigt.

Hügel- und Berglandes und ist auf Standorten anzutreffen, die weder durch Nässe noch durch Austrocknung gekennzeichnet sind (ackerfähige Standorte). Eine dreimalige Nutzung liefert 90 dt TM/ha bei einem Stickstoff-Bruttoentzug von 180 kg/ha. Bei einer Nachlieferung von 80 kg N/ha aus dem Boden ergibt sich ein Düngebedarf von 100 kg/ha. Wenn zusätzlich die Stickstoffeinträge aus der Luft berücksichtigt werden, die bei etwa 30 kg/ha und Jahr liegen, sind noch 70 kg N zum Ausgleich der Stickstofffentzüge notwendig. Je eine Mahd im Juni/Juli und August/September sowie eine Festmistdüngung war die ürsprüngliche Bewirtschaftung der Typischen Glatthafer-Wiese, die ihre Artenzusammensetzung und Erträge erhielten (BRIEMLE et al. 1991). Anstelle der traditionellen Mahd kann die Wiese auch durch einmaliges Mulchen Mitte Juni kostengünstig erhalten werden (BAKKER & DE VRIES 1985).

– In der **Frisch-feuchten Glatthafer-Wiese** (Fuchsschwanz- oder Kohldistel-Glatthafer-Wiese) tritt der Glatthafer *(Arrhenatherum elatius)* zurück, seine Stelle nimmt der auf diesen Standorten konkurrenzstärkere Wiesen-Fuchsschwanz *(Alopecurus pratensis)* ein. Diese Wiesenfuchsschwanz-Wiesen sind die ertragreichsten Typen. Sie lassen sich bei hoher Stickstoffdüngung drei- bis vier- u. U. sogar fünfmal im Jahr nutzen (s. Tab. 23). Eine dreimalige Nutzung mit einer Stickstoffdüngung von etwa 100 kg N/ha und Jahr, die den Austrag durch die Ernte ausgleicht, ist eine die-

sem Wiesentyp angepaßte Nutzung, die auch den dort vorkommenden Pflanzen- und Tierarten gerecht wird.

– Die **Berg-Glatthafer-Wiese** (Trockene Glatthafer-Wiese oder Salbei-Glatthafer-Wiese) ist der ertragärmste Typ der Glatthafer-Wiesen. Dieser Typ tritt in trockenen Mittelgebirgslagen und in Regenschattengebieten auf und gedeiht auf Standorten, die nicht vom Grundwasser beeinflußt sind. Hoher Artenreichtum und auffällige Blühaspekte kennzeichnen die Berg-Glatthafer-Wiesen. Bei einer Zwei-Schnitt-Nutzung und Stallmistdüngung liefert die Wiese 52 bis 69 dt Trockenmasse/ha (BRIEMLE et al. 1991). Bleibt die Nutzung aus, entwickeln sich die Salbei-Glatthafer-Wiesen zu Saumgesellschaften, die durch Streuanreicherung eine Artenverarmung erfahren. Ein ein- bis zweimaliges Mulchen läßt die Magerkeitszeiger zunehmen und fördert die Entwicklung in Richtung Halbtrockenrasen. Die Salbei-Glatthafer-Wiesen sind mit ihrem hohen Blütenangebot für blütenbesuchende Insekten von hoher Bedeutung. Eine mosaikartige Bewirtschaftung, die Streifen oder Parzellen von einer Nutzung jahrweise wechselnd ausschließt, kann zusätzlich die Habitate verbessern.

Goldhafer-Bergwiesen (Gebirgs-Fettwiesen, Gebirgs-Frischwiesen) *(Polygono-Trisetion)*

Die **Goldhafer-Bergwiesen** lösen in Höhenlagen etwa ab 500 m die Glatthafer-Wiesen ab. Je nach Standort lassen sich verschiedene Typen feststellen: Auf meist basenreichen Standorten der Mit-

telgebirge wächst die Typische Goldhafer-Wiese, auf sauren Standorten gedeiht
die Bärwurz-Goldhafer-Wiese und in den
bayrischen Alpen ist die Sterndolden-
Bergwiesc anzutreffen. Die Goldhafer-
Wiesen sind wertvolle Mähwiesen, die
schwachwüchsiger als Glatthafer-Wiesen
sind. Sie wurden früher ein- bis zweimal
geschnitten und mit Festmist gedüngt
(BRIEMLE et al. 1991). Bei extensiver Bewirtschaftung und seltener Düngung entwickeln sie sich in Richtung Borstgras-
Rasen. Trockene Standorte werden oft
von Rotem Straußgras *(Agrostis capillaris)* und dem Rot-Schwingel *(Festuca rubra)* anstelle des Goldhafers *(Trisetum
flavescens)* eingenommen. Bei ausrei-
chender Düngung sind Trockenmassener-
träge von 50 bis 70 dt TM/ha zu erzielen,
in ungedüngtem Zustand ungefähr 30 dt/ha.
Bei Zweischnittnutzung sollte die erste
Mahd im Juni, in höheren Lagen auch
später, und die zweite im September erfolgen. Bei den mageren Ausbildungen
mit Borstgras *(Nardus stricta)* genügt eine einschürige Mahd (WESTHUS et al.
1984). In Nordrhein-Westfalen wird eine
ein- bis zweimalige Mahd je nach Produktivität des Standortes (erster Schnitt
ab 1.07. /15.06. wenn keine Vogelbruten,
zweiter Schnitt ab 15.9.) vereinbart und
nur eine PK-Düngung bei Teilnahme
am Mittelgebirgsprogramm zugelassen
(MURL 1989 a). Bei Nutzungsaufgabe
kann ein einmaliges Mulchen im Juni (in
höheren Lagen später) den Artenbestand
der Goldhafer-Wiese erhalten. Eine zweimalige Mahd ohne Düngung führt zu einer Aushagerung und läßt auf basenreichen Standorten Kalkmagerrasen und auf
basenarmen Borstgras-Rasen entstehen
(BRIEMLE et al. 1991).

Frischweiden *(Cynosurion)*
Die **Weidelgras-Weißklee-Weide** *(Lo-
lio-Cynosuretum)* ist die häufigste Wirt-
schaftsweide des Tieflandes, des Hügel-
und niederen Berglandes. Sie kommt als
»Feuchte Fettweide« auf humosem an-
lehmigem Sand oder als »Magerweide«
auf mäßig trockenen sandigen Böden vor
(RUNGE 1990, POTT 1992). Diese natürli-

chen Standortunterschiede werden aber
durch hohe Bewirtschaftungsintensität
verwischt. Eine starke Düngung und ein
hoher Viehbesatz sind die beiden Faktoren, die das Artengefüge der Tieflandwei-
den bestimmen. Einerlei, ob es sich um
Sand-, Lehm- oder Torfboden handelt,
herrschen hier Weidelgras-Weißklee-
Weiden (ELLENBERG 1986). Sie sind von
ihrer nutzbaren Biomassenproduktion aus
gesehen die leistungsfähigsten Grünlandgesellschaften. Um diese Weiden extensiv zu bewirtschaften, wird eine Stickstoffdüngung unterlassen und eine Beweidungsdichte von z. B. max. zwei Tie-
ren/ha bis 1.7., danach max. drei Großvieheinheiten (GV)/ha festgelegt (NZN-
RW, Mittelgebirgsprogramm 1988) – auf
Flächen ohne Bruten von Rote-Liste-Vo-
gelarten können bereits ab 15.6. drei
GV/ha weiden. Aus Naturschutzsicht
kann eine Umwandlung in Wiesen sinnvoll sein. Auch hier unterbleibt eine
Stickstoffdüngung und nach einer Aushagerungsphase mit häufigerem Schnitt
wird eine zweimalige Mahd in Tieflagen
und eine ein- bis zweimalige Mahd in
höheren Lagen (etwa 400 bis 500 m)
durchgeführt. Dadurch können sich langfristig je nach Höhenlage Glatthafer- oder
Berg-Goldhafer-Wiesen entwickeln. Dies
setzt natürlich voraus, daß die Arten dieser Gesellschaften noch in Restbeständen
in der jeweiligen Landschaft vorhanden
sind.

In den Mittelgebirgen und im Bergland
gibt es Wirtschaftsweiden, die der Weidelgras-Weißklee-Weide ähneln, aber als
bestandsbildende Gräser vor allem aus
Kammgras *(Cynosurus cristatus)*, Horst-
Schwingel *(Festuca rubra ssp. commuta-
ta)*, Rotem Straußgras *(Agrostis capillaris)* und Wolligem Honiggras *(Holcus lanatus)* bestehen, während das Deutsche
Weidelgras *(Lolium perenne)* zurücktritt.
Sie werden nach ELLENBERG (1986) und
Runge (1990) als Rotschwingel-Weiß-
klee-Weiden = Rotschwingel-Rotstrauß-
gras-Weiden *(Festuco commutatae-Cy-
nosuretum = Alchemillo-Cynosuretum)*
bezeichnet und bilden sich bei relativer
Nährstoffarmut, kurzer Vegetationszeit

und niedrigen Durchschnittstemperaturen unter Beweidung aus.

Subalpine Milchkraut-Weiden *(Poion alpinae)*

In den Alpen befinden sich auf nährstoffreichen Böden oder im Bereich von Sennhütten, die reichlich mit Viehdung versorgt sind, Fettweiden. Sie werden wegen der zahlreichen Kräuter, die Milchsaft führen, auch Milchkraut-Weiden genannt. Das Alpen-Rispengras *(Poa alpina)*, namengebend für den wissenschaftlichen Gesellschaftsnamen, ist mit dem Alpen-Lieschgras *(Phleum rhaeticum)* vorherrschende Grasart. Die Milchkraut-Weiden sind die Fettweiden der Höhenlagen und ersetzen hier die Weidelgras-Weißklee-Weiden des Hügel- und Flachlandes. Sie sind wesentlich artenreicher als diese.

An den Lagerstätten und Melkplätzen des Viehs kommt es zu **Lägerfluren**, einer Pflanzengesellschaft, die den Hochstaudenfluren (ausdauernden Ruderalfluren, nitrophytischen, ruderalen Staudenfluren) zugeordnet wird. Anstelle von Gräsern und Kräutern der Almweiden nehmen hier hauptsächlich die stickstoffliebenden Stauden des Alpen-Ampfers *(Rumex alpinus)* mit ihren mastigen Blättern große Flächen ein. Weitere vom Vieh gemiedene Arten wie Guter Heinrich *(Chenopodium bonus-henricus)*, Weißer Germer *(Veratrum album)* und Eisenhutarten *(Aconitum spec.)* sind beigemischt. Lägerfluren können durch häufiges Mähen in ihrer Wuchskraft gehemmt werden (ELLENBERG 1986).

Mähweiden und Vielschnittweiden *(Taraxacum-Lolium-Gesellschaften)*

sind keiner Pflanzengesellschaft zuzuordnen. Sie stellen intensiv gedüngte und bewirtschaftete Grünlandtypen dar, die entweder beweidet und gemäht oder nur gemäht werden. Eine Aushagerung der stark gedüngten Mähweiden und Vielschnittwiesen kann nach einem längeren Zeitraum diese artenarmen Bestände in Gesellschaften umwandeln, die dem Bild von Glatthafer-Wiesen ähneln. Hierzu ist auf jede Düngung zu verzichten. Eine zwei- bis dreimalige Mahd pro Jahr in der ersten Junihälfte und Anfang August sowie gegebenenfalls im Oktober ist notwendig. Ein Brachfallen sollte wegen der möglichen Stickstoffauswaschung vermieden werden (BRIEMLE et al. 1991).

6 Eignung von Weidetieren für die Biotoppflege

Biotoppflege im Sinne einer **Pflegenutzung** ist in der Regel die geeignetste Maßnahme zur Erhaltung von Grünlandgesellschaften. **Tierart** und **Tierrasse** müssen dem Standort, den Aufwuchsverhältnissen und dem Pflegeziel angepaßt sein. Grundsätzlich sollte man versuchen, Pflegeflächen mit den Tierarten weiter zu nutzen, die auch in früheren Jahren die Nutzung der Flächen vornahmen. So kann am besten gewährleistet werden, daß die durch die alte Nutzung hervorgebrachten Pflanzen- und Tiergemeinschaften erhalten werden. Bei Magerrasen gibt es z. B. regional recht große Unterschiede in der Nutzung. In einigen Gebieten wurden sie nur von Rindern beweidet, in anderen Gegenden schon langzeitig mit Schafen und Ziegen, und zwar meist im Hutebetrieb. Deshalb sollte die Geschichte der Nutzung der Flächen bei allen Pflegeplanungen berücksichtigt werden.

Wenn die herkömmliche Nutzung nicht mehr durchführbar ist, kann alternativ eine andere Nutzungsform zur Erhaltung angewendet werden, eventuell in Kombination mit mechanischer Pflege; wobei aber das Ergebnis immer wieder kritisch mit dem Ziel der Pflege verglichen werden muß, um Anpassungen vornehmen zu können.

Die Mehrzahl der heute gehaltenen Haustiere entspricht nicht mehr denen, die vor 40 bis 100 Jahren in Deutschland gehalten wurden. Die im Tierzuchtgesetz genannten Zielvorstellungen förderten zum Beispiel bei Rindern die Selektion nach Leistungsmerkmalen wie Milchmenge, hohe Milchfett- und Milcheiweißprozente und bei fleischbetonten Rassen eine hohe tägliche Gewichtszunahme für eine möglichst günstige Handelsklasseneinstufung. Bei Schafen strebte die Zuchtwahl neben hohen Erträgen aus Fleich und/oder Milch noch gute Wollqualität und gute Zuchtleistung an. Die wirtschaftlich nicht direkt meßbaren Leistungsmerkmale wie Muttereigenschaft, Klimatoleranz, Gesundheit, Genügsamkeit, gute Futterverwertung, Eignung für bestimmte landschaftsbedingte Gegebenheiten (z. B. Steilhänge), allgemeine Fitneß und gute Marschfähigkeit wurden kaum berücksichtigt. Diese zuletzt genannten Merkmale sind jedoch Kennzeichen, die darüber entscheiden, ob eine Rasse für die Landschaftspflege auf Extensivgrünland geeignet ist.

Selbst bei Rassen, die als alte Rassen gelten, fand eine Züchtung nach schweren und leistungsfähigere Tieren statt, so daß eine Nutzung extensiver Grünlandtypen in alter Form niemals der tatsächlichen ursprünglichen Nutzung entspricht. Bei Grauen Gehörnten Heidschnucken erhöhte sich seit der Jahrundertwende bis heute das durchschnittliche Gewicht bei weiblichen Tieren von 25 kg auf 45 bis 50 kg und bei Böcken von 35 kg auf 60 bis 70 kg (SAMBRAUS 1989).

Viele alte Haustierrassen waren meist nur lokal verbreitet und an die geomorphologischen und klimatischen Bedingungen des Gebietes angepaßt. Die ehemalige Vielfalt der Rassen ging verloren, einige starben aus, andere sind heute nur noch in geringen und oft nicht mehr reinrassigen Beständen vorhanden.

Die Gesellschaft zur Erhaltung alter und gefährdeter Haustierrassen (GEH) bemüht sich, die noch vorhandenen Bestände zu erfassen und die Züchtung zu fördern (Naturschutzzentrum Hessen 1988, 1991; AMK Berlin 1991). Die Bedeutung der Erhaltung der alten Haustierrassen aus Gründen der Generhaltung wie auch aus kulturhistorischen und landschaftspflegerischen Erwägungen haben inzwischen auch mehrere Bundesländer erkannt, und es werden teilweise Zuschüsse für Haltung, Zucht und landschaftspflegerischen Einsatz gezahlt.

Die Eignung der verschiedenen Tierarten für eine extensive Grünlandnutzung muß aus zwei Gesichtspunkten betrachtet werden:

1. Hinsichtlich der Tierernährung ist zu prüfen, ob der Aufwuchs des Grünlandes als Nahrungsgrundlage geeignet ist.
2. Hinsichtlich des Naturschutzes ist zu prüfen, welche Biotoptypen für eine Beweidung mit einer bestimmten Tierart und -rasse geeignet sind und ob diese mit den Zielen des Biotop- und Artenschutzes vereinbar ist.

6.1 Schafe

Die folgenden Angaben zur Haltung von Schafen, Beschreibung der Rassen und ihre Einsatzmöglichkeiten sind folgender Literatur entnommen: AMK Berlin (1987), BEHRENS et al. (1983), GEH (1993), v. KORN (1992), SAMBRAUS (1989), Vereinigung Deutscher Landesschafzuchtverbände (1988) und WOIKE & ZIMMERMANN (1992).

Die Landbewirtschaftung mit Schafen hat in den vorausgegangenen Jahrhunderten besonders die Lebensräume geprägt, die nährstoffarme Standorte aufwiesen. Hierzu gehören Heiden, Moorheiden, Trockenrasen, Kalkhalbtrockenrasen, Borstgras-Rasen und Salzgrasland im Küstenbereich. Schafe waren am besten geeignet, die Aufwüchse der Magerrasen zu verwerten, konnten lange Wegstrecken gehen, um auch entfernte Flächen zu beweiden und waren auch im Winter leichter unterzubringen und zu ernähren als Rinder.

Durch die langzeitige Nutzungsgeschichte haben sich in den verschiedenen Regionen Schafrassen entwickelt, die sich an das jeweilige Klima und die vorrangig zur Verfügung stehenden Biotoptypen angepaßt haben. Bei der Landschaftspflege mit Schafen sollten deshalb möglichst die regional geeigneten typischen Schafrassen eingesetzt werden. Die alten Landschafrassen sind heute durch Zuchtwahl zu schwereren Typen gezüchtet worden, wobei sie jedoch meist immer noch anspruchsloser und genügsamer in bezug auf das Futter sind als die heute meist gehaltenen Fleischschafrassen oder Merinoschafe.

Landschafrassen

(Die Ziffer hinter den folgenden Schafrassen gibt die Kategorie der **Gefährdung** nach der Roten Liste der bedrohten Nutztierrassen an, die von der Gesellschaft zur Erhaltung alter und gefährdeter Haustierrassen e.V. betreut werden (GEH 1993). Es bedeutet: 1 = alarmierend, 2 = gefährdet, 3 = kritisch, 4 = bedenklich.)

Die Schnucken gehören zu den genügsamsten und verbißfreudigsten Landschafrassen. **Graue Gehörnte Heidschnucke** und **Weiße Gehörnte Heidschnucke** (2) sind in Sandheidegebieten bodenständig und werden dort vorwiegend für die Landschaftspflege eingesetzt. Sie können sich von den energiearmen und rohfaserreichen Aufwüchsen der Heiden ernähren. Neben den Gräsern und Kräutern werden Heidekraut (*Calluna vulgaris*) und aufkommende Gehölze von ihnen verbissen. Sie eignen sich gut zur Hütehaltung.

Die **Weiße Hornlose Heidschnucke** (3), auch **Moorschnucke** genannt, ist an die noch ärmeren Standorte der Moorheide angepaßt. Sie ist noch zierlicher als die anderen Schnuckenrassen. Der größte Bestand der Moorschnucken weidet nach Pflegekonzepten in der Diepholzer Moorniederung im Neustädter Moor. Die Moorschnucken gehörten zu einer vom Aussterben bedrohten Haustierrasse. 1986 wurde die letzte ortsansässige Herde vor der Auflösung bewahrt und gezielt zur Landschaftspflege eingesetzt. Heute ist die Herde auf über 1400 Tiere angewachsen, und kleinere Herden werden auch in anderen geeigneten Gebieten zur Pflege eingesetzt (TEERLING mdl.). Hauptnahrungspflanzen in den Moorheiden sind Pfeifengras *(Molinia caerulea)*, Scheidiges Wollgras *(Eriophorum vaginatum)*, Seggenarten *(Carex)*, Heidekraut *(Calluna vulgaris)* und aufkommende Gehölze wie z.B. Moor- und Hänge-Birke *(Betula pubescens, B. pendula)*, Zitter-Pappel *(Populus tremula)*, Gemeine Kiefer *(Pinus sylvestris)*, Faulbaum *(Frangula alnus)* und Brombeerarten *(Rubus spec.)*. Zur Aufstallungszeit im Winter können sie das Heu von ungedüngten Feuchtwiesen mit einem hohen Anteil an Seggen und Binsen aus den Randbereichen der Moore verwerten.

Die **Skudden** (2) sind eine ähnlich anspruchslose Rasse wie die Schnucken, die im Baltikum und den Masuren heimisch waren. In der Bundesrepublik Deutschland bestehen einzelne kleine Herden. Eine Förderung dieser kleinen bedrohten Landschafrasse ist zur Erhaltung einer breit gefächerten Genreserve und im Hinblick auf eine extensive Nutzung von Grenzertragsböden sinnvoll.

Im Emsland wurde das **Bentheimer Landschaf** (1) gezüchtet. Es ist schwerer und etwas anspruchsvoller als die Schnucken. Mageres Grünland und Moorheiden bieten ausreichend Nahrung. Ihr Bestand ist jedoch sehr gering.

Das **Rauhwollige Pommersche Landschaf** (1) ernährt sich von dem Aufwuchs ärmster Sand- und Moorböden sowie nasser Weiden. Sein ursprüngliches Verbreitungsgebiet ist Mecklenburg-Vorpommern und das ehemalige Ostpreußen. Ihre kleinen Restbestände sollten durch gezielte Zucht vermehrt werden, wie z. B. im Landschaftspflegehof Dishley südlich von Rostock.

Rhönschafe (4) und **Coburger Fuchsschafe** (4) wurden in den rauhen Mittelgebirgslagen gezüchtet. Sie eignen sich zur Beweidung von Borstgras-Rasen, Hochheiden, Kalkhalbtrockenrasen und

Rotschwingel-Rotstraußgras-Rasen. Beide sind gefährdete Haustierrassen und stehen nur in beschränktem Umfang für die Biotoppflege zur Verfügung.

Bergschafe sind eine Schafrasse, die an das rauhe Klima der Gebirgslandschaft angepaßt sind. Die Schafbeweidung im Gebirge oberhalb der Baumgrenze auf natürlichen Rasengesellschaften führt in den meisten Fällen zu einer Verarmung der Bestände und kann sehr leicht zur vollständigen Zerstörung der Grasnarbe und anschließender Erosion führen. Andererseits können viele durch Beweidung entstandene Weideflächen der Bergregion durch diese erhalten werden. Eine gleichmäßige, kurze Grasnarbe schützt die Hänge vor Erosion. Eine gezielte Weideführung, die sich ständig neu am Zustand der Vegetation ausrichtet, ist für die sachgerechte Beweidung notwendig. Trotzdem können auch bei geringen Besatzdichten Schäden entstehen, da die Schafe niemals die ganze Fläche gleichmäßig beweiden, sondern bestimmte Stellen bevorzugen und diese ohne Steuerung überbeweiden. (KÖSTLER & KROGOLL 1991).

Weitere in den Gebirgslagen oder Höhenlagen der Mittelgebirge – aber nur in geringen Beständen – vorhandene Landschafrassen sind **Braunes Bergschaf** (2), **Kärntner Brillenschaf** (1), **Steinschaf** (1) und **Waldschaf** (1).

Neben den alten Landschafrassen sind auch **Merino-**(Fleischwollschafe) und **Fleischschafe** für die Biotoppflege einsetzbar. Sie haben ein größeres Gewicht und höhere Ansprüche an die Futterqualität. Zeitweise können sie aber auch mit geringeren Qualitäten auskommen. Auf Extremstandorten sind sie nicht geeignet.

In Süddeutschland wird das **Merinolandschaf** sowohl in der Wanderschäferei als auch in der stationären Hütehaltung eingesetzt. Die Halbtrockenrasen der Schwäbischen Alb sind von ihnen traditionell beweidete Gebiete.

Als Gegenstück zu den Merinolandschafen werden im norddeutschen Raum **Schwarzköpfige Fleischschafe** gehalten. Sie eignen sich sowohl zur Hüte- als auch zur Koppelhaltung. In den Mittelgebirgen beweiden sie vielerorts die Weideflächen, die ehemals die Rhönschafe benutzten.

Das **Deutsche Weißköpfige Fleischschaf** ist an das rauhe Küstenklima gewöhnt. Es eignet sich zum Herdenbetrieb aber auch für die Koppel- und Einzelschafhaltung. Besonders die Deiche und das Deichvorland, wie auch der Geestrücken in Schleswig-Holstein und das Marschland, sind Gebiete, in denen diese Schafrasse zur Grünlandnutzung eingesetzt wird.

Anspruchsvollere Rassen in bezug auf die Nahrung sind **Merinofleischschaf, Merinolangwollschaf, Texelschaf, Suffolk, Blauköpfiges Fleischschaf, Leineschaf** (Zucht aus alten Leineschafen und Texelschafen) und **Charollais-Schaf.** Bei der Haltung auf Fettweiden bringen sie hohe Leistungen an Fleisch. Sie sind für die Koppelhaltung geeignet.

Milchschafe eignen sich nicht zur Hütehaltung. Da sie auf hohe Milchleistung gezüchtet sind, benötigen sie qualitativ hochwertiges (energiereiches) Futter. Milchschafe sind sehr fruchtbar;

Zwillingsgeburten sind die Regel, Drillinge häufig. Weibliche Milchschafe sind die schwersten hier gehaltenen Schafe (80 bis 100 kg). Als Einzeltiere oder in kleinen Gruppen wurden sie gern in der Nähe des Hauses gehalten, z.B. in Obstgärten. Durch die gestiegene Nachfrage nach Schafmilch und Schafmilchprodukten werden heute aber auch größere Herden gehalten. Milchschafe können den Aufwuchs von Fettweiden und -wiesen verwerten.

Die Aufteilung der Schafrassen in der Bundesrepublik Deutschland zeigt Tabelle 24.

Die besten Möglichkeiten, um gezielte Biotoppflege durchzuführen, hat ein Schäfer, der seine Herde hütet. Er kann durch seine Herdenführung intensive wie extensive Beweidungsintensitäten bewirken:
– durch ein enges Gehüt (die Schafe weiden hier sehr dicht nebeneinander) wird wenig selektiert und der Aufwuchs recht gleichmäßig verbissen;
– durch ein weites Gehüt wird nur ein Teil des Aufwuchses abgeerntet,

Tab. 24: Aufteilung der Schafrassen in der Bundesrepublik Deutschland, Gesamtbestand Dezember 1991: 2,52 Millionen Schafe (WOIKE & ZIMMERMANN 1992)

	alte	neue	gesamt
	Bundesländer		
Fleischwollschafe			
Merinolandschaf	36,5%	0,2%	20,2%
Merinofleischschaf	1,2%	40,8%	19,1%
Merinolangwollschaf	0,25%	44,2%	20,1%
Fleischschafe			
Schwarzköpfiges Fleischschaf	23,8%	1,3%	13,7%
Weißköpfiges Fleischschaf	5,3%	–	2,9%
Blauköpfiges Fleischschaf	0,4%	–	0,3%
Texelschaf	12,0%	<0,1%	6,6%
Milchschafe			
Ostfriesisches Milchschaf	1,9%	9,3%	5,2%
Landschafe			
Heidschnucke	2,2%	–	1,2%
Rhönschaf	0,8%	<0,1%	0,4%
Bergschaf	1,5%	–	0,8%
Kreuzungen	12,1%	3,7%	8,3%
Übrige Rassen	2,0%	0,4%	1,3%
Quelle: Jahresbericht der Vereinigung Deutscher Landesschafzuchtverbände 1991			

während der andere Teil unberührt bleibt und sich bis zur Samenreife entwickeln kann;

– durch ein Beweiden der Flächen in mehreren Hutegängen kann der Aufwuchs allmählich abgeerntet werden;

– durch eine Lenkung der Herde können auch nicht abgezäunte Bereiche von der Beweidung ausgespart werden;

– indem der Schäfer den Hunger der Tiere bei Beweidungsbeginn ausnutzt, kann er bewirken, daß die Schafe Pflanzenbestände abweiden und gegebenenfalls zurückdrängen, die bei den Schafen weniger beliebt sind.

Eine Übersicht über die Pflege der mit Schafen zu beweidenden Flächen gibt Tabelle 25.

Tab. 25: Pflege der mit Schafen zu beweidenden Flächen (WOIKE & ZIMMERMANN 1992)					
Biotop-Typ	**Haltungsform**	**Zeitpunkt und Dauer**	**Rasse**	**Einschränkung*)**	**Vorbereitende bzw. ergänzende Maßnahmen**
Verheidetes Moor	standortgebundene Hütehaltung; keine Koppelschafhaltung	bei günstigem Klima und Futterangebot ganzjährige, kleinräumig wechselnde Beweidung	weiße hornlose (Moor-)Schnucke; Bentheimer Landschaf	Hochmoor-Regenerationskomplexe sind ganzjährig zu schonen	Entbuschen Aug. bis März / Mahd Okt. bis März / ausnahmsweise kontr. Brennen Dez. bis Febr. bei Frost
Sandheide	standortgebundene Hütehaltung oder Wanderschäferei; keine Koppelschafhaltung	ganzjährige Beweidung turnusmäßiger Wechsel; besonders im Herbst und Winter Beweidung der Besenheide	graue gehörnte (Heid-)Schnucke; Bentheimer Landschaf (+ Ziegen)	Flächen mit neu aufkommender Calluna sind für ca. 3 Jahre zu schonen	Entbuschen Aug. bis März / Mahd Okt. bis März / ausnahmsweise kontr. Brennen Dez. bis Febr.
Wacholder-Heide	standortgebundene Hütehaltung oder Wanderschäferei; Koppelschafhaltung nur, sofern das Pflegeziel ausschließlich die Erhaltung des Wacholders ist	Frühjahrs- und Sommerweide	Schnucke oder andere Landschafrasse; Merinolandschaf (+ Ziegen)		Mahd Okt. bis März / Entbuschen der den Wacholder verdämmenden Gehölze Aug. bis März
Hoch- und Bergheide	Wanderschäferei oder standortgebundene Hütehaltung keine Koppelschafhaltung	Frühjahrs- und Sommerweide; besonders im Herbst Beweidung der Besenheide	Landschafrassen vor allem Berg-, Rhönschaf, Coburger Fuchsschaf (+ Ziegen)		Entbuschen Aug. bis März / Mahd Okt. bis März

Tab. 25: (Fortsetzung)   Pflege der mit Schafen zu beweidenden Flächen (WOIKE & ZIMMERMANN 1992)

Biotop-Typ	Haltungsform	Zeitpunkt und Dauer	Rasse	Einschränkung*)	Vorbereitende bzw. ergänzende Maßnahmen
Halbtrocken- und Trockenrasen (-weiden)	Wanderschäferei oder standortgebundene Hütehaltung; keine Koppelschafhaltung	Frühjahrs- und Sommerweide	Merinolandschaf und Landschafrassen (+ Ziegen)	je nach Schutzziel sind Teilparzellen mit gefährdeten verbiß- und trittempfindlichen Arten (z. B. Orchideen) z. B. in deren Blühphase nicht zu beweiden; Sukzessionsstadien (sog. »Mähder«-Stadien nicht oder nur im mehrjährigen Rotationsverfahren zu beweiden	Mahd je nach floristisch-vegetationskundlichem Schutzziel zwischen Juni und Oktober; bei verfilzten Flächen vor der Beweidung erforderlich Entbuschen Aug. bis März
Silbergras-Flur	standortgebundene Hütehaltung oder Wanderschäferei	Frühjahrs- und Sommerweide	alle Schafrassen		Entbuschen Aug. bis März
Wirtschaftsgrünland incl. Feuchtwiesen	Koppelschafhaltung, standortgebundene Hütehaltung oder Wanderschäferei	Frühjahrs- und Sommerweide	alle Schafrassen	Teilparzellen mit verbiß- und trittempfindlichen Arten (z. B. Orchideen) sind in deren Blühphase nicht zu beweiden	Mahd 1 bis 2mal jährlich Mitte Juni und September
Deiche und Dämme	standortgebundene Hütehaltung, Koppelschafhaltung	Beweidung in der Vegetationsperiode	alle Rassen, bevorzugt Fleischschaf		
Salzwiesen im Deichvorland	Koppelschafhaltung standortgebundene Hütehaltung	Beweidung in der Vegetationsperiode	Weißköpfiges Fleischschaf	Beweidung nur von max. 50 % der Fläche mit 1 bis 4 Schafen/ha	
Brachflächen	Wanderschäferei oder standortgebundene Hütehaltung; Koppelschafhaltung, sofern das Pflegeziel nur darin besteht die Flächen offen zu halten	Frühjahrs- und Sommerweide	alle Schafrassen, bevorzugt Landschafrassen der Region und Merinoschafe		Mahd in mehrjährigem Abstand ab Oktober Entbuschen Aug. bis März
Hanglagen im Alpenraum (Almen)	standortgebundene Hütehaltung und Wanderschäferei	Sommerweide auf den Almen	Bergschaf	hochgradig erosionsgefährdete Partien mit lockeren, steinigen Böden sind nicht zu beweiden	

*) Sollten gefährdete, bodenbrütende Vogelarten vorkommen, sind ihre Brutplätze während der Brutzeit nicht zu beweiden.

6.2 Ziegen

Schon seit der Steinzeit hält der Mensch in Europa Ziegen, die ihm Milch, Fleisch und Felle liefern. Die Bedeutung der Ziegenhaltung in Deutschland war in den letzten Jahrzehnten gering. Erst neuerdings wird wegen der gestiegenen Nachfrage nach Ziegenlammfleisch, Ziegenmilch und Ziegenmilchprodukten, aber auch aus Aspekten der Landschaftspflege der Ziegenbestand regional vergrößert. In Deutschland sind die Rassen Weiße Deutsche Edelziege und Bunte Deutsche Edelziege zahlenmäßig am stärksten vertreten. Thüringerwald-Ziege (1), Erzgebirgsziege (1), Schwarzwaldziege (4) und Frankenziege (4) sind nach der Gesellschaft zur Erhaltung alter und gefährdeter Haustierrassen e.V. (GEH) auf der Roten Liste der bedrohten Haustierrassen aufgeführt (Stand 1/93, Erläuterungen zum Gefährdungsgrad s. 6.1). Gehalten werden vereinzelt auch die Rassen Toggenburgerziege, Bunte Holländische Ziege und Burenziege, letztere ist eine Fleischziege (SAMBRAUS 1989).

Da Ziegen ein sehr breites Futterspektrum nutzen, sie als kleine geschickte Tiere auch steile und sogar felsige Hänge erklettern können und sich somit »aus dem letzten Winkel« Futter holen konnten, waren sie sehr geschätzt. Da sie in manchen Gebieten die Bodenvegetation ebenso wie den Baum- und Strauchbewuchs vernichteten und damit eine Abschwemmung des Bodens verursachten, wurde ihr Wirken als schädlich angesehen. Grund dafür waren aber letztlich ein zu hoher Besatz und eine ungeregelte Weide- oder Huteführung. So sind beispielsweise im Mittelmeerraum viele verkarstete Hänge auf eine Übernutzung des ehemaligen Waldes und eine Überbeweidung, vor allem durch Ziegen, zurückzuführen.

Bei der heutigen Ziegenhaltung werden zwei Nutzungsziele verfolgt: erstens vorrangig Milcherzeugung, zweitens Fleischerzeugung. Damit eine Milchziegenhaltung rentabel ist, muß eine Ziege eine hohe Milchleistung erbringen. Dies kann sie nur mit einer entsprechend intensiven Fütterung. Milchziegen werden deshalb entweder ganzjährig aufgestallt oder weiden auch auf Grünland. Sie werden mit frischem Grünfutter, Heu, Silage und Kraftfutter versorgt. Milchziegen können auch auf gering gedüngtem Grünland ernährt werden, dies wird aber dann entsprechend intensiv genutzt, um gute Futterqualitäten bereitzustellen (DOLUSCHITZ & ZEDDIS 1990). Das heißt es werden nur kleine Flächen zugeteilt, die intensiv abgeweidet werden. Danach erfolgt jeweils eine Ruhezeit für die Weidefläche, bis wieder ein neuer junger Aufwuchs nachgewachsen ist, der dann wieder abgefressen wird. Da die Ziegen täglich gemolken werden, dürfen aus betrieblichen Gründen die Wegezeiten nicht zu lang sein. Milchziegenhaltung wird deshalb vorwiegend im Nahbereich des Hofes stattfinden und die dort liegenden Grünlandflächen nutzen. Durch den höheren Energiebedarf und die geringere Möglichkeit des Einsatzes in entfernteren Gebieten ist eine Milchziegenherde für die gezielte Landschaftspflege weniger einsetzbar.

Geeignet für die Landschaftspflege sind **Fleischziegen**herden. Besonders verbuschte Magerrasen, die wieder geöffnet werden sollen, sind ein geeignetes Einsatzgebiet für Ziegen. Ziegen können bis zu 50 % ihres Nahrungsbedarfs mit Blättern, Rinde und Zweigen von Gehölzen decken. Sie verbeißen die Sträucher und Bäume bis in eine Höhe von 1,50 bis 1,80 m. Da sie mit den Vorderfüßen die Zweige herunterbiegen, können sie und die anderen Herdenmitglieder diese auch bei größerer Höhe bis in die Spitze verbeißen. Das Schälen (Abbeißen) der Rinde kann aber eine weitaus größere Bedeutung für die Reduzierung der Gehölze haben als der Verbiß der Blätter, Knospen und Jungtriebe. Viele Gehölze werden beim Schälen durch die Unterbrechung der Leitbahnen, die für den Nährstofftransport in den Pflanzen notwendig sind, schon nach einer intensiven Beweidung von Ziegen so geschädigt, daß sie absterben. Einige Gehölze schlagen dann aber aus dem verbliebenen Stammstück oder aus den Wurzelausläufern neu aus. Ziegen fressen sowohl Laub- als auch Nadelgehölze. Bei genügender Auswahlmöglichkeit werden aber einige bevorzugt gefressen, während andere erst dann angenommen werden, wenn die schmackhafteren schon abgeerntet sind. Zusätzlich spielen Jahreszeit, Nahrungsangebot, Besatzdichte und andere Faktoren bei der Intensität des Verbisses eine Rolle. Auch Wacholder *(Juniperus communis)* kann geschädigt und sogar zum Absterben gebracht werden. Die als Weideunkräuter von den Schafen meist verschmähten stacheligen und dornigen Pflanzen wie Kratzdisteln *(Cirsium* spec.*)* und Hauhechelarten *(Ononis* spec.*)* werden bis zum Boden abgefressen. Bei stacheligen oder dornigen Sträuchern wie Schwarzdorn *(Prunus spinosa)*, Weißdornarten *(Crataegus* spec.*)*, Brombeerearten *(Rubus* spec.*)* und Rosenarten *(Rosa* spec.*)* können Ziegen die Blätter und Triebe mit ihrem schmalen Maul und der geschickten Oberlippe ergreifen, ohne sich zu verletzen. Beobachtungen auf Halbtrockenrasen in Nordhessen zeigten, daß die Problemarten Schwarzdorn und Weißdorn, die hier in großen Mengen vorkommen, zwar gut entblättert und auch die Triebspitzen bis zu einer Stärke von drei Millimeter Astdurchmesser abgefressen werden, die Rinde aber meist nicht oder nur gering geschält wird. Erst der Einsatz der Ziegen über mehrere Jahre auf der gleichen Fläche kann auch die alten Gewächse weiter schwächen und letztlich vernichten. Eine jährlich wiederholte Ziegenbeweidung wird auf Dauer gehölzfreie Flächen schaffen. Da aber gleichzeitig auch eine intensive Beweidung der Gras-Krautschicht erfolgt, können hierdurch Arten verdrängt werden, die durch die Gehölzbeseitigung gefördert werden sollten. Deshalb ist es sinnvoll, daß Ziegenbeweidung und maschinelle Pflegeeinsätze einander ergänzen. Durch Ziegen bereits aufgelichtete Gehölzbestände lassen sich leichter abräumen als geschlossene Gebüschdickichte.

Die in Nordhessen praktizierte kurzzeitige intensive Beweidung gibt vielen Pflanzen und Lebewesen des Biotopkomplexes die Möglichkeit, sich wieder zu erholen. Eine extensive Dauerbeweidung wird dagegen durch die dann erfolgende Selektion besonders zu Lasten seltener und bedrohter Arten gehen. Mobile Elektrozäune ermöglichen eine zielgerichtete Beweidung, die auf bestimmte Flächen und Zeiträume begrenzt wird.

Um den Gehölzaufwuchs auf Schafhuten zu verringern, führen einige Schäfer einzelne Ziegen bei der Schafherde mit.

Umgekehrt können einer Ziegenherde einige Landschafe beigestellt werden. Bei ihrem Einsatz auf verbuschten und verzwenkten Kalkhalbtrockenrasen Nordhessens in mobilen Elektrokoppeln ergänzten sie sich gut: Während die Ziegen hauptsächlich die Gebüsche befraßen, beweideten die Schafe die Gras-Krautschicht und räumten auch die Fieder-Zwenke *(Brachyopodium pinnatum)* ab. Bei solchen Mischherden muß jedoch laufend kontrolliert werden, ob für beide Tierarten noch genügend Aufwuchs auf der Fläche ist, damit die Tiergesundheit nicht leidet. Da die Schafe mit ihrem Fell in dichten Dornenbeständen hängen bleiben können, ist eine tägliche Kontrolle notwendig, um Tierverluste zu vermeiden. Durch die nur kurze intensive Bestoßung der Flächen von fünf bis zehn Tagen kann der Befall mit Parasiten, wie dies bei Langzeitweiden beobachtet wurde (WILMANNS & MÜLLER 1977), ausgeschlossen werden. Ausführungen zum Verbiß von Gehölzen sind auch im Kapitel 5.1.1.6 nachzulesen.

Um die Landschaftspflege bis in den späten Herbst ausführen zu können, werden auch Burenziegen oder deren Kreuzungen mit deutschen Ziegenrassen gehalten. Diese haben ein dichteres Fell mit feinem Unterhaar und sind weniger witterungsempfindlich. Im Naturschutzgebiet Mittlere Elbe werden Versuche zur Landschaftspflege mit Ziegen durchgeführt, die in Schafherden mitgeführt werden (MATTHES 1993). Zu diesem Zweck wurden Burenziegen gekauft und Kashmir-

und Mohairziegenembryonen in Milchziegen als Empfänger eingeführt, um kostengünstig in kurzer Zeit einen Bestand an Ziegen zur Landschaftspflege verfügbar zu haben.

6.3 Rinder

Während früher die Rinder zur Milch- und Fleischgewinnung und als Arbeitsvieh gehalten wurden, änderten sich die Nutzungsziele mit zunehmender Technisierung der Landwirtschaft und Intensivierung des Anbaus. Hohe und hochwertige Milchleistung und/oder gute Mastfähigkeit verbunden mit qualitativ und quantitativ hohen Fleischerträgen rückten als Zuchtziele in den Mittelpunkt. Diese Zuchtziele gingen einher mit einer Gewichtszunahme der Tiere und höheren Ansprüchen an die Qualität des Futters. Die Mehrzahl der heute gehaltenen Rinder gehört zu den Hochleistungsrassen (SAMBRAUS 1989).

Die folgenden Angaben zur Mast von Rindern sind der Broschüre »Rindermast« (DAENICKE & ROHR 1992) entnommen. Zur Fleischproduktion werden in Deutschland vorwiegend die Zwei-Nutzungsrassen Fleckvieh und Gelbvieh gehalten.

Die **Mast weiblicher Rinder** (Färsen) ist wegen ihrer geringeren täglichen Gewichtszunahme mit Grundfutter, das auf ärmeren Standorten wächst, im Gegensatz zu Mastbullen, möglich. Dieses Grundfutter kann von den Tieren direkt auf der Weide aufgenommen werden oder als Heu oder Silage in der Aufstallungszeit über den Winter verabreicht werden. Eine Zugabe von Kraftfutter (Getreide und Sojaschrot) ist bei ausreichendem Angebot von Grundfutter von Weide- und Wiesenflächen nicht notwendig. Diese Haltung von Rindern ist für die Landschaftspflege neben der Mutterkuhhaltung die geeignetste.

Bei der **Weidemast von Färsen** werden die Herbstkälber nach viermonatiger Kälberaufzucht und zweimonatiger weiterer Stallhaltung mit Grundfutter und Kraftfutterzugaben auf ein Gewicht von etwa 160 kg gebracht und dann im Frühjahr auf die Weiden aufgetrieben. Nach sechsmonatiger Weidezeit, einer erneuten Aufstallung über Winter und einer weiteren Weideperiode sind sie im Alter von etwa 20 bis 22 Monaten schlachtreif.

Eine **Färsenmast mit Vornutzung**, d. h. vor der Endmast bringen die weiblichen Rinder ein Kalb, erfordert gehaltvolleres Futter als das auf Extensivgrünland aufwachsende. Die Jungrinder müssen deshalb während der ersten Weideperiode zusätzlich mit Kraftfutter versorgt werden, damit sie nach 13 bis 15 Monaten ein Gewicht von 320 bis 350 kg erreichen. Dann werden sie besamt oder von Bullen belegt und können in der folgenden Winteraufstallung mit gutem Grundfutter ernährt werden. Das Abkalben erfolgt im Juli/August auf der Weide. Die Kälber werden entweder sofort abgesetzt oder saugen noch drei Monate an der Mutter. Ob eine Zufütterung von Kraftfutter während der Säugezeit und dem Absetzen der Kälber notwendig ist, hängt vom Ernährungszustand des Muttertieres und von der Qualität des Grundfutters ab. Eine Färsenmast mit Vornutzung ist auf Extensivgrünland nur bedingt möglich, z.B. zu Zeiten intensiven Aufwuchses im Frühsommer, oder bei gleichzeitiger Nutzung von fetter Talweide und magerer Hangweide.

Eine rentable **Weidemast von Bullen** ist auf ertragsschwachem Extensivgrünland nicht möglich. Das Futteraufnahmevermögen der Masttiere reicht bei rohfaserreichem Wirtschaftsfutter nicht aus, um die für die maximale Tageszunahme notwendige Zufuhr von Energie sicherzustellen. Deshalb ist eine Kraftfutterzugabe notwendig, die aber nicht im Sinn einer extensiven Weidewirtschaft ist, da dies gleichzeitig einer indirekten Düngung gleichkommt. Die Weidemast von Bullen hat vor allem in den norddeutschen Küstengebieten mit einem hohen Anteil von Fettweiden Bedeutung. Auf den intensiv gedüngten Weiden, die als

Umtriebs- oder Intensiv-Standweiden genutzt werden, wächst genügend hochverdauliches, nährstoffreiches Futter mit geringen Rohfaseranteilen.

Eine **Weidemast mit Ochsen** (kastrierte männliche Rinder) kann nur mit der Bullenmast konkurrieren, wenn dem Betrieb genügend Flächen mit weniger wertvollem Aufwuchs zur Verfügung stehen. Ochsen können bei genügender Menge von energieärmeren Futtermitteln im Gegensatz zu Bullen noch ausreichende Fettablagerungen unter der Haut und in den Muskeln erreichen, was für eine gute Fleischqualität und höhere Verkaufserlöse erforderlich ist. Da die Zunahme auf der Weide um 10 bis 15 % niedriger ist als bei Stallhaltung, verlängert sich die Mastdauer um etwa drei Monate. Ochsen erreichen etwa nach der dritten Weideperiode ihr Endgewicht (DAENICKE & ROHR 1992). Wegen des hohen Gewichts (550 bis 580 kg) der Ochsen sind nur weidefeste Standorte für die Weidemast geeignet. Da Ochsen wesentlich träger sind als Bullen, verursachen sie geringere Trittschäden und sind einfacher zu halten.

Grünlandaufwüchse werden seit der Rinderhaltung für die Ernährung der **Kühe** eingesetzt und bilden auch heute noch die Basis. Milchbetonte Zweinutzungsrassen (Milch und Fleisch) sind: Deutsche Schwarzbunte, Deutsches Braunvieh und Deutsche Rotbunte. Traditionell wurden während der Weideperiode die Kühe auf die hofnahen Weiden getrieben und zum Melken in den Stall geholt. Später erfolgte das Melken mit Melkmaschinen, die an einen Traktor angeschlossen waren, auch auf der Weide, so daß die Kühe den gesamten Sommer auf den Weiden verbrachten, wobei sie nach Bedarf umgetrieben wurden. Um eine individuelle Fütterung mit Grund- und Kraftfutter, angepaßt an die Milchleistung des jeweiligen Tieres, durchführen zu können, werden vielerorts die Kühe das ganze Jahr über in Ställen (heute meist Laufställen) gehalten. Das Grundfutter wird aber weiterhin zu großen Teilen auf Wiesen und Mähweiden gewonnen und als frisch geschnittenes Gras, Heu oder Grassilage den Tieren dargeboten. Die heutigen Kühe, die hohe Milchleistungen erbringen sollen, können von Extensivgrünland allein nicht ernährt werden. Sie benötigen Fettweiden oder den Aufwuchs von Fettwiesen.

Die ehemals zahlreichen regionalen **Landrassen** wurden in den letzten Jahrzehnten zunehmend durch Hochlei-

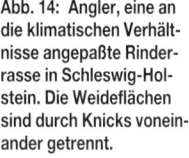

Abb. 14: Angler, eine an die klimatischen Verhältnisse angepaßte Rinderrasse in Schleswig-Holstein. Die Weideflächen sind durch Knicks voneinander getrennt.

stungsrassen verdrängt und gelten heute als gefährdete Haustierrassen. Zu einer extensiven Grünlandnutzung sind diese alten Rassen wegen ihrer Genügsamkeit, ihrer Robustheit, ihrer Zähigkeit, ihres geringeren Gewichts und ihrer Fähigkeit, sich auch in schwierigem Gelände geschickt zu bewegen, bestens geeignet. Eine Vermehrung der Restbestände sollte deshalb nicht nur wegen der Erhaltung der alten Kulturrassen und der Genreserven gefördert werden, sondern auch um die ertragsärmeren Grünlandflächen mit den regional angepaßten Rassen nutzen und erhalten zu können. Der jetzt relativ geringe Bestand kann die zur Biotoppflege anstehenden Flächen noch nicht bewältigen. Die alten Landrassen sind in der Tabelle 26 »Rinderrassen« mit ihrem Gefährdungsgrad (GEH Stand 1/1993) aufgeführt. Bei diesen Rassen ist eine Mutterkuhhaltung möglich, wurde aber nicht immer praktiziert, da nur ein Teil der Milch für die Kälber verwertet werden sollte.

Bei der **Ammenkuhhaltung** zieht die Kuh zusätzlich zu ihren eigenen auch noch fremde Kälber auf. Je nach Milchleistung kann sie vier bis sechs Kälber aufziehen, wobei die Kälber aber dann Kraftfutterzugaben benötigen (ALSING 1993). Für die extensive Grünlandnutzung sollte die Zahl der beigestellten Kälber nur so hoch sein, daß Kraftfutterzusätze nicht erforderlich sind und die Ernährung während der Weidezeit nur von den Weideflächen gedeckt wird. Die Ammenkuhhaltung ist arbeitsaufwendiger als die Mutterkuhhaltung, da die Aufnahme der fremden Kälber durch die Kuh vom Halter überwacht und gesteuert werden muß.

Einheimische Einnutzungsrassen (Fleischrassen) gibt es im deutschsprachigen Raum nicht (SAMBRAUS 1989). Außer dem Shorthorn, das schon im vorigen Jahrhundert eingeführt wurde, kamen die anderen **Fleischnutzungsrassen** erst in den letzten Jahrzehnten nach Deutschland. Die Fleischnutzungsrassen werden nicht gemolken. Sie werden in **Mutterkuhherden** gehalten, d.h. jede Kuh zieht

ihr eigenes Kalb allein auf. Die Säugezeit beträgt etwa zehn Monate. Die dabei produzierten Absetzkälber werden anschließend gemästet (AVERBECK 1990). Wenn die Abkalbezeit in den Winter gelegt wird, können die Kälber bereits bei Weideaustrieb im Frühjahr billiges Grundfutter von der Extensivweide verwerten. Weide- und Laufstallhaltung sind üblich. Bei Winterkalbung ist die Aufstallung notwendig. Die Haltung von Fleischrindern in Form der Mutterkuhhaltung ist für den Landwirt weniger arbeits- und kostenaufwendig als eine Milchkuhhaltung oder Kälberaufzucht und Rindermast. Die Mutterkuhhaltung kann, außer in den Wintermonaten, auf den Grünlandflächen erfolgen; aufwendige Stalleinrichtungen sind nicht notwendig; eine Zufütterung mit Kraftfutter ist bei genügend großem Grundfutterangebot nicht erforderlich. Wegen der guten Anpassungsfähigkeit an das Klima sowie guter Robustheit und Leichtkalbigkeit sind Tierarzt- und Behandlungskosten gering. Das Fleisch der Fleischrinderrassen ist wegen seines geringen Fettgehaltes und der guten Geschmackseigenschaften begehrt.

Eine gut geplante Weideführung, die die Aufwüchse der Flächen und die im Jahresverlauf unterschiedlichen Ansprüche der Tiere an Futtermenge und -qualität sowie die Futterwerbung für den Winter berücksichtigt, ist notwendig. Nach dem Bundesverband Deutscher Fleischrinderzüchter und -halter e.V. (1994) gilt die Mutterkuhhaltung als eine extensive Form der Rindfleischproduktion, bei der die Produktionsfaktoren Arbeit, Kapital und Boden extensiv genutzt werden. Insgesamt gibt es in Deutschland 28 **Fleischrinderrassen** bzw. Untergruppierungen von Rassen, die als Mutterkühe gehalten werden. Hauptrassen, gemessen an der Zahl der Herdbuchtiere, sind (Reihenfolge nach abnehmendem Anteil): Charolais, Galloway, Fleckvieh, Limousin, Angus, Highland, Hereford und Pinzgauer. Sie stellen 93% des Herdbuchbestandes dar. Im Dezember 1992 wurden 397 137 Mutterkühe gezählt.

Nach vorläufigen Ergebnissen vom Juni 1993 haben Mutterkühe einen Anteil von 7,7 % am Gesamtkuhbestand. Ihre Eignung für die Landschaftspflege ist nicht einheitlich zu bewerten. Sie ist abhängig vom Gewicht der Rasse (Limousintiere sind besonders schwer und treten die Narbe des feuchten Grünlandes leicht durch), von ihrem rasseeigenen Verhalten (z. B. Wildheit) und von ihrer Genügsamkeit und Klimaanpassung.

Als **Robustrassen** gelten Galloway und Highland. Sie sind am besten für eine extensive Haltung geeignet (DOLUSCHITZ & BAUR 1991). Die große Nachfrage nach Zuchttieren bewirkt augenblicklich hohe Investitionskosten für den Aufbau einer Herde. Eine ganzjährige Haltung im Freien ist möglich. Aus landschaftspflegerischen und betriebswirtschaftlichen Gründen sollte aber eine Beweidungs- und Betretungspause des Grünlandes im Winter eingehalten werden, damit die Grasnarbe geschont wird.

Die angebliche Zahmheit der Robustrassen Galloway und Highland ist nur bei laufender Betreuung (d. h. häufigem Aufsuchen und Beschäftigen mit der Herde) gewährleistet. Wenn die Tiere lange Zeit sich selbst überlassen bleiben, können sie durchaus verwildern, und jede Annäherung und auch tierärztliche Versorgung kann dann zum Problem werden.

Die Haltung von leichten Extensivrassen auf ehemals gemähtem Feuchtgrünland ist aus Gründen der Erhaltung von artenreichen und/oder typischen Feuchtbiotopen auf Dauer meist nicht sinnvoll. Die Tiere treten die Grasnarbe und den Boden in Nässeperioden durch, sie selektieren und begünstigen verschmähte Arten wie die Flatter-Binse *(Juncus effusus)*, während gegen Tritt und Verbiß empfindliche Arten verschwinden. Weiterhin bietet der weiche und feuchte, teils nasse Boden keine Möglichkeit, die Klauen der Tiere abzunutzen und bildet leicht den Keimboden für Klauenerkrankungen. Intensive Klauenpflege und -beobachtung sind beim Einsatz auf solchen Flächen für die Tiergesundheit besonders wichtig. Eine kurzzeitige Pflegenutzung von typischen feuchten Mähwiesenstandorten kann in Trockenperioden z. B. als Nachweide sinnvoll sein. Die beste Pflege für Feuchtgrünland, wie z. B. ehemalige Moorstandorte, ist die Nutzung als Wiese. Die Aufwüchse dieser Flächen eignen sich für die Winterfütterung von Extensiv- und Robustrassen.

Im Naturschutzgebiet »Ostufer der Müritz«, jetzt Nationalpark, in Mecklenburg-Vorpommern wurden seit 1969 Fjäll-Rinder eingesetzt. Sie sind ganzjährig im Freien und haben einen offenen Unterstand, den sie im Winter zur Fütterung aufsuchen. 25 Tiere beweiden hier eine Fläche von etwa 100 ha, die aus ehemaligen extensiv genutzten Koppelweiden (Feuchtweiden und trockene Wacholder-Heiden) bestehen. Durch ihren Einsatz konnte bis 1991 der artenreiche Pflanzenbestand erhalten werden. Im Winter stehen ihnen noch 300 ha Schilfweide zur Verfügung. Durch die Größe des Gebietes bleiben die für den Naturschutz wichtigen Brachestadien trotz Beweidung in genügender Menge erhalten, und kurzrasige Flächen, die für bestimmte Pflanzen und Tierarten notwendig sind, werden durch die Beweidung offen gehalten. Weitere Flächen werden gemäht, einige davon aber nicht jährlich. Zusätzlich zu den Fjällrindern weiden Gotlandschafe und Shetland-Ponys auf ehemals intensiver bewirtschafteten Weiden. Sie sollen eine Aushagerung der Weiden bewirken und den noch vorhandenen starken Queckenbewuchs reduzieren. (mdl. Mitteilung MARTIN 1991). Eine Übertragung der Erfahrungen bei der Nutzung und Pflege dieses Gebietes zur Pflege anderer Flächen ist wegen seiner Zusammensetzung aus verschiedenen Biotyppen und der großen Flächenausdehnung nicht ohne weiteres möglich.

In größere Weiden sind oft Feuchtstandorte eingestreut, die von den Weidetieren extensiv mit genutzt werden. Hierdurch haben sich teilweise artenreiche Pflanzengesellschaften mit bedrohten Arten ausgebildet. Eine Nutzungsänderung, wie Mahd oder Auszäunen, ist in solchen Fällen nicht sinnvoll.

Tab. 26:   Rinderrassen: Merkmale und Eigenschaften
Die Gewichtsangabe bezieht sich auf weibliche Rinder

Aberdeen Angus

Herkunfts-/Haltungsgebiet:	Großbritannien, kein zusammenhängendes Zuchtgebiet in BRD
Gewicht:	450 bis 550kg
Leistungsmerkmal:	Fleisch
Ansprüche an Klima u. Nahrung:	robust, anpassungsfähig, anspruchslos
Eignung für Biotoppflege:	auf Extensivweiden geeignet (mittl. Bewirtschaftungsintensität)
Haltungsform:	Mutterkuhhaltung, ganzjähr. im Freien möglich
Eigenschaften:	leichtkalbig, gutmütig, friedfertig, geringe Krankheitsanfälligkeit, genetisch hornlos

Angler

Gefährdungsstufe:	4 = bedenklich
Herkunfts-/Haltungsgebiet:	Angeln in Schleswig-Holstein
Gewicht:	550 bis 630kg
Leistungsmerkmal:	Milch (4,7% Fett, 3,5% Eiweiß) + Fleisch
Ansprüche an Klima u. Nahrung:	gute Anpassung an extremes Klima
Eignung für Biotoppflege:	geeignet; gute Marschfähigkeit, gute Klauen
Haltungsform:	Mutterkuhhaltung unüblich
Eigenschaften:	frühreif, gute Fruchtbarkeit, harte Klauen

Auerochsen-Rückzüchtung (Züchtungen, die Erscheinungsbild u. Merkmale
der ausgestorbenen Rasse widerspiegeln)

Herkunfts-/Haltungsgebiet:	Zool. Gärten, Tierparks, wenige Betriebe
Gewicht:	550kg
Leistungsmerkmal:	Fleisch
Ansprüche an Klima u. Nahrung:	robust, genügsam
Eignung für Biotoppflege:	in Bayern erprobt
Haltungsform:	Mutterkuhhaltung
Eigenschaften:	krankheitsresistent, friedlich, duldsam

Braunvieh

Herkunfts-/Haltungsgebiet:	Alpen, Voralpen, Allgäu
Gewicht:	600 bis 700kg
Leistungsmerkmal:	Milch (4% Fett, 3,7% Eiweiß) + Fleisch
Ansprüche an Klima u. Nahrung:	anpassungsfähig, robust
Eignung für Biotoppflege:	nur auf trittfesten Böden
Haltungsform:	kaum Mutterkuhhaltung, milchbetonte Zweinutzungsrasse
Eigenschaften:	langlebig

Charolais

Herkunfts-/Haltungsgebiet:	Frankreich, einzelne verstreut in BRD
Gewicht:	700 bis 950kg
Leistungsmerkmal:	Fleisch (gute Qualität)
Ansprüche an Klima u. Nahrung:	gute Futterauswertung
Eignung für Biotoppflege:	weniger; nur trittfeste Böden
Haltungsform:	Mutterkuhhaltung
Eigenschaften:	gute Mastleistung, langlebig

Deutsch-Angus

Herkunfts-/Haltungsgebiet:	BRD; kein zusammenhängendes Zuchtgebiet
Gewicht:	500 bis 700kg
Leistungsmerkmal:	Fleisch
Ansprüche an Klima u. Nahrung:	robust, anpassungsfähig
Eignung für die Biotoppflege:	geeignet bei mittlerer Intensität der Bewirtschaftung
Haltungsform:	Mutterkuhhaltung, ganzjähr. im Freien möglich
Eigenschaften:	leichtkalbig, gutartig, genetisch hornlos

Tab. 26: (Fortsetzung)   Rinderrassen: Merkmale und Eigenschaften
Die Gewichtsangabe bezieht sich auf weibliche Rinder

Deutsches Shorthorn (Milch-/Fleischzucht)

Gefährdungsstufe:	2 = gefährdet
Herkunfts- /Haltungsgebiet:	England; Eiderstedt (Schleswig-Holstein)
Gewicht:	500 bis 650 kg
Leistungsmerkmal:	Milch (3,6 % Fett, 3,3 % Eiweiß) + Fleisch
Ansprüche an Klima u. Nahrung:	anspruchslos, wetterfest
Eignug für Biotoppflege:	geeignet
Haltungsform:	Mutterkuhhaltung
Eigenarten:	leichtkalbig, gut mastfähig

Dexter

Herkunfts-/Haltungsgebiet:	Großbritannien; einzelne Herden in BRD
Gewicht:	300 bis 350 kg
Leistungsmerkmal:	Fleisch + Milch (4,3 % Fett)
Ansprüche an Klima u. Nahrung:	anspruchslos
Eignung für Biotoppflege:	geeignet
Haltungsform:	in Irland und Großbritannien zur Milchgewinnung, in Mitteleuropa Mutterkuhhaltung
Eigenschaften:	schlechtkalbig, langlebig

Fjäll-Rind

Herkunfts-/Haltungsgebiet:	Schweden; Brandenburg, Mecklenburg-Vorpommern (Müritzostufer)
Gewicht:	380 bis 420 kg
Leistungsmerkmal:	Milch (4,2 % Milch) + Fleisch
Ansprüche an Klima u. Nahrung:	angepaßt an rauhes Klima, genügsam
Eignung für Biotoppflege:	auf Magerstandorten geeignet, breite Klauen, deshalb auch Feuchtstandorte möglich
Haltungsform:	Mutterkuhhaltung
Eigenschaften:	fruchtbar, langlebig, gutmütig, genetisch hornlos

Fleckvieh (Simmentaler)

Herkunfts-/Haltungsgebiet:	Süddeutschland
Gewicht:	750 kg
Leistungsmerkmal:	Milch (4,0 % Fett, 3,4 % Eiweiß) + Fleisch
Ansprüche an Klima u. Nahrung:	angepaßt an Gebirgslagen
Eignung für Biotoppflege:	auf trittfesten Böden geeignet
Haltungsform:	Mutterkuhhaltung seltener (ALSING 1993)
Eigenschaften:	gut mastfähig

Frankenvieh (Gelbvieh)

Gefährdungsgrad:	4 = bedenklich
Herkunfts-/Haltungsgebiet:	Franken, Thüringen
Gewicht:	650 bis 800 kg
Leistungsmerkmal:	Milch (3,9 % Fett, 3,5 % Eiweiß) + Fleisch
Ansprüche an Klima u. Nahrung:	gute Futterauswertung
Eignung für die Biotoppflege:	weniger geeignet; nur trittfeste Böden
Haltungsform:	Mutterkuhhaltung seltener (ALSING 1993)
Eigenschaften:	gut mastfähig, leichtkalbig

Galloway und **Belted Galloway**

Herkunfts-/Haltungsgebiet:	Großbritannien (vor allem Schottland, Herden in BRD)
Gewicht:	400 bis 500 kg
Leistungsmerkmal:	Fleisch
Ansprüche an Klima u. Nahrung:	robust, anspruchslos
Eignung für Biotoppflege:	auf Extensivweiden gut geeignet
Haltungsform:	Mutterkuhhaltung, ganzjähr. im Freien möglich
Eigenschaften:	leichtkalbig, friedfertig, breite Klauen, genetisch hornlos

Tab. 26: (Fortsetzung) Rinderrassen: Merkmale und Eigenschaften
Die Gewichtsangabe bezieht sich auf weibliche Rinder

Glan-Rind

Gefährdungsgrad:	1 = alamierend (128 Tiere 1989)
Herkunfts-/Haltungsgebiet:	Rheinland-Pfalz, Saarland
Gewicht:	600 bis 700 kg
Leistungsmerkmal:	Arbeit, Milch (4 % Fett) + Fleisch
Ansprüche an Klima u. Nahrung:	anspruchslos, hohe Mittelgebirgslagen
Eignung für Biotoppflege:	sehr gut geeignet, harte Klauen
Haltungsform:	Mutterkuhhaltung nicht üblich
Eigenschaften:	mastfähig mit Grundfutter, ausdauernd

Hereford

Herkunfts-/Haltungsgebiet:	Westengland, vereinzelt in BRD (Schleswig-Holst.)
Gewicht:	500 bis 700 kg
Leistungsmerkmal:	Fleisch, hohe Tageszunahme
Ansprüche an Klima u. Nahrung:	anspruchslos, klimatolerant
Eignung für Biotoppflege:	nur für trittfeste Böden
Haltungsform:	Mutterkuhhaltung
Eigenschaften:	frühreif, leichtkalbig

Hinterwälder

Gefährdungsstufe:	2 = gefährdet
Herkunfts-/Haltungsgebiet:	höhere Lagen des Schwarzwaldes
Gewicht:	400 bis 450 kg
Leistungsmerkmal:	Milch (4,1 % Fett, 3,4 % Eiweiß) + Fleisch
Ansprüche an Klima u. Nahrung:	robust, anspruchslos, geringer Erhaltungsbedarf
Eignung für Biotoppflege:	sehr gut, auch steile Hanglagen, ertragsarme Böden
Haltungsform:	Mutterkuhhaltung möglich
Eigenschaften:	geringe Krankheitsanfälligkeit, langlebig, leichtkalbig

Jersey

Herkunfts-/Haltungsgebiet:	weit verbreitet, in BRD verteilt, Schwerpunkt Niedersachsen
Gewicht:	350 bis 400 kg
Leistungsmerkmal:	Milch (6,0 % Fett, 4,2 % Eiweiß)
Ansprüche an Klima u. Nahrung:	recht anspruchsvoll
Eignung für Biotoppflege:	geeignet
Haltungsform:	Mutterkuhhaltung nicht üblich
Eigenschaften:	leichtkalbig, langlebig

Limousin

Herkunfts-/Haltungsgebiet:	Frankreich, Norden u. Westen der BRD
Gewicht:	650 bis 800 kg
Leistungsmerkmal:	Milch (4 % Fett, 3,2 % Eiweiß) + Fleisch
Ansprüche an Klima u. Nahrung:	widerstandsfähig gegen Witterungseinflüsse
Eignung für Biotoppflege:	weniger geeignet; nur auf trittfesten Böden
Haltungsform:	Mutterkuhhaltung
Eigenschaften:	langlebig, fruchtbar

Limpurger

Gefährdungsstufe:	1 = alarmierend
Herkunfts-/Haltungsgebiet:	Baden-Württembg., Heuchlingen u. östl. Stuttgart
Gewicht:	550 bis 600 kg
Leistungsmerkmal:	Milch + Fleisch
Ansprüche an Klima u. Nahrung:	anspruchslos
Eignung für Biotoppflege:	harte Klauen, Hanglagen
Haltungsform:	Mutterkuhhaltung nicht üblich
Eigenschaften:	Mast mit Grundfutter möglich

Tab. 26: (Fortsetzung)   Rinderrassen: Merkmale und Eigenschaften
Die Gewichtsangabe bezieht sich auf weibliche Rinder

Murnau-Werdenfelser (Gelbvieh)
Gefährdungsstufe:	1 = alarmierend
Herkunfts-/Haltungsgebiet:	Oberbayern (Murnauer Moos, Werdenfelser Land, Mittenwald/Oberbayern)
Gewicht:	500 bis 600 kg
Leistungsmerkmal:	Milch (3,8 % Fett, 3,4 % Eiweiß) + Fleisch
Ansprüche an Klima u. Nahrung:	anpassungsfähig an rauhes Klima, genügsam
Eignung für Biotoppflege:	für Hanglagen geeignet (feste Gelenke, harte Klauen), auch Sumpf- u. Moorlandschaften
Haltungsform:	Mutterkuhhaltung möglich
Eigenschaften:	langlebig, fruchtbar, temperamentvoll

Original Braunvieh
Gefährdungsstufe:	3 = kritisch
Herkunfts-/Haltungsgebiet:	Alpen, Allgäu
Gewicht:	
Leistungsmerkmal:	Milch + Fleisch
Ansprüche an Klima u. Nahrung:	anpassungsfähig, anspruchslos
Eignung für Biotoppflege:	gut geeignet
Haltungsform:	Mutterkuhhaltung möglich
Eigenschaften:	vital, gesund, fruchtbar, langlebig

Original-Schwarzbunte
Gefährdungsstufe:	3 = kritisch
Herkunfts-/Haltungsgebiet:	Norddeutschland, neue Länder
Gewicht:	
Leistungsmerkmal:	Arbeit, Milch + Fleich
Ansprüche an Klima u. Nahrung:	genügsam
Eignung für die Biotoppflege:	gut; extensive Weidenutzung
Haltungsform:	Mutterkuhhaltung
Eigenschaften:	langlebig

Pinzgauer Rind
Gefährdungsstufe:	4 = bedenklich
Herkunfts-/Haltungsgebiet:	Bayern, Alpen
Gewicht:	600 bis 700 kg
Leistungsmerkmal:	Milch (3,8 % Fett, 3,5 % Eiweiß) + Fleisch
Ansprüche an Klima u. Nahrung:	anpassungsfähig, auch Gebirgslagen, sowohl trocken-, feuchte- u. kälteunempfindlich
Eignung für Biotoppflege:	gutes Beinwerk, harte Klauen
Haltungsform:	Mutterkuhhaltung
Eigenschaften:	friedfertig, leichtkalbig

Pustertaler Schecken
Herkunfts-/Haltungsgebiet:	Südtirol (Pustertal); wenige in BRD
Gewicht:	500 bis 600 kg
Leistung:	Milch + Fleisch
Ansprüche:	angepaßt an extremes Klima u. kärgliches Futter
Eignung für Biotoppflege:	gut für Magerweiden in Höhenlage
Haltungsform:	Mutterkuhhaltung möglich
Eigenschaften:	robust, anspruchslos

Tab. 26: (Fortsetzung)   Rinderrassen: Merkmale und Eigenschaften
Die Gewichtsangabe bezieht sich auf weibliche Rinder

Rotbunte

Herkunfts-/Haltungsgebiet:	Nord- u. Westdeutschland
Gewicht:	700 kg
Leistungsmerkmal:	Milch (4 % Fett, 3,5 % Eiweiß) + Fleisch
Ansprüche an Klima u. Nahrung:	anpassungsfähig
Eignung für Biotoppflege:	gute Futterverwerter auch auf ärmeren Standorten
Haltungsform:	milchbetonte Zweinutzungsrasse
Eigenschaften:	frühreif, leichtkalbig

Rotes Höhenvieh (Vogelsberger, Böhmerwälder, Mährisches, Waldecker, Siegerländer, Harzer, Odenwälder, Vogtländer)

Gefährdungsstufe:	1 = alarmierend, teils nur noch Kreuzungstiere
Herkunfts-/Haltungsgebiet:	jeweilige Landschaft (wie Name sagt)
Gewicht:	550 bis 600 kg (früher teils 250 bis 450 kg)
Leistungsmerkmal:	Milch (4,5 % Fett) + Fleisch, Arbeit
Ansprüche an Klima u. Nahrung:	robust, anspruchslos
Eignung für Biotoppflege:	für Extensivweiden geeignet, Mittelgebirgslagen
Haltungsform:	Mutterkuhhaltung nicht üblich
Eigenschaften:	

Salers

Herkunfts-/Haltungsgebiet:	Frankreich; in Deutschland ohne regionalen Schwerpunkt
Gewicht:	650 – 850 kg
Leistungsmerkmal:	fleischbetonte Zweinutzungsrasse, gut für Mutterkuhhaltung geeignet
Ansprüche an Klima und Nahrung:	robust und anspruchslos
Eignung für Biotoppflege:	geeignet bei mittlerer Intensität der Bewirtschaftung
Haltungsform:	Mutterkuhhaltung, mit Schutzhütte ganzjährige Weidehaltung möglich
Eigenschaften:	sehr gute Fruchtbarkeit, leichtkalbig, berggängig

Schottisches Hochlandrind (Highland)

Herkunfts-/Haltungsgebiet:	Schottland; einzelne Herden in BRD
Gewicht:	400 bis 580 kg
Leistungsmerkmal:	Fleisch
Ansprüche an Klima u. Nahrung:	wetterhart, anspruchslos
Eignung für Biotoppflege:	bedingt geeignet, hohe Zäune nötig
Haltungsform:	Mutterkuhhaltung, Ammenkuhhaltung
Eigenschaften:	langlebig, leichtkalbig, gutmütig wegen langer Hörner Unfallgefahr

Schwarzbunte

Herkunfts-/Haltungsgebiet:	Norddeutschland, neue Länder, Anrainerstaaten der Nordsee
Gewicht:	600 bis 700 kg
Leistungsmerkmal:	Milch (4 % Fett, 3,5 % Eiweiß) + Fleisch
Ansprüche an Klima u. Nahrung:	anpassungsfähig, hoher Energiebedarf
Eignung für Biotoppflege:	bedingt geeignet
Haltungsform:	Mutterkuhhaltung nicht üblich
Eigenschaften:	frühreif, gutmütig, harte Klauen

Tiroler Grauvieh

Herkunfts-/Haltungsgebiet:	Nord- u. Südtirol, Allgäu
Gewicht:	500 bis 550 kg
Leistungsmerkmal:	Milch (4 % Fett) + Fleisch
Ansprüche:	robust, genügsam
Eignung für Biotoppflege:	Gebirgslagen, auf Almen, harte Klauen
Haltungsform:	für Mutterkuhhaltung geeignet
Eigenschaften:	gute Futterauswertung, leichtkalbig

Tab. 26: (Fortsetzung)   Rinderrassen: Merkmale und Eigenschaften
Die Gewichtsangabe bezieht sich auf weibliche Rinder

Vorderwälder Rind

Gefährdungsstufe:	3 = kritisch
Herkunfts-/Haltungsgebiet:	mittlerer u. südlicher Schwarzwald
Gewicht:	550 bis 600 kg
Leistungsmerkmal:	Milch + Fleisch
Ansprüche an Klima u. Nahrung:	robust, genügsam
Eignung für Biotoppflege:	angepaßt an karge Bergweiden, nährstoffarmen Böden
Haltungsform:	Mutterkuhhaltung unüblich
Eigenschaften:	langlebig, bergtüchtig

Welsh Black

Herkunfts-/Haltungsgebiet:	Großbritannien, Norddeutschland
Gewicht:	600 bis 700 kg
Leistungsmerkmal:	Fleisch
Ansprüche an Klima u. Nahrung:	anspruchslos, krankheitsresistent
Eignung für Biotoppflege:	auf trittfesten Böden geeignet
Haltungsform:	Mutterkuhhaltung; bei Schutzhütte ganzjährige Freilandhaltung möglich
Eigenschaften:	spätreif, langlebig, ruhiges Temperament, hervorragende Fleischqualität

Quelle: SAMBRAUS 1989, AMK-Berlin 1987, GEH 1991, OEMICHEN & BAUSCHMANN 1991, LUTZ 1991, Bundesverband deutscher Fleischrinderzüchter- und -halter (Hrsg.) 1994, Gefährdungskategorien nach GEH 1993, siehe auch Kapitel 6.1.
Weitere hier nicht beschriebene Fleischrinderrassen, die nur eine geringe Verbreitung in Deutschland haben, sind: Blonde d'Aquitaine, Luing, Piemonteser, Uckermärker. Diese Tabelle wurde dankenswerterweise von Herrn Dr. SAMBRAUS ergänzt.

6.4   Pferde

Bei den Pferden hat sich durch das Ausrichten der Zucht auf spezielle Nutzungen eine große Rassenvielfalt herausgebildet.

Höhen von 40 bzw. 60 cm Stockmaß bis 170 cm und mehr sowie Gewichte von 12 kg (Falabella) bis über 1000 kg (Belgisches Kaltblut) deuten diese große Vielfalt an (SAMBRAUS 1989). Unterschiedlichste Ansprüche an die Ernährung, die von hohen Kraftfuttergaben bis zu Heu von Streuwiesen reichen, lebhaftes bis ruhiges Verhalten und unterschiedlichster Bewegungsdrang der einzelnen Rassen lassen den Schluß zu, daß nicht alle Rassen auf jedem Grünlandstandort gehalten werden können.

Es hängt von der Beanspruchung der Pferde ab, inwieweit Futter von extensiv bearbeitetem Grünland ihren Energiebedarf decken kann. Hochleistungstiere, die durch Arbeit oder Intensivsport einen hohen Energiebedarf haben, bekommen mit der Futterration, die sie auf Extensivgrünland aufnehmen können oder die auf diesen Flächen als Heu geworben wurde, nicht genügend Energie. Auch für milchgebende Stuten reicht die Fütterung mit energiearmem Futter nicht aus. Sie benötigen neben gutem, nicht zu früh geschnittenem Heu Kraftfutter.

Wenig beanspruchte Pferde wie die meisten Freizeitpferde vermögen ihren Nährstoffbedarf weitgehend aus rohfaserreichem, älterem Gras sowie daraus gewonnenem Heu, in begrenztem Umfang auch aus Silage, zu decken (PIOTROWSKI & PIRKELMANN 1990).

Ponys und Kleinpferde sind auf Grund ihrer Herkunft an die Bedingungen extensiver Standorte angepaßt. Sie benötigen strukturreiches Futter mit geringer Energiedichte zu einer gesunden Ernährung.

Eine Haltung auf Magerrasen, bei denen ihnen genügend Fläche zur Verfügung stehen muß, ist möglich.

Eine Ganzjahresweide von 200 Tieren der Rasse Dülmener wird auf 250 ha Fläche, die Wald, Moor und Heide einschließt, in Westfalen praktiziert (Herzog v. Croy'sche Verwaltung 1989 in PIOTROWSKI & PIRKELMANN 1990).

Tiere von Robustrassen können den überwiegenden Teil des Jahres auf hinreichend trockenen Weiden gehalten werden, oft ohne oder nur mit geringer Zufütterung am Ende der Vegetationszeit. Eine Haltung im Freien ist mit einem Unterstand auch über Winter möglich. Eine Winterbeweidung sollte aber zur Schonung der Grasnarbe nicht durchgeführt werden. Während dieser Zeit kann den Pferden ein Auslauf angrenzend an einen (Offen-)Stall oder einen Unterstand als Bewegungsfläche dienen.

Eine Weidenutzung allein durch Pferde ist über längere Zeit schwierig. Durch das tiefe Abbeißen der Pflanzen und den selektiven Fraß entstehen auf den Pferdeweiden stark überweidete und teils unberührte Bereiche, auf denen Kot und Urin abgegeben werden. Da die Pferde die von ihnen verursachten Geilstellen nicht mehr abweiden, wird das Gras an diesen Stellen überständig. Stickstoffliebende Arten wie die Gemeine Brennessel *(Urtica dioeca)* wandern ein und können sich zu großen Beständen ausbreiten. Ein Absammeln des Kots kann diese Wirkung verringern. Durch Nachmahd kann der Geilstellenanteil deutlich verringert werden. Die immer wieder kurz gefressenen Bereiche verlieren mit der Zeit ihre Regenerationsfähigkeit. Man spricht von Weidemüdigkeit.

Um eine gleichbleibende Weideleistung zu erreichen, ist regelmäßiger Nutzungswechsel notwendig (KLAPP 1971). Ein häufiger Wechsel der Koppel bzw. Unterkoppel sowie eine eingeschobene Rinderweide, welche die selektive Unterbeweidung ausgleicht, haben sich ebenso wie eine Mahd als günstig für die Erhaltung einer dauerhaften Grasnarbe erwiesen. Die Weide dient dem Pferd nicht nur als Futterfläche, sondern auch als Bewegungsraum. Deshalb ist eine Haltung auf trittempfindlichen Weiden nicht angebracht. Eine Mischherde aus Rindern, Mutterkühen, Schafen oder Pferden kann für eine ausgeglichene Beweidung der Fläche sorgen.

Ob eine Pflegenutzung von Biotopen mit bedrohten Arten durch Pferde dem Pflegeziel gerecht wird, muß von Fall zu Fall geprüft und zeitlich genau geplant werden. Veröffentlichungen über begleitende Untersuchungen von Beweidungen durch Pferde und ihre Auswirkungen auf den Artenbestand von Pflanzen und Tieren sind nicht bekannt.

Da Pferde gern Gehölze verbeißen, ist ein Schutzzaun um Gehölzgruppen und Einzelbäume, die erhalten bleiben sollen, notwendig. Selbst an alten Bäumen wird die Rinde, besonders auch an den Wurzelansätzen, verbissen. Dies führt zur Schädigung oder auch zum Absterben der Gehölze. Bäume auf Pferdeweiden werden gern als Ruheplätze oder Schattenspender von den Pferden aufgesucht. Eine Umstellung von langjährigen Rinderweiden mit landschaftsprägenden Solitärbäumen auf Nutzung mit Pferden hat nach eigenen Beobachtungen an den Gehölzen zu Verbißschäden geführt, die nicht mehr auswachsen und ein frühes Ende für die Bäume bedeuten (s. auch Kapitel 5.1.1.6).

Eine Pferdehaltung, ganz gleich, ob überwiegend im Stall oder auf der Weide, trägt durch den Bedarf an Weide- und Wiesenflächen zur Grünlanderhaltung bei. Pferde können Futter von Flächen, die Nutzungseinschränkungen durch Naturschutzauflagen haben, auch noch zu einem späteren Zeitpunkt nutzen, da sie rohfaserreiches Futter verwerten können.

6.5 Sonstige Haustiere

Alle anderen bisher noch nicht aufgeführten Haustiere haben heute bei der Nutzung des Grünlandes keine Bedeutung mehr. Ihre Haltung findet fast ausschließlich in Ställen statt oder beschränkt sich auf orts- oder hofnahe Kleinflächen. Eine zunehmende Nachfrage nach Produkten von Tieren, die im Freiland gehalten werden, kann hier jedoch in Zukunft Änderungen in der Haltungsform, Rassen- und Zuchtwahl sowie in der Nutzung von landwirtschaftlichen Flächen nach sich ziehen.

In früheren Jahrhunderten wurden **Schweine** wie Rinder, Schafe und Ziegen zur Nahrungssuche in die Wälder oder auch auf bestimmte Weiden getrieben. In Jahren mit guter Eichel- und Bucheckernproduktion wurden die Schweine hiermit im Herbst gemästet. Die damals gehaltenen Schweinerassen ähnelten in ihrem Typ noch weitgehend den Wildschweinen. Sie waren robust, anpassungsfähig an das Klima, gewöhnt an lange Wege und bezüglich Futter anspruchslos. Ihr Schlachtalter betrug um 1800 eineinhalb Jahre mit einem Schlachtgewicht von 50 kg (SAMBRAUS 1989). Durch Züchtung und Einkreuzung wurden zunächst bis nach dem 2. Weltkrieg schwere, fette Schweine gezüchtet, die vor allem mit wirtschaftseigenem Futter (besonders Kartoffeln) gemästet wurden. Anschließend setzte die Nachfrage nach magerem Fleisch ein, auf die sich die Züchtung umstellte. Diese neuen Züchtungen sind Hochleistungsrassen, die sehr streßempfindlich sind und hohe Ansprüche an die Futterzusammensetzung stellen. Nach SAMBRAUS (1987) zählen 99,2 % aller Herdbuchtiere in der Bundesrepublik zu vier Rassen dieses Typs (Deutsche Landrasse = Veredeltes Deutsches Landschwein, Piétrain, Deutsche Landrasse B = Belgische Landrasse und Deutsches Edelschwein = Deutsches Weißes Edelschwein). Ihre Haltung findet in Ställen statt. Weiden werden nur noch in unbedeutender Menge genutzt. Robustere Landrassen sind nur noch in kleinen Beständen vorhanden. Als bedrohte Rassen gelten: Sattelschwein, Buntes Deutsches Schwein (Bentheimer), Schwäbisch Hällisches Schwein (GEH 1/1993).

Schweine haben das Verhalten, den Aufwuchs auf den Weiden nicht nur abzufressen, sondern auch den Boden umzuwühlen, um nach freßbaren unterirdischen Pflanzenteilen sowie nach Würmern, Larven und Käfern zu suchen. Dieses Verhalten führt bei unkontrolliertem Weidegang in kurzer Zeit gemeinsam mit Kahlfraß und gemiedenen Geilstellen zur Zerstörung der Grasnarbe. Da Schweine nur Grünfutter mit niedrigem Rohfaseranteil verwerten können, benötigen sie stets junges saftreiches Futter. Eine hohe Besatzdichte mit kürzesten Freßzeiten – am besten zweimal täglich für zwei bis drei Stunden (nach KÖNEKAMP 1959, zit. in KLAPP 1971) – auf Rotationsweiden kann zu einer guten Ausnutzung des Aufwuchses und zur weitgehendsten Schonung der Grasnarbe beitragen. Die Besatzstärke kann rund 20 dt/ha betragen (Ruhr-Stickstoff AG 1988). Eine weitere Empfehlung des gleichen Autors ist, Schweineweiden im Laufe der Weideperiode öfter als Rinderweiden nachzumähen (Reinigungsschnitt), damit ein gleichmäßig junger Aufwuchs entsteht. Ein Wechsel der nutzenden Tierart, z. B. Rinder, sorgt für eine Erholung der Grasnarbe. Bei einer intensiven Schweinenutzung besteht der Pflanzenbestand einer Weide nur aus wenigen Arten – wie auch bei Portionsweiden von Kühen, die nur einen geringen Wert als Lebensraum für Pflanzen und Tiere haben.

Die **Gänse** eines Dorfes oder einer Stadt wurden früher in Herden zusammengefaßt und vom Gänsehirten morgens auf die sogenannten Gänsewiesen getrieben und abends wieder bei den Ställen der Besitzer abgeliefert. Diese Weiden lagen, wenn möglich, in Gewässernähe, an Bachläufen, Flüssen, Teichen oder Weihern. Die Bäche waren meist leicht angestaut, um den Gänsen die Möglichkeit zum Schwimmen zu geben. Durch eine hohe Besatzstärke entstanden sehr kurzrasige Vegetationstypen. Da Gänse beim Fressen das Grün der Pflanzen abrupfen, können sich auf den Gänseweiden nur Pflanzen halten, die fest im Boden wurzeln. Typische Pflanzen der Gänseweiden an überbeweideten Stellen sind Breit-Wegerich *(Plantago major)*,

Gänse-Fingerkraut *(Potentilla anserina)*, Knöterich *(Polygonum)* und Ampfer *(Rumex)*. Eine Haltung von großen Gänseherden auf Weiden wird aber kaum noch praktiziert.

Ein Versuch zu einer großflächigen Weidenutzung mit Gänsen wird auf einer Fläche von 65 ha in der Lewitz, einem Naturschutzgebiet südlich von Schwerin in Mecklenburg-Vorpommern, durchgeführt (MATTHES 1993). »Die Gänse weiden nach der siebenten Lebenswoche (erst dann kommen sie auf das Grünland) ausnahmslos Gras – ohne Kraftfutter zu erhalten. Es wird mit einer Weidefläche von 100 m² pro Gans gerechnet.« Eine vier- bis siebenwöchige Endmast, die nicht auf dem Grünland erfolgt, bringt die Gänse auf ihr angestrebtes Schlachtgewicht.

Kleine Gänseherden werden heute noch in den hofnahen Obstgärten oder Grasgärten gehalten und nutzen hier den Grasaufwuchs. Eine Freilandhaltung von anderem Geflügel wie Enten, Puten und Hühnern findet im Nahbereich der Siedlungen statt und hat keine Bedeutung für die Nutzung und Pflege größerer Teile der Landschaft.

6.6   Wildtierhaltung in Gehegen

Die Wildtierhaltung in Gehegen wird als eine Alternative zur Rindermast und Schafhaltung angesehen, bei der nur ein geringer Arbeitszeitaufwand notwendig ist. Da die gehaltenen Wildtiere wie Dam-, Rot-, Muffelwild, Auerochsen (»Rück«-Züchtung)[5], Bison und Lama zu ihrer Ernährung auch rohfaserreiche Aufwüchse verwerten können und teilweise auch benötigen, können sie auf ertragsarmem Grün- und Brachland gehalten werden. Das Ziel der Wildtierhaltung ist vorrangig die Fleischerzeugung.

Die **Damtierhaltung** steht bei der Wildtierhaltung an erster Stelle. Deshalb wird nachstehend auf sie eingegangen.

Die Errichtung, Erweiterung und der Betrieb von Damtiergehegen bedarf der Genehmigung der zuständigen Landesbehörden.

Je nach Grünlandqualität werden 8 bis 12 Alttiere mit ihren Kälbern auf einem Hektar Fläche gehalten. Moorige und nasse Standorte sind als Damtierweiden nicht geeignet. Damtiere können ganzjährig im Freien gehalten werden. In freier Wildbahn ist Damwild bis in Höhenlagen von etwa 500 bis 600 m über NN zu finden. Bei entsprechender Zufütterung im Winter ist die Haltung auch oberhalb von 600 m über NN möglich. Der Besatz sollte aber unbedingt an die Futtergrundlage des Standortes angepaßt werden (DOLUSCHITZ & ZEDDIES 1990).

Für sichere Gehege ist eine Einzäunung (Knotengeflecht) mit einer Höhe von 1,50 bis 1,70 m und einem zusätzlichen Spanndraht darüber notwendig. Zur Fütterung und Betreuung der Tiere wird ein Unterstand und/oder Behandlungsraum im Gehege betrieblich für günstig angesehen. Futterstellen (Raufen und Krippen) zur Winterfütterung oder Zufütterung sind notwendig, ebenso eine ganzjährig funktionierende Wasserversorgung. Eine Einteilung in mehrere Koppeln zur Trennung der Herde (z. B. Alt- und Jungtiere) ist sinnvoll (ZÄHRES 1990).

In Nordrhein-Westfalen wird von der Landesanstalt für Ökologie, Landwirtschaft und Forsten (LÖLF) durch BAUER (1992) darauf hingewiesen, daß Damwildgehege eine erhebliche und nachhaltige Beeinträchtigung in Natur und Landschaft darstellen:

– Die ganzjährige Beweidung führt zu Nitratbelastung im Boden bzw. des Grundwassers. Durch Zufütterung wird dem Boden zusätzlich Stickstoff zugeführt. Über Auswaschung gelangt diese

---

[5] Die Auerochsen, Vorfahren der Rinder, sind ausgestorben. Durch Kreuzung verschiedener Hausrinderrassen hat man in den 20er Jahren Tiere mit dem Erscheinungsbild früherer Auerochsen (Ure) züchten können (SAMBRAUS 1989).

N-Menge in tiefere Bodenschichten oder in das Grundwasser (ERNST 1991).

– Ein Damtiereinzelgehege muß je nach Standort eine Größe von zwei bis drei Hektar aufweisen, um 30 bis 36 Alttiere, ein männliches Tier und die Kälber unterbringen zu können. Gehege dieser Größe mit ihrer hohen Einzäunung stellen für freilebendes Wild eine erhebliche Beeinträchtigung dar.

– In Hanglagen und bei ungünstiger Witterung kann eine Vegetationsdecke die Belastungen durch Tritt und Verbiß ganzjährig kaum verkraften; die Gefahr von Narbenschäden und Erosion ist gegeben.

– Die baulichen Einrichtungen (hoher Zaun, Unterstand, Behandlungsraum, Krippen, Raufen) werden in der Kulturlandschaft als befremdend angesehen.

– Der Verbiß von Sträuchern und Bäumen ist in Gehegen kaum zu vermeiden.

– Damtiergehege werden oft auf typischen Grünlandstandorten oder in Waldbereichen angelegt, deren bisherige Nutzung ökologisch wertvolle Lebensräume geschaffen hatte.

Einige Punkte ließen sich durch gezielte Maßnahmen entschärfen, z. B. Eingrünung der Gehege, Schutz der Gehölze im Gehege, höhere Koppelzahl zum Umtrieb; dies würde aber die Betriebskosten erhöhen und letztlich die Haltung kaum rentabel gestalten. Die Landschaftsbeeinträchtigung durch die Gehege wäre allerdings hierdurch nur geringfügig zu vermindern.

Eine Bewirtschaftung von Grünland mit Damtieren ist aus der Sicht des Biotop- und Artenschutzes negativ zu beurteilen, da durch die ganzjährige Beweidung und den tiefen Verbiß eine relativ artenarme, wenig strukturierte Weidevegetation entsteht.

7 Betriebliche Voraussetzungen und Auswirkungen bei extensiver Grünlandnutzung

7.1 Auswirkungen von Naturschutzauflagen

Landwirtschaftliche Betriebe werden zunehmend mit Auflagen des Naturschutzes und der Landschaftspflege konfrontiert. In Naturschutzgebieten sind sie durch Rechtsverordnungen und Pflegepläne vorgegeben, und bei Naturschutzprogrammen werden einschränkende Maßnahmen auf freiwilliger Basis festgelegt; die Art der Auflagen kann aber gleich sein. Von den landwirtschaftlichen Nutzflächen haben die Grünlandflächen im weiteren Sinne die größte Bedeutung für den Arten- und Biotopschutz, da hier die meisten bedrohten Arten und Pflanzengesellschaften nachgewiesen wurden.

Die sehr vielseitigen Auflagen in den verschiedenen Biotoptypen des Grünlandes beziehen sich auf fünf Bewirtschaftungsaktivitäten (MÄHRLEIN 1993):

1. Düngung
2. Pflanzenschutzmitteleinsatz
3. Wasserregulierung
4. Flächennutzung
5. Bodenbearbeitung

Für die Bewirtschaftungsaktivitäten werden räumliche und zeitliche Auflagen festgelegt oder spezielle Vorgaben über Art und Umfang der Maßnahmen definiert. Die Bandbreite der Einschränkungen reicht von der geringsten Auflage, bei der lediglich die bisherige Nutzung als »Grünland« ohne weitere Einschränkung beibehalten wird, was meist in Landschaftsschutzgebieten der Fall ist, bis zu besonderen restriktiven Beschränkungen aus Gründen des Arten- und Biotopschutzes, die eine landwirtschaftliche Nutzung kaum noch ermöglichen und deren Bewirtschaftung mehr als Biotoppflege anzusehen ist.

Die Auflagen dienen der Erhaltung oder aber der Wiederherherstellung wertvoller Lebensräume. Sie sind häufig mit einem Ertrags- oder Qualitätsverlust und hierdurch auch mit einem finanziellen Verlust verbunden. Die naturwissenschaftliche und ökonomische Bewertung orientiert sich an regionalen und standörtlichen Gegebenheiten und der Naturausstattung einerseits sowie der betrieblichen Situation andererseits.

Über die Beurteilung der Auflagen hinsichtlich ihrer finanziellen Auswirkungen auf den landwirtschaftlichen Betrieb gibt es nach MÄHRLEIN (1993) entsprechend dem bisherigen Stand der Untersuchungen Aussagen zu Massenertrags- und Qualitätsverlusten nur bei Auflagen zur Schnittnutzung und zur Düngung. Vergleichbare Untersuchungen zur Ermittlung von Verlusten durch Auflagen zur Beweidung, zur Graslandpflege und zur Wasserregulierung (Vernässung) sind bisher noch nicht verfügbar, da ihre langzeitigen Wirkungen erst in Ansätzen erkennbar und bewertbar sind. Berechnungen werden aber auf der Basis bisheriger Erfahrungen und Erhebungen durchgeführt. Die Regelung der Düngung und Flächennutzung durch Mahd und Beweidung sind am häufigsten Gegenstand von Naturschutzauflagen.

1. Auflagen zur Düngung

Beim Düngungsverbot kann das Naturschutzziel darin bestehen, bisher ungedüngte Flächen weiterhin ohne Düngung zu nutzen (z.B. Ödland oder Streuwiesen), gedüngte Flächen auf das Nährstoffniveau der fünfziger Jahre zurückzuführen und damit den Intensivierungsprozeß wieder umzukehren oder die Düngung hinsichtlich Nährstoffart zu begrenzen (z.B. nur Phosphor und Kali und kein Stickstoff), die Menge je Nährstoffart zu begrenzen (z.B. Reinstickstoff nur bis 60 kg N/ha und Jahr) oder die Art des Düngemittels vorzuschreiben (z.B. nur Stallmist); auch zeitliche Begrenzungen sind üblich (s. Kapitel 5.1.4).

2. Auflagen zum Pflanzenschutz

Der Einsatz von Pflanzenschutzmitteln ist in neueren Schutzgebietsverordnungen und Naturschutzprogrammen in der Regel untersagt.

3. Auflagen zur Wasserregulierung

Bei den Auflagen gibt es folgende Vorgaben:
- das Verbot von Entwässerungsmaßnahmen in einem Gebiet ohne Entwässerungseinrichtungen;
- das Verbot, eine bestehende Entwässerung auszubauen oder zu unterhalten;
- das Verbot der Gewässerunterhaltung innerhalb bestimmter Zeiträume oder das Gebot sie auf eine bestimmte Art und Weise durchzuführen;
- das Gebot der Wiedervernässung durch Rückbau vorhandener Entwässerungseinrichtungen, Zuführung von Wasser oder Anlage von Wasserflächen.

Für den Naturschutz sind die Vernässung, die Wasserstandsanhebung oder die zeitweise Bewässerung von größter Bedeutung. Die Wasserregulierungsmaßnahmen beeinträchtigen die Nutzungsmöglichkeit für einen landwirtschaftlichen Betrieb mehr als alle anderen Naturschutzauflagen.

4. Auflagen zur Flächennutzung

Bei der Flächennutzung als Grünland kann als geringste Auflage das Verbot der Umwandlung von Grünland in Ackerland bestehen. Vielfach wird das Verbot mit »**Umbruchverbot**« definiert, und es kann Unklarheit darin bestehen, ob ein »Pflegeumbruch« mit sofortiger Einsaat von Grünland möglich ist; dies wird auch als »Maßnahme zur Narbenpflege« bezeichnet. Narbenverbesserungen können aber auch ohne Umbruch durch Nachsaaten geschädigter oder lückiger Narben erfolgen. Das Verbot der »Grünlandumwandlung« beinhaltet das Verbot der Überführung von Grünland in dauerhafte Ackernutzung.

In Naturschutzgebieten oder bei Naturschutzprogrammen wird gelegentlich eine Ackerberasung vorgegeben, ohne Einzelheiten zu definieren. Die Folge kann sein, daß Einsaaten von nur einer Grasart oder sehr artenarmen Gras(-Klee)-Gemischen vorgenommen werden, die für ein- oder mehrjährige Nutzungen im Rahmen des Futterbaues oder für eine Ackerbegrünung als »Saatgrünland« betriebswirtschaftlich von Bedeutung sein können. Diese sehr geringen Auflagen des »Umbruchverbotes« oder des Gebotes der »Umwandlung von Ackerland in Grünland« sind in der Regel keine Festlegungen im Sinne des Arten- und Biotopschutzes, können aber für den Umweltschutz von Bedeutung sein.

Eine weitere Auflage kann die Verpflichtung zur Nutzung als Dauergrünland (Kapitel 5.1) sein.

5. Auflagen zur Bodenbearbeitung

Die Bodenbearbeitung umfaßt die Bodenmelioration, Maßnahmen der Narbenerneuerung und -verbesserung, das Walzen und Abschleppen sowie Veränderung des Bodenreliefs. In Pflege- und Bewirtschaftungsverträgen kann das Abschleppen und Walzen auf Flächen mit Wiesenvogelbruten zeitlich und/ oder räumlich eingeschränkt werden.

7.2 Auswirkungen von Extensivierungen auf die Grünlanderträge

Grünlandextensivierung mit dem Ziel der Extensivierung zur Marktentlastung, aus ökologischen Gründen oder zur Landschaftspflege wird in den meisten Fällen eine Verringerung der Erträge gegenüber intensiver Nutzung nach sich ziehen. Das bedeutet betriebswirtschaftlich, daß weniger Tiere als vorher von der gleichen Fläche ernährt werden können. Die Extensivierungs- und Landschaftspflegemaßnahmen verändern meist zusätzlich auch die Zusammensetzung des Aufwuchses, die Energie- und Mineralstoffgehalte, die Verdaulichkeit, die Schmackhaftigkeit und die Konservierungseigenschaften der geernteten Aufwüchse.

Bei der Extensivierung der Grünlandnutzung geht es zum einen um eine geringere Nutzungsintensität und zum anderen um eine Reduzierung der Düngung. Beide Maßnahmen können nicht unabhängig voneinander betrachtet werden. Hohe Düngergaben (vor allem viel Stickstoff) bewirken einen sich schnell entwickelnden, dichten Aufwuchs. Diese dichten Grasbestände dürfen nicht zu hoch werden, da sonst durch Selbstbeschattung die unteren Blätter absterben und eine Qualitätsminderung eintritt. Gleichzeitig nimmt die Energiekonzentration mit zunehmendem Alter ab. Ein früher Nutzungstermin ist für die Ausnutzung der zugeführten Nährstoffe also zwingend. Der erste Nutzungstermin liegt vor Beginn der Blüte. Da bei einer intensiven Grünlandwirtschaft der Dünger während der Wachstumszeit in mehreren Gaben verabreicht wird, können im Jahresverlauf mehrere Aufwüchse geerntet werden. Die dem Boden zugeführten Nährstoffe werden aber nicht alle im gleichen Jahr aufgebraucht, sondern können sich in vielen Böden anreichern. Wenn nach einer intensiven Grünlandnutzung auf eine extensive Nutzung umgestellt wird und die Düngung reduziert oder ganz weggelassen wird, verfügt der Boden noch über so viel Nährstoffe, daß er für einige Jahre den auf der Fläche befindlichen Pflanzenbestand weiter versorgen kann. Der Aufwuchs wird also zunächst weiterhin schnellwüchsig und dicht sein und muß frühzeitig und entsprechend häufig abgeerntet werden. Eine Reduzierung der Nutzungshäufigkeit sollte erst dann erfolgen, wenn die überhöhten Nährstoffreserven des Bodens abgeschöpft worden sind und eine geringere Grünmasse aufwächst. Die Zeitspanne, in der ein Boden zu seiner natürlichen Standortproduktivität zurückentwickelt werden kann, ist sehr unterschiedlich.

7.2.1 Möglichkeiten und Grenzen der Aushagerung

In Baden-Würtemberg wurden in 16-jährigen Versuchsreihen die Auswirkungen auf den Ertrag bei Einstellung der Düngung auf verschiedenen Grünlandstandorten untersucht (SCHIEFER 1984). Das Versuchsergebnis veranschaulicht Abbildung 15 »Ertragsentwicklung auf nicht mehr gedüngtem Grünland«.

Auf Böden mit ziemlich großer Nährstoffversorgung blieb der Ertrag im Laufe der Jahre, von witterungsbedingten Schwankungen abgesehen, gleich (Gruppe I). Die Standorte waren wegen der optimalen Bedingungen – geeignete Bodenfeuchte, relativ hohe natürliche Nährkraft und günstige Wärmeverhältnisse – nicht aushagerbar. Eine zweite Gruppe von Grünlandgesellschaften zeigte nur geringe Ertragsrückgänge auf 88%. Auffallend war, daß der Ertrag erst nach neun Jahren zurückging; es hier also zu einer verzögerten Aushagerung kam. Eine dritte Gruppe, die im Ausgangsjahr hohe Erträge lieferte, ging auf das Ertragsniveau (66%) von Magerrasen zurück. Die Aushagerung verlief schnell. Flächen der Gruppe IV, die schon bei Versuchsbeginn ertragsarme Magerrasen waren, zeigten bei unterlassener Düngung einen Rückgang auf 90% des Ausgangsertrages. Andere Magerrasen mit extremem Standort-

Abb. 15: Ertragsentwicklung bei nicht mehr gedüngtem Grünland, zwei- bis dreischürig (Briemle 1986 nach Angaben bei Schiefer 1984; zit. in Elsässer 1993).

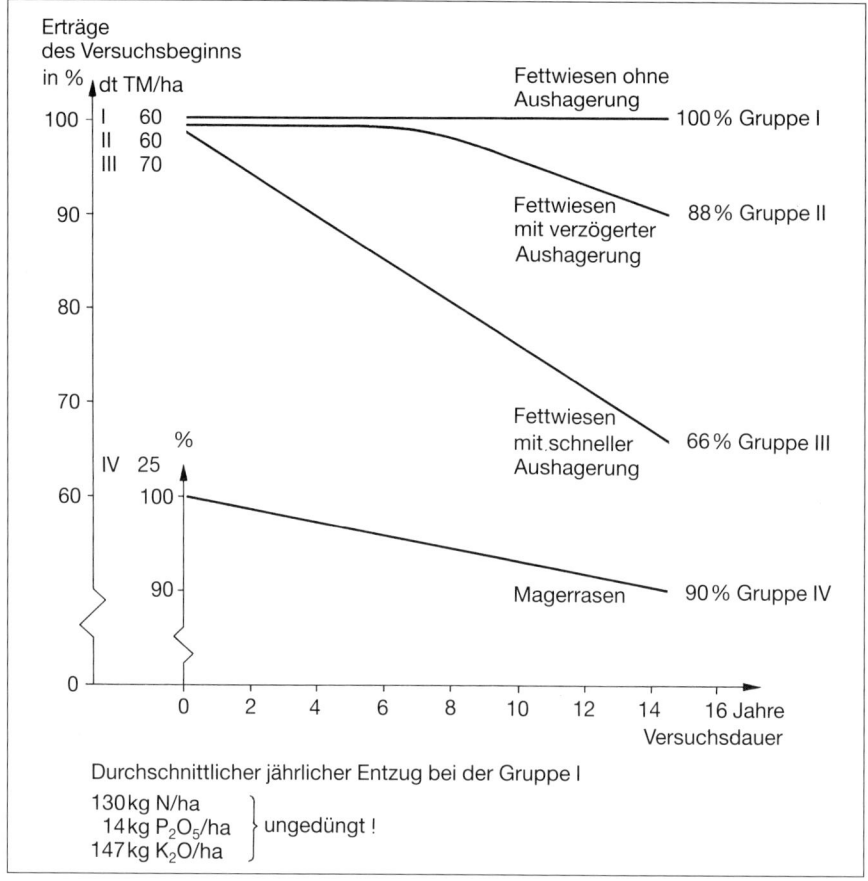

bedingungen (extreme Trockenheit, nährstoffarmer Boden) blieben auf ihrem niedrigen Niveau.

Zu den nicht aushagerbaren Böden mit Grünlandvegetation gehören

– die natürlichen Anreicherungsböden, bei denen Nährstoffe durch Sickerwasser, Hangwasser, Grundwasser oder Überschwemmungen zugeführt werden,
– Böden mit hoher natürlicher Wuchskraft und Nachlieferung von Nährstoffen wie Parabraunerden und Braunerden,
– Böden der Typen Pelosole und Pseudogleie, die durch Melioration verbessert wurden, und entwässerte Anmoore, bei denen die Humuszersetzung laufend Nährstoffe freisetzt. (Briemle et al. 1991).

Ein hoher Anteil von Leguminosen im Grünlandbestand kann bei Aussetzen der Düngung einen Ertragsabfall fast verhindern (s. Abb. 16).

Besonders Weiden können durch den Weiß-Klee (Trifolium repens) hohe energiereiche Erträge liefern. Da Weiß-Klee sehr lichtbedürftig ist, ist eine angemessen hohe Nutzungsfrequenz, die für kurzrasige Bestände sorgt, notwendig.

Bei der Planung von Extensivierungen lassen sich jeweils Ausgangsfaktoren und angestrebte und/oder zu erwartende Faktoren in bezug auf Pflanzenbestand, N-Zahl, Biomasseproduktion und Pflegeregime gegenüberstellen und ihre Beziehungen zueinander darstellen (s. Tab. 27).

Bei der Renaturierung von gedüngten Streuwiesen auf Nieder- und Hochmoorböden zu Pfeifengras-Wiesen und Klein-

Tab. 27: Standortverhältnisse und Pflegebedarf von Grünland unter Berücksichtigung der N-Zahl Ellenbergs. Entwurf: G. BRIEMLE (1988) in Anlehnung an Angaben bei BÖCKER et al. (1983), zit. in ELSÄSSER (1993)

Ökologische Feuchte des Standorts	Derzeitiger Pflanzenbestand	Derzeitige N-Zahl*) (=allgemeine Nährstoffverfügbarkeit)	Zu erwartende Biomassenproduktion (dt TM/ha · J)	Vorläufiges Pflegeregime (zur Aushagerung)	Angestrebte N-Zahl	Zu erwartende Biomassenproduktion (dt TM/ha · J)	Angestrebtes Pflegeregime	Angestrebte Pflanzengesellschaft, je nach Naturraum und Standort
trocken bis mäßig frisch	Aufgedingte Magerwiese Knaulgras-reiche Glatthafer- und Goldhafer-Wiese 2schürig	3,0 bis 4,5	40 – 70	Jährlich 1 bis 2mal Mähen mit Abräumen	2,4 – 3,0	< 30	Extensive Schafbeweidung oder alle 2 bis 3 Jahre 1mal Mähen oder Mulchen im Hochsommer oder Herbst	Trespen-Trockenrasen Bodensaurer Trockenrasen Trespen-Halbtrockenrasen Hochmontane Borstgras-Matte Borstgras-Heide der Tieflagen Silbergras-Flur
frisch bis mäßig feucht	3- bis 5mal genutzte Mähweide bzw. Vielschnittwiese Weidelgras-, Wiesenschwingel- und Lieschgras-reicher Grünlandbestand	4,8 bis 6,5	80 bis 110	Jährlich 2- bis 3mal Mähen mit Abräumen	3,5 – 4,8	50 – 70	Jährlich 2mal Mähen mit Abräumen bzw. Beweiden 1. Nutzung nicht vor Mitte Juni	Tal-Glatthafer-Wiese Berg-Glatthafer-Wiese Rispengras-Goldhafer-Wiese Gebirgs-Goldhafer-Wiese Storchschnabel-Goldhafer-Wiese Mager-Fettweide
feucht bis naß	Entwässerte Feucht- und Naßwiese Rispen- und Fuchsschwanz-reiche Glatthafer- und Goldhafer-Wiese 2- bis 3schürig	4,6 bis 6,0	50 – 80	Jährlich 1- bis 2mal Mähen mit Abräumen Wiedervernässen	2,6 – 4,6	< 40	Alle 2 bis 3 Jahre 1mal Mähen mit Abräumen im Hochsommer oder Herbst	Dotterblumen-Wiese Pfeifengras-Wiese Kalkflachmoor Braunseggen-Sumpf Mesotrophes Zwischenmoor Großseggen-Ried

*) Stickstoffzahl (N-Zahl) von Gefäßpflanzen nach ELLENBERG (1979), deren Bestandsmittelwert anhand einer genauen Vegetationsaufnahme errechnet wird.

Abb. 16: Düngungsstrate-
gie, Standorteinfluß und
Kompensationswirkung
von Weiß-Klee *(Trifolium
repens)* auf den Ertrag von
Dauergrünland (Mittel von
9 Standorten, 1983 – 1985,
DYCKMANS; zit. in ZIMMER
1990).

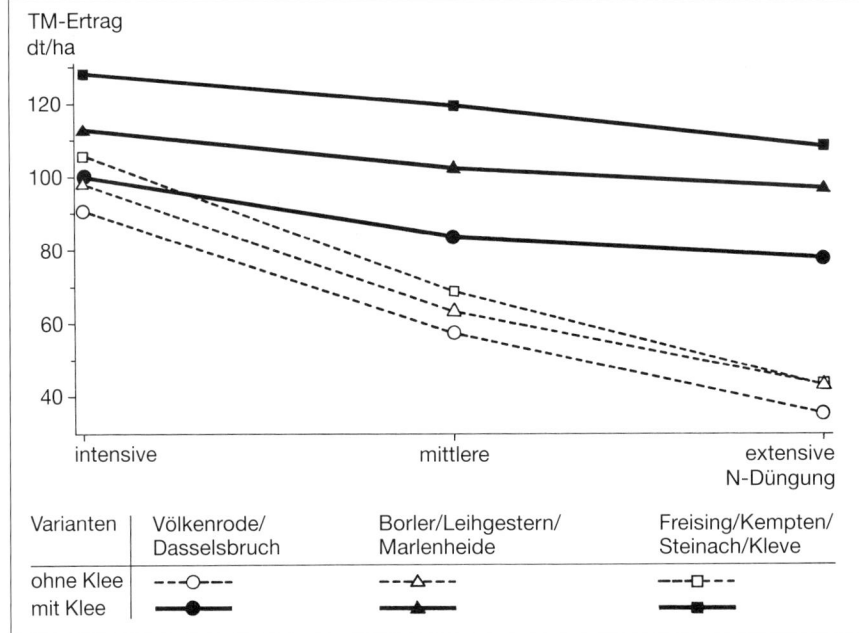

Abb. 16: Düngungsstrategie, Standorteinfluß und Kompensationswirkung von Weiß-Klee *(Trifolium repens)* auf den Ertrag von Dauergrünland (Mittel von 9 Standorten, 1983 – 1985, DYCKMANS; zit. in ZIMMER 1990).

seggen-Rieden erwies sich, daß Kalium der ertragsbegrenzende Faktor war. Da Kalium relativ leicht ausgewaschen werden kann, ist es möglich, die Aushagerung durch Aufrechterhalten des meist vorhandenen Entwässerungssystems zu unterstützen. Erst nach der Aushagerung sollte mit eventuell vorgesehenen Wiedervernässungen begonnen werden (KAPFER 1987/1988).

Die Umwandlung von Steifseggen-Rieden *(Caricion elatae)* und Dotterblumen-Wiesen *(Calthion)* in die Ausgangsgesellschaften Zwischenmoor-Seggen-Rasen *(Caricion lasiocarpae)*, Braunseggen-Sümpfe *(Caricion nigrae)* und Kleinseggen-Wiesen *(Caricion davallianae)* oder Pfeifengras-Wiesen *(Molinion)* werden wegen des erforderlichen hohen Nährstoffaustrags als kaum realisierbar angesehen (KÖLBEL et al. 1990).

7.2.2 Auswirkungen von Eingriffen in den Wasserhaushalt

Viele Grünlandstandorte wurden durch Eingriffe in den Wasserhaushalt ertrag-

reicher gemacht. Stau- und sickernasse Böden wurden durch Drainage oder Abflußgräben entwässert, andere durch Grundwasserabsenkung verändert. Hierdurch änderte sich oft gleichzeitig die Verfügbarkeit der Bodennährstoffe. Die Bestandsanpassungen an die neuen Bedingungen spiegeln sich in den Erträgen und der Nutzbarkeit wider. Wenn nun im Zuge von Extensivierungen oder aus Gründen des Naturschutzes eine Rückentwicklung in den Ausgangszustand angestrebt wird, ist dies mit einer allmählichen Wiedervernässung und Anpassung der Nutzung teilweise möglich. Um die Entwicklungstendenzen abschätzen zu können, ist die Kenntnis von Verwandtschaftsbeziehungen zwischen den Pflanzengesellschaften nützlich (s. Abb. 17).

Bei **Wiedervernässung** des Bodens einer jetzt bestehenden Pflanzengesellschaft tendiert diese zu der benachbarten, verwandten Pflanzengesellschaft im feuchten Bereich, wobei auch die Bodenreaktion berücksichtigt werden muß. Voraussetzung für das Gelingen einer Rückverwandlung ist aber, daß der ursprüngliche Boden noch vorhanden und nicht zerstört ist. Ein Boden, der z.B. durch Tiefpflügen mit anderen Bodenschichten vermischt wurde (wie z.B. Torf mit Sand), kann niemals wieder seine Ausgangsgesellschaft tragen. Moorböden, die entwässert wurden und bei denen eine Mineralisation des obersten Torfkörpers (Moorvererdung) stattgefunden hat oder dieser aufgezehrt wurde, können in absehbarer Zeit nicht wieder in den Ausgangszustand zurückentwickelt werden.

Die **Wiedervernässung** von Grünlandflächen verursacht meist eine eingeschränkte Nutzungsmöglichkeit: Die Befahrbarkeit der Flächen nimmt ab, die Tragfähigkeit der Grasnarbe und des Bodens läßt eine Beweidung nicht mehr zu allen üblichen Jahreszeiten zu, die Artenzusammensetzung kann durch die Anteile von wertlosen oder giftigen Pflanzenarten zu minderwertigem Futter führen. Da Pflanzenbestände auf Feuchtstandorten im Frühjahr eine verzögerte Entwicklung haben, sind sie erst später nutzbar. Eine dem Standort angepaßte Feuchtwiesengesellschaft kann andererseits z.B. Überschwemmungen in Auen ohne Schäden überstehen und überdauert auch längerfristige Überstauungen im Winter, während Grünlandeinsaaten bei längerer Überstauung meist absterben.

7.2.3 Auswirkungen von verspätetem Schnitt auf die Futterqualität

Bei verschiedenen Verträgen zur Grünlandnutzung werden aus Artenschutzgründen Auflagen erlassen, die den Zeitpunkt der ersten Nutzung betreffen. Eine verspätete Nutzung des Aufwuchses bewirkt einen erhöhten Rohfaseranteil, Verdaulichkeit und Energiedichte sinken.

Die Verwertbarkeit solcher verspätet geernteter Aufwüchse ist eingeschränkt. Meist ist dieses Futter nicht zur Gärfutterbereitung (Silage) geeignet. Bei älterem Futter leidet die Gärfähigkeit wegen mangelnder Verfügbarkeit von Zucker; außerdem ist es wegen des höheren Ligningehaltes weniger gut zu verdichten (BRIEMLE et al. 1991). Eine Nutzung als

Heu ist möglich. Bei der Trocknung können sich Schwierigkeiten durch dickstengelige, schlechter trocknende Pflanzen ergeben. Der Verwertung als Rauhfutter sind Grenzen gesetzt. Die **Verdaulichkeit** und Energiekonzentration reichen trotz genügend angebotener Futtermenge oft nicht aus, so daß eine Zufütterung von energiereicherem Futter notwendig ist.

Bei der Weidenutzung kann eine relativ geringe Verspätung um acht bis zehn Tage über die Weidereife hinaus schon zu einem stark selektiven Fraß der Tiere führen, bei dem der Pflanzenertrag nur schlecht ausgenutzt wird und hohe Weidereste übrigbleiben. Sie müssen nachgemäht werden. Tiere mit hohem Nährstoffanspruch wie Hochleistungskühe werden von Flächen mit überständigem Futter nicht satt. Geeignet für die Nutzung sind Jungrinder, Mutterkuhherden von Extensivrassen, Schafe und anspruchslose Pferderassen.

Bei der Hütehaltung von Schafen nimmt die Herde rohfaserreiches Futter am Vormittag und energiereiches am Nachmittag auf. Zur Winterfütterung von Moorschnucken wird rohfaserreiches Heu von ungedüngten Feucht- und Naßwiesen verwendet (TEERLING mdl.).

Da bei verspätetem Schnitt der Anteil von Kräutern im Laufe der Jahre zunimmt, bewirkt dies, daß die Inhaltsstoffe des Heus wie z.B. Kalk und die Spurenelemente Magnesium und Mangan in höheren Anteilen vorhanden sind als bei Heu von Intensivgrünland (NEUSCHULZ 1992). Wenn eine Verwertung im eigenen Betrieb nicht möglich ist, bietet sich eine Vermarktung des kräuterreichen Heus für Pferde, Kleintiere und zoologische Gärten an.

Bei der Stall- oder Winterfütterung ist es sinnvoll, energiearmes, aber rohfaserreiches Futter von extensiv genutztem Grünland mit Futter hoher Energiedichte, z.B. aus dem Feldfutterbau wie Silomais, Futterrüben und/oder Kraftfutter, zu kombinieren. Bei der Futterumstellung von der Winterfütterung auf den Weide-

Abb. 17: Beziehungen zwi-
schen Pflanzengesell-
schaften des Grünlandes
im Wirkungsbereich von
Feuchte und Reaktion
(nach KLAPP 1965 & KNAUER
1990, verändert).

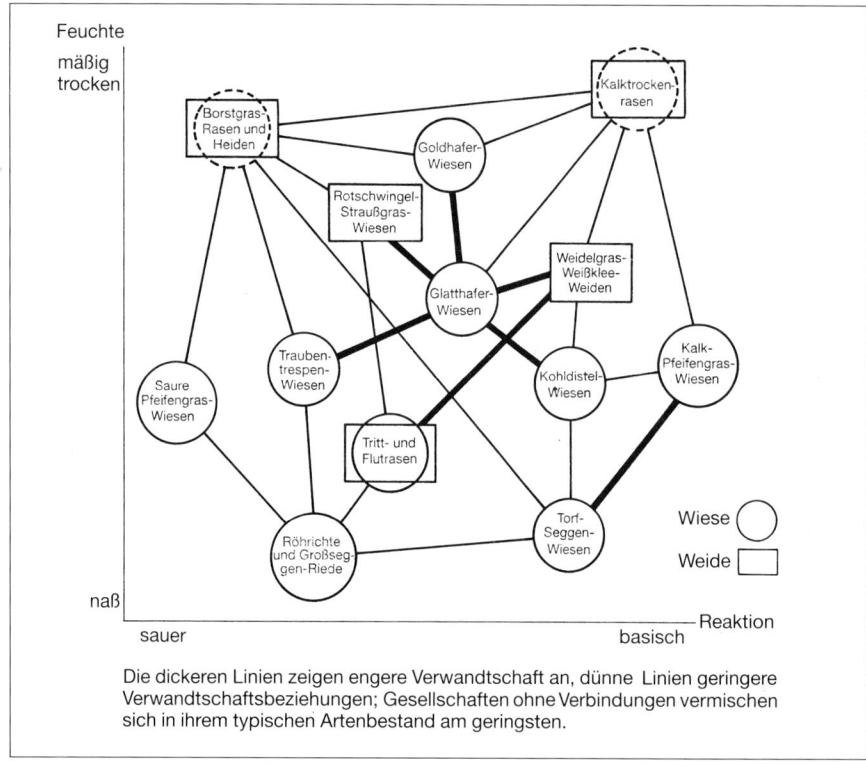

Abb. 17: Beziehungen zwischen Pflanzengesellschaften des Grünlandes im Wirkungsbereich von Feuchte und Reaktion (nach KLAPP 1965 & KNAUER 1990, verändert).

Die dickeren Linien zeigen engere Verwandtschaft an, dünne Linien geringere Verwandtschaftsbeziehungen; Gesellschaften ohne Verbindungen vermischen sich in ihrem typischen Artenbestand am geringsten.

gang ist eine Beifütterung von sog. Strukturfutter (rohfaserreichem Futter) zum hochenergetischen ersten Aufwuchs notwendig, um Gesundheitsstörungen zu vermeiden.

7.2.4 Nutzungsmöglichkeiten des Aufwuchses von extensiv bewirtschaftetem Grünland

Die sinnvollste Nutzung des Grünlandaufwuchses ist die Verwendung als Tierfutter. Da bedingt durch Tierart, -rasse und Leistungsstand unterschiedliche Ansprüche an die Ernährung gestellt werden und die Nutzungsform des Futters gewisse Eigenschaften vorraussetzt, muß die Nutzungsmöglichkeit der Grünlandaufwüchse recht differenziert gesehen werden. Ein wesentliches Kriterium ist der **Energiegehalt**. Tabelle 28 (s. S. 173) gibt einen Überblick über die Energiedichte und die Eignung zur Fütterung verschiedener Tierrassen und Altersstufen.

In Baden-Württemberg wurde Wiesenheu von nicht mehr gedüngtem Grünland aus verschiedenen Naturräumen und von unterschiedlichen Grünlandgesellschaften an Rinder verfüttert, um sowohl Futterwert als auch Akzeptanz zu testen und mit den Ergebnissen von der Fütterung mit Heu von intensiv bewirtschafteten Wiesen zu vergleichen (JILG & BRIEMLE 1993; s. Abb. 18). Es zeigte sich, daß Heu von ungedüngten und erst Ende Juni oder im Juli geschnittenen Wiesen in der Rinderaufzucht verfüttert werden kann. Heu von kräuterreichen Wiesentypen, bei denen der Ertragsanteil an grasartigen Pflanzen nicht über 50 % beträgt, hat auch bei spät liegenden Schnittterminen noch ein Mindestmaß an Verdaulichkeit und Akzeptanz aufzuweisen und führt bei der Rinderaufzucht zu den notwendigen Gewichtszunahmen.

Der Aufwuchs artenreicher Magerwiesen ist ein geeignetes Grundfutter für die Rinderaufzucht. Heu aus Extensivie-

Tab. 28: Futterwert in Abhängigkeit vom Extensivierungsgrad (nach ZIMMER 1990, zit. in DITTRICH & BAARS 1992)

Nutzungstermin	Rohfaser in der Trockenmasse	Energie je kg Trockenmasse	Bewirtschaftungs-/ Extensivierungs- maßnahmen	Produktionsformen der Tierhaltung
bis Ende Ährenschieben	unter 25 %	über 6,0 bis ca. 5,8 MJ NEL über 600 bis ca. 570 StE über 540 bis ca. 520 EFr	normale Intensität in Düngung und Nutzung	▶ Milchkühe hohe Leistung, für alle Produktionsformen geeignet
Beginn bis Mitte der Blüte	25 bis 30 %	5,8 bis ca. 5,5 MJ NEL 570 bis 540 StE 520 bis ca. 470 EFr	Düngung eingeschränkt Nutzungstermin verspätet	▶ Milchkühe, bei Zufütterung energiereicher Futtermittel ▶ Mutterkühe und Kalb (bei 11,5kg Trockenmasse-Aufnahme je nach Rasse 8,5 – 10 l Milch täglich) ▶ Mastrinder (Bullen, Färsen) – tägliche Zunahme ca. 800g ▶ Mutterschafe und Lämmer ▶ Ziegen – bei 2kg Trockenmasse-Aufnahme ca. 2,5 l Milch täglich
Mitte bis Ende der Blüte	30 bis 35 %	5,5 bis ca. 4,5 MJ NEL 540 bis ca. 450 StE 470 bis ca. 430 EFr	keine oder eingeschränkte Düngung Nutzungstermin spät	überwiegend Winterfutter ▶ Kühe trockenstehend (bei ca. 9,5 kg Trockenmasse-Aufnahme* tägl.) ▶ Aufzucht- und Mastrinder (Färsen ab ca. 200kg Lebendgewicht) – maximal 600g tägliche Zunahme ▶ Mutterkühe – mit Kalb gute Grassilage zufüttern (bei Rassen mit geringen Futteransprüchen Zufütterung nicht notwendig) ▶ Schafe – leer und niedertragend (rasseabhängig) ▶ Ziegen (Fleischproduktion) ▶ Pferde (Robustrassen)
Ende der Blüte bis überständig	über 35 %	unter 4,5 MJ NEL unter 450 StE unter 430 EFr	keine Düngung Nutzungstermin sehr spät	ausschließlich Winterfutter (Rauhfutter) kaum verwendbar, nur in geringen Mengen für ▶ ältere Jungrinder ▶ Schafe – leer ▶ Damwild ▶ Pferde (Robustrassen)

zunehmender Extensivierungsgrad →

*Aufnahme unsicher, da über Akzeptanz bei veränderter botanischer Zusammensetzung keine gesicherten Daten vorliegen (selektives Freßverhalten)
NEL = Netto-Energie-Laktation; EFr = Energetische Futtereinheit Rind; StE = Stärkeeinheit

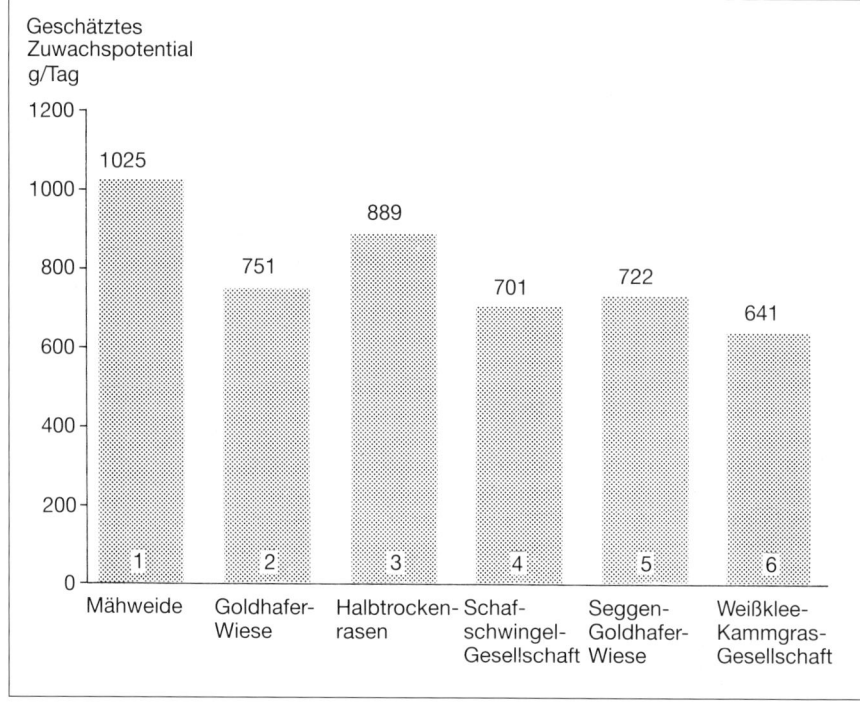

Abb. 18 : Zuwachspotential bei Verfütterung von Heupartien extensiver Grünlandstandorte an wachsende Rinder (JILG & BRIEMLE 1993, verändert).

rungsgebieten, bei denen sich die Pflanzenzusammensetzung noch nicht an die extensive Bewirtschaftung angepaßt hat, kann bei spätem Schnitt wegen seines ungünstigen Gräser-Kräuter-Verhältnisses (höherer Grasanteil) nicht dem Heu von Magerwiesen gleichgesetzt werden. Während der Extensivierungsphase sind eine geringere Verdaulichkeit und Akzeptanz zu erwarten. In dieser Zeit können auch Wiesenunkräuter vermehrt auftreten und zu einer Verschlechterung der Qualität des Futters führen.

7.2.5 Verwertungsmöglichkeiten von Grünlandaufwüchsen bei Pflegemaßnahmen

Bei Pflegemaßnahmen im Grünland fallen teilweise Aufwüchse an, die nicht zur Fütterung geeignet sind oder aus betrieblichen Gründen nicht zur Fütterung eingesetzt werden können.

Die Nutzung von Pfeifengras-Wiesen oder Seggen-Wiesen zur Streugewinnung war früher vor allem in Süddeutschland üblich. Auch Schilf-Röhricht kann zerkleinert als Streu verwendet werden (BRIEMLE et al. 1991). Stroh- und **Heumehl** werden bei bestimmten Aufstallungsverfahren benötigt und beeinflussen die Gülle günstig. Streuwiesenaufwüchse lassen sich gehäckselt zur Düngung im Acker- und Gartenbau wie Stroh verwenden (BRIEMLE et al. 1991). Als **Mulchmaterial** z. B. im Wein-, Erdbeer- und Obstanbau ist besonders strohartiges Aufwuchsmaterial geeignet. Eine weitere Möglichkeit der Nutzung besteht in der Kompostierung. Besonders das Schnittgut von Brachflächen, bei denen ein hoher Holzanteil durch abgeschnittene und zerkleinerte Gehölze vorhanden ist, kann über die **Kompostierung** wieder den landwirtschaftlichen Nutzflächen zugeführt werden. Das zerkleinerte Schnittgut von verbuschten Heideflächen wird z.B. im Randbereich des Neustädter Moores

(Niedersachsen) zusammen mit Schafmist aus der Wintcraufstallung der Moorschnucken kompostiert und von ehemaligen Torfbauern als hochwertiger **Torfersatz** vermarktet (TEERLING mdl.).

Wenn Pflanzenaufwüchse von Landschaftspflegemaßnahmen nicht im landwirtschaftlichen Betrieb verarbeitet werden können, sollte eine Deponierung am Rand von Pflegeflächen oder auf Deponien vermieden werden. Möglichkeiten zur weiteren Verwertung außerhalb der oben genannten Kompostierung sind
– Zellstoffgewinnung,
– Baustoff- und Verpackungsmaterial,
– Energiegewinnung durch Heizen mit Streu, Biogaserzeugung, Pyrolyse, Wärmegewinnung bei aerobem, bakteriellem Abbau und
– Erzeugung von biotechnischen Substanzen (BRIEMLE et al. 1991).

7.3 Betriebliche Voraussetzungen

Für den landwirtschaftlichen Betrieb bedeutet extensive Grünlandnutzung eine Anpassung seines Betriebes an die Vorgaben der Förderprogramme der EU und der Bundesländer, die über die Landwirtschafts- und Naturschutzverwaltungen umgesetzt werden (Kapitel 10). Weiterhin bemühen sich Landkreise, kreisfreie Städte, Kommunen, Naturschutzverbände und andere Interessengemeinschaften um die Förderung der extensiven Grünlandnutzungen.

Die Einsatzmöglichkeiten des Betriebes sind zunächst standortbedingt und müssen sich an dem zu erzielenden Betriebseinkommen, den Zukunftsperspektiven und Entwicklungsmöglichkeiten orientieren.

Ein Betrieb kann sich am ehesten auf eine extensive Grünlandnutzung einstellen, wenn

1. genügend Fläche zur Verfügung steht,
2. die Flächen nicht zu stark verstreut liegen,
3. Gebäude für eine extensive Tierhaltung verfügbar sind,
4. geeignete Tierarten und -rassen eingesetzt werden können,
5. er nicht einseitig auf Milchproduktion spezialisiert ist,
6. er über geeignete Maschinen und Geräte verfügt,
7. ein Absatzmarkt für die erzeugten Produkte vorhanden ist,
8. Arbeitskräfte für die geplante Extensivnutzung verfügbar sind,
9. er bereits Erfahrung in der extensiven Grünlandnutzung hat.

Eine langfristige Perspektive ist für einen Betrieb am ehesten gegeben, wenn er größere Flächen innerhalb eines Naturschutzgebietes im Rahmen einer Pflegenutzung bewirtschaften kann, da für diese Flächen eine langfristige Biotoppflege Zielsetzung ist und sich daher eine Betriebsanpassung mit Investitionen am ehesten lohnt. Die Richtlinien nach dem Vertragsnaturschutz sind bisher meistens nur für fünf Jahre ausgelegt. Eine Verlängerung der Verträge ist am ehesten gesichert, wenn die Zielsetzungen der Richtlinien optimal erfüllt wurden. In Schleswig-Holstein wurden als Nachfolgeprogramme der seit 1985 möglichen Verträge zur »Extensivierungsförderung« »Biotopprogramme im Agrarbereich« festgelegt, die auf weniger Fläche höhere Entschädigungen vorsehen. Wesentlich ist hierbei die Qualität des Fördergebietes als Wiesenvogel- oder Amphibienschutzgebiet.

Probleme bei der Grünlandextensivierung ergeben sich durch die geringere Futtermenge bei Aufgabe oder Reduzierung der Düngung, die geänderte Futterqualität und zeitliche Engpässe bei Vorgabe späterer Nutzungstermine aus Arten- und Biotopschutzgründen.

Die **Anpassung** eines landwirtschaftlichen Betriebes an die Grünlandextensivierung kann durch folgende Maßnahmen erfolgen:

– Bewirtschaftung größerer Extensivgrünlandflächen in mehreren Fördergebieten (z. B. Naturschutzgebieten),

Ankauf zusätzlicher Flächen durch das Bundesland oder andere Interessenten, Anpachtungen und Umwandlung von Ackerland in Grünland.
- Reduzierung des Viehbestandes, Vergabe von Vieh in Weidepension oder Zukauf von Futter aus anderen Extensivgebieten.
- Übernahme weiterer Biotoppflegeleistungen, die ein Zusatzeinkommen ermöglichen (z. B. Brachlandpflege, Entbuschungen und Streuwiesenpflege).
- Erzielung höherer Erzeugerpreise durch Direktvermarktung von Fleisch, Milch, Milchprodukten und Wolle.
- Vermarktung des Produktes »Kräuterheu« an Pferde- und Wildtierhalter, Kleintierhalter und zoologische Gärten.
- Herstellung und Vermarktung von Humusdünger aus Pflanzenaufwuchs (vorwiegend Gehölzschnitt) und Dung.

Für landwirtschaftliche Betriebe werden in Vorranggebieten durch die öffentliche Hand oder Interessenverbände (beispielsweise Naturschutzverbände) Starthilfen gegeben (z. B. durch Finanzhilfen, Personaleinsatz, Planung, Vermarktung). **Vorranggebiete**, die entsprechend ihrer Bezeichnung in der Regel bevorzugt gefördert werden, zeichnen sich durch folgende Standorteigenschaften aus:

- Vorkommen von bestandsbedrohten Tier- und Pflanzenarten sowie bedrohten Lebensräumen im extensiv genutzten Grünland,
- hohe Arten- und Strukturvielfalt der Landschaft,
- besonderen Erlebniswert der Landschaft für die Erholung (z.B. in Naturparken und Erholungsgebieten).

Bauliche Voraussetzungen
Die extensive Grünlandnutzung ist hauptsächlich an Tierhaltungen gebunden, die nur möglich sind, wenn geeignete **Gebäude** vorhanden sind. Ausnahmen

bilden die Wanderschäfereien, die ganzjährig ohne Stallungen auskommen, da sie zur Überwinterung klimabegünstigte Lagen in Flußniederungen aufsuchen. Für die standortgebundene Hütehaltung und Koppelhaltung von Schafen sind Winterstallungen notwendig. Bei großen zusammenhängenden Weideflächen kann der Winterstall auch als Sommerstall genutzt werden, wenn er im Nahbereich der Weideflächen liegt. Dies hat den Vorteil, daß eine Nachtpferchung entfällt und die Herde hier sicherer als im Freien untergebracht ist. Der Winterstall mit Wirtschaftsgebäude sollte möglichst mit folgenden Einrichtungen ausgestattet sein: Laufstall, Futterband, Silo, Bergeraum für Futter und Einstreu, Maschinenhalle, Schlachthaus, Hundezwinger, Aufenthaltsraum, Wasser- und Stromanschluß sowie WC. Die Einrichtungen können teilweise auch in räumlicher Nähe in anderen Gebäuden untergebracht sein. Wenn hierfür keine Altgebäude zur Verfügung stehen, ist ein Neubau vorzusehen, der für 300 Mutterschafe mit Nachzucht je nach der Höhe der Erschließungskosten ca. 600 000 bis 850 000 DM kosten kann (Beispiel in KTBL-Schrift 354, 1992). Sommerstallungen, die bei günstigen Standort- und Strukturvoraussetzungen auch als Winterställe genutzt werden können, sind wesentlich kostengünstiger in der Erstellung. Für Gebäude in Holzbauweise mit 140 qm Stallfläche (7 x 20 m) auf gewachsenem Boden mit Satteldach (3,5 m Giebelhöhe) wurden im Sauerland im Jahr 1989 20 000 DM ausgegeben. Durch Eigenleistung fanden dabei die Lohnkosten nur teilweise Berücksichtigung. In der Regel wird es nicht erforderlich sein neue Stallungen zu bauen, da durch den Rückgang landwirtschaftlicher Betriebe genügend Gebäude zur Verfügung stehen. Dies ist insbesondere auch bei der Rinderhaltung der Fall. Bei Aus- und Neubauten für Tierhaltung sollten die landwirtschaftlichen Beratungsstellen hinzugezogen werden, um optimale Lösungen zu finden.

8 Pflegetechniken mit Nutztieren, Maschinen und Geräten

8.1 Einsatz von Nutztieren

Weidenutzung mit Rindern

Bis zur Mitte des 20. Jahrhunderts war das Hüten des Rindviehs in vielen Gebieten noch üblich. Besonders im Herbst wurden die Kühe zum Nachweiden auf den Wiesen, auf abgeräumten Feldern oder Huten gehütet. Nach der Einführung von Elektrozäunen können heute alle Weideflächen, die nicht mit einer festen Abgrenzung versehen sind, vorübergehend eingezäunt und dem Weidevieh in geeigneten Flächeneinheiten zugeteilt werden. Die Portionsweide stellt hierbei die intensivste Weidenutzungsform dar (s. Kapitel 5.1.1). Sie wird besonders für Kühe angewendet, die für gleichbleibend hohe Milchleistungen energiereiches Futter benötigen. Weiterhin sind Umtriebsweiden und Standweiden (Kapitel 5.1.1) mit einer geringeren Nutzungsintensität üblich. Sie sind weniger arbeitsintensiv und eignen sich aufgrund des dort wachsenden Futters je nach Standort für die Mutter- und Ammenkuhhaltung, für die Färsen- und Ochsenmast, aber auch für die Nutzung durch alte Landrassen, die weniger anspruchsvoll sind, sowie zur Ernährung von Fleischrindern. Wenn der Besatz an den standortgebundenen Aufwuchs und seine jahreszeitlichen Schwankungen angepaßt wird, kann ohne – oder mit nur geringer – Düngung eine extensive Weidewirtschaft betrieben werden. Aus wirtschaftlicher Sicht muß der Betrieb neben einem lohnenden Bestand an Tieren auch ausreichend große Flächen zur Verfügung haben.

Bei der Weidenutzung wird die Leistung der Weide über das von ihr ernährte Vieh angegeben. Hierbei sind die Begriffe Besatzstärke, Besatzdichte und Besatzleistung zu unterscheiden (VOIGTLÄNDER & JACOB 1987):

– Unter Besatzstärke versteht man den auf der gesamten Weidefläche eines Betriebes aufgetriebenen (gehaltenen) Viehbestand, berechnet in Großvieheinheiten (GV)[6] je ha. Im einzelnen hängt die Besatzstärke ab vom natürlichen Produktionspotential des betreffenden Standorts, von der Intensität der Bewirtschaftung (Düngung, Nutzungsregime, Pflege, Unkrautbekämpfung) und vom Winterfutteranteil, der von der Weide bzw. Mähweide gewonnen werden muß. Im Durchschnitt der Weidezeit steht auf einem Hektar intensiv bewirtschaftetem Weideland Futter für drei bis vier GV zur Verfügung (s. auch Tabelle 7 in Kapitel 5.1.1).
– Unter Besatzdichte versteht man das Gewicht der Tiere (dt oder GV/ha), die

$$\text{Besatzstärke (dt/ha)} = \frac{\text{Gesamtgewicht aller Weidetiere (dt)}}{\text{gesamte Weidefläche (ha)}}$$

---

[6] 1 Großvieheinheit (GV oder GVE) entspricht 500 kg Lebendgewicht. Pferde (mittelschwer, 3 und mehr Jahre), Kühe, Färsen, Schlachtvieh über 2 Jahre entsprechen 1,0 GV, Jungvieh unter 2 Jahren 0,3 GV und Schafe (1 Jahr und älter) 0,1 GV (ALSING 1993).

gleichzeitig auf einer Weide (Koppel, zugeteilten Teilfläche) aufgetrieben werden und für eine bestimmte Zeit von ihr ernährt werden.

$$\text{Besatzdichte (dt/ha)} \quad \frac{\text{Gewicht der Weidetiere (dt)}}{\text{zugeteilte Weidefläche (ha)}}$$

– Die Besatzleistung ist die Besatzdichte (GV/ha) multipliziert mit der Anzahl der Freßtage. Sie gibt die verfügbare Futtermenge in GV-Tagen je Hektar an.

$$\text{Besatzleistung (dt/ha)} = \text{Besatzdichte} \times \text{Zahl der Freßtage.}$$

Bei der Bewirtschaftung von Weiden aus der Sicht des Naturschutzes handelt es sich meist um Teilflächen eines Betriebes. Hier ist die Angabe der Besatzdichte in einer vorgegebenen Zeit von wesentlicher Bedeutung für die Intensität der Beweidung.

Bei den Bewirtschaftungsvereinbarungen zum Feuchtwiesenprogramm in Nordrhein-Westfalen (MURL 1989 a) gilt als extensive Weidenutzung:
– Variante a:
  2 St. Rindvieh je ha zwischen dem 15.3. u. 15.6.; 2 St. Rindvieh/Pferde je ha ab 15.6. bis 31.10.
– Variante b:
  2 St. Rindvieh je ha zwischen dem 15.3. u. 15.6.; 4 St. Rindvieh/Pferde je ha ab 15.6. bis 31.10.

Beim Mittelgebirgsprogramm (MURL 1989b) gilt als extensive Nutzung
für Fettweiden:
  max. 2 Tiere/ha bis 15.6. (1.7.); danach noch max. 3 GV/ha; nur PK-Düngung ist erlaubt.
für Magerweiden:
  max. 2 Rinder/Pferde pro ha; alternativ ist auch Schafbeweidung möglich; Düngung ist nicht erlaubt.

In Bremen gilt in der Kernzone des Naturschutzgebietes »Borgfelder Wümmewiesen«, einem periodisch überfluteten Feuchtgebiet, das Gebot, nicht mehr als 2 Weidetiere (gleich welcher Art, Rasse und welchen Alters) je Hektar aufzutreiben (Gesetzesblatt Freie Hansestadt Bremen 1987).

Aus der Sicht des Naturschutzes sind solche Regelungen z. B. zum Wiesenvo-gelschutz wesentlich. Aus betrieblicher Sicht kann ein zur Hauptwachstumszeit höherer Besatz zur Abschöpfung des Aufwuchses sinnvoll sein, da hierdurch nicht so viel Futter überständig wird. Im Laufe des Sommers ist eine Reduzierung des Besatzes, zu erreichen durch Herausnehmen von Tieren oder durch Zuteilung einer größeren Futterfläche, notwendig, um Überbeweidungen zu vermeiden. Auf Umtriebsweiden findet eine geringere Selektion als auf Standweiden statt, da der Aufwuchs gleichmäßiger in kürzerer Zeit abgenommen wird und danach Erholungsphasen für die Pflanzen eingeschoben sind. Auf längere Sicht werden sich deshalb auf Umtriebsweiden auch einige Arten der Wiesen halten, was zu einer höheren Artenzahl führt als auf Standweiden. Die kürzeren intensiven Weidezeiten entsprechen in ihrer Wirkung auf den Pflanzenbestand mehr einer Schnittnutzung. Auf Standweiden nehmen Weideunkräuter durch den selektiven Fraß der Weidetiere zu.

Gute Erfahrungen mit Umtriebsweiden auf **Salzwiesen**standorten werden von der Insel Kirr an der Darßer Boddenkette (Mecklenburg-Vorpommern) berichtet (SCHEUFLER & STIEFEL 1989), die ein bedeutendes **Wiesen-** und **Wasservogel**brutgebiet darstellt. Auf den 370 ha großen Salzwiesen wurden bis 1989 insgesamt 800 bis 1 000 Rinder von Ende Mai/Anfang Juni bis in den September aufgetrieben. In früheren Jahren konnten die Rinder vom Auftrieb an die ganze Fläche betreten. Das führte zu erheblichen Verlusten an Gelegen und Jungvögeln. Seitdem Flächen in einer Größe von

50 ha durch Elektrozäune abgeteilt wurden, die Beweidung auf den trockensten Standorten begann und etwa 10 bis 14 Tage je Teilweide andauerte, konnten höhere Bruterfolge verzeichnet werden. Nach dem Schlüpfen der meisten Küken wurden alle Elektrozäune abgeräumt. Im Herbst erfolgte eine Nachweide mit 400 Schafen. Durch Überdüngung entstandene Quecken-Rasen, die sowohl für die Vogelwelt als auch für die Rinder uninteressant waren, konnten durch die intensive Beweidung in den Umtriebsweiden zurückgedrängt werden. Beim Unterlassen jeglicher Beweidung würden die Salzwiesen großflächig verschilfen und als Brutgebiet für die meisten Wiesen- und Wasservögel ausfallen. Wesentlich für das Aufkommen von Jungvögeln ist, daß die Grabensysteme, die die Insel durchziehen, offen gehalten werden, damit der hohe Wasserstand im Frühjahr abfließen kann, im Sommer aber die Bewässerung der nur wenige Zentimeter über dem Wasserstand liegenden Weiden weiterhin gewährleistet ist und einer Austrocknung des Inselinneren entgegenwirkt.

Ähnliche **Beweidungssysteme** sind in Gebieten üblich, in denen standorttypische Magerrasen in Hanglagen an wüchsigere oder intensiver genutzte Weiden auf Verebnungsflächen oder in Talrandlage angrenzen. Hierbei werden die nährstoffreicheren Weiden zuerst genutzt und die Magerweiden zu einem späteren Zeitpunkt geöffnet und separat oder zusammen mit der Fettweide abgeweidet. Aus Gründen des Naturschutzes können solche **Weidesysteme** auch neu eingerichtet werden.

Wesentlich für eine geregelte Weidenutzung ist eine angemessene Pflege: Nachmahd von Geilstellen, Abmähen von Weideunkräutern z.B. Kratzdisteln (*Cirsium* spec.), Gemeiner Brennessel (*Urtica dioica*), Stumpfblättrigem Ampfer (*Rumex obtusifolius*), Binsenarten (*Juncus* spec.) usw. und das Abschleppen zur Verteilung von Erde, Kuhfladen und Grasfilz sowie zum teilweisen Einebnen von Trittschäden (MÄHRLEIN 1993). Die-

se Arbeiten sollten in einer Zeit ausgeführt werden, die die Brutzeiten der Vögel ausklammert und Rastgebiete für Durchzügler zu bestimmten Zeiten schont. Aus Naturschutzgründen ist es jedoch sinnvoll, **Randstreifen** im jährlichen Wechsel von der Nachpflege auszusparen.

Weidenutzung mit Schafen

Bei der Schafhaltung gibt es sehr unterschiedliche **Betriebsformen**: Die Wanderschäferei, die standortgebundene Hütehaltung, die Koppelschafhaltung und die intensive Stallhaltung. Für die Landschaftspflege sind die ersten drei Haltungsformen von Bedeutung, wobei der Koppelschafhaltung in Standweiden oder Umtriebsweiden mehr die Funktion der Offenhaltung der Landschaft zukommt, während die Wanderschäferei und die standortgebundene Hütehaltung wegen der Steuerungsmöglichkeiten in der Intensität der Beweidung eine besonders große Bedeutung für die Landschaftspflege haben.

Die **Wanderschäferei** ist gekennzeichnet durch den Standortwechsel der Herde zwischen weit voneinander entfernten Weideplätzen. Dabei liegen die Vorsommer- und Sommerweiden meist in den Höhenlagen auf Grenzertragsböden, während zur Herbst- und Winterweide die Herden in klimatisch günstigere, wintermilde Regionen geführt werden, wo sie Wiesen und Weiden nachweiden. Diese Form der Schafhaltung wird noch in Süd- und Südwestdeutschland praktiziert. Besondere Schwierigkeiten ergeben sich für die Wanderschäferei durch das Nicht-Seßhaft-Sein für den Schäfer, die schwierigen und oft langen Wanderwege und die Beschaffung von Herbst und Winterweiden (v. KORN 1992). Für den Einsatz zur Landschaftspflege sind die Wanderschäfer mit ihren Herden gut geeignet.

Bei der **standortgebundenen Hütehaltung** ist der Schäfereibetrieb mit einem Winterstall ausgestattet und hütet in einem größeren Umkreis (bis ca. 40 km) geeignete Flächen ab: Hutungen, Feldraine, Aufwuchs von abgeernteten Äckern,

Abb. 19: Weißdorn (Cra-
taegus spec.) auf extensiv
genutzter Magerweide. Die
auf dieser Fläche weiden-
den Rinder halten sich in
Ruhezeiten unter dem
Baum auf. Er bietet Schatten und Regenschutz, ver-
mindert die Belästigung
durch Insekten und dient
zur Fellpflege.

Wiesen und Weiden vor und nach der eigentlichen Weidezeit. Wenn neben den Huteflächen noch geeignete Futterflächen zur zeitweisen Koppelung der Herde zur Verfügung stehen, kann der Schäfer in hütefreien Zeiten z. B. Heu für den Winter gewinnen, nebenher eigene Ackerflächen bewirtschaften oder Krankheits- und Urlaubszeiten überbrücken.

Die **Hütetechnik** beinhaltet die sachgerechte Führung der Herde auf den Wegen zu den Huteflächen, zum Abhüten von teils schmalen Streifen an Feld- und Wegrändern und auf den Huteflächen selbst. Wesentliche Unterstützung geben dem Schäfer hierbei gut ausgebildete Hütehunde. Die Herde muß so geführt werden, daß sie sich zweimal täglich sattfressen kann. Dazwischen liegt eine Mittagsruhepause, bei der die Schafe lagern und wiederkäuen. Der **Mittagsruheplatz** sollte möglichst eben sein und im Sommer auch Schatten bieten. Da der Mittagsruheplatz durch Tritt, Fraß und vor allem durch Nährstoffeintrag über Kot und Harn beeinflußt wird, sollte bei der Pflegeplanung sein Standort außerhalb der schutzwürdigen Flächen gelegt werden.

Die **Hüteformationen** (weites und enges Gehüt) richten sich nach den Futterverhältnissen und gegebenenfalls nach den Pflegezielen für die Fläche. Bei einem weiten Gehüt (die Herde zieht weidend weit auseinandergezogen über die Fläche) können die Tiere die schmackhaftesten und nährstoffreichsten Pflanzen auswählen (v. KORN 1992). Bei mehreren Hutegängen über dieselbe Fläche werden schließlich auch die vorher stehengelassenen Pflanzen verbissen. Wenn eine Hutefläche abgeweidet ist, sollte sie möglichst eine längere Ruhezeit bekommen, damit sich wieder ein neuer Aufwuchs und Blütenhorizont entwickeln kann. Je nach Aufwuchsmenge lohnen sich dann weitere Hutegänge. Voraussetzung für ein weites Gehüt ist, daß die Fläche, auf der die Schafe weiden, für den Schäfer und die Hunde überschaubar ist. Die Gehölzmenge auf der Fläche darf deshalb nicht zu hoch und nicht zu dicht sein.

Bei einem engen Gehüt weiden die Schafe dicht beieinander längere Zeit auf einer Fläche und fressen allen verwertbaren Aufwuchs ab, teilweise sogar sonst verschmähte oder nur ungern gefressene

Abb. 20: Schafe in locke-
rem Gehüt auf einer Ma-
gerrasenfläche (Natur-
schutzgebiet Dönche in
Kassel/Nordhessen).

Pflanzen. Durch diese Technik lassen sich zum Beispiel Bestände mit hohen Anteilen von Fieder-Zwenke *(Brachypodium pinnatum)*, Landrohr *(Calamagrostis epigejos)* oder Kratzdistelarten *(Cirsium* spec.*)* in jungem Stadium abweiden und nach mehrmaliger Wiederholung nach Neuaustrieb zurückdrängen. Auch Gehölzjungaufwuchs, der durch Wurzelbrut nach Gehölzentnahme aufkommt, kann auf diese Weise eingekürzt werden, so daß die Intervalle der Nachmahd vergrößert werden können. Huten mit hohem Anteil geringer Futterqualitäten sind vormittags von den hungrigen Schafen abzuweiden. Der Schäfer muß bei dieser Technik darauf achten, daß die Tiere anschließend Gelegenheit bekommen, auf anderen Flächen energiereiches Futter aufzunehmen, damit sie satt werden. Bei genügend großem Flächenangebot hat der Schäfer auch die Möglichkeit, zu bestimmten Jahreszeiten, oder auch jahrweise wechselnd, Flächen aus Artenschutzgründen von der Beweidung aus-

zusparen oder nur sehr extensiv zu beweiden.

Die Besatzdichte auf ungedüngten Sommerhuten, die etwa 500 kStE[7] Nährstoffe je Hektar und Jahr liefern, liegt bei etwa fünf Schafen je Hektar an 150 Tagen. Das bedeutet, daß eine Herde von 800 Schafen, bei einem Nährstoffbedarf von 0,6 kStE je Tier und Tag, den Sommer über (= 150 Weidetage) von 150 ha Hute ernährt werden kann (WILKE 1993). Bei wuchsarmen Magerrasen, die eine lückige Vegetationsdecke aufweisen, reicht der Aufwuchs bei gleicher Flächengröße und Herdenstärke rechnerisch nur für zwei bis drei Hutegänge von je drei Wochen Dauer. In der Hütepraxis wird die Herde jedoch an mehr Tagen als berechnet auf die Flächen aufgetrieben. Dies wird dadurch ermöglicht, daß nicht der gesamte tägliche Nahrungsbedarf von diesen Huten gedeckt wird, sondern ein Teil auf wüchsigeren Flächen vor der Pferchung am Abend. Das bewirkt langfristig eine ausgeglichene Ernährung und

[7] Die aus den Rohnährstoffen stammende Energie des Futtermittels wird in Stärkeeinheiten (StE) gemessen. Maßstab dafür ist das Fettbildungsvermögen von Stärke, das mit anderen Futtermitteln verglichen wird (1 kg Stärke = 1000 StE = 1 kStE). Das Energiemaß der Stärkeeinheit wird bei Schafen und Mastrindern verwendet. Bei Milchvieh gilt die Nettoenergie-Laktation (NEL) als Energieeinheit (ALSING 1993, v. KORN 1992).

kann einen Leistungsabfall in der Fleischerzeugung bei der Magerrasennutzung verhindern oder mindern.

Um von einer Hutefläche zur anderen zu gelangen benötigt der Schäfer **Triftwege**. Diese waren früher von den Siedlungen zu den Huteflächen als Wege mit breiten grasbewachsenen Seitenstreifen vorhanden. Heute ist das Feldwegesystem meist mit sehr schmalen befestigten Wegen ausgebaut, die eine Herdenführung erschweren. Die Tiere müssen so geführt werden, daß sie nicht von den angrenzenden Feldern fressen. Probleme kann es vor allem im Frühjahr geben, wenn die Kulturpflanzen mit Bioziden frisch behandelt wurden und Tiere der Herde vom Feldrand naschen, was zu Gesundheitsstörungen oder zu Ausfällen führen kann. Schwierig ist auch das Führen der Herde auf oder über öffentliche Verkehrswege. Die Wegestrecken und Freßflächen je Tag müssen genau geplant und eingeteilt sein, damit genügend Zeit zur Futteraufnahme bleibt. Möglichkeiten zum **Tränken** der Tiere müssen gegeben sein; bei Trockenheit sind pro Tier 1,5 bis 3 Liter je Tag zu kalkulieren (WILKE 1988).

Die Nacht verbringen die Schafe entweder in Ställen, meist aber in sogenannten Nachtpferchen. Diese werden auf dem Acker täglich neu aufgeschlagen und bestehen aus Holzgittern oder neuerdings aus Elektroknotengittern. Pro Schaf werden 1 bis 1,5 m² Fläche benötigt. Eine Herde von 400 Schafen benötigt für die Ruhezeit vom Abend bis zum nächsten Vormittag etwa 600 m². Ein Hektar Acker wird somit in 17 Nächten mit Schafdünger abgedüngt. Die mittlere Dungerzeugung von 100 Schafen pro Pferchnacht beträgt 2,5 kg N, 2,0 kg K_2O und 0,42 kg P_2O_5 (WILKE 1988). Bei einer Pferchgröße von 1,5 m² je Tier werden je 100 Schafe bei 240 Weidetagen (üblich in Mittelgebirgslagen) im Jahr 3,6 ha Pferchfläche benötigt. Der Stickstoffeintrag beträgt hierbei etwa 160 kg/ha. Ein Nachtpferch auf dem Grünland sollte 4 bis 5 m² je Tier und Nacht haben, damit der Nährstoffeintrag geringer ist (50 bis 60 kg N/ha). Die Verteilung ist aber nicht unbedingt gleichmäßig, da die Schafe dicht beieinander vorzugsweise auf ebenen Flächen lagern und hier mehr Kot abgeben. Weil die Schafe in diesem vergrößerten Pferch das dort wachsende Futter aufnehmen, schöpfen sie gleichzeitig Nährstoffe ab, sodaß sich der tatsächliche Eintrag noch vermindert. Diese Düngestärke bewirkt bei Kammgras-Weißklee-Weiden oder Rotstraußgras-Rotschwingel-Weiden zwar ein üppigeres Wachstum als ohne Düngung, verursacht aber noch keine Bestandsumschichtungen zu nährstoffreicheren Gesellschaften. Für den Schäfer kann der vergrößerte Nachtpferch eine Einsparung an Hütezeit bedeuten. Auf Magerrasen mit bestandsbedrohten Arten sollte hingegen jegliche Pferchung unterbleiben. Bei größeren Pferchen ist die Ausbruchsgefahr der Schafe bei Störungen größer, da eine locker gepferchte Herde nicht so gut »steht« und die Umzäunung mit großem Anlauf niederreißen kann (NITSCHE & WILKE 1991). Ein **Standpferch** bleibt längere Zeit auf derselben Fläche; er wird täglich mit Stroh neu eingestreut und bietet so auch bei nassem Wetter eine gute Lagerstätte für die Schafe – WILKE (1988) empfiehlt drei bis vier Quadratmeter je Schaf. Der mit dem Stroh vermischte Kot und Harn kann als Dünger für die Äcker verwendet werden.

Beim Weiden wie bei Pferchen sollte der Schäfer zwischen den einzelnen Beschickungen aus tierhygienischen Gründen Wartezeiten einhalten, damit die Schafe sich nicht wieder mit den von ihnen ausgeschiedenen Innenparasiten neu infizieren.

Die Beweidung von Flächen im Hutebetrieb kann den höchsten **Nährstoffaustrag** von allen Weideverfahren bringen. Die Schafe geben bis zu 70 % ihres Kotes während der Nachtpferchung, auf dem Weg zu den Huteflächen und in der Mittagspause ab. Hierdurch kommt nur ein geringer Teil der Nährstoffe des gefressenen Aufwuchses wieder auf die Flächen zurück (EIGNER & SCHMATZLER 1991 zit. in WOIKE & ZIMMERMANN 1992). Fördern läßt sich die Abkotung zusätzlich vor dem Auftrieb, wenn die Schafe aufgescheucht werden und beispielsweise über ein niedriges Hindernis springen müssen. In Pflegeplänen für Schutzgebiete werden im Nahbereich von Übernachtungsplätzen **Abkotungsflächen** festgelegt.

Wenn nicht genügend Futter auf den Freßflächen vorhanden war und die Tiere Zufutter bekommen müssen, sollte dies nicht auf Biotoppflegeflächen erfolgen, da hiermit ein zusätzlicher Nährstoffeintrag gegeben ist.

Wenn zur Landschaftspflege keine Schafherde in Hütehaltung zur Verfügung steht, kann eine kleinere Schafherde auch in **mobilen Koppeln (Elektroknotengitterzaun)** für die Biotoppflege eingesetzt werden. Je nach Aufwuchsmenge bleibt eine Koppel etwa 5 bis 12 Tage an der gleichen Stelle stehen bis nahezu der gesamte verwertbare Aufwuchs abgefressen ist. Dann wird der Zaun neu gesteckt und eine weitere Fläche abgeweidet. Bei verbuschtem Gelände müssen oft erst Trassen für den Zaun geschnitten werden. Bei der Haltung in mobilen Koppeln ist darauf zu achten, daß die Schafe langfristig ausreichend ernährt werden und auch täglich Wasser gereicht wird. Obgleich die Tiere ihren Dung auf der Fläche wieder abgeben, erfolgt durch die Umwandlung von gefressenen Nährstoffen in Fleisch, Wolle und Energie ein Nährstoffaustrag. Auch Altgrasauflagen bei verbrachten Flächen können durch den Tritt schneller abgebaut werden, da sie zerkleinert und an den Boden getreten werden. Die intensive Beweidung von Flächen in mobilen Koppeln eignet sich nicht zur jährlichen Pflege von Magerrasen, sondern ist als Reinigungspflege zu bewerten, die eine spätere extensive Beweidung vorbereitet, oder bei Wiederholung in mehrjährigen Abständen die Flächen vor Verbrachung schützen, bzw. sie verzögern kann.

✗ Bei der Biotoppflege durch Beweidung in mobilen Koppeln kann ein höherer Nährstoffaustrag erzielt werden, wenn die Schafe zur Nachtzeit auf Flächen außerhalb der wertvollen Biotope geführt werden. Dies ist dann mit einem geringen Aufwand verbunden, wenn Freßfläche und Übernachtungsfläche unmittelbar aneinander grenzen.

Beweidung mit Ziegen

Da Ziegen für ihre Vorliebe, Gehölze zu verbeißen, bekannt sind, nutzt man sie heute gezielt zur Landschaftspflege. Manche Schäfer führen in ihrer Schafherde einige Ziegen mit. Weil ihre Anzahl aber sehr gering ist, hat ihr Verbiß von Gehölzen bei der Hütehaltung auf verbuschten Magerrasen nur eine geringe Wirkung.

Andere Schäfer sehen auch Probleme im Mitführen von Ziegen, weil die Hunde angehalten sind, Ziegen nicht zu beißen. Verletzungsgefahr durch Hundebiß besteht insbesondere wegen des dünnen Fells der Ziegen, und bei weiblichen Tieren wegen der ungeschützten Euter. Die Ziegen wissen sehr bald, daß sie von den Hunden geschont werden und neigen beim Treiben auf Triftwegen dazu, seitwärts von den Ackerflächen zu fressen. Das wiederum veranlaßt die Schafe, es ihnen nachzutun; die Herdenführung wird für den Schäfer erschwert (Schäfermeister DONNER, mdl.).

Eine erfolgreiche **Gehölzreduktion** läßt sich erreichen, wenn Ziegen anstelle von Schafen in mobilen Koppeln, wie oben beschrieben, auf Pflegeflächen so lange gehalten werden, bis der vorhandene Aufwuchs für ihre Ernährung nicht mehr ausreicht. Eine Koppel sollte zwischen einer und zwei Wochen an der gleichen Stelle aufgeschlagen sein. Durch die Zuteilung neuer Flächen ergibt sich zu Beginn ein Überangebot an Nahrung, was gegen Ende in einen Mangel übergehen kann. Durch den häufigen Wechsel ergeben sich nur kurzfristige Mangelzeiten, die die Tiere durch Auswahl von energiereicher Nahrung auf der neuen Fläche wieder ausgleichen können. Verbuschte Magerrasen können durch die zeitweise intensive Beweidung durch Ziegen in ihrem Gehölzbestand wesentlich aufgelichtet werden (s. auch Kapitel 5.1.1.6). Hierdurch ist der nachfolgende Einsatz von Geräten und Maschinen erleichtert. Bei Ziegenbeweidung kann die maschinelle Bearbeitung der Fläche in längeren

✳ nur bedingt möglich (durch mich)

Zeitintervallen erfolgen und damit reduziert werden. Je nach Zusammensetzung des Aufwuchses ist es auch angebracht, Schafe und Ziegen in der Koppel auf verbuschten und verbrachten Magerrasen zu mischen. Die Schafe räumen die verfilzten Grasbestände ab, während die Ziegen vorwiegend die Gehölze reduzieren.

Gehölze, die unbeschadet auf der Fläche erhalten werden sollen, müssen ausgezäunt werden. Auch größere Bäume, solange sie noch keine dicke Borke haben, werden an der Rinde verbissen oder geschält (Kapitel 5.1.1.6).

8.2   Maschinen und Geräte und ihre Einsatzmöglichkeiten

Bei der extensiven Grünlandbewirtschaftung wurden in der Vergangenheit neben der direkten Weidenutzung ausschließlich landwirtschaftliche Geräte und Maschinen eingesetzt. Erst in neuerer Zeit konnten durch landschaftspflegerische Anforderungen und Aufträge Träger- und Zugfahrzeuge entwickelt werden, die auch bei extremen Standortverhältnissen (feuchten und weichen Böden, Hanglagen und Unebenheiten) und stark verfilzten Grasaufwüchsen, Staudenfluren und verbuschten Grünlandflächen noch einsetzbar sind und gute Leistungen erbringen. Die heute in der Landwirtschaft eingesetzten Maschinen sind für diese extremen landschaftspflegerischen Anforderungen kaum mehr geeignet, da sie für hohe Leistungen auf kultivierten Böden konstruiert sind und bei der Landschafts-

pflege nur bei einfachen Geländeverhältnissen den Spezialmaschinen überlegen sind. Die nachstehenden Ausführungen über den Einsatz von Maschinen und Geräten bei der Pflege von Extensivgrünland können nur einen groben Überblick geben. Umfassende Informationen enthalten die Ausführungen von HUNDSDORFER (1989, 1993).

Träger- und Zugfahrzeuge

Im Naturschutz und in der Landschaftspflege kommen Träger- oder Zugfahrzeuge zum Einsatz, deren Eignung z. B. bei feuchten Böden vorwiegend nach dem erzeugten Bodendruck bewertet wird, der sich nach dem Gewicht des Fahrzeuges sowie der Höhe und Breite der Reifen richtet (s. Tabelle 29). In hängigem Gelände ist die Steigfähigkeit bzw. Fahrleistung parallel zu den Höhenlinien bei trockenen, stabilen Bodenverhältnissen das wichtigste Kriterium für die Eignung. Nach HUNDSDORFER (1993) werden in der Landschaftspflege vorwiegend sechs verschiedene Träger- und Raupenfahrzeuge in der Landschaftspflege eingesetzt.

Der **Standardschlepper** wird nur bei einfachen Verhältnissen (ebenen Lagen mit trockenen bis frischen Böden) eingesetzt. Der Allradschlepper ist in feuchten und/oder hängigen Lagen dem Standardschlepper überlegen. **Trac-Schlepper** sind besonders für Aufbaugeräte konstruiert und bei schwierigen Geländeverhältnissen leistungsfähiger als Allradschlepper. Hangschlepper mit breitem Radstand und tiefliegendem Schwerpunkt werden besonders im Alpenraum für die landwirtschaftliche Futtergewinnung genutzt und sind auch für Landschaftspflegear-

Tab. 29: Bodendruck und Steigfähigkeit von Träger- und Raupenfahrzeugen ohne Anbaugeräte (HUNDSDORFER 1993)

Fahrzeug	Bodendruck (g/cm^2)	Steigfähigkeit (%)
Standardschlepper	1400 bis 2300	30 bis 35
Allradschlepper	1400 bis 2300	40 bis 50
Hangschlepper	400 bis 900	60 bis 70
Einachsmotormäher	300 bis 400	60 bis 70
Raupenfahrzeug	80 bis 120	85 bis 100

Tab. 30: Bauweise und Einsatzmöglichkeiten von Hangschleppern (nach HUNDSDORFER 1993)

Hangschlepper	Leistung (kW)	Gewicht (kg)	Abmessung (m)		Eignung für				
			Länge	Breite	Heuschiebe-gabel	Band-heuer	Doppelmesser-mähwerk	Kreisel-mähwerk	Schlegel-mähwerk
leicht	20	800	2,50	1,62	O	O	O	–	–
mittel	30	1500	2,70	1,90	+	O	O	O	–
schwer	40	1800	3,10	2,00	+	+	+	O	O

Schlepperleistung:
angemessen = O
zu hoch = +
zu gering = –

beiten in extremen Hanglagen optimal geeignet. Hangschlepper können nach Gewicht, Leistung und Einsatzmöglichkeit drei Größenklassen zugeordnet werden, ihre Leistungen und Einsatzmöglichkeiten mit Anbaugeräten sind in der Tabelle 30 aufgeführt.

Einachsmotormäher werden auch als Gebirgsmäher bezeichnet, da sie für Hanglagen gut geeignet sind. Sie werden vorwiegend im Gartenbau eingesetzt. Bei Naturschutzeinsätzen sind sie für die Pflege von kleineren Extensiv-Grünlandflächen am häufigsten im Gebrauch, vorwiegend mit Doppelmessermähwerk, Mulchgerät oder Bandheuer. Für die Anschaffung der Grundmaschine müssen in der Regel etwa 5000 DM (Leistungsbereiche von 6,0 bis 7,5 kW, 8,2 bis 10,2 PS) kalkuliert werden; zu leichte und zu billige Geräte sind reparaturanfälliger. Die Arbeitsbreiten liegen zwischen 1,2 und 2,0 m (meist sind 1,4 bis 1,6 m im Gebrauch, für die der Doppelmesserbalken etwa 2 000 bis 2 500 DM kostet). Einachsmotormäher sind durch den tiefen Schwerpunkt und die Geländegängigkeit vor allem in unebenem und hängigem Gelände sehr vielseitig einsetzbar. Die Einsatzmöglichkeit kann durch Zwillings- und Drillingsbereifung weiterhin verbessert werden und ermöglicht das Befahren von sehr labilen weichen Böden. In den Niederlanden wird er auch zum Mähen von Schwingrasen eingesetzt. Für große Pflegeflächen, die auch mit anderen Maschinen befahrbar sind, ist der Einachsmäher wegen seiner gerin-

gen Flächenleistung, bedingt durch geringe Arbeitsbreite und Arbeitsgeschwindigkeit, unwirtschaftlich. Im Vergleich zum Freischneider (Motorsense) hat der Einachsmäher jedoch wesentlich höhere Flächenleistungen.

Freischneider

Freischneider werden vorwiegend in der Landschaftspflege und im Forst zum Freischneiden von angepflanzten Gehölzen verwendet. In neuerer Zeit werden sie häufig zum Entkusseln von Huten zur Herstellung der Beweidbarkeit, und dabei vorwiegend in steilem Gelände oder auf feuchtem Boden, eingesetzt. Das Grundgerät ist mit einem leichten, hochtourigen Zweitaktgemischmotor ausgestattet. Die Arbeitsgeräte werden über eine Fliehkraftkupplung angetrieben. Das tragbare Gerät kann am Freischneidekopf mit verschiedenen Arbeitswerkzeugen ausgestattet werden. Für Einsätze im Naturschutz eignen sich drei Arbeitsköpfe besonders gut:

- das Grasschneideblatt für die Mahd von Gras und feinstengeligen Kräutern;
- das Dickichtmesser für Aufwuchs mit Gehölzen bis 1,5 cm (in Ausnahmefällen bis 6 cm) Stammdurchmesser;
- das Sägeblatt für Gehölzdurchmesser bis zu ca. 20 cm.

Bei der Entbuschung richtet sich die Wahl des einzusetzenden Gerätes nach dem Stammdurchmesser der zu entneh-

Tab. 31: Maschinen und Geräte für Entbuschungsarbeiten (HUNDSDORFER 1993, verändert)		
Stammdurchmesser des Gehölzes an der Schnittstelle (cm)		Art der Maschine/des Gerätes
gut zu bewältigen	maximal zu bewältigen	
3	6	**Knieper**
1	–	**jedes Mähgerät**, ohne Geschwindigkeitsreduzierung
1	1,5	**Sense**, bei hackender Bewegung
1 bis 2	4	**Freischneider**, Arbeitskopf: Dickichtmesser
1	2,5	**Doppelmessermähwerk**
2	3	**Kreiselmäher**
3,5	–	**Schlegelmäher** (je nach Robustheit der Geräte auch erheblich höher, dann aber häufig mangelnde Schnittqualität)
3 bis 7	9	**Freischneider**, Arbeitskopf: Kreissägenblatt, 1 Bedienungsperson
7 bis 12	16	**Freischneider**, Arbeitskopf Kreissägenblatt, 1 Bedienungsperson
7 bis 12	–	**Motorkettensäge**, 2 Bedienungspersonen, darüber 2 Bedienungspersonen
bis 10	11	**Heckenschneidwerk** am Auslegergrundgerät
bis 14	–	**Forstmulchgerät**

menden Gehölze, der Menge, die sich meist durch die Flächengröße ergibt, den Bodenverhältnissen und der Hangneigung (s. Tab. 31).

Aufnahme und Transport des Mäh- und Schnittgutes

Der größte Aufwand für die Flächenpflege entsteht häufig durch die Aufnahme des Mähgutes. Wenn durch weichen und feuchten Boden oder sehr hängige Flächen keine üblichen Maschinen der heutigen Landwirtschaft (z. B. Standardschlepper) für die Mähgutaufnahme und den Abtransport eingesetzt werden können und keine Spezialmaschinen mit breiten Reifen und geringem Bodendruck (s. Tab. 29) verfügbar sind, muß der Aufwuchs gegebenenfalls in Handarbeit bis an befahrbare Stellen transportiert werden. Dies kann durch Aufnahme mit Gabeln und Tragen oder durch Auflegen auf Planen, die gezogen werden, geschehen. Je nach Entfernung bis zur Ablagestelle (meist Zwischenlagerung am Parzellenrand) und Arbeitsverfahren schwanken die Kosten für die Mähgutaufnahme nach HUNDSDORFER (1993)

bei Handarbeit zwischen 90 DM und 5050 DM je Hektar und bei Verwendung eines Ladewagens mit 20 m³ Fassungsvermögen am Allradschlepper zwischen 67 DM und 597 DM je Hektar.

An hängigen, nicht zu feuchten Flächen können Pferde zum Transport eingesetzt werden, die beispielsweise Bäume zum Aufarbeitungsplatz rücken können. Für feuchte Flächen werden auch leichte Raupenfahrzeuge eingesetzt. Von diesen hat sich das »Eiserne Pferd« gut bewährt, das für Holztransporte bei Durchforstungen in jüngeren Waldbeständen konstruiert ist und an einer Deichsel mit Hand geführt und bedient wird. Es wird in zwei Modellen angeboten, mit 260 und 300 kg Gewicht, hat 5 PS, eine Ladekapazität von 0,5 bis 1,5 m³, und kann auch mit Zusatzgeräten (z.B. Anhänger) eingesetzt werden.

Einfache Handgeräte und Motorsägen

Handgeräte wie Sensen, Knieper, Sägen und Äxte werden bei der Bearbeitung größerer Flächen heute meist nicht mehr eingesetzt, da mit diesen Werkzeugen die Flächenleistung sehr gering ist. Sie sind aber vor allem für Kleinflächenpflege noch üblich und haben den Vorteil, daß die Pflege für Pflanzen, Tiere und ihre Lebensräume schonender durchgeführt werden kann als mit Maschinen. Vor allem Naturschutzverbände arbeiten häufig in der Biotoppflege mit Handgeräten. Durch den geringen Anschaffungspreis und die einfache Wartung kann auch eine größere Zahl von Personen, die nur gelegentlich Biotoppflege durchführen, sinnvoll eingesetzt werden. Von den Sensen wird vorwiegend die Heidesense mit einem kürzeren und breiteren Sensenblatt in der Landschaftspflege eingesetzt. Sie ist auch für Aufwüchse mit Stauden und geringem Gehölzanteil bis etwa 1 cm Durchmesser geeignet. Starke Knieper können Gehölze bis etwa 5 cm bewältigen. Bei einer Entbuschung mit höherem Anteil von Holz über 4 cm ist der Einsatz von Motorsägen zu erwägen, wenn nicht bei größeren Flächen Freischneider oder Spezialmaschinen zur Verfügung stehen.

Mähwerke für Maschinen und Geräte

Unter Mähwerken versteht man angebaute oder gezogene Geräte, die in der Landwirtschaft zum Schnitt des Winterfutters (Heu) oder Grünfutters bei Stallhaltung

verwendet werden. Hierbei bleibt das Schnittgut unzerkleinert. In neuerer Zeit werden weiterhin Schlegelmäher (Mulchgeräte) eingesetzt, bei denen der Aufwuchs durch Schlegelmesser, die mit einer Geschwindigkeit von 25 bis 30 m/s rotieren, zerschlagen wird. Das Mulchgerät dient in der Landwirtschaft vorwiegend zur Weidepflege, bei der von den Tieren stehengelassener Aufwuchs vor Winterbeginn zerkleinert wird und auf der Fläche liegenbleibt. Das fein zerkleinerte Mulchgut wird schneller als langes Mähgut mineralisiert. Hierdurch wird einer Anreicherung von Altgras und einer Narbenverfilzung entgegengewirkt.

Die Mähwerke an angebauten oder gezogenen Geräten können nach zwei Schnittsystemen unterschieden werden. Balkenmähwerke arbeiten mit einem Scherenschnitt und Rotationsmähwerke mit einem freien Schnitt (s. Abb. 21).

Balkenmähwerke gibt es als Fingerbalkenmähwerke, bei denen die beweglichen Messer gegen feststehende Finger als Gegenschneide arbeiten. Die feststehenden Stahlfinger haben den Nachteil, daß sich lagerndes oder verfilztes Gras vor den Fingern staut und das Mähwerk verstopfen kann. Balkenmähwerke können auch

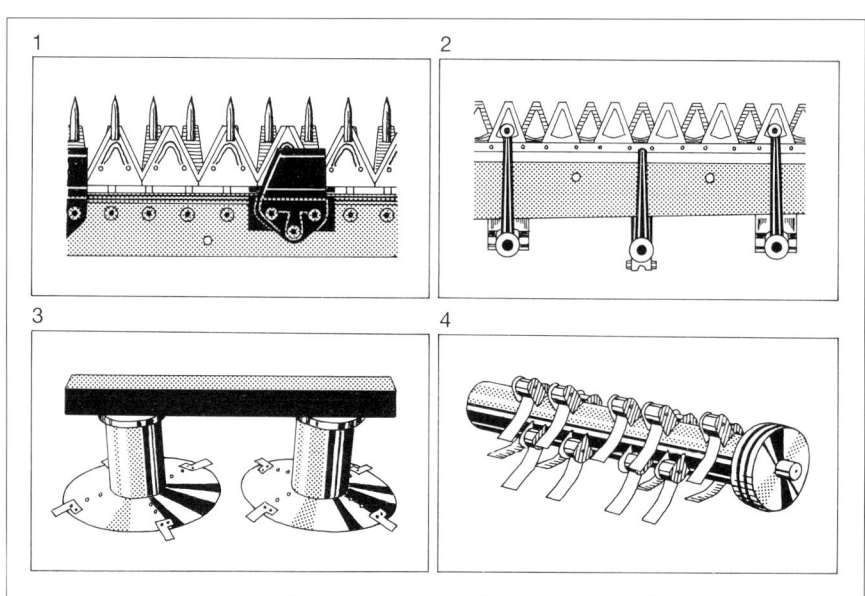

Abb. 21: Schematische Darstellung verschiedener Mähwerk-Typen
1 Fingermähwerk
2 Doppelmessermähwerk
3 Trommelmähwerk
4 Schlegelmähwerk
(ALSING 1993)

ein Doppelmessermähwerk ohne Stahlfinger haben. Hierbei sind die schneller schneidenden Messer gegenüber Fremdkörpern im Aufwuchs (z. B. Steine) nicht geschützt, haben aber den Vorteil, daß sie nicht verstopfen und die doppelte Arbeitsleistung gegenüber dem Fingermähwerk erbringen können. Die Arbeitsgeschwindigkeit beträgt zwischen 2,7 und 6,5 km/h, was einem Zeitbedarf von 1,3 bis 1,7 h/ha entspricht.

Rotationsmähwerke können mit Kreiselmäher oder Schlegelmäher (Mulchmäher) ausgestattet sein. Am häufigsten werden wegen ihrer Leistungsfähigkeit in der Landwirtschaft Kreiselmäher eingesetzt, die als Trommel- oder Tellermähwerk (= Scheibenmähwerk) gebaut werden. In der Biotoppflege werden Kreiselmäher vorwiegend bei der Feuchtwiesenmahd eingesetzt. Der Zeitbedarf beträgt etwa 1 bis 4 h/ha. In der Biotoppflege werden sie wegen der negativen Auswirkungen auf die Tierwelt, wegen des höheren Gewichtes und der schwierigeren Schnitthöhenverstellung schlechter bewertet als der Balkenmäher (s. Tabelle 32).

Schlegelmäher zerkleinern das Schnittgut (Mulchgut) auf eine Länge von etwa 5 bis 10 cm. Bei hohem und/oder feuchtem Aufwuchs kann das Schnittgut leicht Klumpen bilden. Mulchgeräte werden in sehr vielen Typen mit unterschiedlichen Leistungen hergestellt und können bei Entbuschungen bis 14 cm starke Gehölze zerkleinern.

Auswirkung der Mäh- und Mulcharbeiten auf Pflanzen und Tiere

Das Mulchgerät wird zur Weidepflege, zur Vorbereitung von Flächen zur Weidenutzung, wenn diese vorher brachgefallen waren, oder zur reinen Landschafts- und Biotoppflege eingesetzt. Bei weniger wüchsigen Böden wird die relativ geringe Menge der zerkleinerten Pflanzenreste während der Vegetationszeit mineralisiert (s. Pflegeversuch auf Borstgras-Wiesen in Kapitel 5.5.2). Bei nassen und sehr wüchsigen Standorten kann durch das Mulchen eine so große Pflanzenmasse anfallen, daß ein Verrotten während eines Jahres nicht möglich ist (SCHIEFER 1983). Durch die starke Mulchgutauflage ist das Wachstum der Pflanzen gehemmt, langfristig setzen sich nur wenige wuchskräftige Arten durch. Auf diesen Flächen ist daher eine Mahd oder ein Mulchen mit anschließender Entnahme des Schnitt- oder Mulchgutes erforderlich. Zur Schonung der Tiere ist die Mahd dem Mulchen vorzuziehen. Bei Grund- bzw. Erstpflege auf Brachen werden oft Mulchgeräte eingesetzt. Diese Maschinen sind den Leistungsanforderungen bei der Bearbeitung eher gewachsen als relativ

Tab. 32: **Auswirkungen von Balken- oder Kreiselmähereinsatz bei der Mahd auf Heuschrekkenpopulationen des Grünlandes (Quelle: v. NORDHEIM 1992, nach WILKE unveröffentlicht)**

Ort	Mähertyp	Schnitttiefe (cm)	Ges. Indiv./ 100 m^2	Beschädigt/ 100 m^2	Beschädigt/ 100 m^2 (%)
Wiese/ Dibbesdorf 2. Mahd, 21.08.1991	Kreiselmäher (4-Teller)	6	129,5	38,6	29,8
	Balkenmäher (Doppelmesser)	6	120,4	6,8	5,6
Wiese/ Scheppau 1. Mahd, 13.08.1991	Kreiselmäher (4-Teller)	6	17,5	5	28,5
	Balkenmäher (Doppelmesser)	6	17,5	0	0
Wiese/ Hülperode 2. Mahd, 31.08.1991	Kreiselmäher (2-Teller)	3	28	10	34,7

Abb. 22: Mulchgut aus Gräsern, Kräutern und Gehölzen, das zusammengerecht wurde und von der Fläche abgefahren wird, um eine Aushagerung zu bewirken.

empfindliche Mähgeräte. Durch das Mulchen wird eine Anhäufung von Altgras und Narbenverfilzung verhindert. Ein turnusmäßiger Wechsel zwischen Heuschnitt und Mulchen (z. B. zwei Jahre Mulchen, im dritten Jahr Heuschnitt) wirkt sich in der Bestandszusammensetzung einer Borstgras-Wiese ähnlich wie Heuschnitt aus. Der eingeschobene Heuschnitt scheint die Düngewirkung der Mulchschnitte aufzufangen und einen ähnlich starken Aushagerungseffekt wie bei jährlichem Heuschnitt zu bewirken (BÖTTNER 1992). Bei der Pflegenutzung

Abb. 23: Ein Mulchgerät zur Beseitigung von Grasaufwuchs und Gehölzen auf einem verbuschten Magerrasen. Durch den niedrig liegenden Schwerpunkt des Gerätes können auch Steillagen bearbeitet werden.

auf weniger wüchsigen Standorten kann es zweckmäßig sein, Heuschnitt und Mulchen mit Belassen des Mulchgutes auf der Fläche jahrweise abzuwechseln. Mit Rücksicht auf die Tierwelt sollte die Mahd bzw. das Mulchen jeweils nur auf Teilflächen erfolgen. Hiervon profitieren auch Pflanzen, die zu unterschiedlichen Zeiten reifen und aussamen. Innerhalb eines Pflegegebietes sollten die beiden Pflegenutzungsmaßnahmen räumlich und zeitlich versetzt werden. Die räumliche Trennung kann sich z. B. an historischen Nutzungsflächen orientieren oder sollte durch Abgrenzung kleinerer Flächen von etwa 1000 bis 5000 m² oder auch von Streifen, die pflegetechnisch und naturschutzökonomisch als Pflegeeinheit gut zu bearbeiten sind, erfolgen. Auf Flächen mit geringem Aufwuchs, die nicht mehr genutzt werden, aber aus Gründen des Naturschutzes gepflegt werden sollen,

kann durch das jährliche Mulchen die Artenvielfalt der Pflanzen erhalten werden, wobei Mengenverschiebungen auftreten (BÖTTNER 1992).

Für Kleintiere (z. B. Insekten), die an und in den Pflanzen leben, kann sich das Mulchen tötlich auswirken (v. NORDHEIM 1992). Großflächiges und jährliches Mulchen auf der gleichen Fläche sollte aus Gründen des Artenschutzes für Tiere vermieden werden. Günstiger ist das Mähen, da hierbei das Schnittgut nicht zerkleinert wird. Ein Liegenlassen des Mähgutes für einige Zeit (mehrere Stunden oder bis zum nächsten Tag) kann bewirken, daß Kleintiere das Mähgut verlassen und in den Stoppelbereich oder im Randbereich gelegene, ungemähte Streifen oder Flächen ausweichen. Auswirkungen von Balken- oder Kreiselmähereinsatz bei der Mahd auf Heuschreckenpopulationen des Grünlandes sind in Tabelle 32 dargestellt.

9 Methoden der Erfassung und Bewertung von Grünlandflächen

9.1 Bestandserfassungen

9.1.1 Biotopkartierung

Zur Erfassung schutzwürdiger Biotope und Gebiete werden in Deutschland seit den 70er Jahren in den alten Bundesländern **Biotopkartierungen** durchgeführt, die meisten bereits im zweiten Durchgang; die neuen Bundesländer haben in den 90er Jahren mit der Biotopkartierung begonnen.

Bei der Biotopkartierung werden vorwiegend besonders wertvolle Biotope (s. Kapitel 3.1) erfaßt, das sind vor allem die nach § 20c des Bundesnaturschutzgesetzes (BNatSchG) und die von den Ländern in den Ausführungsgesetzen festgelegten Biotope. Sie nehmen im Durchschnitt etwa drei bis fünf Prozent der Landesfläche ein. Flächendeckende Biotopkartierungen beschränken sich bisher nur auf einzelne Städte oder Gebiete, wie die bayerische Alpenbiotopkartierung oberhalb der Waldgrenze.

Die Kartiereinheiten (Biotope) für die Erfassungen werden in der Regel durch standardisierte Datensätze für eine EDV-Speicherung beschrieben, die sich in den einzelnen Bundesländern deutlich unterscheiden, aber einheitlichen Informationstypen zugeordnet werden:

– Kartenblatt und fortlaufende Biotopnummer,
– allgemeine Information über Lage, Verwaltungszugehörigkeit, Schutzstatus usw.,
– Biotoptyp,
– Datenfelder, in denen schlagwortartig eine Beschreibung erfolgt (z.B. Struktur, Flächengröße, Vegetation, Nutzungen),
– Tier- und Pflanzenarten (meist Auswahl von wertbestimmenden Arten).

Für die Kartendarstellung werden am häufigsten Topographische Karten im Maßstab 1 : 25000 und 1 : 5000 verwendet.

Der große Vorteil der Erfassung naturschutzrelevanter Daten durch Biotopkartierungen der Bundesländer besteht in einer relativ schnellen landesweiten und landeseinheitlichen EDV-gestützten Information, die für viele Planungs- und Naturschutzanwendungsbereiche genutzt werden können, wie:

– Landschaftsrahmenpläne und regionale Raumordnungspläne,
– Umweltverträglichkeitsprüfungen,
– Ausweisung von Schutzgebieten,
– Flächennutzungspläne, Bebauungspläne und Landschaftspläne,
– Eingriffs- und Ausgleichsregelung,
– Entwicklung von Biotopverbundkonzepten,
– Erfassung und Dokumentation von Landschaftsveränderungen,
– Planung und Umsetzung von Naturschutzprogrammen (z.B. Vertragsnaturschutz und Grünlandextensivierungen).

Eine Landesbiotopkartierung muß als Rahmenprogramm für weiterführende vertiefende Planungen und Naturschutzmaßnahmen gesehen werden. Sie kann durch die geringen Zeitvorgaben für die Erfassung, die wegen der vorgesehenen Aktualität in den Ländern meist nur mit wenigen Jahren Kartierzeit angesetzt sind, in der Regel folgende Leistungen nicht erbringen:

- genaue Abgrenzung der Biotope im Flurkartenmaßstab,
- umfassende Erfassung der Biozönosen,
- Einbindung anderer Fachgebiete, die besonders für eine Pflegenutzung unverzichtbar sind (z. B. Landwirtschaft),
- qualitative und quantitative Erfassung aller seltenen und bestandsbedrohten Arten (Artenkartierung),
- Durchführung von pflanzensoziologischen Aufnahmen zur Erfassung naturraumgebundener Vegetationseinheiten,
- Kartierung der potentiellen natürlichen Vegetation,
- Erfassung von Arten- und Vegetationsfluktuationen, die sich vor allem aus witterungs- und nutzungsbedingten Umwelteinflüssen ergeben.

Die Erfahrungen der Kartierung naturschutzrelevanter Bereiche in den einzelnen Bundesländern oder kleineren Gebietseinheiten wurden von der Bundesforschungsanstalt für Naturschutz und Landschaftsökologie ausgewertet und 1993 ein Biotoptypenverzeichnis für die Bundesrepublik Deutschland veröffentlicht (RIECKEN et al. 1993). Darauf wird auch in Tabelle 33 eingegangen. Zielsetzung dieser Arbeit ist eine bessere bundesweite Vergleichbarkeit der Biotopkartierungen und -erhebungen insbesondere für die fachliche Umsetzung nationaler und internationaler Biotopschutzbestrebungen, was für die Landwirtschaft und die extensive Grünlandnutzung von wesentlicher Bedeutung ist.

Tabelle 33 gibt die Auflistung der Biotoptypen, die das Grünland betreffen in den ersten zwei Gliederungsebenen wieder. Für die meisten Biotoptypen sind ein bis zwei weitere Gliederungsebenen ausgewiesen, die z. B. hinsichtlich Arealzugehörigkeit, Höhenlage, Eutrophie, Nutzungsart und Silikat- oder Karbonatgehalt des Bodens differenziert sind.

Ein zusätzliches Verzeichnis in der oben genannten Arbeit gibt Differenzierungskriterien an, die durch Buchstaben-Zahlenkombinationen eine gute EDV-Auswertung ermöglichen.

Tab. 33: Biotoptypen des Grünlandes und grünlandähnlicher Standorte (RIECKEN et al. 1993, Auszug)

07.	**Salzgrünland der Nordsee**
07.01	Andel-Rasen der Nordsee
07.02	höher gelegene Salzwiesen und -weiden der Nordsee (z.B. Rotschwingel- und Boddenbinsen-Rasen)
08.	**Salzgrünland der Ostsee und der Strandseen**
08.01	ungenutztes Salzgrünland der Ostsee bzw. der Strandseen
08.02	genutztes Salzgrünland der Ostsee bzw. der Strandseen
10.	**Küstendünen**
10.01	Binsenquecken-Vordüne
10.02	Strandhafer-Weißdüne
10.03	Dünenrasen (Graudüne)
10.04	Küstendünenheiden (Braundüne)
10.05	Feuchtes/nasses Dünental, incl. Dünenmoor (Komplex)
10.06	Dünengebüsch (z. B. Sanddorn-Gebüsch, *Rosa rugosa*-Gebüsch, Kriechweiden-Gebüsch)
34.	**Natürliche Trockenrasen und Grünland trockener bis frischer Standorte**
34.01	natürliche Trockenrasen (überwiegend auf Fels und Felsgrus) natürlicherweise waldfreie Standorte
34.02	Halbtrockenrasen (überwiegend auf flach- bis mittelgründigen Böden) durch anthropogene Nutzung (Beweidung, Mahd) sekundär waldfreie Standorte
34.03	natürlicher Steppenrasen (kontinental, auf tiefgründigem Boden)
34.04	Sandtrockenrasen

Tab. 33:	Biotoptypen des Grünlandes und grünlandähnlicher Standorte (RIECKEN et al. 1993, Auszug)

34.05	Schwermetallrasen
34.06	Borstgras-Rasen
34.07	artenreiches Grünland frischer (mäßig trockener bis mäßig feuchter) Standorte
34.08	artenarmes Intensivgrünland frischer Standorte
34.09	Tritt- und Parkrasen
35.	**Waldfreie Niedermoore und Sümpfe, Grünland nasser bis feuchter Standorte**
35.01	waldfreie, oligo- bis mesotrophe Niedermoore und Sümpfe (incl. Quellsümpfe)
35.02	Grünland nasser bis (wechsel-)feuchter Standorte
35.03	Salzrasen des Binnenlandes
36.	**Hoch- und Übergangsmoore**
36.01	Hochmoore (intakt)
36.02	Übergangs- oder Zwischenmoore
36.03	Moordegenerationsstadien (durch Entwässerung und/oder Eutrophierung degeneriert)
37.	**Großseggen-Riede**
37.01	bultige Seggen-Riede
37.02	rasige Seggen-Riede
38.	**Röhrichte**
38.01	Teichsimsen-Röhricht
38.02	Schilf-Röhricht
38.03	Rohrkolben-Röhricht
38.04	Schneiden-Röhricht
38.05	Wasserschwaden-Röhricht (mit *Glyceria maxima*, Großer Schwaden)
38.06	Rohrglanzgras-Röhricht
38.07	sonstige Röhrichte (z.B. mit *Sparganium* spec. (Igelkolben), *Alisma plantago-aquatica* (Froschlöffel), *Butomus umbellatus* (Schwanenblume), *Acorus calamus* (Kalmus)
	Sonstige Binsen-, Waldsimsen- und hochwüchsige Süßgrasbestände (z.B. *Calamagrotis-canescens*, Sumpfreitgras) sind unter 35.02 einzuordnen.
39.	**Staudenfluren, Ufer- und Waldsäume**
39.01	krautige Ufersäume und -fluren an Gewässern Neophyten-Staudenfluren siehe 39.06
39.03	Außensäume (an Wald- und Gehölzrändern zum Offenland)
39.05	Staudensäume und -fluren der offenen Landschaft Hier sind v.a. lineare und kleinflächige Staudenfluren z.B. entlang von Feldrainen einzu-ordnen, nicht jedoch flächige Grünlandbrachen, bei denen als vorübergehende Sukzes-sionsstadium hochstaudenreiche Flächen (besonders im Feuchtgrünland) auftreten kön-nen (vgl. Brachestadien von 34. und 35.).
39.06	Neophyten-Staudenfluren [geprägt z. B. von *Solidago* spec. (Goldrute), *Polygonum cuspidatum* (Staudenknöterich), *Helianthus tuberosus* (Topinambur)]
39.07	Ruderalstandorte z.B. Echio-Melilotetum u. Dauco-Picridetum
40.	**Zwergstrauchheiden**
40.01	Felsbandheide
40.02	Moor- oder Sumpfheide [(z.B. mit *Erica tetralix* (Glockenheide), *Vaccinium uliginosum* (Moorbeere)]
40.03	Heide auf sandigem Boden *(Calluna*-Heiden)
40.04	Bergheide [(»Hochheide« mit *Vaccinium myrtillus* (Heidelbeere), *Vaccinium vitis-idaea* (Preiselbeere), z.T. *Calluna vulgaris* (Besenheide)]
	Küstendünenheiden siehe 10.04

9.1.2 Pflanzensoziologische Erfassungen

Die meisten pflanzensoziologischen Erfassungen in Deutschland wurden nach der Methode von BRAUN-BLANQUET (1964) durchgeführt. Ein großräumiger Vergleich von Vegetationstabellen ist daher am ehesten nach dieser Methode möglich. Einen Schlüssel zum Bestimmen der Pflanzengesellschaften hat RUNGE im Jahr 1990 in der Schrift »Die Pflanzengesellschaften Mitteleuropas« herausgegeben. Ein großer Teil der Pflanzengesellschaften kann hiernach bis zur Gliederungsstufe der Assoziation zugeordnet werden. Die Gesellschaftseinheiten, von denen die wichtigsten des Grünlandes im Kapitel 3.2 beschrieben sind, werden nach folgender systematischer Gliederung geordnet:

Gruppe: (Formation)	Von Menschen und Tieren geprägte Heiden und Rasen
Klasse:	Kalk-Magerrasen, Festuco Brometea
Ordnung:	Brometalia
Verband:	Mesobromion
Assoziation:	Enzian-Schiller-Gras-Rasen, Gentiano-Koelerietum
Subassoziation:	Gentiano Koelerietum-trisetosum
Variante (Rasse):	Parnassia-Variante
Fazies: (Subvariante)	Typische Subvariante

Die **Vegetationserfassungen** im Grünland basieren auf Untersuchungen von Probeflächen, die eine Größe von etwa 1 bis 50 m², im Durchschnitt 25 m², haben. Die Menge (= Artmächtigkeit) der einzelnen Arten besteht aus einer kombinierten Schätzung von Individuenzahl (Abundanz) und Deckungsgrad (Dominanz) und wird in 6 Stufen angegeben (POTT 1992):

+: <5 % der Fläche deckend, aber nur 1 bis wenige Individuen,

1: <5 % der Fläche deckend, aber zahlreiche Individuen,

2: 5 bis 25% der Fläche deckend,

3: 26 bis 50% der Fläche deckend,

4: 51 bis 75% der Fläche deckend,

5: > 75% der Fläche deckend.

Für die Dokumentation der Vegetation sind pflanzensoziologische Aufnahmen nach der Methode von BRAUN-BLANQUET unverzichtbar. Es darf aber nicht übersehen werden, daß die Anwendung dieser Probeflächen-Methode auf Teilflächen von Pflegeeinheiten in der Naturschutzpraxis erhebliche Probleme bereitet, weil:

1. meist nicht nachvollziehbar ist, für welche Flächengröße und welchen Grad der Homogenität die Vegetationsaufnahme eine Aussage trifft bzw. repräsentativ ist,

2. oft kleinflächig eine starke Durchmischung verschiedener Gesellschaften, auch auf Klassen- oder Formationsebene zu beobachten ist, die nach dieser Methode ausgeklammert werden,

3. viele Arten herdenartig oder in sehr unterschiedlichen Verteilungsmustern verbreitet sind, was durch Probeflächen kaum erfaßt werden kann,

4. die Häufigkeitsstufen unbefriedigend gestaffelt sind (z.B. bei Stufe 2 : 5 bis 25 %, entspricht einer fünffachen Häufigkeit, die noch mit der gleichen Stufe erfaßt ist),

5. der Aufwand für die kleinen Probeflächen im Verhältnis zum geringen Aussagewert für eine Pflegeeinheit sehr groß ist.

Erfahrene Vegetationskundler können ohne Vegetationsaufnahmen eine (grobe) Einstufung eines Pflanzenbestandes in das pflanzensoziologische System vornehmen.

Bei der pflanzensoziologischen Erfassung größerer Grünlandgebiete werden zur besseren Übersicht Komplexe mit dominanten oder subdominanten Vegetationstypen kartiert oder verschiedene Vegetationstypen zu Haupteinheiten zusammengefaßt, z. B. »Die Erfassung der Grünlandvegetation in den Loisach-Kochelsee-Mooren« durch GANZERT (1990, 1991).

9.1.3 Erfassung von Arten und phäno-
logischen Daten

Die umfassendsten Datenerhebungen über die Verbreitung der Arten liegen über die Farn- und Blütenpflanzen vor. In den westlichen Bundesländern wurden die Geländeerhebungen in den Jahren 1967 bis 1980 durchgeführt und die Verbreitungskarten mit Rastern der Topographischen Karten 1 : 25000 im »Atlas der Farn- und Blütenpflanzen der Bundesrepublik Deutschland« (HAEUPLER & SCHÖNFELDER 1988, 1989) bereits in der zweiten Auflage veröffentlicht.

In einigen Bundesländern wurden inzwischen feinere **Kartierungen** der Gefäßpflanzen durchgeführt und in Karten- und Textwerken herausgegeben: Schleswig-Holstein (RAABE 1987), Baden-Württemberg (SEBALD et al. 1990–1992), Bayern (SCHÖNFELDER & BRESINSKY 1990). Zahlreiche Veröffentlichungen behandeln nur einzelne Regionen oder Kreisgebiete, und oft sind nur einzelne Artengruppen, z. B. Orchideen oder gefährdete Gefäßpflanzenarten, berücksichtigt.

Die veröffentlichten floristischen Erfassungsdaten auf regionaler und überregionaler Ebene sind die wichtigsten Orientierungshilfen für die Bewertung der Vegetationsbestände in den Grünlandflächen aus der Sicht des Naturschutzes.

Die Erhebungen über Gefäßpflanzen im Bereich des Extensivgrünlandes haben vor allem folgende Zielsetzung:

1. Erfassung von seltenen, bedrohten und schützwürdigen Arten mit Bestandsgrößen und -veränderungen sowie exakten Fundortdaten,
2. Erhebung schwer unterscheidbarer oder bisher übersehener Arten,
3. Zuordnung der Daten zu Pflegeeinheiten, die im Rahmen des Naturschutzes festgelegt sind (s. Kapitel 9.1.4),
4. Erhebung phänologischer Daten zur Erfassung von Blühwellen nach Artzugehörigkeit, Zeitraum, Blütenmenge und Pflegeeinheiten als Grund-

lage z. B. für den zoologischen Artenschutz, den Erlebniswert und die Steuerung der Nutzungszeiten und -arten. Die phänologische Erfassung dient auch der Bestimmung von Arten, die sich morphologisch nicht oder kaum unterscheiden lassen (z. B. verschiedene Blüharten von *Geranium pratense*).

5. Erfassung der Arten nach **Blühphasen** im Abstand von einem oder wenigen Tagen in den Hauptblühzeiten von März bis September (KRATOCHWIL 1983), gegebenenfalls mit Zuordnung der blütenbesuchenden Insekten in ausgewählten Grünlandgebieten als Vertiefung der phänologischen Datenerhebung zu Punkt 4 und gegebenenfalls Verfeinerung von Pflegekonzepten.

Als Arbeitshilfe für die floristischen Kartierungen der Farn- und Blütenpflanzen werden von den zuständigen Landesämtern und der »Zentralstelle der Floristischen Kartierung in Deutschland« Kartierungsbögen herausgegeben, die eine einheitliche Erfassung und Auswertung des Datenmaterials ermöglichen (BERGMEIER 1992).

Für die Kartierung weiterer Pflanzenarten (z. B. Moose und Flechten) sind in der Regel Spezialisten einzusetzen. Bei der Erfassung der Pflegeeinheiten werden diese Arten aber wenigstens quantitativ zusammengefaßt (s. Kapitel 9.1.4).

Zur Bewertung von Grünlandbiotopen ist neben der Erfassung der Vegetation eine Untersuchung der Tierwelt notwendig. Hierzu werden die für die einzelnen Biotoptypen indikatorisch bedeutsamen Tierarten erfaßt. RIECKEN (1992) schlägt ein Mindestprogramm für faunistisch-ökologische Erhebungen vor (s. Tab. 34). Anhand des Vorkommens oder Nicht-Vorkommens von Arten lassen sich Aussagen über die Großflächigkeit, Vollständigkeit der typischen Strukturen, die Nutzungsintensität, die Störungsfreiheit und andere Parameter machen, die zu einer Bewertung des Gebietes führen. Eine Auflistung zoologisch bedeutsamer Bio-

Tab. 34: Mindestprogramm für faunistisch-ökologische Erhebungen (zusammengestellt nach RIECKEN 1992)					
	Hoch- und Zwischenmoore	Röhrichte u. Groß-seggen-Riede	trockene Zwerg-strauch-Heiden	trockene Magerrasen	Wirtschafts-grünland
Vögel *(Aves)*	×	×	×	(×)	×
Lurche *(Amphibia)*	×				×
Kriechtiere *(Reptilia)*				×	
Schmetterlinge *(Lepidoptera)* v. a. Tagfalter	×	×	×	×	×
Laufkäfer *(Carabidae)*	×	×	×	×	×
Springschrecken *(Saltatoria)*	×	×	×	×	×
Hautflügler *(Hymneoptera)* v. a. Wegwespen *(Pompilidae)* u. Grabwespen *(Sphecidae)*			×	×	×
Spinnen *(Araneae)* v. a. Radnetzspinnen *(Araneidae)*		×	×	×	×
Ameisen *(Formicidae)*	×				
Libellen *(Odonata)*	×	×			

toptypen und Habitatqualitäten einschließlich typischer Tierarten ist in der Arbeit »Biotope für Tiere in Mitteleuropa« (RIECKEN & BLAB 1989) zu finden.

9.1.4 Erfassung der Pflegeeinheiten

Die Methodik der Erfassung und Abgrenzung von Pflegeeinheiten in Grünlandgebieten, die sehr unterschiedlich strukturiert sind, ist im Naturschutz bisher wenig entwickelt. Dies liegt vor allem an der Problematik der Zusammenführung sehr unterschiedlicher Wissensbereiche in Text- und Kartenwerken (z. B. Zoologie, Botanik, Pflegetechnik, Naturschutz- und Landwirtschaftsökonomie). In strukturreichen Gebieten mit Magerrasen, Heiden, Grünland und Sukzessionsflächen

wurde von NITSCHE (1993) in Hessen ein Biotoppflegesystem entwickelt, daß eine Flächengliederung in Anlehnung an die forstliche Gliederung der Maßnahmeneinheiten in Abteilungen, Unterabteilungen, Unterflächen und Hilfsflächen vorsieht (s. Abb. 24). Eine grobe Kartierung (z. B. Biotopkartierung im Maßstab 1 : 25 000) kann bei diesem Gliederungssystem in sehr viele kleine Bereiche, die für den Arten- und Biotopschutz wichtig sind, untergliedert werden. Die Flächenzuordnung von Beobachtungen hat sich mit diesem Gliederungssystem bewährt und ist auch in zweifarbigen Karten übersichtlich darstellbar.

Für die Erfassung der wichtigsten Daten im Bereich einer Pflegeeinheit wird das in Abbildung 25 gezeigte Formular zur ökologischen Erhebung benutzt.

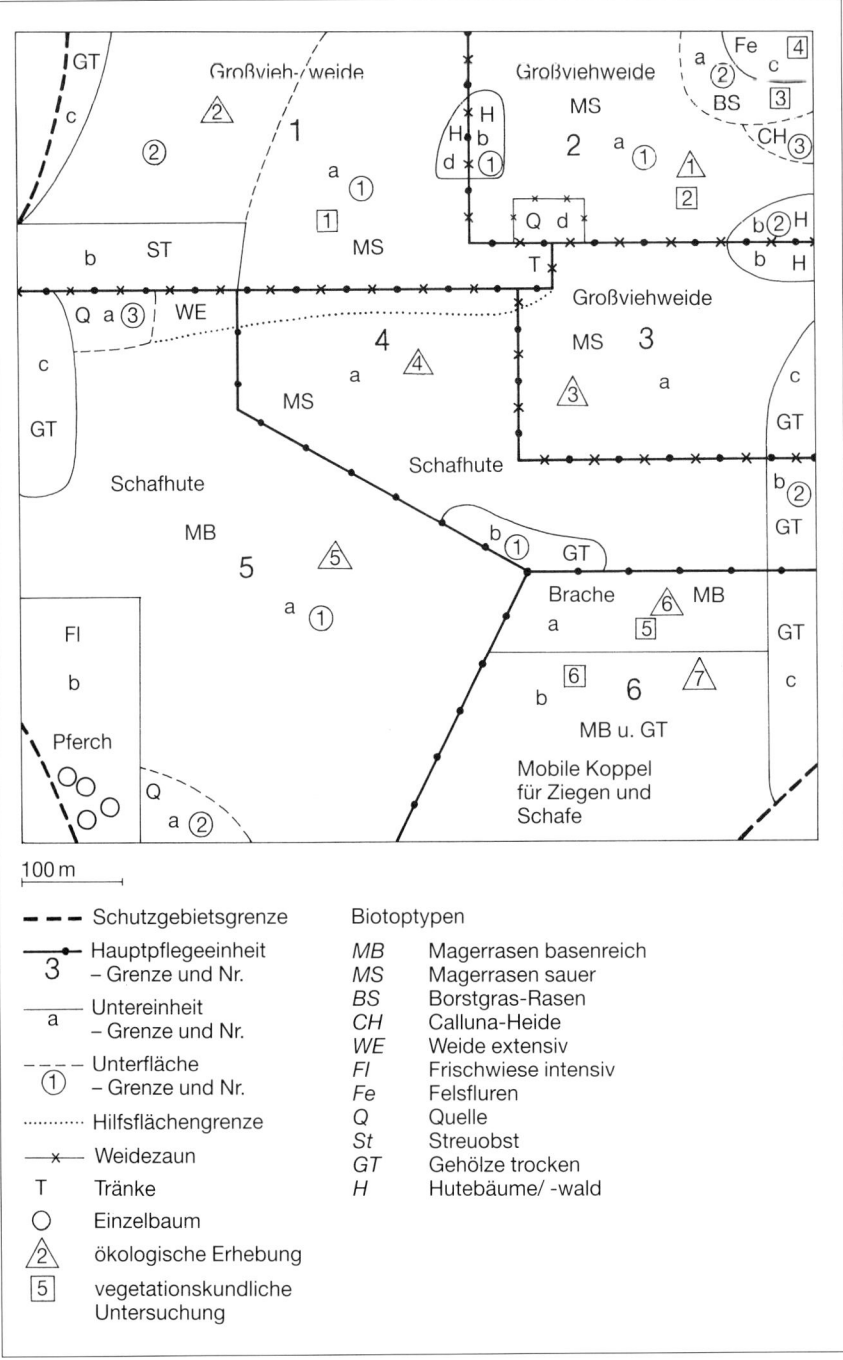

Abb. 24: Abgrenzung von Pflegeeinheiten in einem Magerrasengebiet. Beispiel für eine Naturschutzgrundkarte mit Eintragung von Biotoptypen, Vegetationserfassungen, Nutzungen und Strukturen. Kartenausschnitt 60 ha; Maßstab 1 : 5000 (NITSCHE 1993).

Abb. 25: Ökologische Erhebung: Magerrasen, Heiden, Grünland, Sukzessionsflächen (NITSCHE 1993).

Hessisches Biotoppflegesystem 1992

Ordnungs-Nr.

5. Ökologische Erhebung: MAGERRASEN, HEIDEN, GRÜNLAND, SUKZESSIONSFLÄCHEN

Name des Projektes, Nr.	Bearbeiter	Datum	Institution
Kreis	Gemeinde(n)		Gemarkung(en)
Flur(en) -stück(e) Abt.	Größe ha/m²		Programm, Laufzeit
TK 25 Nr. Quadrant	Rechts-	Hochwert	Naturraum

Schicht	Bäume > 6m	Gehöl- ze bis 6m	Gräser, Grasar- tige	Kräuter Farne	Moose Flechten Pilze	Nekro- masse	ohne Veg.	
Deckung	%	%	%				%	Seehöhe: Expos..: Inkl.: Bodenart:
Masse	–	–	%	%	%	%	–	Bodentyp:
Höhe Ø von bis	m	cm	cm	cm	cm	cm	–	Humus: Steine:

Biotoptyp(en)

Aspekt(e)

	%	Gräser	F	N	W	%	Kräuter+Farne	F	N	W	%	Gehölze	Fauna
		100% Pflanzenmasse										100% Deckung	
1													
2													
3													
4													
5													
6													
7													
8													
9													
10													
11													
12													
13													
14													
15													
16													
17													
18													
19													
20													
21													
22													
23													
24													
25											Durchschn. Zeigerwerte:		
26											Feuchtezahl (F):		
27											Stickstoffzahl (N):		
28											Futterwert (W):		
29											Naturschutzwert:		
30											Schutzstatus:		

Pflege, Bewirtschaftung:

Sonstiges:

Anlagen:

Linie beobachteten Individuen eines Lebensraumes werden registriert. Die Wahrnehmung kann optisch oder auch akustisch wie beispielsweise bei Vögeln *(Aves)* oder Heuschrecken *(Saltatoria)* sein. Bei der Erfassung werden in der Regel Individuen innerhalb eines Streifens mit einer vorgegebenen Breite aufgenommen (Streifentaxierung).

Vegetationsbestände von Pflegeeinheiten im Grünland können durch Streifentransekte erfaßt werden, die 100 bis mehrere 1000 m² umfassen können. Bei größeren Flächen innerhalb eines Streifens wird man nicht alle Arten auffinden und sich auf charakteristische und dominante sowie seltene und bedrohte Pflanzenarten konzentrieren und sie möglichst nach Schätzungen der Massenprozentanteile aufnehmen. Für seltene und bedrohte Pflanzen ist die Ermittlung der Individuenzahlen anzustreben.

Vegetationstransekte (= Vegetationsprofile) werden entlang von ökologischen Gradienten (z. B. mit unterschiedlicher Feuchte, Wärme oder Eutrophie) angelegt (SCHAEFER 1992).

9.1.7 Strukturierung und Diversität

Die Strukturierung des Grünlandes befaßt sich vorwiegend mit den Schichten in unterschiedlichen Höhen und mit der Dichte des Aufwuchses. Die Ergebnisse sind wichtig für unterschiedliche Nutzungs-

eignungen oder für die Bewertung als Lebensraum für Tiere (Abb. 3 in Kapitel 4.1). Für die Erfassung der Bestandesstruktur aus landwirtschaftlicher Sicht hat sich bei genaueren Probeflächenuntersuchungen die Gliederung der Deckungswerte (ausgedrückt in Prozent) in vier Schichten bewährt (BRIEMLE 1992):

– Oberschicht über 50cm Höhe
– Mittelschicht 25 bis 50cm Höhe
– Unterschicht 10 bis 25cm Höhe
– Bodenschicht bis 10cm Höhe.

Bei Magerrasen liegt der Schwerpunkt der Deckungsprozente in der Boden- und Unterschicht, bei Fettwiesen in der Ober- und Mittelschicht. Strukturreiche Grünlandbestände haben eine pyramidenförmige Schichtung, Glatthaferbestände eine pilzförmige Schichtung. Im Laufe eines Jahres kann die Schichtung stark schwanken.

Bei einer einfacheren schnelleren Erfassung der Pflegeeinheiten (NITSCHE 1993) kann ein durchschnittlicher Mittelwert der Höhe in cm angegeben werden (z. B. Magerrasen 12 cm), darunter erfolgt die Angabe der durchschnittlichen Unter- und Oberhöhen (z. B. Magerrasen 5 bis 40 cm) (s. Kapitel 9.1.4). Für Tierlebensräume ist bei der Habitatbeschreibung eine Darstellung der Schichten in Abständen von 10 cm aussagefähiger.

Die Diversität (= Mannigfaltigkeit) kann sich auf die Artenvielfalt (= Arten-

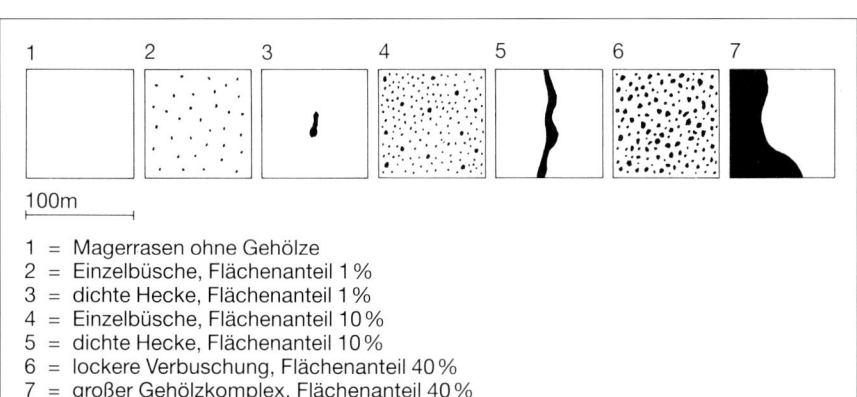

Abb. 26: Verteilungsmuster von Gehölzen in Magerrasen mit unterschiedlichen Sukzessionsstadien, dargestellt ist jeweils ein Hektar (NITSCHE 1990).

100m

1 = Magerrasen ohne Gehölze
2 = Einzelbüsche, Flächenanteil 1 %
3 = dichte Hecke, Flächenanteil 1 %
4 = Einzelbüsche, Flächenanteil 10 %
5 = dichte Hecke, Flächenanteil 10 %
6 = lockere Verbuschung, Flächenanteil 40 %
7 = großer Gehölzkomplex, Flächenanteil 40 %

diversität) oder auf Strukturen beziehen (= Strukturdiversität). Viele Tierarten benötigen bestimmte Strukturen in ihrem Lebensraum. Die Strukturdiversität kann sich auf die Schichten der Vegetation beziehen, die relativ gleichförmig sein oder einem starkem Wechsel unterliegen kann. Auch vegetationsfreie Stellen und Kleinstrukturen wie Abbruchkanten, Mulden, Erhebungen, Steinhaufen oder temporäre Gewässer prägen die Strukturdiversität eines Lebensraumes. Vögel *(Aves)* benötigen z. B. Sitzwarten (wie Einzelbüsche, Zäune, Pfähle oder höhere Stauden) oder Pfade und lockeren Aufwuchs, damit die Nahrungssuche erleichtert ist.

Wie bereits aus den Abbildungen 5 und 26 ersichtlich, können in Grünland auch sehr unterschiedliche Gehölzstrukturen eingestreut sein (NITSCHE 1990) mit unterschiedlichen Verteilungsmustern, die bestimmten Vögeln Lebensraum bieten.

9.1.8 Zeigerwerte für ökologische Faktoren

Aussagen über ökologische Faktoren eines Grünlandbiotops lassen sich nach der Erfassung des Pflanzenbestandes über die Zeigerwerte der Pflanzen herleiten. Die »Zeigerwerte von Pflanzen in Mitteleuropa« (ELLENBERG et al. 1991) liefern bei jeder Pflanze für die ökologischen Faktoren Licht, Temperatur, Kontinentalität, Feuchte, Reaktion, Stickstoff, Salz und Schwermetallresistenz einen Wert.

Anhand des Vorkommens der Arten in einem Pflanzenbestand läßt sich der mittlere **Zeigerwert** für die einzelnen ökologischen Faktoren des **Bestandes** berechnen. Hierbei gibt es die Möglichkeit der qualitativen und der quantitativen Berechnung. Bei der qualitativen Berechnung zählt nur das Vorhandensein einer Art, während bei der quantitativen Berechnung der Mengenanteil der Art am Gesamtbestand berücksichtigt wird.

Nachfolgend ein einfaches Beispiel für eine qualitative Berechnung:

10	Arten mit Zeigerwert 4	$10 \times 4 = 40$
12	Arten mit Zeigerwert 3	$12 \times 3 = 36$
5	Arten mit Zeigerwert 2	$5 \times 2 = 10$
3	Arten mit Zeigerwert 5	$5 \times 3 = 15$
30	Arten	$101 : 30 = 3,4$

Der mittlere Zeigerwert dieses Bestandes beträgt 3,4.

Die quantitative Berechnung der mittleren Zeigerwerte ist aufwendiger:

Mengen-anteil	Art	Zeiger-wert	Berechnung
30%	1	4	$30 \times 4 = 120$
25%	2	4	$25 \times 4 = 100$
15%	3	3	$15 \times 3 = 45$
5%	4	5	$5 \times 4 = 20$
2%	5	4	$2 \times 4 = 8$
3%	6 – 8	3	$3 \times 3 = 9$
20%	9 – 20	4	$20 \times 4 = 80$
100%			$382 : 100 = 3,8$

Bei der quantitativen Mittelwertberechnung werden die nur in geringer Menge vorkommenden Arten, die aber eine hohe Zeigerwertfunktion haben können (z.B. Orchideen), weniger berücksichtigt als dominante Arten (z.B. Fieder-Zwenke). In artenarmen Beständen finden bei der qualitativen Berechnung zufällig im Bestand vorkommende Arten eine stärkere Gewichtung als ihnen zukommt. Bei artenreichen Beständen weichen die Ergebnisse beider Berechnungsweisen in der Regel nur wenig voneinander ab (ELLENBERG et al.1991). Erfahrene Vegetationskundler können sich zur schnelleren Erfassung von Zeigerwerten an wenigen Arten orientieren, die eine wichtige Zeigerfunktion haben. In der Regel erfolgt hierbei eine Gewichtung nach Masse und/oder hohem Aussagewert; hierbei handelt es sich aber um Schätzungen.

Die mittleren Zeigerwerte eines Bestandes gelten nur für die tatsächliche Aufnahmefläche, z. B. Probefläche oder Erfassung der gesamten Pflegefläche (s. Kapitel 9.1.4). Sie dürfen von Teilflächen einer Pflegefläche nicht auf die Geamtfläche übertragen werden, wenn diese unhomogen ist. In Flußauen, bei denen auf geringen Entfernungen durch Flußaufschüttungen und Mulden extreme Standortunterschiede herrschen, verbietet

Tab. 35: Stufen der Futterwerte von Pflanzen

WZ nach NITSCHE (1993)	Beschreibung	Beispiel-Arten Deutscher Name	Botanischer Name	WZ nach KLAPP (1965)
1	giftig/ gesundheitsschädlich	Brennender Hahnenfuß, Herbstzeitlose, Sumpf-Schachtelhalm, Augentrost	*Ranunculus flammula* *Colchicum autumnale* *Equisetum palustre* *Euphrasia* spec.	−1
2	geringstwertig (werden nur teilweise gefressen)	Heidekraut, Landrohr, Acker-Kratzdistel	*Calluna vulgaris* *Calamagrostis epigejos* *Cirsium arvense*	0
3	sehr geringwertig	Braun-Segge, Sumpf-Segge, Beitblättriges Wollgras, Binsen	*Carex fusca* *Carex acutiformis* *Eriophorum latifolium* *Juncus* spec.	1
4	geringwertig	Fieder-Zwenke, Grau-Segge, Wiesen-Storchschnabel, Wiesen-Margerite, Schlüsselblume	*Brachypodium pinnatum* *Carex curta = (canescens)* *Geranium pratense* *Leucanthemum vulgare* *Primula* spec.	2
5	geringwertig bis mäßig wertvoll	Weiche Trespe, Gemeines Ruchgras, Wiesen-Flockenblume	*Bromus hordeaceus* *Anthoxanthum odoratum* *Centaurea jacea*	3
6	mäßig wertvoll	Flaumhafer, Wiesen-Kerbel, Wiesen-Pippau	*Avenula pubescens* *Anthriscus sylvestris* *Crepis biennis*	4
7	wertvoll	Rotes Straußgras, Zittergras, Gemeiner Löwenzahn, Gemeine Schafgarbe, Gemeiner Bärenklau, Gemeiner Wundklee	*Agrostis capillaris* *Briza media* *Taraxacum officinale* *Achillea millefolium* *Heracleum sphondylium* *Anthyllis vulneraria*	5
8	sehr wertvoll	Wiesen-Kammgras, Spitz-Wegerich, Vogel-Wicke	*Cynosurus cristatus* *Plantago lanceolata* *Vicia cracca*	6
9	höchstwertig	Deutsches Weidelgras, Wiesen-Rispengras, Glatthafer, Weiß-Klee	*Lolium perenne* *Poa pratensis* *Arrhenatherum elatius* *Trifolium repens*	7 u. 8

sich eine Berechnung der mittleren Zeigerwerte. Hier ist es sinnvoller, die Pflanzenbestände der verschiedenen Ausbildungen kleinflächig zu erfassen, um Unterschiede deutlich zu machen.

Durch die Zeigerwerte Feuchte, Licht und Stickstoff lassen sich in einem Bestand nach einigen Jahren die Wirkungen von Extensivierungsmaßnahmen wie Aushagerung und Grundwasserstandsanhebung dokumentieren.

9.1.9 Futterbewertung

Um Grünlandbestände hinsichtlich ihrer Eignung für die Tierernährung ohne aufwendige chemische Untersuchungen beurteilen zu können, wurden verschiedene Methoden angewendet (VOIGTLÄNDER & VOSS 1979). Das von KLAPP et al. (1953) entwickelte und hier vorgestellte Bewertungssystem, wird in Mitteleuropa am häufigsten benutzt.

Rund 460 Arten (KLAPP 1965), die im Grünland anzutreffen sind, werden in einer 10-teiligen Skala in lebendem Zustand, nicht als Heu, hinsichtlich ihrer Eignung zur Fütterung von Rindern bewertet. Alle Giftpflanzen erhalten die Wertzahl -1, Arten ohne Futterwert oder verschmähte 0, danach folgen die Wertstufen 1 bis 8, wobei die letzte Stufe die hochwertigsten Pflanzen kennzeichnet. NITSCHE (1993) schlägt vor, die Skala der Wertzahlen zu transformieren, um sie den neunteiligen Skalen der Zeigerwerte von ELLENBERG et al. (1991) anzupassen. Hierbei werden die Werte –1 bis +6 von KLAPP um zwei Stufen erhöht und die Werte 7 und 8 zur neuen Stufe 9 zur Kennzeichnung der am höchsten wertigen Futterarten zusammengefaßt (s. Tab. 35).

Die Wertstufen von KLAPP tragen nicht der Tatsache Rechnung, daß verschiedene Rinderrassen sowie Pferde, Schafe und Ziegen teilweise die Pflanzenarten, die als »ohne Futterwert« oder »wertlos« bezeichnet sind, in erheblichem Umfang fressen und sich auch von ihnen ernähren können. Beispiele sind Heidekraut (Calluna vulgaris) als Nahrung für Heidschnucken und Flügel-Ginster (Genistella sagittalis) für Ziegen (KNAUER 1992).

Deshalb wird für diese Arten der Begriff »geringstwertig« vorgeschlagen. Auch Arten, die meist gemieden werden und als wertlos eingestuft sind, wie Disteln (Carduus), Kratzdisteln (Cirsium) und Glocken-Heide (Erica tetralix), werden teilweise gefressen. Sie haben zu bestimmten Jahreszeiten und in bestimmten Entwicklungsstadien Pflanzenteile, die höherwertig sind, als es die durchschnittlichen Werte angeben. So werden z.B. Pflanzen, die im ausgereiften Stadium gemieden werden, im Jungstadium eher gefressen, wie Fieder-Zwenke (Brachypodium pinnatum) und Landrohr (Calamagrostis epigejos). Auch Pflanzenteile wie Blüten, z.B. von Disteln, oder Samen von Gräsern werden gern gefressen, während die übrige Pflanze wegen ihrer Strohigkeit oder Bewehrung verschmäht wird. Die Aufnahme von Aufwuchs mit einem hohen Anteil von abgestorbenem, vorjährigem Aufwuchs (Nekromasse) wird auch von der Witterung beeinflußt. So wird bei feuchter Witterung oder besonders bei leichter Schneelage überständiges Futter von Schafen gefressen.

Aus den einzelnen Wertzahlen der in einem Bestand enthaltenen Arten läßt sich unter Berücksichtigung der Massenanteile die Bestandswertzahl errechnen. Die Summe der Produkte aus der

Tab. 36: Beispiele für Bestandswertzahlen (WZ) (VOIGTLÄNDER & VOSS 1979 nach KLAPP 1965) umgerechet auf die Wertskala 1 bis 9 (NITSCHE 1993) und in der Wertskala nach KLAPP

	Gesellschaft	WZ nach NITSCHE	durchschnittl. WZ	WZ nach KLAPP
1	Kalksumpf	3,31	3,3	1,31
2	Braunseggen-Sumpf	3,48 – 3,67	3,6	1,48 – 1,67
3	Borstgras-Rasen			
	a heidereich	3,46 – 3,78	3,6	1,46 – 1,78
	b gräserreicher als a	4,54 – 4,88	4,7	2,54 – 2,88
4	Saure Pfeifengras-Wiesen	4,94	4,9	2,94
5	Kalktrockenrasen	4,38 – 5,44	4,9	2,38 – 3,44
6	Dotterblumen-Wiesen	5,51 – 7,00	4,9	3,51 – 5,00
7	Arme Goldhafer-Bergwiesen	5,60 – 6,92	6,3	3,60 – 4,92
8	Rotschwingel-Straußgras-Weiden	6,63 – 7,51	6,3	4,63 – 5,51
9	Glatthafer-Wiesen	7,01 – 8,15	7,0	5,01 – 6,15
10	Weidelgras-Weiden			
	a feucht	7,89 – 8,35	8,1	5,01 – 6,35
	b trocken	7,75 – 9,27	8,5	5,75 – 7,27
	c typisch, reich	8,35 – 9,55	8,9	6,35 – 7,55

Wertzahl (WZ) jeder Art multipliziert mit dem ermittelten prozentualen Massenanteil (Ertrag) dividiert durch die Gesamtprozentzahl (=/< 100 %) ergibt die Bestandswertzahl. Zur groben Schätzung von Futterwerten ganzer Pflanzenbestände kann die Tabelle 36 mit den Wertspannen oder Durchschnittswerten für die jeweilige Pflanzengesellschaft herangezogen werden.

Der Bestandsfutterwert kann durch hohe Anteile von Giftpflanzen oder sehr geringwertigen Pflanzen tatsächlich stärker gemindert sein, als es die Wertberechnung ausweist. Deshalb werden bei hohen Ertragsanteilen dieser Pflanzen die Berechnungswerte herabgesetzt (VOIGTLÄNDER & JACOB 1987). Giftpflanzen werden bei einem Massenanteil von 3 bis 10 % um eine Wertzahl, bei Massenanteilen von über 10 % um zwei Stufen geringer bewertet. Kräuter, die bei der Heuernte leicht zerbröseln (sog. Bröckelverluste verursachen), z.B. Bärenklau *(Heracleum sphondylium)*, Wiesen-Kerbel *(Anthriscus sylvestris)*, Spitz-Wegerich *(Plantago lanceolata)* und Großer Wiesenknopf *(Sanguisorba officinalis)*, werden bei Mengenanteilen > 10 % um 1 oder 2 Wertzahlen niedriger bewertet. »Unkräuter«, die mit 10 bis 30 % Ertragsanteil im Bestand vorkommen, werden um eine Stufe, bei über 30 % Ertragsanteil um zwei Stufen herabgesetzt. Zu diesen »Unkräutern« zählen z.B.: Acker-Schachtelhalm *(Equisetum arvense)*, Kriechender und Scharfer Hahnenfuß *(Ranunculus repens* und. *R. acris)*, Gemeine Quecke *(Agropyron repens)*, Rasen-Schmiele *(Deschampsia cespitosa)*, Rohr-Schwingel *(Festuca arundinacea)*, Stumpfblättriger Ampfer *(Rumex obtusifolia)*, Storchschnabelarten *(Geranium* spec.) und hohe Binsen- *(Juncus* spec.) und Seggenarten *(Carex* spec.).

Auflistungen der Arten des Grünlandes mit ihren Wertzahlen sind zu finden in KLAPP 1965 (fast vollständig), VOIGTLÄNDER & JACOB 1987 (Auswahl), KLAPP & BOBERFELD 1990 (alle Gräser, mehr als bei KLAPP 1965), sowie in Zeigerwertdateien von Computerprogrammen, z.B.

VEGBASE von WERNER & PAULISSEN (1991).

9.2 Naturschutzbewertung

Die Bewertungen von Grünland oder vorgesehenen Maßnahmen auf einzelnen Parzellen können räumlich nicht isoliert betrachtet werden. Grünlandbiotope sind Landschaftsteile, die mit anderen Biotopen einen gemeinsamen Lebensraum, z.B. für Tiere, bilden können. Eine Bewertung einer Fläche muß die Benachbarung mit einschließen. Bewertungen von Flächen können bei Planungen von Schutzgebieten, bei Einsätzen von Haushaltsmitteln für Ankauf, Pacht und Pflege, bei Abwehr von Eingriffen oder bei Eingriffs- und Ausgleichsmaßnahmen wesentlich sein.

Vor einer Bewertung von Grünland aus Naturschutzsicht ist zunächst eine Inventarisierung erforderlich, die auf Landes-, Kreis-, Gemeindeebenen oder Einheiten innerhalb von Naturräumen durchgeführt werden kann. Bei der Biotopkartierung werden in der Regel bereits die wertvolleren Grünlandflächen erfaßt. Nur durch eine großräumige Kartierung können die wertvollsten Flächen herausgefunden werden, die am ehesten schutz- und pflegebedürftig sind.

Kriterien für die Naturschutzbewertung sind:

– Vorkommen von bestandsbedrohten Pflanzen und Tieren,
– Vorkommen bestandsbedrohter Biotope sowie Pflanzengesellschaften und Tiergemeinschaften,
– typische Ausprägung des Artenbestandes,
– Seltenheit, Repräsentanz und Schönheit,
– Nutzungsintensität und standortgegebene Ausprägung,
– Größe und Ausformung,
– Ausstattung mit Kleinstrukturen, Mosaikstrukturen und unterschiedlicher Vegetationsschichtung,

– Lage innerhalb eines Biotopverbundes,
– Gefährdung durch Flächenverlust, Qualitätsveränderung.

Die grundsätzlichen Kriterien für eine Bewertung sind zunächst durch die Naturschutzgesetzgebung auf Bundes- und Landesebene festgelegt. Im § 20 c des BNatschG und den Ausführungsbestimmungen der Länder sind die geschützten und besonders schutzwürdigen Lebensräume aufgeführt (Kapitel 3.1).

9.2.1 Bestandsbedrohte Biotope und Pflanzengesellschaften

Rote Listen gefährdeter **Biotope** aus einzelnen Bundesländern sind bisher nur in geringem Umfang veröffentlicht, so z. B. in Niedersachsen (v. DRACHENFELS & MEY 1990), Nordrhein-Westfalen (SCHULTE & WOLFF-STRAUB 1987), Nordhessen (FREDE 1990) und Rheinland-Pfalz (BUSHARDT et al. 1990).

Neben Biotopen werden auch andere Kategorien für die Bewertung des Schutzes und der Gefährdung verwendet. Für das Grünland sind **Rote Listen** von

Pflanzengesellschaften für eine Einstufung geeignet und können gleichzeitig als Hinweis für gefährdete Lebensstätten oder Ökosysteme gesehen werden, da an die beschriebenen Vegetationseinheiten auch bestimmte Tiere gebunden sind. Für Schleswig-Holstein (DIERSSEN et al. 1988) wurde bereits eine zweite überarbeitete Fassung herausgegeben. Für Hessen liegt eine Rote Liste der Pflanzengesellschaften von Wiesen und Weiden (BERGMEIER & NOWAK 1988) vor, für Bayern eine »Vorläufige Rote Liste der in Bayern nachgewiesenen oder zu erwartenden Pflanzengesellschaften« (WALENTOWSKI et al. 1990, 1991, 1992), und für Thüringen die »Rote Liste der Pflanzengesellschaften Thüringens – vorläufige Fassung« (WESTHUS et al. 1993). Für den Bereich der ehemaligen DDR wurden die gefährdeten Pflanzengesellschaften 1985 veröffentlicht (KNAPP et al. 1985). In allen Listen kommt zum Ausdruck, daß ein sehr großer Teil der Pflanzengesellschaften des Grünlandes und grünlandähnlicher Pflanzengesellschaften gefährdet sind.

Für die Bewertung der Biotoptypen und Pflanzengesellschaften ist nicht nur

---

Tab. 37: Gefährdungskategorien für Pflanzengesellschaften (BOHN 1986, zit. in RIECKEN & SSYMANK 1993)

Gefährdungskategorien:

A	Gefährdung durch Flächenrückgang
0	Ausgestorben oder verschollen
1	Vom Aussterben bedroht
2	Stark gefährdet
3	Gefährdet
4	Potentiell gefährdet
–	Derzeit nicht gefährdet
B	Floristische Verarmung und Wandel in der Bestandsstruktur
1	Deutlicher Schwund bezeichnender Sippen
2	Deutliche Zunahme verdrängender Arten, mit Fremdlingen der Flora
3	Deutliche Zunahme verdrängender Arten, ohne Fremdlinge der Flora
–	z. Z. kein Wandel erkennbar
C	Abnahme der Vielfalt an Ausbildungsformen
1	Sehr starker Rückgang und regionaler Ausfall bestimmter Ausbildungsformen
2	Merklicher Rückgang und lokaler Ausfall bestimmter Ausbildungsformen
–	z. Z. kein Rückgang erkennbar

die allgemeine Gefährdung durch Flächenrückgang wesentlich, sondern auch die floristische Verarmung und die Abnahme der Vielfalt in der Ausbildungsform. Auf Bundesebene wurde daher ein Kriterienkatalog mit einer stärkeren Differenzierung aufgestellt (BOHN 1986 zit. in RIECKEN & SSYMANK 1993; s. Tab. 37). Als Grundlage für die Einstufung von Grünland für die Belange des Artenschutzes kann die Tabelle 38 (KAULE 1986) dienen.

9.2.2 Bestandsbedrohte und wertbestimmende Arten

Für die extensive Grünlandnutzung ist ein handlungsorientiertes Gliederungs- und Bewertungsverfahren unverzichtbar. Für die Naturschutzpraxis stehen für eine Bewertung aller Biotope »**Rote Listen**« für gefährdete **Tiere** und **Pflanzen** zur Verfü-

gung, die jeweils für bestimmte Räume gelten und nach dem Grad der Erforschung dieser Gebiete aktualisiert werden. Die in Grünlandflächen nachgewiesenen Arten können nach diesen Listen in Bezug auf ihre Gefährdung eingestuft werden.

Rote Listen werden seit 1966 weltweit erarbeitet; in der Bundesrepublik Deutschland erscheinen seit 1973 die ersten Roten Listen der gefährdeten Pflanzenarten für einzelne Bundesländer und seit 1974 für die Bundesrepublik, die seit 1988 in der 4. erweiterten und neubearbeiteten Auflage unter dem Titel »Rote Liste der in der Bundesrepublik Deutschland ausgestorbenen, verschollenen und gefährdeten Farn- und Blütenpflanzen und ihre Auswertung für den Arten- und Biotopschutz« (KORNECK & SUKOPP) verfügbar ist. Rote Listen der gefährdeten Pflanzen in der ehemaligen DDR wurden bereits seit den sechziger Jahren erarbeitet; 1978 wurde vom Kulturbund die »Li-

	Wiesen	Weiden	Kriterien
Tab. 38:	**Bewertung von Grünland für Belange des Artenschutzes (KAULE 1986)**		
9	Salzwiesen, Davallseggen-Moore, Halbtrockenrasen, Braunseggen-Moore	schwach beweidete Hutungen extrem trockener Standorte	Arten und Ökosysteme der Roten Listen, die in weiten Teilen der BRD erloschen sind
8	wie 9, aber schlechter erhalten, zusätzlich Seggenwiesen und Hochstauden, ggf. sehr gute Bestände von 7	Extensivweiden (Pflege dafür geeigneter Wiesen), Mesobrometen	Arten und Ökosysteme der Roten Listen, regional sehr stark zurückgehend
7	magere Bergwiesen, trockene Glatthafer-Wiesen, Dotterblumen-Wiesen; 2schürig	Extensivweiden, beweidete Streuobstbestände	regional oder generell zurückgehende (in Ausdünnung befindliche) Arten, evtl. noch einzelne Arten der Roten Listen
6	eutrophe Glatthafer- und Kohldistel-Wiesen, meist 3schürig	problematisch ist die Beweidung nasser Standorte Differenzierung über Artenanalyse	
5	3- und mehrschürige Wiesen eutropher, mittelfeuchter Standorte	Intensivweiden (Standweiden)	durch Düngung und Bewirtschaftung regionalspezifische Arten verdrängt
4	2 bis 3 dominante Arten, nur über exakte Bestandsaufnahmen weiter zu differenzieren	Portions- und Standweiden mit sehr engem Umtrieb	2 bis 3 Hauptarten
3			Stufe 3 und 4 nur durch örtlichen Vergleich differenzierbar
2			Gülle-Entsorgung

Tab. 39:   Gefährdungsgrade in den Roten Listen (BLAB et al. 1984)
Arten, die sich im Gebiet der Bundesrepublik Deutschland regelmäßig vermehren oder vermehrten, deren Bestände ausgestorben, verschollen oder gefährdet sind.

0 Ausgestorben
  oder
  verschollen:

in der Bundesrepublik Deutschland ausgestorbene, ausgerottete oder verschollene Arten, denen bei Wiederauftreten besonderer Schutz gewährt werden muß. Noch vor etwa 100 Jahren *) in der Bundesrepublik Deutschland lebende, in der Zwischenzeit (zum Teil weltweit) mit Sicherheit oder großer Wahrscheinlichkeit erloschene Arten.
Bestandessituation:
– Arten, deren Populationen nachweisbar ausgestorben sind bzw. ausgerottet wurden, oder
– »Verschollene Arten«, d.h. solche, deren Vorkommen früher belegt worden ist, die jedoch seit längerer Zeit (mindestens seit 10 Jahren) trotz Suche nicht mehr nachgewiesen wurden und bei denen daher der begründete Verdacht besteht, daß ihre Populationen erloschen sind.

*) Bei Säugetieren und Vögeln ist es auf Grund verläßlicher Aufzeichnungen möglich, diese Zeitspanne bis ins Mittelalter auszuweiten.

1 Vom Aussterben
  bedroht:

vom Aussterben bedrohte Arten, für die Schutzmaßnahmen dringend notwendig sind. Das Überleben dieser Arten in der Bundesrepublik Deutschland ist unwahrscheinlich, wenn die verursachenden Faktoren weiterhin einwirken oder bestandserhaltende Schutz- und Hilfsmaßnahmen des Menschen nicht unternommen werden bzw. wegfallen.
Bestandessituation:
– Arten, die nur in Einzelvorkommen oder wenigen, isolierten und kleinen bis sehr kleinen Populationen auftreten (sog. seltene Arten), deren Bestände aufgrund gegebener oder absehbarer Eingriffe ernsthaft bedroht sind,
– Arten, deren Bestände durch lange anhaltenden starken Rückgang auf eine bedrohliche bis kritische Größe zusammengeschmolzen sind oder deren Rückgangsgeschwindigkeit im größten Teil des heimischen Areals extrem hoch ist.
Die Erfüllung eines der Kriterien reicht zur Anwendung der Kategorie aus.

2 Stark gefährdet:

Gefährdung im nahezu gesamten einheimischen Verbreitungsgebiet.
Bestandessituation:
– Arten mit kleinen Beständen,
– Arten, deren Bestände im nahezu gesamten einheimischen Verbreitungsgebiet signifikant zurückgehen oder regional verschwunden sind.
Die Erfüllung eines der Kriterien reicht aus.

3 Gefährdet:

Die Gefährdung besteht in großen Teilen des einheimischen Verbreitungsgebietes.
Bestandessituation:
– Arten mit regional kleinen oder sehr kleinen Beständen,
– Arten, deren Bestände regional bzw. vielerorts lokal zurückgehen oder lokal verschwunden sind,
– Arten mit wechselnden Wuchsorten (auf Pflanzen beschränkt).
Die Erfüllung eines der Kriterien reicht aus.

4 Potentiell gefährdet:

Arten, die im Gebiet nur wenige und kleine Vorkommen besitzen, und Arten, die in kleinen Populationen am Rande ihres Areals leben, sofern sie nicht bereits wegen ihrer aktuellen Gefährdung zu den Gruppen 1 bis 3 gezählt werden. Auch wenn eine aktuelle Gefährdung heute nicht besteht, können solche Arten wegen ihrer großen Seltenheit durch unvorhergesehene lokale Eingriffe schlagartig ausgerottet werden.

ste der in der Deutschen Demokratischen Republik erloschenen und gefährdeten Farn- und Blütenpflanzen« (RAUSCHERT et al.) herausgebracht. Eine Synopse der Roten Listen Gefäßpflanzen der Bundesländer und der Bundesrepublik Deutschland liegt inzwischen vor (FINK et al. 1992). Bei den Gefäßpflanzenarten ist der Bearbeitungsstand am weitesten fortgeschritten. Bei Aktualisierungen geht es insbesondere darum, Kleinarten und Unterarten, die meist unterschiedliche Standortansprüche haben, besser zu erfassen, aber auch um die aktuelle Situation zu dokumentieren. Innerhalb der einzelnen Bundesländer sind einzelne Pflanzenarten regional sehr unterschiedlich bedroht. Um diese unterschiedliche Gefährdung besser erkennen zu können, werden seit einigen Jahren für Naturräume oder Verwaltungseinheiten regionalisierte »Rote Listen« herausgebracht, z. B. für Nordrhein-Westfalen für sechs naturräumliche Regionen (WOLFF-STRAUB et al. 1988)

und für Waldeck-Frankenberg (FREDE 1991), der mit 1848,5 km² der flächengrößte Kreis in Hessen ist. Eine bundesweite Zusammenführung aller »Roten Listen« ist dadurch erschwert, daß für die einzelnen Gefährdungsstufen in den Ländern unterschiedliche Maßstäbe bestehen. Die meisten Bundesländer haben fünf Gefährdungsstufen der Roten Liste der BRD übernommen. Die Beschreibung der Gefährdungsstufen ist der Tabelle 39 zu entnehmen. Zu beachten ist, daß die Gefährdungsstufe Nr. 4 (= potentiell gefährdet) Arten beinhaltet, die wegen ihrer Seltenheit stärker gefährdet sein können als Arten der Stufe 3.

Die Anzahl und der prozentuale Anteil der Rote Liste-Arten in den verschiedenen Pflanzenformationen des Grünlandes ist in der Tabelle 40 abzulesen.

Die Reihenfolge der Formationen ergibt sich aus dem prozentualen Anteil der RL-Arten der Formation. Sie stellt gleichzeitig eine Rangfolge der Gefährdung der Grün-

Tab. 40: **Formationen des Grünlandes (im weiteren Sinn) mit Gesamtartenbestand und Rote Liste-Arten (RL-Arten)** (KORNECK & SUKOPP 1988)

Formation	Gesamtarten-bestand	davon RL-Arten	%-Anteil der RL-Arten
Halophytenvegetation (Salzpflanzenveg.)	89	36	40,3
Trocken- u. Halbtrocken-rasen	588	220	37,4
Feuchtwiesen	297	99	33,3
Xerotherme Stauden-vegetation	166	46	27,7
Alpine Vegetation	323	87	27,0
Zwergstrauch-Heiden und Borstgras-Rasen	274	67	24,5
Kriechpflanzen- und Trittrasen	130	27	20,9
Vegetation der Quellen u. Quelläufe	51	8	15,8
Halbruderale Queckenrasen	151	18	11,9
Frischwiesen u. -weiden	240	28	11,7
Nitrophile Stauden-vegetation	333	32	9,6

land- und grünlandähnlichen Formationen dar. Bei der Gesamtartenzahl der einzelnen Formationen wurden Haupt- und Nebenvorkommen berücksichtigt, nicht aber zufälliges Auftreten. Zu berücksichtigen ist, daß eine Pflanzenart in mehreren Formationen ihr Haupt- oder Nebenvorkommen haben kann.

Während Frischwiesen und -weiden, die im mittleren Feuchtebereich liegen, nur relativ geringe Artenzahlen und kaum gefährdete Arten aufweisen, sind die trockenen und nassen bis feuchten Standorte Lebensraum für eine Vielzahl von Arten, von denen ein hoher Anteil gefährdet ist. Von den 837 gefährdeten Pflanzenarten der Bundesrepublik Deutschland kommen im Grünland (im engeren Sinn) 300 Arten (= 34%) vor, wenn man die grünlandähnliche Vegetation hinzunimmt, sind es sogar 479 Arten (= 54,9%).

Neben den Farn- und Blütenpflanzen wurden auch für die anderen Pflanzenarten und die Tiere Rote Listen erstellt. Eine »Rote Liste der gefährdeten Tiere und Pflanzen in der Bundesrepublik Deutschland« liegt aus dem Jahr 1984 vor (BLAB et al.). Da viele Tiergruppen in ihrer Verbreitung noch ungenügend erforscht sind, waren oft nur vorläufige Einstufungen möglich.

Die Gefährdungssituation vieler Tierarten zeigt deutliche Zusammenhänge mit den Schwerpunktvorkommen vieler gefährdeter Pflanzen. So sind auch hier die Sonderbiotope (z. B. Trocken- und Feuchtgebiete) Lebensraum vieler gefährdeter Tierarten. »58 % der gefährdeten Schmetterlingsarten kommen in waldfreien Biozönosen (ohne Moore) vor. Ursache für diesen hohen Prozentanteil sind negative anthropogene Veränderungen (starke Düngung, Giftanwendung, Meliorationen) sowie die Totalbeseitigung vieler Offenlandbereiche, insbesondere des blütenreichen Extensivgrünlandes mit seinem vielfältigen Angebot an Raupenfutterpflanzen und Nektarspendern für zahlreiche Falterarten« (BLAB et al. 1984).

Wertbestimmende Arten

Für die Beurteilung eines Biotopes ist es nicht ausreichend, eine Schutz- und Pflegebedürftigkeit nur nach dem Vorkommen von »Rote Liste-Arten« vorzunehmen. In den Roten Listen sind nur überörtlich gefährdete Arten enthalten, meist 30 bis 40% des Artenbestandes. Als wirklich ungefährdet können nach den Untersuchungen in den neuen Bundesländern (FRANK 1992) nur 30% des Artenbestandes angesehen werden. Noch zahlreicher als »Rote Liste-Arten« sind »nicht gefährdete« Pflanzenarten mit rückgängiger Bestandsentwicklung, die bundesweit noch nicht erfaßt sind. Sie sind z.B. bei der Bewertung von Vegetationsbeständen bei der Landschaftsplanung oder bei der Festlegung von Biotoppflegemaßnahmen unverzichtbar. Sie können als »Zeigerarten« für bestimmte Umweltqualitäten für ein Gliederungs- und Bewertungssystem herangezogen werden.

Tab. 41: Beispiele für wertbestimmende Blütenpflanzen des mageren Extensivgrünlandes (ABW 1990)

Magerrasenarten:
    Kleine Bibernelle   *Pimpinella saxifraga*
    Kleiner Wiesenknopf   *Sanguisorba minor*
    Gemeines Ferkelkraut   *Hypochoeris radicata*
Grünlandarten magerer Standorte:
    Acker-Witwenblume   *Knautia arvensis*
    Wiesen-Margerite   *Leucanthemum vulgare*
Grünlandarten geringer bis mittlerer Nährstoffansprüche:
    Knöllchen-Steinbrech   *Saxifraga granulata*
    Gemeiner Frauenmantel   *Alchemilla vulgaris*
    Schwarze Teufelskralle   *Phyteuma nigrum*
    Rauher Löwenzahn   *Leontodon hispidus*

Die Orientierung an ökologischen Zeigerarten, z.B. Stickstoff- und Feuchte-Werten oder Charakterarten für bestimmte Grünlandtypen, ist bei einer Einzelflächenbewertung wichtig.

Beispiele für wertbestimmende Zeigerarten für »Mageres Extensivgrünland«, die bei der Biotopkartierung in der Stadt Bad Wildungen in Nordhessen (ABW 1990) herangezogen wurden, sind in Tabelle 41 aufgelistet. Diese und verschiedene andere wertbestimmende buntblühende Arten bestimmen den Blühaspekt des mageren Extensivgrünlandes im Frühjahr und Sommer. Die Vegetationseinheiten bilden ohne Vorkommen von »Rote Liste-Arten« mit einer durchschnittlichen Pflanzenartenzahl von 37,5 je Aufnahmefläche von 16 bis 20m^2 die wertvollsten und schutzwürdigsten Grünlandbiotope im Untersuchungsgebiet.

Für die Bewertung ist nicht nur die Existenz einer Art von Bedeutung, sondern die Häufigkeit, das Verteilungsmuster, die Vitalität und die Entwicklungstendenz der Population (BERGMEIER 1992) (Kapitel 9.1.3). Für Zeigerarten ist auch der prozentuale Anteil am Artenbestand eines Grünlandes eine Bewertungsmöglichkeit (NITSCHE 1993). Der Artenreichtum ist nicht immer wertbestimmend; so können in einer artenarmen bedrohten Pflanzengesellschaft durch starke Störungen »Störzeiger«, wie z.B. Ein-

jähriges Rispengras *(Poa annua)*, Hirtentäschel *(Capsella bursa-pastoris)*, Acker-Hellerkraut *(Thlaspi arvensis)*, auftreten und die Artenzahl erhöhen, den Wert einer Fläche aber verringern. Wertbestimmend ist die typische Ausprägung eines Biotops.

Arten, die zur Dominanz neigen

Bei der Gesamtentwicklung des Artenbestandes im Grünland in der Bundesrepublik ist deutlich zu beobachten, daß sich wenige (Massen-)Arten stark ausbreiten und bestandsbedrohte Arten verdrängen (s. Tab. 42).

9.2.3 Erlebniswert

Der Erlebniswert einer Landschaft kann durch Vielfalt, Eigenart, Naturnähe und Schönheit gekennzeichnet sein. Die Wahrnehmung erfolgt vor allem optisch, aber auch akustisch (z.B. Vogelgesang, Heuschreckenzirpen und Froschquaken) und andere Sinnesempfindungen, die eine gefühlsmäßige Bindung von Menschen an eine Landschaft hervorrufen. Dieser ästhetische Wert wird von verschiedenen Menschen unterschiedlich empfunden und ist teilweise mit Gewohnheiten, Erfahrungen und Kenntnissen über Zusammenhänge in der Natur verbunden. Zum Erlebniswert gehört der Nahbereich (z.B.

Tab. 42: Beispiele für Pflanzenarten, die zur Dominanzbildung neigen (1. Intensivgrünland, 2. Extensivgrünland, 3. Grünlandbrache)

Botanischer Name	Deutscher Name	Bewirtschaftungstyp
Agropyron repens	Gemeine Quecke	1, 2, u. 3
Agrostis tenuis	Rot-Straußgras	2
Arrhenatherum elatius	Glatthafer	3
Calamagrostis epigeios	Land-Reitgras	3
Deschampsia flexuosa	Draht-Schmiele	2 u. 3
Festuca rubra	Rot-Schwingel	2 u. 3
Filipendula ulmaria	Echtes Mädesüß	3
Holcus lanatus	Wolliges Honiggras	2
Holcus mollis	Weiches Honiggras	3
Lolium perenne	Deutsches Weidelgras	1
Trifolium repens	Weiß-Klee	1
Trifolium pratense	Rot-Klee	1
Urtica dioica	Große Brennessel	2 u. 3

bunte Wiese mit Schmetterlingen), der mittlere Entfernungsbereich (z. B. Wiesental im Wald, Magerrasen mit Wacholder) und der Weitblick über eine Landschaft (weite Ebene und Ausblick von Höhen). Die Bewirtschaftung der Kulturlandschaft hat je nach Region im Laufe der Geschichte unterschiedliche Grünlandtypen hervorgebracht, die durch Vegetationsstrukturen (z. B. Gehölze, Raine) punktförmig, linienhaft, flächenhaft oder parkartig ausgestaltet sind. Gebiete mit hohem Grünlandanteil und hohem ästhetischem Wert haben für den Erlebnis- und **Erholungswert** eine große Bedeutung. Naturschutz und Nutzung durch stille Erholung schließen sich in der Re-

gel nicht aus, wenn die Schutzgebiete eine entsprechende Größe haben und durch Wegeleitsysteme empfindliche Bereiche für Pflanzen und Tiergemeinschaften nur tangiert oder ausgespart werden. Für manche Arten sind sehr große Grünland-(Schutz-) Gebiete erforderlich z. B. für Brachvogel *(Numenius arquata)*, Weiß-Storch *(Ciconia ciconia)*, Großtrappe *(Otis tarda)* und Birkhuhn *(Lyrurus tetrix)*, die störempfindlich sind und/oder große Nahrungsflächen benötigen. Im Naturschutz hat der Erlebniswert beispielsweise im Rahmen der Landschaftsplanung, Schutzgebietsausweisung, Biotoppflege und Eingriffsregelung eine große Bedeutung (KRAUSE et al. 1983).

10 Naturschutzbedeutsame Planungen

10.1 Zuständigkeiten und Mitwirkung

Auf Bundesebene liegt der Natur- und Umweltschutz im Zuständigkeitsbereich des Bundesumweltministeriums (BMU), dem das Bundesamt für Naturschutz (BFN, vormals Bundesforschungsanstalt für Naturschutz und Landschaftsökologie, BFANL) zugeordnet ist.

In den Bundesländern ist der Natur- und Umweltschutz in den meisten Ländern in drei Ebenen gegliedert:

1. Fachministerium als oberste Landesbehörde, dem in der Regel eine Landesanstalt für Natur- und Umweltschutz zugeordnet ist,
2. Regierungspräsidium als Mittelbehörde (höhere Verwaltungsbehörde)
3. Landratsämter – in kreisfreien Städten Magistrate oder Bürgermeisterämter – als untere Verwaltungsbehörden.

Neben den Naturschutzbehörden sind weitere Fachbehörden für Forsten, Landwirtschaft und Wasserwirtschaft tätig, die im weiteren Sinne auch die extensive Grünlandnutzung in ihrem Zuständigkeitsbereich fördern.

Auf allen Ebenen sind Beiräte oder Fachausschüsse für Naturschutz als beratende und mitwirkende Gremien berufen. Mehrere bundes- oder landesweit tätige Naturschutzverbände wurden als Verbände nach § 29 des Bundesnaturschutzgesetzes (BNatSchG) auf Bundes- oder Landesebene anerkannt und haben damit Mitwirkungsrecht bei Planungsverfahren, die den Naturhaushalt beeinflussen. Zu diesen Verbänden gehören der Bund für Umwelt und Naturschutz Deutschland (BUND), die Deutschen Gebirgs- und Wandervereine (DGWV), der Naturschutzbund Deutschland (NABU, ehemals Deutscher Bund für Vogelschutz, DBV), Jagdverbände und die Schutzgemeinschaft Deutscher Wald (SDW).

10.2 Landschaftsplanung und Eingriffsregelung

Die Landschaftsplanung wurde mit Inkrafttreten des neuen Naturschutzrechtes Mitte der 70er Jahre eingeführt und ist im BNatSchG vom 12.3.1987 in den §§ 5, 6, und 7 in einer dreistufigen Planung als Rahmengesetzgebung festgelegt:

1. Landschaftsprogramme auf Landesebene
2. Landschaftsrahmenpläne für Teile des Landes
3. Landschaftspläne auf örtlicher Ebene.

Für die extensive Grünlandnutzung bilden besonders die Landschaftspläne auf örtlicher Ebene, meist für einen Gemeindebereich, eine Grundlage. Die Ziele des Naturschutzes sind in den Plänen in Text und Karte festgelegt, z.B. mit Darstellung der Biotoptypen und Vorkommen besonderer Zeigerarten, erforderlichen Maßnahmen zum Schutz und zur Pflege von Lebensgemeinschaften und Biotopen der Tiere und Pflanzen wildlebender Arten.

Die Umsetzung des BNatSchG in der Landschaftsplanung wird durch Landesrecht geregelt. Eine eigene Rechtsverbindlichkeit haben die Landschaftspläne

z. B. in den Ländern Nordrhein-Westfalen und den Stadtstaaten Berlin, Bremen
und Hamburg, in anderen Ländern ist eine Rechtsverbindlichkeit durch Übernahme in die Flächennutzungs- und Bebauungspläne vorgesehen (RAMSAUER 1993).

Die Qualität der Landschaftspläne und
ihre Brauchbarkeit für eine Beurteilung
und Umsetzung von Maßnahmen des
Naturschutzes kann sehr unterschiedlich sein. Vorteilhaft ist eine Kartierung
auf Katasterkarten (z. B. im Maßstab
1 : 5000), die eine schnellere Feststellung
von Eigentum und Flächenverfügbarkeit
ermöglicht. Eine Beurteilung der Natur-
schutzprioritäten ist vor allem möglich,
wenn Bausteine einer Biotopverbundplanung (s. Kapitel 10.3) im Landschafts-
plan enthalten sind.

Der Einsatz von Naturschutzhaushalts-
mitteln ist insbesondere bei der Umsetzung der Naturschutzprogramme und bei
Flächenkauf oder Pachtungen erleichtert,
wenn qualifizierte Landschaftspläne vorliegen. Teilweise ist die Bereitstellung
von Haushaltsmitteln durch die Länder
an eine Landschafts- oder eine andere
Naturschutzfachplanung gebunden.

Für die Durchführung und Umsetzung
der Landschaftsplanung ist die Akzeptanz in der örtlichen Bevölkerung und
den politischen Gremien entscheidend.
Sie kann durch Einbindung der Naturschutzverbände, der Naturschutzfachver-
waltung, der Landwirte und der Eigentü-
mer oder Pächter von Flächen und durch
Öffentlichkeitsarbeit wesentlich erleichtert werden.

Landschaftspläne können auch zu einer Beurteilung von Eingriffen gemäß § 8
BNatSchG herangezogen werden. Zur
genaueren Beurteilung müssen in der
Regel Umweltverträglichkeitsprüfungen
vorgenommen werden.

Bei Genehmigungen von Eingriffen
sind Ausgleichs- oder Ersatzmaßnahmen
durchzuführen. Hierbei werden Haushaltsmittel z. B. für Flächenankäufe
und/oder Gestaltungsmaßnahmen verfügbar, die auch für die Sicherung oder Anlage von wertvollen Grünlandflächen eingesetzt werden können.

10.3 Biotopverbundplanung

Die Biotopverbundplanung wird neben
der Landschaftsplanung als wichtigstes
Planungsinstrument des Naturschutzes
gesehen. Konkrete Erfahrungen über Pla-
nungsinhalte und Umsetzungsmöglich-
keiten sind erst in der Entwicklung. Die
fachlichen Grundlagen hierzu hat JEDICKE
(1990, 1994) zusammengestellt. Der Begriff Biotopverbund wird in der Literatur
und Diskussion meist mit dem Begriff
Biotopvernetzung gleichgesetzt. Verbund und Vernetzung unterscheiden sich
nach HEYDEMANN (1987) folgendermaßen:

– Verbund bezieht sich auf einen räumlichen Kontakt, meist also das Aneinan-
  derstoßen von Lebensräumen in
  Längs- und Querrichtung.
– Vernetzung hingegen betrifft funktio-
  nale Beziehungssysteme zwischen
  pflanzlichen und/oder tierischen Orga-
  nismen, wie sie seit Jahrmillionen in
  der Natur bestehen.

Die Strategie des Biotopverbunds zielt
nach JEDICKE (1990, 1994) auf die Inte-
gration der Belange des Naturschutzes in
die gesamte Flächennutzung und fußt auf
vier Bereichen:

1. einem System großflächiger Schutzgebiete (mindestens 100 ha) als Dauer-
   lebensraum stabiler Populationen;
2. einem Netz von Trittsteinbiotopen geringerer Flächengröße als Ausgangs-
   punkte und Zwischenstationen für den
   Individuenaustausch zwischen den
   großen Schutzgebieten;
3. einem Verbund von punktuell ausgeprägten Lebensräumen durch lineare
   Korridorbiotope als bevorzugte Aus-
   breitungslinien;
4. einer flächendeckenden Extensivierung der Flächennutzung.

Konkrete Inhalte für eine Biotopvernet-
zungsplanung wurden für das Land Baden-Württemberg entwickelt. Nach JE-
DICKE (1992a) ist es vor allem wichtig,

daß Pflanzen und Tiere ausgewählter Indikatorgruppen (s. auch Kapitel 9.1.3) als Planungsgrundlage für den Biotopverbund erfaßt werden.

Für ein Biotopverbundkonzept auf kommunaler Ebene nennt JEDICKE fünf Planungsschritte mit Handlungsvorschlägen:

1. Phase der Vorarbeit
2. Ermitteln der Planungsgrundlagen
3. Bewertung des Ist-Zustandes
4. Verbund-Konzept
5. Ausführungs-Planung.

Der Biotopverbund für extensiv genutztes Grünland sollte gleichartige wie unterschiedliche Grünlandbereiche räumlich einander angliedern. Beispiele hierzu sind:

– Verbund von Feuchtwiesen in den Auen,
– Verbindung von isoliert liegenden Magerrasen durch Triften oder Magerrasenstreifen,
– Verbindung von Gehölzstrukturen und Säumen im Grünland durch Hecken, Alleen, Raine,
– Verbindung von Grünlandbereichen, die durch Ortschaften unterbrochen sind, durch Obstwiesen, die extensiv genutzt werden und die Siedlung ringförmig umgeben; Nutzung als Wiese oder Weide z. B. mit genügsamen Landrassen,
– Verbindung von Grünlandbereichen verschiedenster Ausprägung durch Graswege oder Wege mit wassergebundener Decke,
– Erhalten und Erstellen von Saumstrukturen zwischen Grünland und Hecken sowie Grünland und Wald,
– Erhaltung und Pflege von Hochstaudenfluren und Röhrichten entlang der Flüsse und Bäche.

Eine Biotopverbundplanung muß die kritischen Verbunddistanzen einzelner Arten berücksichtigen, um Austausch und Rekolonisation von Pflanzen und Tieren zu ermöglichen. Diese Distanzen sind je nach Art unterschiedlich (JEDICKE 1994).

10.4 Förderprogramme des Natur- und Umweltschutzes

Von den Fachministerien für Landwirtschaft der 16 Bundesländer und des Bundes und von der Europäischen Union (EU) werden für den Natur- und Umweltschutz vielfältige Förderprogramme angeboten, die in zahlreichen Fällen auch die extensive Grünlandnutzung fördern. Die Grundförderungen der EU können von den Ländern mit zusätzlichen Förderungen des Natur- und Umweltschutzes der bisherigen Naturschutzprogramme aufgesattelt werden.

Nach der Agrarreform der Europäischen Gemeinschaft (EG) müssen die Länder zwei Förderblöcke bilden:

1. zur Umsetzung der EG-Agrarreform
2. zur Umsetzung der bisherigen Naturschutzprogramme auf der Basis der Naturschutzgesetzgebung, mit denen die zusätzlichen Leistungen abgegolten werden, die nicht von der EG-Agrarreform finanziert werden.

Für die Naturschutzarbeit in den Ländern sind die Länderförderrichtlinien bindend. Diese werden rechtskräftig, wenn sie von der EU genehmigt sind.

Agrarreform der Europäischen Gemeinschaft

Die Agrarreform der EG greift seit 1993 und fördert mit jährlich sieben bis acht Milliarden Mark die Landwirtschaft (Bundesministerium für Ernährung Landwirtschaft und Forsten 1993). Die Förderung umweltgerechter und den natürlichen Lebensraum schützender landwirtschaftlicher Produktionsverfahren sind für das Grünland von Bedeutung. Grünland und grünlandähnliche Vegetationsstrukturen können durch die Förderungen direkt oder indirekt durch fünf verschiedene Förderbereiche beeinflußt werden, von denen nachfolgend die wichtigsten aufgeführt sind.

1. Tierprämien

   Die Grünlandextensivierung kann durch die Viehbesatzdichte gesteuert werden. Der Besatzdichtefaktor wird von 3,5 Großvieheinheiten (GVE) je Hektar Futterfläche im Jahr 1993 bis 1996 auf 2,0 GVE reduziert. Futterfläche ist die während der Zeit vom 1. Januar bis 31. Juli eines Jahres für die Rinder-, Schaf- und Ziegenhaltung zur Verfügung stehende Fläche. Eine Ergänzungsprämie ist bei extensiver Tierhaltung mit einem Besatzdichtefaktor von 1,4 GVE/ha Futterfläche vorgesehen. Weiterhin sind Tierprämien für Mutterkühe und Mutterschafe festgelegt.

2. Flächenstillegung

   Die Stillegung kann sowohl in Form der Rotations- als auch der Dauerbrache erfolgen. Eine Schwarzbrache ist untersagt. Auf den stillgelegten Flächen muß zumindest eine Selbstbegrünung zugelassen werden. Eine gezielte Begrünung -auch im Frühjahr- ist zulässig. Düngung, Ausbringung von Pflanzenschutzmitteln und jede Art der wirtschaftlichen Nutzung sind untersagt.

3. Flankierende Maßnahmen

   Aus diesem Programm können sich vor allem die umweltgerechten Produktionsverfahren auf das Grünland auswirken. Vorgesehen ist z.B.

   – die Verringerung des Einsatzes von Dünge- und/oder Pflanzenschutzmitteln oder Extensivierung der pflanzlichen Erzeugung durch andere Maßnahmen,
   – Umwandlung von Ackerflächen in extensives Grünland
   – 20-jährige Stillegung von Ackerflächen für Umweltschutzzwecke,
   – Verringerung des Rinder- oder Schafbestandes je Hektar Weideland,
   – Zucht vom Aussterben bedrohter lokaler Rassen,
   – Pflege aufgegebener Flächen,
   – Fortbildung der Landwirte im Bereich umweltverträglicher Produktionsverfahren.

Naturschutzprogramme der Länder

Mit den Förderprogrammen der EG können nen die Erschwernisse bei der Pflegenutzung wertvoller Grünlandbestände in der Regel nicht abgegolten werden. Die Länder hatten bisher sehr unterschiedliche Förderprogramme des Natur- und Umweltschutzes entwickelt, bei denen die regionalen Standortverhältnisse und Nutzungsarten Berücksichtigung fanden.

Betriebsbezogene Programme wurden z. B. für benachteiligte Gebiete und Berggebiete entwickelt. Sie beinhalten beispielsweise Investitionen für betriebliche Umstellung (z. B. Baumaßnahmen für Viehställe und Vermarktungen).

Für Grünland wurden sehr unterschiedliche Extensivierungsprogramme für Nutzungsarten, Extremstandorte oder bestimmte Vegetationstypen oder Tierarten entwickelt, so z.B. für Dauergrünland, Ökowiesen, Umwandlung von Acker in Grünland, Grünlandrenaturierung, Feuchtgrünland, Mager- und Trockenstandorte, Salzgrasland, Sumpfdotterblumen-Wiesen, Kleinseggen-Wiesen, Wiesen- und Uferrandstreifen, Wiesenbrüter und Weißstorch. Diese Programme beinhalten in der Regel Verträge mit mehrjähriger Laufzeit (z. B. Vertragsnaturschutz). Sie sind mit regelmäßig wiederkehrenden Pflegeeingriffen bzw. Nutzungen verbunden.

Neben diesen Pflege(-Nutzungs)-Programmen wurden investive Maßnahmen für einmalige bzw. nicht regelmäßig wiederkehrende und gestaltende Maßnahmen entwickelt. Hierzu gehören z. B. Entbuschungen zur Herstellung der Beweidbarkeit von Magerstandorten, Obstbaumanpflanzungen, Heckenanpflanzungen oder auch Maßnahmen des Artenschutzes und der Biotopgestaltung, die häufig in Grünlandgebieten durchgeführt werden.

10.5 Schutzgebietsplanung

Für Naturschutzgebiete und andere flächenhafte Schutzobjekte, die nach der

Naturschutzgesetzgebung für schutz- würdige Biotope vorgesehen sind, ist vor der Festlegung der Schutzverordnung ein Schutzwürdigkeitsgutachten als Entschei- dungshilfe anzufertigen. Dieses sollte im Grundlagenteil eine Bestandserfassung der naturräumlichen Gegebenheiten und der Pflanzen und Tiere mit ihren Lebens- räumen enthalten. Das Schutzwürdig- keitsgutachten kann der wichtigste Bau- stein für die Gebietsverordnung und den zu erstellenden Pflegeplan sein. Die wichtigsten Inhalte für dieses Gutachten und den zu erstellenden Pflegeplan sind:

A Teile des Schutzwürdigkeitsgutachtens
1   Grundlagenteil
1.1 Grundlagen
     – Lage und naturräumliche Gliede-
       rung
     – Geologie, Morphologie und Bo-
       den
     – Hydrologie
     – Klima
     – historische und aktuelle Nutzun-
       gen
     – Planungsgrundlagen
1.2 Biotopausstattung und Erfassungs-
     einheiten
     – Untersuchungsmethodik und Lite-
       ratur
     – Pflanzen- und Tierarten, die be-
       droht, schutzwürdig, charakteri-
       stisch oder dominant sind
     – Pflanzengesellschaften
     – Kartier- und Pflegeeinheiten (z. B.
       Huten, Weiden, Wiesen, Koppel-
       flächen, Wege, Zäune, Tränken,
       Hecken)
2   Gutachten über die Schutzwürdigkeit
     (Bewertung der Schutzwürdigkeit
     der Arten, Lebensgemeinschaften
     und Lebensräume, wird zur Begrün-
     dung der Gebietsausweisung erstellt)
2.1 Bewertung der Bestandsaufnahmen
2.2 Entwicklungsmöglichkeiten
2.3 Belastungen und Gefährdungen
2.4 Schutzzielformulierung
2.5 Abgrenzungen und Zonierungen des
     Schutzgebietes
2.6 Vorgesehene Nutzungen
2.7 Gebote und Verbote

2.8 vorgesehene Ausnahmegenehmigun-
     gen
2.9 Kurzfassung der Teile 1 und 2, für
     Verfahrensbeteiligte und für die Bür-
     gerinformation

B Teile des Pflegeplanes
(Pflege- und Entwicklungsplan)
1. Flächengliederung in Einheiten mit
    unterschiedlicher Nutzung und Pflege
    (Abteilungen, Unterabteilungen und
    Hilfsflächen)
2. Gezielte Maßnahmen für die Förde-
    rung bestimmter Tier- und Pflanzenar-
    ten oder -gesellschaften
3. Maßnahmen zur Lenkung des Besu-
    cherverkehrs
4. Beschreibungen und Begründungen
    der durchzuführenden Einzelmaßnah-
    men
5. Kostenschätzungen der Pflege- und
    Entwicklungsmaßnahmen

Die einzelnen Bundesländer haben ab- weichende Verfahrensabläufe zur Aus- weisung und Pflege von Schutzgebieten, die meist in Richtlinien oder Erlasssen Einzelheiten regeln.

10.6 Maßnahmenplanung für Naturschutzflächen

Der in Kapitel 10.5 beschriebene Pflege- plan wird meist für einen Zeitraum von zehn Jahren erstellt. Die Umsetzung des Planes erfolgt durch Maßnahmenplanun- gen für jeweils ein Haushaltsjahr für Pfle- genutzungen, Gestaltungsmaßnahmen, Flächenankauf oder Pachtung. Nach fünf- jähriger Laufzeit eines Pflegeplanes ist es angebracht, eine genauere Zwischenbi- lanz vorzunehmen. Dies ist insbesondere bei Plänen notwendig, die wenig diffe- renziert sind oder bei denen Pflegebetrie- be bei der Planerstellung nicht einbezo- gen wurden bzw. für die noch keine Pfle- geerfahrungen aus dem Gebiet bei der Planerstellung berücksichtigt wurden. Dies ist häufig bei Erstplänen der Fall.

Kriterien für die Flächenaufteilung

Gebiete mit Grünlandanteil sind hinsichtlich der erforderlichen Pflege in Flächen mit optimaler bzw. tolerierbarer Nutzungsintensität zu gliedern. Für eine sehr grobe Gliederung können drei Intensitätsstufen vorgesehen werden:

1. Schutzflächen, die nicht jährlich zu pflegen sind.
   Für die geringste Pflegeintensität können Flächen vorgesehen werden mit:
   - sehr trockenen Standorten, die sehr geringen, lückigen Aufwuchs haben (z.B. unter 5 dt TM je ha)
   - feuchte bis nasse Standorte mit Röhrichten, Großseggen oder Staudenfluren
   - Versaumungsflächen (Brachen), die in zwei- oder mehrjährigem Abstand gepflegt werden.
2. Schutzflächen, die mindestens einmal im Jahr genutzt bzw. gepflegt werden.
   Die Flächen nehmen in der Regel den größten Teil eines Grünland-Schutzgebietes ein. Im Normalfall ist eine Düngung ausgeschlossen, und die Nutzung erfolgt nach abgestimmten zeitlichen Vorgaben als Weide oder Hute, Wiese oder Mähweide. Ist der Aufwuchs nicht als Viehfutter oder Einstreu zu verwerten, kommen Mulchen ohne Abräumen des Mulchgutes oder Kompostierung des Mähgutes in Frage. Der Aufwuchs sollte grundsätzlich bei einer Pflegenutzung nicht vollständig abgeräumt werden, sondern in mehreren festgelegten Teilabschnitten, je nach Schutzwürdigkeit und Zielsetzung. Durch Insel- oder Streifenmahd können negative Auswirkungen der Mahd auf die Tier- und Pflanzenwelt reduziert werden. Aus den ungemähten Flächen kann eine Wiederbesiedelung der Mahdflächen durch verschiedene Tiergruppen erfolgen (Abb. 27).
   Die Streifenmahd wird auch nach dem vermessungstechnischen Begriff als »Parzellen«-Mahd bezeichnet (HAARMANN & PRETSCHER 1993). Auf kleinparzellierten Flächen wurde die Nutzung auch in historischer Zeit bereits räumlich und zeitlich versetzt vorgenommen, wodurch sich eine artenreiche Pflanzen- und Tierwelt entwickeln konnte. Gras- und Gehölzinseln bewirken eine Differenzierung des Lebensraumes im extensiv genutzten Grünland (Abb. 27 unten). Die Pflegenutzungszeiten richten sich nach den phänologischen Daten der schutzwürdigen Arten oder Vegetationseinheiten oder nach den Entwicklungszyklen oder -stadien von Tieren. (s. Kapitel 9.1.3). Die Nutzung sollte zwischen Beginn und Ende des Samenstreuens der zu schützenden Arten erfolgen (s. Samenreifekalender der Orchideen Abb. 28).
3. Flächen mit geringen Auflagen und intensiveren Nutzungsmöglichkeiten.
   Flächen mit geringsten Auflagen sind für die Funktionsfähigkeit der Pflegenutzung oft von Bedeutung. So benötigen Huteschäfereien neben den Huteflächen weitere Flächen für folgende Nutzungen:
   - Strohpferchung mit 1 bis 4 m² Fläche pro Schaf und Nacht mit täglicher Einstreu von Stroh auf vegetationsfreien Flächen (Äckern),
   - Pferchung: Größe 1 bis 4 m² aber mit täglichem Wechsel, auf Acker- oder Grünlandflächen,
   - lockere Pferchung mit einer Flächenverfügbarkeit von 3 bis 5 m² je Schaf und Nacht. Die Pferche sind täglich umzustellen. Die Schafe können 20 bis 30 % ihres Nahrungsbedarfes pro Tag im Pferch decken. Die Pferchflächen können zweimal jährlich genutzt und gegebenenfalls nochmals nachgeweidet werden. Für Magerrasengebiete kann ein zusätzlicher Flächenbedarf mit etwa 10 % angesetzt werden.
   - Koppelflächen mit Dauerzäunen für Verbleib der Schafe an Wochenenden u. a.,
   - Huteflächen mit nährstoffreicheren Standortverhältnissen oder auch gedüngte Flächen, die für Weidezeiten genutzt werden können.

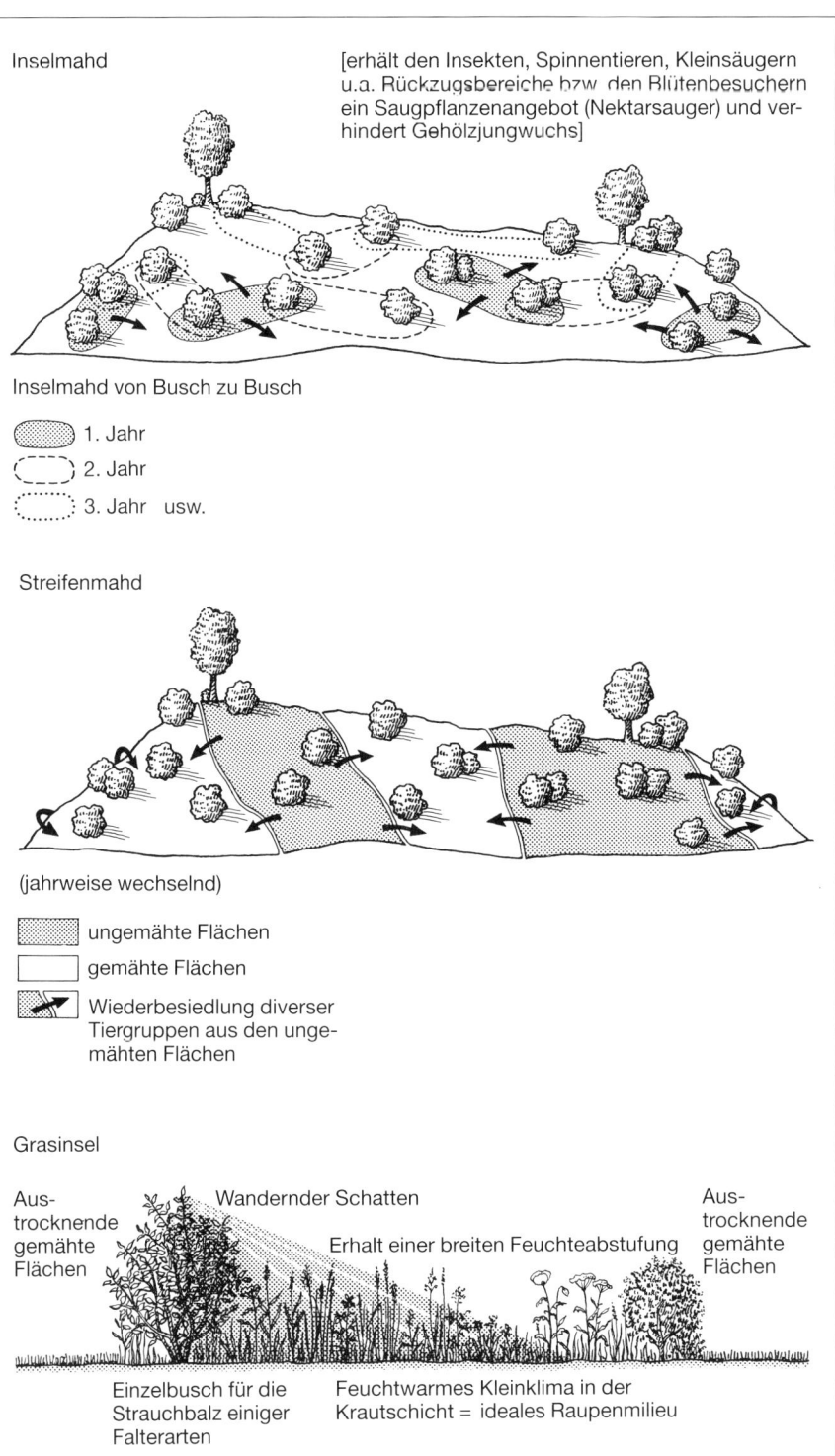

Inselmahd

[erhält den Insekten, Spinnentieren, Kleinsäugern u.a. Rückzugsbereiche bzw. den Blütenbesuchern ein Saugpflanzenangebot (Nektarsauger) und verhindert Gehölzjungwuchs]

Inselmahd von Busch zu Busch

1. Jahr
2. Jahr
3. Jahr   usw.

Streifenmahd

(jahrweise wechselnd)

ungemähte Flächen
gemähte Flächen
Wiederbesiedlung diverser Tiergruppen aus den ungemähten Flächen

Grasinsel

Austrocknende gemähte Flächen

Wandernder Schatten

Erhalt einer breiten Feuchteabstufung

Austrocknende gemähte Flächen

Einzelbusch für die Strauchbalz einiger Falterarten

Feuchtwarmes Kleinklima in der Krautschicht = ideales Raupenmilieu

Abb. 27: Insel- und Streifenmahd zur Optimierung der Lebensraumdifferenzierung im extensiv genutzten Grünland (HAARMANN & PRETSCHER 1993, verändert).

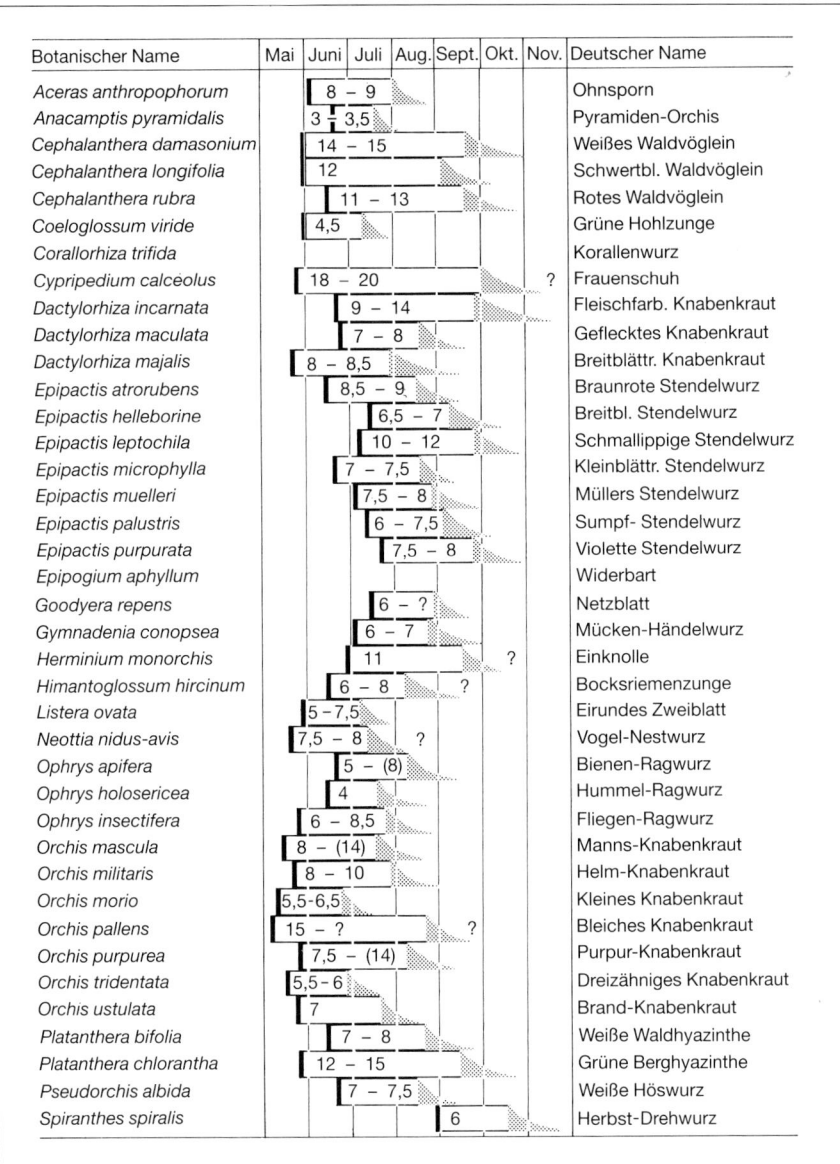

Botanischer Name	Mai	Juni	Juli	Aug.	Sept.	Okt.	Nov.	Deutscher Name
Aceras anthropophorum		8 – 9						Ohnsporn
Anacamptis pyramidalis		3 – 3,5						Pyramiden-Orchis
Cephalanthera damasonium		14 – 15						Weißes Waldvöglein
Cephalanthera longifolia		12						Schwertbl. Waldvöglein
Cephalanthera rubra			11 – 13					Rotes Waldvöglein
Coeloglossum viride		4,5						Grüne Hohlzunge
Corallorhiza trifida								Korallenwurz
Cypripedium calceolus		18 – 20				?		Frauenschuh
Dactylorhiza incarnata			9 – 14					Fleischfarb. Knabenkraut
Dactylorhiza maculata			7 – 8					Geflecktes Knabenkraut
Dactylorhiza majalis		8 – 8,5						Breitblättr. Knabenkraut
Epipactis atrorubens			8,5 – 9					Braunrote Stendelwurz
Epipactis helleborine			6,5 – 7					Breitbl. Stendelwurz
Epipactis leptochila			10 – 12					Schmallippige Stendelwurz
Epipactis microphylla			7 – 7,5					Kleinblättr. Stendelwurz
Epipactis muelleri			7,5 – 8					Müllers Stendelwurz
Epipactis palustris			6 – 7,5					Sumpf- Stendelwurz
Epipactis purpurata			7,5 – 8					Violette Stendelwurz
Epipogium aphyllum								Widerbart
Goodyera repens			6 – ?					Netzblatt
Gymnadenia conopsea			6 – 7					Mücken-Händelwurz
Herminium monorchis			11			?		Einknolle
Himantoglossum hircinum			6 – 8		?			Bocksriemenzunge
Listera ovata		5 – 7,5						Eirundes Zweiblatt
Neottia nidus-avis		7,5 – 8		?				Vogel-Nestwurz
Ophrys apifera			5 – (8)					Bienen-Ragwurz
Ophrys holosericea			4					Hummel-Ragwurz
Ophrys insectifera			6 – 8,5					Fliegen-Ragwurz
Orchis mascula		8 – (14)						Manns-Knabenkraut
Orchis militaris		8 – 10						Helm-Knabenkraut
Orchis morio		5,5-6,5						Kleines Knabenkraut
Orchis pallens		15 – ?			?			Bleiches Knabenkraut
Orchis purpurea		7,5 – (14)						Purpur-Knabenkraut
Orchis tridentata		5,5 – 6						Dreizähniges Knabenkraut
Orchis ustulata		7						Brand-Knabenkraut
Platanthera bifolia			7 – 8					Weiße Waldhyazinthe
Platanthera chlorantha		12 – 15						Grüne Berghyazinthe
Pseudorchis albida			7 – 7,5					Weiße Höswurz
Spiranthes spiralis				6				Herbst-Drehwurz

10.7 Landschaftspflege-
verbände

Landschaftspflegeverbände (LPV) sind freiwillige Zusammenschlüsse von Naturschützern, Landnutzern und Kommunalpolitikern. Ihre Zielrichtung ist das gleichberechtigte Zusammenwirken verschiedener gesellschaftlicher Gruppen. Die vertrauensvolle Zusammenarbeit dieser Gruppen ist der Garant für nachhaltige Erfolge in der praktischen Arbeit der Landschaftspflege und des Arten- und Biotopschutzes. Vor allem die Einbeziehung der Kommunalpolitiker verschafft den Landschaftspflegeverbänden Anerkennung und Unterstützung.

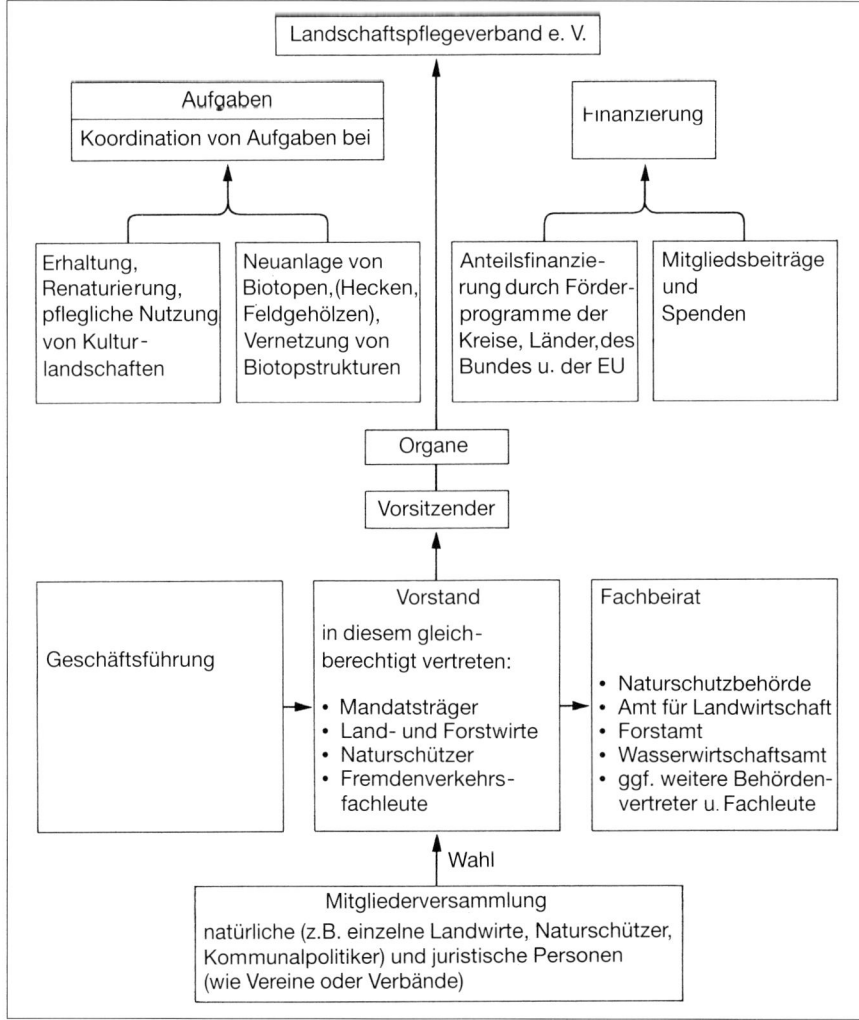

Abb. 29: Organisation ei
nes Landschaftspflegever-
bandes (MEUSEL & RINGLER
1993).

Landschaftspflegeverbände sind ge-
meinnützige, eingetragene Vereine und
haben keine behördlichen Befugnisse.
Das Prinzip der Arbeit ist die Freiwillig-
keit. Sie werden nur auf Wunsch der
Grundstückseigentümer wie Gemeinden,
Privatpersonen oder Verbänden tätig.

Landschaftspflegeverbände sind regional organisiert und können sich z.B. an
Kreisgrenzen, Fördergebieten oder Naturräumen orientieren und die regionalen
Besonderheiten und Strukturen erhalten.
In einigen Gebieten kann auch der Frem-
denverkehr als Wirtschaftszweig eine
wichtige Rolle spielen und ein Partner im
Landschaftspflegeverband sein. Ein Beispiel für die Organisation eines Land-
schaftspflegeverbandes ist in Abbildung
29 dargestellt.

Der Deutsche Verband für Landschaftspflege (DVL) hat drei Hauptziele
für die Landschaftspflegeverbände formuliert. Sie wollen:

1. Impulse für eine ökologisch orientierte Wirtschaftsentwicklung und umweltverträgliche Landnutzung geben,
   die das Besondere der einzelnen Re-

gionen herausarbeitet und ihre Eigen-
kräfte weckt.

2. Ein flächendeckendes Netz natürlicher Lebensräume aufbauen, um in allen deutschen Kulturlandschaften die
Lebensgrundlagen intakt zu erhalten.

3. Der Landwirtschaft ein verläßliches
Zusatzeinkommen im Naturschutz
verschaffen und sie bei der Vermarktung gebietstypischer Produkte unterstützen, um das Brachfallen großer
Flächen in benachteiligten Agrarzo-
nen zu verhindern.

Die Geschäftsstellen der Landschaftspflegeverbände werden als Dienstleistungsbe-
trieb gesehen, die den Gemeinden, Landkreisen, privaten Grundstückseigentümern
und örtlichen Naturschutzverbänden zuar-
beiten. Der LPV kann bei der Umsetzung
der Landschaftsplanung und anderer regionaler oder örtlicher Fachpläne ein
wichtiger Partner sein. Die praktischen Arbeiten führen hauptsächlich örtliche landwirtschaftliche Betriebe aus. Spezielle
Biotopneuanlagen werden aber auch von
Garten- und Landschaftsbaubetrieben
übernommen. Der LPV kann die Beantra-
gung und Abrechnung der Fördermittel,
die Überwachung und Ausführung der
Maßnahmen und die anschließende Erfolgskontrolle übernehmen und/oder Prio-
ritäten für die Umsetzung der jährlichen
Maßnahmen setzen. Die Finanzierung erfolgt z. B. aus Haushaltmitteln der Länder, Kreise und Gemeinden und Beiträgen
der Verbandsmitglieder.

Der erste Landschaftspflegeverband
wurde 1986 in Mittelfranken gegründet.
Der Sachverständigenrat für Umweltfragen der Bundesregierung hat in einem
Gutachten 1987 den zukunftsweisenden
Charakter für das Modell des Land-
schaftspflegeverbandes zur Bündelung
des örtlichen Naturschutzes hervorgeho-
ben. Die Bundesregierung fördert seit
1991 ein Projekt zur Gründung von Landschaftspflegeverbänden in Deutschland.
Im Juni 1993 schlossen sich 70 Verbände
aus 11 Bundesländern zum Deutschen
Verband für Landschaftspflege (DVL)
zusammen.

Die Anschriften der Projektleitungen
für die Landschaftspflegeverbände in
Deutschland sind
für die alten Bundesländer:
Bischof-Meiser-Str. 2, 91522 Ansbach
für die neuen Bundesländer:
Naturschutzzentrum 98749 Friedrichs-
höhe.
(Deutscher Verband für Landschaftspflege 1993, MEUSEL & RINGLER 1993, Hessisches Ministerium für Landentwicklung,
Wohnen, Landwirtschaft, Forsten und
Naturschutz 1993).

Die Zuständigkeit für Naturschutz liegt
bei den Ländern. Diese können in Richtlinien Landschaftspflegeverbände oder
vergleichbare Organisationen, wie z. B.
die Biologischen Stationen in Nordrhein-
Westfalen, in die Umsetzung von Naturschutzmaßnahmen einbinden.

11 Pflegenutzung als Chance für die Grünlanderhaltung

Traditionen erhalten und weiterentwickeln

Jagd, Landwirtschaft und Forstwirtschaft haben die ältesten Traditionen, die in ihrer ursprünglichen Form nicht vollkommen erhalten werden können. Sie müssen sich neuen Herausforderungen und Erwartungen der Gesellschaft anpassen. Der Strukturwandel dieser großflächigen Landnutzungen muß mit gezielten, fachlich fundierten Maßnahmen gesteuert werden. Hierbei haben die Agrarreform, der Natur- und Umweltschutz und die Gemeinden den stärksten Einfluß. Neben den drei ursprünglichen Landnutzungen kommen der Naturschutz mit den Aufgabenfeldern des Arten- und Biotopschutzes und der Landschaftspflege, der Umweltschutz und die Freizeit- und Erholungsnutzung hinzu.

In den aufgezeigten Schwerpunktnutzungen hat das Grünland eine ganz wesentliche Bedeutung und kann nur durch die Landwirtschaft sinnvoll und mit vertretbaren Kosten erhalten werden und seine vielfältige Funktion erfüllen. Finanziell waren für den Landwirt auf Grünlandflächen nur die Erträge aus der landwirtschaftlichen Nutzung für die Ernährung und die Einnahmen aus Jagd und/oder Jagdverpachtung eine meßbare Größenordnung. Heute werden weitere Fördermittel für ausgewiesene Schutzgebiete, für Naturschutzprogramme und für andere Nutzungen bereitgestellt, die der Grünlanderhaltung dienen. Durch die zusätzliche Aufgabenstellung hat sich die Pflegenutzung entwickelt, und der Landwirt wird zunehmend zum anerkannten Landschaftspfleger. Den Flächenanspruch des speziellen Arten- und Biotopschutzes für die verschiedenen Biotope in der offenen Landschaft hat HAMPICKE (1991) für die Bundesrepublik Deutschland in der Tabelle 43 zusammengestellt.

Agrarreform der Europäischen Gemeinschaft

Durch die Politik der Europäischen Gemeinschaft (jetzt: Europäische Union) entstand eine Intensivierung in der Landwirtschaft mit erheblicher Überschußproduktion, die auf das Dauergrünland und die Artenvielfalt einen negativen Einfluß hatte. 1988 hat die Europäische Gemeinschaft für die sog. Marktordnungsfrüchte die Stillegung von Ackerflächen eingeführt. »Allein im Rahmen der fünfjährigen Flächenstillegung wurden in der Bundesrepublik insgesamt in den Jahren 1988/89 bis 1991/92 rund 479 270 Hektar aus der Produktion genommen. Somit waren insgesamt 4,2 % der Ackerfläche stillgelegt. Hinzu kamen rund 301 450 Hektar, die im Rahmen der einjährigen Flächenstillegung im Wirtschaftsjahr 1991/92 in der Bundesrepublik brach lagen. Das waren nochmals 2,7 % der Ackerfläche« (IMA 1993). Die Stillegung hat sich als agrarpolitisches Instrument fest etabliert.

Die ökologische Ausrichtung der **Agrarpolitik** durch die Flächenstillegung ist fachlich zweifelhaft, da aus der Sicht des abiotischen Ressourcenschutzes zunächst die bestehenden Belastungen von Boden, Wasser und Luft, die aus der landwirtschaftlichen Nutzung stammen, verringert werden müßten (MÜNZEL & SCHUMACHER 1993). Eine gezielte Flächenstillegung auf auswaschungs- oder erosionsgefährdeten Standorten (z. B. grundwassernahen und leichten Böden) erfolgte nicht. Inzwischen ist wissenschaftlich nachgewiesen, daß von Stillegungsflächen zur Brachezeit und bei

Tab. 43: Flächenanspruch des speziellen Arten- und Biotopschutzes (HAMPICKE 1991)

Biotop	angestrebte Fläche (ha)	vorhandene Fläche (ha)	fehlende Fläche (ha) zu entwickeln aus:				
			Extensiv-Grünland	Intensiv-Grünland	Ackerland	genutzten Wäldern	sonst. Flächen
Salzwiesen	32000	8000	8000				16000
Streuwiesen	50000	25000	15000				10000
Sumpfdotterblumen- u. Kohldistel-Wiesen sowie ungedüngtes Feuchtgrünland*1	300000	52500	45000	135000	67500		
Fettwiesen*2	350000	125000		115000	85000		25000
Extensivweiden*3	75000	25000		25000			25000
Halbtrockenrasen	60000	30000		10000			20000
Streuobstwiesen	75000	50000					25000
Zwergstrauch-Heiden	15000	15000					
Hochmoor u. a. *4	135000	5000					130000
Grünland u. ä. Offenlandbiotope insgesamt	1092000	335500	68000	285000	152500		251000
Brache*5	100000	100000					
Ackerrandstreifen	10000				10000		
Sukzessionen an Gewässern*6	403000	25000		95000	103000	180000	
Waldbiotope*7	787500	430000		70000	70000	180000	37500
Insgesamt, Szenario I	2392500	890500	68000	450000	335000	360000	288500
Insgesamt, Szenario II (zum Vergleich)	337600	954000	102000	762000	578000	575000	404000

Quelle: HAMPICKE et al. (1991), Tab. 4.2 bis 4, pp. 304 ff. (vereinfacht)
*1 Letzteres an 30000 km Fließgewässern und zur Pufferung von Hochmoorresten
*2 Relativ feuchte, extensive Wiesen und Weiden sowie Goldhafer-Wiesen im Mittelgebirge
*3 Im Mittelgebirge mit Gehölzen und Hecken
*4 Überwiegend degradiert sowie Feuchtgebiete auf ehemaligem Hochmoor (wiederherzustellen)
*5 Alle 3 bis 4 Jahre zu mähen
*6 Sukzession zu Röhricht, Auwald und naturnahem Wald an 30000 km Fließgewässern, teils auf derzeit land-, teils forstwirtschaftlich genutzter Fläche
*7 Waldsäume, Waldränder, Niederwald, Altholzbestände, Bruchwald und Naturwaldreservate

Wiederinkulturnahme Nitratausträge stattfinden (Hess. Ministerium für Landwirtschaft, Forsten und Naturschutz 1990). Dies ist insbesondere auf Standorten mit bisher hohem Stickstoffniveau der Fall. Die Erwartung, daß sich Brachen immer zu artenreichen Gras-Krautfluren entwickeln, hat sich nicht bestätigt. Konkurrenzstarke Problemarten, z. B. Gemeine Brennessel (Urtica dioica), Acker-Kratzdistel (Cirsium arvense) und Gemeine Quecke (Agropyron repens), haben sich durch das meist hohe Nährstoffniveau ausgebreitet und verdrängen seltene Arten. In einigen Fällen haben sich in einem Übergangsstadium seltene Arten wie Rebhuhn (Perdix perdix), Kiebitz (Vanellus vanellus) oder Wachtel (Coturnix coturnix) ausgebreitet.

Seit dem Jahr 1993 ist die neue Agrarreform (Kapitel 10.4) wirksam, die durch die »Flankierenden Maßnahmen« eine Verbesserung für den Arten- und Biotopschutz erbringen kann. Voraussetzung dazu ist, daß in den Bundesländern die entsprechenden Förderbestimmungen für bestandsbedrohte Biotope und Arten bzw. Naturschutzmaßnahmen vorliegen. Die Ergebnisse aus dem Vertragsnaturschutz konnten noch nicht zufriedenstellen, da die Leistungen der Landwirte in der Pflegenutzung auf den Extremstandorten und in benachteiligten Gebieten nicht ausreichend honoriert wurden.

Naturschutz auf neuen Wegen
Die neuen zukunftsorientierten Wege des Naturschutzes und der Grünlanderhaltung zeichnen sich deutlich ab, können aber erst in mehreren Jahren voll wirksam werden, da die organisatorischen und rechtlichen Vorraussetzungen auf Bundes- und Landesebene noch nicht für alle Maßnahmen geschaffen sind und die Agrarreform weiterhin verfeinert werden muß.

Im Sinne eines flächendeckenden Biotopverbundes müssen folgende Schwerpunkte gesetzt werden:

1. Zur Erhaltung wertvoller Grünlandgebiete sind regionale Schwerpunkte zur Förderung der Pflegenutzung durch Landwirte insbesondere in Großschutzgebieten, Naturschutzgebieten und deren Pufferzonen erforderlich.
2. Ein Netz von Trittsteinbiotopen geringerer Flächengröße ist zwischen den großflächigen Gebieten zu sichern.
3. Lineare Korridorbiotope sind in allen Gemarkungen zu fördern. Hierzu ist das »Randstreifen-Programm« (SCHUMACHER & MÜNZEL 1993) zu verwirklichen, das Grünland-Randstreifen von mindestens 5m Breite entlang von Gewässern, Wäldern, Gebüschen und Feldrainen vorsieht. Die Landwirte könnten diese Flächen je nach standortbezogener und betrieblicher Situation brachfallen lassen oder in mehrjährigen Abständen oder jährlich mähen.
4. Eine flächendeckende Extensivierung mit standortbezogenen Abstufungen ist anzustreben.

Der Naturschutz ist in Deutschland in seiner Organisation extrem zersplittert. Hierdurch werden die vorhandenen Mittel nicht immer optimal für den Naturschutz eingesetzt. Eine stärkere Bündelung der vorhandenen Kräfte und Mittel ist unumgänglich. Hieraus ergeben sich folgende Forderungen:

1. Die vorhandenen Fachgebiete im »grünen Bereich« müssen auf Gemeinde-, Kreis-, Bezirks- und Landesebene stärker zusammengeführt werden.
2. Die Landschaftsplanung als wichtigstes Planungsinstrument auf Gemeindeebene muß die Landwirtschaft und den Arten- und Biotopschutz im Sinne eines Biotopverbundes deutlicher umsetzungsorientiert einbeziehen.
3. Naturschutzmittel sollten nur noch für Flächen bereitgestellt werden, die hinsichtlich ihres Artenbestandes und der Einbindung in ein langfristiges Pflegekonzept erfaßt und naturschutzfachlich geprüft sind.
4. Für die Umsetzung der Pflegenutzung sollten vorrangig geeignete landwirtschaftliche Betriebe ausgewählt werden. Die Leistungsparameter und Einsatzmöglichkeiten dieser Betriebe sollten erfaßt werden, und zwar vorrangig in Gebieten, in denen Biotopkartierungen oder Landschaftspläne bzw. Biotopverbundplanungen erstellt wurden oder werden.
5. Für die Prüfung und Umsetzung der Pflegenutzung sollten Institutionen tätig werden, die ihre fachliche Qualifikation und Leistungsmöglichkeit für ihren vorgesehenen Bereich nachgewiesen haben (s. Kapitel 10.1). Landschaftspflegeverbände oder vergleichbare Organisationen, die nach den Zielsetzungen des Verbandes Deutscher Landschaftspflegeverbände arbeiten, können die vielseitigen Aufgaben des Naturschutzes und der Landschaftspflege koordinieren.

Die extensive Grünlandnutzung und -pflege kann am wirkungsvollsten durchgeführt werden, wenn die Fachleute verschiedener Bereiche eng zusammenarbeiten. Landwirte als Tierzüchter und -halter, Maschinenbetriebe, Naturschützer, Vertreter der Kommunen und des Fremdenverkehrs sollten gemeinsame Konzepte entwickeln und durch Öffentlichkeitsarbeit eine breite Akzeptanz für eine nachhaltige Umsetzung bewirken.

Literaturverzeichnis

ABW – Arbeitsgemeinschaft Biotopkartierung Bad Wildungen (1990): Biotopkartierung Bad Wildungen, Bd.1: Textteil. Erarb. i. A. des Magistrats der Stadt Bad Wildungen – Umweltamt.

ALSING, I. (1993): Lexikon der Landwirtschaft. 703 S. Verlagsunion Agrar.

AMK (Aussstellungs-Messe-Kongreß) Berlin (1987): 1. Bundesschau Schafe. Red. E. Wilke; Internationale Grüne Woche Berlin. 72 S.

– (1991): Sonderschau Gefährdete Nutztierrassen. Internationale Grüne Woche Berlin.

AVERBECK, F. (1990): Mutterkuhhaltung. In: Extensive Grünlandbewirtschaftung durch Tierhaltung. KTBL 140: 23-35.

BAKKER, J. P., VRIES, Y. DE (1985): Über die Wiederherstellung artenreicher Wiesengesellschaften unter verschiedenen Mahdsystemen in den Niederlanden. Natur Landschaft 60 (7/8): 292-302.

BAUER, I. (1992): Eingriffe in Natur und Landschaft: Damwildgehege. LÖLF-Jahresbericht S. 16.

Bayerisches Staatsministerium für Landesentwicklung und Umweltfragen (1992): Mager- und Trockenstandorte. 44 S. München.

BEHRENS, H., SCHEELJE, R., WASSMUTH, R. (1983): Lehrbuch der Schafzucht. 6. Aufl., 334 S. Hamburg, Berlin.

BERGMEIER, E. (Hrsg.) (1992): Grundlagen und Methoden floristischer Kartierungen in Deutschland. Flor. Rundbr. Beih. 2.

BERGMEIER, E., NOWAK, B. (1988): Rote Liste der Pflanzengesellschaften der Wiesen und Weiden Hessens. Vogel Umwelt 5: 23-33.

BIELEFELD, U. (1985): Aufbau eines vernetzten Biotopsystems »Trocken- und Halbtrockenrasen« in Rheinland-Pfalz. In: Ministerium Soziales, Gesundheit u. Umwelt Rheinl.-Pfalz (Hrsg.) Arten- und Biotopschutz, Fachtagung 1984. 21-29.

BLAB, J. (1986): Grundlagen des Biotopschutzes für Tiere. Schriftenr. Landschaftspfl. Naturschutz 24, 257 S. 2. Aufl.

– (1993): Grundlagen des Biotopschutzes für Tiere. 4. Aufl. Schriftenr. Landschaftspfl. Natursch. 24, 479 S. Bonn.

BLAB, J., RIECKEN, U. (Hrsg.) (1993): Grundlagen und Probleme einer Roten Liste der gefährdeten Biotoptypen Deutschlands. Schr.-R. Landschaftspflege Naturschutz 38: 339 S. Bonn-Bad Godesberg.

BLAB, J., BRÜGGEMANN, P., SAUER, H. (1991): Tierwelt in der Zivilisationslandschaft. Teil II: Raumeinbindung und Biotopnutzung bei Reptilien und Amphibien im Drachenfelser Ländchen. Bonn-Bad Godesberg. 94 S.

BLAB, J., NOWAK, E., TRAUTMANN, W., SUKOPP, H. (Hrsg.) (1984): Rote Liste der gefährdeten Tiere und Pflanzen in der Bundesrepublik Deutschland. 4. Aufl. Greven.

BOBERFELD, O. v. (1986): Grünlandnutzung. In: Nösberger, J. u. Boberfeld O.v. »Grundfutterproduktion«. 65-120. Verl. P. Parey, Berlin, Hamburg.

BOGENRIEDER, A. (1982): Die Flora der Weidfelder, Moore, Felsen und Gewässer. In: Bogenrieder, A. et al. »Der Feldberg im Schwarzwald«. Natur- u. Landschaftsschutzgebiete Baden-Württemberg 12.

BÖHLE, U.-R., HALFMANN, J. (1992): Die

Vegetation der Halbtrockenrasen im Südlichen Ringgau (Nordhessen) im Hinblick auf ihre Schutzwürdigkeit sowie Anregungen zu ihrer Erhaltung und Pflege. Naturschutz in Nordhessen 12: 81-104.

BOHN, U. (1992): Zum internationalen Projekt einer Karte der natürlichen Vegetation Europas im Maßstab 1 : 2,5 Mio. Natur Landschaft 67 (10): 476-480.

BÖHNERT, W., HEMPEL W. (1987): Nutzungs- und Pflegehinweise für die geschützte Vegetation des Graslandes und der Zwergstrauchheiden Sachsens. Naturschutz.arb. in Sachsen 29: 3-14.

BÖLSCHER, B. (1992): Zum Einfluß moderner Grünlandwirtschaft auf Wiesenvögel. In: Extensivierung der Grünlandnutzung – Technische und fachliche Grundlagen. NNA Berichte 5 (4): 37-42. Norddeutsche Naturschutzakademie.

BORSTEL, U.v. (1993): Grünlandwirtschaft. In: Hydro-Agri Dülmen (Hrsg.) »Faustzahlen für Landwirtschaft und Gartenbau«. 618 S. 12. Aufl. Verlagsunion Agrar.

BÖTTCHER, H., GERKEN, B., HOZAK, R., SCHÜTTPELZ, E. (1992): Pflege und Entwicklung der Kalkmagerrasen in Ostwestfalen. Natur Landschaft 67 (6): 276-282.

BÖTTNER, M. (1992): Auswirkungen des Mulchens auf die Bestandsentwicklung einer Borstgras-Wiese. In: Magerrasenschutz. Ergebnisse der Tagung »Schutz hessischer Magerrasen« am 15. Juni 1991, Philipps-Uni. Marburg. Botanik Naturschutz Hessen, Beih. 4.

BRAUN-BLANQUET, J. (1964): Pflanzensoziologie. 3. Aufl., 865 S. Verl. Springer.

BRIEMLE, G. (1988): Magerrasen auf der Schwäbischen Alb. In: »Naturschutz und Landschaftspflege mit Schafen.« DLG-Fachtagung. Arbeitsunterlagen DLG: 58-72. Frankfurt.

– (1992): Methodik der quantitativen Vegetationsaufnahme im Grünland. Naturschutz Landschaftsplanung 1: 31-34.

BRIEMLE, G., EICKHOFF, D., WOLF, R.

(1991): Mindestpflege und Mindestnutzung unterschiedlicher Grünlandtypen aus landschaftsökologischer und landeskultureller Sicht. Beih. Veröff. Naturschutz Landespflege Baden-Württ. 60, Karlsruhe.

BROCKHAUS (1952-58): Der große Brockhaus. 16. Aufl. 13 Bde. Wiesbaden.

BRONGERS, M., DE VRIES, Y., BAKKER, J.P. (1990): Der Einfluß unterschiedlicher Beweidungsintensitäten auf die Salzwiesenvegetation in der Leybucht (Niedersachs.). Natur Landschaft 65 (6): 311-314.

BRUELHEIDE, H. (1991): Kalkmagerrasen im östlichen und westlichen Meißner-Vorland. Tuexenia 11: 205-233.

BULTMANN, M. (1992): Kalkmagerrasen an der unteren Diemel. Botanik Naturschutz Hessen, Beih. 4, 101 S. Frankfurt a. M.

Bundesministerium für Ernährung, Landwirtschaft u. Forsten (1993): Die Agrarreform der EG.

Bundesverband deutscher Fleischrinderzüchter e.V. (Hrsg.) (1994): 3. Bundesschau Fleischrinder. Internationale Grüne Woche Berlin.

BUSHARDT, M., HAUSTEIN, B., LÜTTMANN, J., WAHL, P. (1990): Rote Liste der bestandsbedrohten Biotoptypen von Rheinland-Pfalz (Stand 1. 12. 1989). Ministerium f. Umwelt u. Gesundheit Rheinland-Pfalz, 16 S. Mainz.

DAENICKE, R., ROHR, K. (1992): Rindermast. AID 1048. Bonn.

Deutsche Landwirtschaftsgesellschaft (Hrsg.) (1988): Naturschutz und Landschaftspflege mit Schafen. DLG, 103 S. Frankfurt.

Deutscher Verband für Landschaftspflege e.V. (Hrsg.) (1993): Landschaft als Lebensraum. Der Deutsche Verband für Landschaftspflege stellt sich vor. 2. Aufl., 45 S. Ansbach.

DIERSCHKE, H. (1985): Experimentelle Untersuchungen zur Bestandsdynamik von Kalkmagerrasen (Mesobromion) in Südniedersachsen. I. Vegetationsentwicklung auf Dauerflächen 1972-1984. In: Schreiber, K.F. (Hrsg.) Münstersche Geograph. Arb. 20: 9-24.

– (1989): Symphänologische Aufnahme- und Bestimmungsschlüssel für Blütenpflanzen und ihre Gesellschaften in Mitteleuropa. Tuexenia 9: 477-484.

DIERSSEN, K. et al. (1988): Rote Liste der Pflanzengesellschaften Schleswig-Holsteins. Schriftenr. Landesamt Natursch. Landschaftspfl. S H. 6, 157 S.

DOLUSCHITZ, R., BAUR, H. (1991): Mutterkuhhaltung – Diversifiziertes Rindfleischangebot von extensiv genutzten Standorten. Unser Land (5): 45-47.

DOLUSCHITZ, R., ZEDDIS, J. (1990): Extensive Grünlandbewirtschaftung durch Tierhaltung – Betriebswirtschaftliche Bewertung. 132-157. KTBL 140.

DRACHENFELS, O. v., MEY, H. (1990): Kartieranleitung zur Erfassung der für den Naturschutz wertvollen Bereiche in Niedersachsen. Naturschutz Landschaftspfl. Niedersachs. A/3, 3. Aufl., 103 S.

DRESSLER, B. (1993): Ein Samenreifekalender der AHO Hessen. Ber. Arbeitskrs. Heim. Ochid. 10 (2): 66-69.

EIGNER, J. (1991): Hochmoor und Heide. In FLL »Biotoppflege Biotopentwicklung.« Teil 1. 17-31. Forschungsges. Landschaftsentwickl. Landschaftsbau. Bonn.

ELLENBERG, H. (1986): Vegetation Mitteleuropas mit den Alpen in ökologischer Sicht. 4. Aufl. 989 S. Stuttgart.

ELLENBERG, H., WEBER, H.E., DÜLL, R., WIRTH, V., WERNER, W., PAULISSEN, D. (1991): Zeigerwerte von Pflanzen in Mitteleuropa. Scripta Geobotanica XVIII. Göttingen.

ELSÄSSER, M. (1993): Umweltgerechte Grünlandwirtschaft – welche Folgen ergeben sich daraus? Natur Landschaft 68 (2): 66-72.

ERNST, P. (1991): Nitratbelastung bei Damtierhaltung auf Grünland. LÖLF-Jahresbericht, 25-26.

ERNST, P., RIEDER, B. (1990): Grünland richtig nutzen. AID 1088, 28 S.

FINCK, A. (1992): Dünger und Düngung. 2. Aufl. 488 S. VHC Verlagsgesellschaft. Weinheim.

FINK, H., VIBRANS, H., VOLLMER, I. (1992): Synopse der Roten Listen Gefäßpflanzen. Schriften-R. Vegetationskunde 22, 262 S. Bonn-Bad Godesberg.

FLÖRKE, E. (1967): Vegetation und Wild bei der Sababurg im Reinhardswald in Vergangenheit und Gegenwart. Geobot. Mitt. 48. Gießen.

FOERSTER, E. (1983): Pflanzengesellschaften des Grünlandes in Nordrhein-Westfalen. Schr.-R. LÖLF NRW 8. 71 S.

FRANK, D. (1992): Die Bestandsentwicklungskategorien der Gefäßpflanzen Ostdeutschlands. In: Rote Listen gefährdeter Pflanzen in der Bundesrepublik Deutschland. Schriften-R. Vegetationskunde 23: 205-212. Bonn-Bad Godesberg.

FRANZ, D., SOMBRUTZKI, A. (1992): Bestandsveränderungen bei Brutvögeln in schmaler Ufervegetation aufgrund gezielter Schutzmaßnahmen. Natur Landschaft 67 (4): 162-165.

FREDE, A. (1990): Liste schutzbedürftiger und gefährdeter Ökosystemtypen für ein Biotopsicherungskonzept in Nordhessen. Naturschutz in Nordhessen 11: 99-104.

– (1991): Rote Listen für den Landkreis Waldeck-Frankenberg. Die Gefährdung der Tier- und Pflanzenwelt sowie ihrer Lebensräume. Naturschutz in Waldeck-Frankenberg 3, 298 S.

FRISSE, Th., GROBMEYER, G. (1990): Der Einfluß verschiedener Nutzungstypen auf Pflanzengesellschaften der Bergwiesen bei Clausthal-Zellerfeld. Natur Landschaft 65 (12): 575-580.

FÜRCHTENICHT, K., et al. (1993): Pflanzenernährung und Düngung. In: Faustzahlen für Landwirtschaft und Gartenbau. Hydro-Agri-Dülmen. S. 254 ff.

GANZERT, C. (1990): Die Vegetation des Grünlandes in den Loisach-Kochelsee-Mooren. I. Ber. Bayer. Bot. Ges. 61: 283-302.

– (1991): Die Vegetation des Grünlandes in den Loisach-Kochelsee-Mooren. II. Ber. Bayer. Bot. Ges. 62: 127-144.

GANZERT, C., TURLEY, F. u. LÖTSCHERT,

W. (1982): Die Halbtrockenrasen in der Umgebung von Schlüchtern. Tuexenia 2: 61-68.

GEH (Gesellschaft zur Erhaltung alter und gefährdeter Haustierrassen e.V.) (1993): Rote Liste der bedrohten Nutztierrassen. Stand 1/93. Witzenhausen.

Gesetzesblatt Freie Hansestadt Bremen (1987): Verordnung über das Naturschutzgebiet »Borgfelder Wümmewiesen« im Gebiet der Stadtgemeinden Bremen. 12. Senator Umweltschutz – oberste Naturschutzbeh.

GLAVAC, V. (1983): Über die Rotschwingel-Rotstraußgras-Pflanzengesellschaft (Festuca rubra-Agrostis tenuis-Ges.) im Landschafts- und Naturschutzgebiet »Dönche« in Kassel. Tuexenia 3: 389-406.

GLAVAC, V., SCHLAGE, R. (1978): Soll die Eigenart der Landschaft am Kleinen Dörnberg bewahrt werden. Naturschutz Nordhessen 2: 31-45.

GLAVAC, V., SCHLAGE, A. R. (1979): Das Gentiano-Koelerietum Knapp 1942 am Kleinen Dörnberg bei Zierenberg (Kreis Kassel). Mitt. Flor. soz. Arb.gem. N.F. 21: 105-109. Göttingen.

GREGOR, Th. (1991): Lebensraum Magerrasen. – Biotop des Jahres 1991 –. Bot. Verein. Natursch. Hessen, Naturschutz-Zentrum Hessen. 104 S.

HAARMANN, K., PRETSCHER, P. (1993): Zustand und Zukunft der Naturschutzgebiete in Deutschland. Die Situation im Süden und Ausblick auf andere Landesteile. Schr. R. Landschaftspflege u. Naturschutz 39, 266 S.

HAEUPLER, H., SCHÖNFELDER, P. (1988, 1989): Atlas der Farn- und Blütenpflanzen der Bundesrepublik Deutschland. 768 S. 1. u. 2. Aufl. Verl. E. Ulmer, Stuttgart.

HAKES, W. (1987): Einfluß von Wiederbewaldungsvorgängen in Kalkmagerrasen auf die floristische Artenvielfalt und Möglichkeiten der Steuerung durch Pflegemaßnahmen. Dissertationes Botanicae 109, 151 S. Berlin.

– (1988): Vergleich der Pflanzenbestandsstruktur genutzter und brachliegender

Kalk-Halbtrockenrasen in Nordhessen. Phytocoenologia 16 (3): 289-314.

HAMM, W. (1872): Das Ganze der Landwirthschaft in Bildern. 320 S. Reprint 1985 »Edition rari«, Verl. Th. Schäfer, Hannover.

HAMPICKE, U. (1991): Naturschutzökonomie. UTB 1650, 342 S. Verl. E. Ulmer, Stuttgart.

HÄRDTLE, W. (1984): Vegetationskundliche Untersuchungen in Salzwiesen der ostholsteinischen Ostseeküste. Mitt. Arbeitsgem. Geobot. Schlesw.-Holst. Hamburg, 34, 142 S. Kiel.

HEINRICH, W., VOELCKEL, H., KRAUTWURST, L. (1988): Biotoppflege in orchideenreichen Halbtrockenrasen des mittleren Saaletales. In: Tagungsbericht »Biotoppflege in thüringischen Naturschutzobjekten«. Veröff. Museen Gera 15: 79-80.

HENGEL, U. van U. WESTHUS, W. (1993): Militärische Liegenschaften in Thüringen und ihre Bedeutung für den Naturschutz. Landschaftspflege Naturschutz in Thüringen 30 (1).

HESS, R., RITSCHEL-KANDEL, G. (1989): Die Umsetzung von Entwicklungskonzepten für Trockenstandorte in Unterfranken. Naturwiss. Verein Würzburg 30: 71-110.

Hess. Landesamt für Ernährung, Landwirtschaft und Landentwicklung Kassel (1992): Mischungs- und Sortenempfehlungen für die Ansaat von Wiesen und Weiden.

Hess. Ministerium für Landesentwicklung, Wohnen, Landwirtschaft, Forsten und Naturschutz (1992): Hessische Biotopkartierung (HB) – Kartieranleitung. 1. überarbeitete Fassung. Wiesbaden.

– (1993): Landschaftspflegeverbände in Hessen. Naturschutz Landschaftsplanung 25 (1): 34-35.

Hess. Ministerium für Landwirtschaft, Forsten und Naturschutz (1990): Flächenstillegung in der Landwirtschaft. Ökologie-Forum Hessen, 68 S. Wiesbaden.

HEYDEMANN, B. (1987): Über die Notwendigkeit von Biotop-Verbundsystemen. – Überarbeiteter Tonbandschnitt. Schr. R. Angewandter Naturschutz 1, Naturlandstiftung Hessen: 58-77.

HEYDEMANN, B., MÜLLER-KRACH, J. (1980): Biologischer Atlas Schleswig-Holstein. Neumünster.

HOFMEISTER, H. (1984): Das Gentiano-Koelerietum Knapp 1942 im Mittelleine-Innerste-Bergland. Braunschweig. Naturkd. Schr. 2 (1): 41-56.

HÖLZINGER, J. (Hrsg.) (1987): Die Vögel Baden-Württembergs. (Avifauna Baden-Württemberg) Gefährdung und Schutz. Grundlagen, Biotopschutz. Bd. 1, Teil 1. 724 S. Verl. E. Ulmer, Karlsruhe.

HUNDSDORFER, M. (1989): Kostendatei für Maßnahmen des Naturschutzes und der Landschaftspflege. Bayerisches Staatsmin. Landesentw. Umweltfragen.

– (1993): Maschinen u. Geräte, Kosten und Zeitbedarf. In: Jedicke, E. et al. »Praktische Landschaftspflege – Grundlagen und Maßnahmen«. 186-236. Verl. E. Ulmer, Stuttgart.

Hydro Agri Dülmen GmbH (Hrsg.) (1993): Faustzahlen für Landwirtschaft und Gartenbau. 12. Aufl. 618 S. Verlagsunion Agrar.

IMA (Informationsgemeinschaft für Meinungspflege und Aufklärung e.V.) (1993): Agrimente '93. 81 S. Hannover.

IRMLER, U., HEYDEMANN, B. (1986): Die ökologische Problematik der Beweidung von Salzwiesen an der Niedersächsischen Küste – am Beispiel der Leybucht. Natursch. Landschaftspfl. Nieders. Beih. 15, 115 S.

JAHN-DEESBACH, W. (1988): Feldfutterbau. In: Ruhr-Stickstoff Aktiengesellschaft (Hrsg.): Faustzahlen für Landwirtschaft und Gartenbau. 11. Aufl.: 390-403. Bochum.

JEDICKE, E. (1989 a): Boden – Entstehung, Ökologie, Schutz. 128 S. Verl. O. Maier, Ravensburg.

– (1989 b): Brachland als Lebensraum. 127. S. Verl. O. Maier, Ravensburg.

– (1990): Biotopverbund. 254. S. Verl. E. Ulmer, Stuttgart.

– (1992 a): Gedanken zu einem Leistungsbild für lokale Biotopverbund-Planungen. Naturschutz Landschaftsplanung 2: 71-74.

– (1992): Naturschutzgebiete in Deutschland. Statistik für die Bundesländer mit Stand vom 1. Januar 1992. Naturschutz u. Landschaftsplanung (4): 155-157.

– (1994): Biotopverbund. 2. überarb. u. erw. Aufl. 287 S. Verl. E. Ulmer, Stuttgart.

JEDICKE, E., FREY, W., HUNDSDORFER, M., STEINBACH, E. (1993): Praktische Landschaftspflege – Grundlagen und Maßnahmen. 280 S., Verl. E. Ulmer, Stuttgart.

JEDICKE, L., JEDICKE, E. (1992): Farbatlas Landschaften und Biotope Deutschlands. 320 S. Verl. E. Ulmer, Stuttgart.

JESCHKE, L., ERDMANN, F. (1984): Grasland auf Niedermoor – landeskulturelle Probleme. Naturschutzarbeit Mecklenburg 27 (2): 57-71.

JILG, Th., BRIEMLE, G. (1993): Futterwert und Futterakzeptanz von Magerwiesen-Heu im Vergleich zu Fettwiesen-Heu. Naturschutz Landschaftsplanung 25 (2): 64-68.

KAPFER, A. (1987/1988): Renaturierung gedüngter Feuchtwiesen – eine erste Anleitung für die Praxis. Naturschutzforum 1/2: 159-171. Dt. Bund Vogelsch. LV Baden-Württ.

KAULE, G. (1986): Arten- und Biotopschutz. 461. S., UTB Große Reihe, Verl. E. Ulmer, Stuttgart.

KAULE, G. SCHALLER, J., SCHOBER, H.-M. (1979): Schutzwürdige Biotope in Bayern. 1. Auswertung der Kartierung schutzwürdiger Biotope in Bayern. Bayerisches Landesamt Umweltschutz, 154 S.

KEMPF, N., LAMP, J., PROKOSCH, P. (Red.) (1987): Salzwiesen: Geformt von Küstenschutz, Landwirtschaft oder Natur? Tagungsbericht 1 der Umweltstiftung WWF-Deutschland. 2. Aufl. 1988.

KERSBERG, H. (1968): Die Prümer Kalkmulde (Eifel) und ihre Randgebiete. Schr.R. Landesstelle Naturschutz Landschaftsplanung NRW 4, 207 S.

KLAPP, E. (1965): Grünlandvegetation und Standort, nach Beispielen aus West-, Mittel- und Süddeutschland. 384 S. Berlin, Hamburg.

– (1971): Wiesen und Weiden – eine Grünlandlehre. 4. Aufl., 620 S. Berlin, Hamburg.

– (1974): Taschenbuch der Gräser. 10. Aufl. 260 S. Verl. P. Parey, Berlin, Hamburg.

KLAPP, E., BOBERFELD, W.O. v. (1990): Taschenbuch der Gräser. 282 S. Verl. P. Parey, Berlin, Hamburg.

KLAPP, E., BOEKER, P., KÖNIG, F., STÄHLIN, A. (1953): Wertzahlen der Grünlandpflanzen. Das Grünland 2, 38-40.

KLINK, H.-J. (1990): Böden. In: Tietze et al.: »Geographie Deutschlands«. Verl. Gebr. Borntraeger, Berlin, Stuttgart.

KLOTZ, J., STROBEL, Ch. (1993): Kalkmagerrasen der Mittleren und Südlichen Frankenalb in der Umgebung von Regensburg. In: Schönfelder, P. »Exkursionsführer zur 4. Jahrestagung der Flo-ristisch-Soziologischen Arbeitsgemeinschaft Regensburg.

KNAPP, H. D., JESCHKE, L., SUCCOW, M. (1985): Gefährdete Pflanzengesellschaften auf dem Territorium der DDR. Kulturbund der DDR, Zentralvorst. GNU, 129 S.

KNAPP, H.D., REICHHOFF, L. (1975): Die Vegetation des NSG »Leutratal« bei Jena. Arch. Natursch. Landsch.forsch. 15 (2): 91-124.

KNAPP, R. (1971): Die Pflanzenwelt der Rhön unter besonderer Berücksichtigung der Naturpark-Gebiete. 127 S., Verl. J. Cramer, Lehre.

KNAUER, N. (1990): Extensive Tierhaltung und Landschaftspflege. In: »Extensive Grünlandbewirtschaftung durch Tierhaltung«. KTBL Arbeitspapier 140: 158-172. Kuratorium Technik, Bauwesen i.d. Landwirtsch., Darmstadt

– (1992): Grünlandextensivierung – Landschaftsökologische Bedeutung und Möglichkeiten der Realisierung

durch die Landwirtschaft. NNA Berichte 5 (4): 59-71.

KOENIS, H., HAKES, W., HOLLSTEIN, B. LEGNER, D., WASSMAN, TH. (1991): Halbtrockenrasenpflege mit Schafen. Erste Ergebnisse von Langzeit-Beweidungsversuchen mit Deut. Schwarzköpfigen Fleischschafen zur Regeneration verbuschter u. verfilzter Enzian-Schillergrasrasen. Verh. Ges. Ökologie 19 (3): 87-98. Osnabrück.

KÖLBEL, A., DIERSSEN, K., GRELL, H., VOSS, K. (1990): Zur Veränderung grundwasserbeeinflußter Niedermoor- und Grünland-Vegetationstypen des nordwestdeutschen Tieflandes – Konsequenzen für »Extensivierung« und »Flächenstillegung«. Kieler Notizen 20 (2): 67-91.

KOLLMANN, J. (1992): Gebüschentwicklung in Halbtrockenrasen des Kaiserstuhls. Natur Landschaft 67 (1): 20-26.

KORN, St. v. (1988): Eignung von Schafen in der großflächigen Landschaftspflege. In: VDL-Klausurtagung »Naturschutz und Landschaftspflege mit Schafen« (I). Deutsche Schafzucht 16: 338-343.

– (1992): Schafe in Koppel- und Hütehaltung. 198 S. Verl. E. Ulmer, Stuttgart.

KORNECK, D., SUKOPP, H. (1988): Rote Liste der in der Bundesrepublik ausgestorbenen, verschollenen und gefährdeten Farn- und Blütenpflanzen und ihre Auswertung für den Arten- und Biotopschutz. Schriftenr. Vegetationsk. 19.

KÖSTLER, E., KROGOLL, B. (1991): Auswirkungen von anthropogenen Nutzungen im Bergland – Zum Einfluß der Schafbeweidung (Literaturauswertung). Bayer. Akademie Natursch. Landschaftspfl., Beih. 9, 74 S.

KRACHT, V., KRAHL, W. u. METZ, S. (1991): Einrichtung und Sicherung schutzwürdiger Teile von Natur und Landschaft mit gesamtstaatlich repräsentativer Bedeutung. Projekt Wurzacher Ried. Natur u. Landschaft 66 (1): 9-14.

KRATOCHWIL, A. (1983): Zur Phänologie von Pflanzen und blütenbesuchenden

Insekten eines versaumten Halb-
trockenrasens im Kaiserstuhl. Beih.
Veröff. Naturschutz Landschaftspfl.
Bad. Württ. 34: 57-108.

Krause, Ch. L., Adam, K., Schäfer, B.
(1983): Landschaftsbildanalyse. Me-
thodische Grundlagen zur Ermittlung
der Qualität des Landschaftsbildes.
Schr.-Reihe Landschaftspflege Naturschutz 25: 168 S. Bonn-Bad Godesberg.

KTBL (Kuratorium für Technik und Bauwesen in der Landwirtschaft e.V.)
(1992): Umweltverträgliche Nutztier-
haltung unter erschwerten Standortbedingungen. Schrift 354: 170 S. Land-
wirtschaftsverlag, Münster-Hiltrup.

KÜMPEL, H. u. BIEDERMANN, E. (1988):
Botanische Flächennaturdenkmale und
ihre Pflege im Kreis Bad Salzungen.
Landschaftspflege Naturschutz Thüringen. 25 (1): 3-9.

LAMPRECHT, H. (1991): Plaggen. In: FLL
»Biotoppflege – Biotopentwicklung«.
Teil 1. Maßnahmen zur Stützung und
Initiierung von Lebensräumen für Tiere und Pflanzen. 97-99. Forschungsges. Landschaftsentwickl. Landschaftsbau, Bonn.

LÖLF (1980-1990): NRW (Landesanstalt
für Ökologie, Landschaftsentwicklung
und Forstplanung Nordrhein-Westfalen) Naturschutz praktisch. Merkblätter zum Biotop- und Artenschutz.

LÜTKEPOHL, M., TÖNNIESSEN, J. (1992):
Naturschutzpark Lüneburger Heide.
240 S. Verl. Ellert u. Richter, Hamburg.

LUTZ, J. (1991): Eignung verschiedener
Rinderrassen zur Landschaftspflege
auf gefährdeten Grünlandstandorten.
Naturschutz heute, Naturschutzzentrum Hessen (10), 19-24.

MAAS, D. (1988): Keimung und Etablierung von Streuwiesenpflanzen nach
experimenteller Ansaat. Natur Landschaft 63 (10): 411-415.

MÄHRLEIN, A. (1993): Kalkulationsdaten
für die Grünlandbewirtschaftung unter
Natutschutzauflagen. Kuratorium für

Technik u. Bauwesen in der Landwirtschaft e.V. (KTBL); Arbeitspapier
179, 115 S. Darmstadt.

MAHN, E.-G. (1965): Vegetationsaufbau
und Standortverhältnisse der kontinen-
tal beeinflußten Xerothermrasengesell-
schaften Mitteldeutschlands. Abh.
Sächs. Akademie Wissensch. Leipzig.
49 (1), 138 S. + Tafeln.

MATTHES, H.-D. (1993): Umweltverträg-
liche Grünlandnutzung im Tiefland –
Pflege und Erhaltung durch Nutztiere
–. In: »Wege zur umweltverträglichen
Landnutzung in den neuen Bundeslän-
dern«. Schriftenr. Deutschen Rates
Landespflege 63: 55-60.

MATTERN, H., WOLF, R., MAUK, J.
(1980): Heiden im Regierungsbezirk
Stuttgart – Zwischenbilanz im Jahre
1980 –. Veröff. Natursch. Landschaftspfl. Bad.-Wütt. 51/52 (1): 153-165.

MEISEL, K. (1984): Landwirtschaft und
»Rote Liste«-Pflanzenarten. Natur
Landschaft 59 (7/8): 301-307.

MEUSEL, F., RINGLER, A. (1993): Chancen für eine naturschutzintegrierte
Landnutzung in ostdeutschen Mittelgebirgen – neue Wege für die Förderung
und Umsetzung. Schriftenr. Deutschen
Rates für Landespflege 63: 61-71.

MOLDER, F., SKIRDE, W. (1993): Entwicklung und Bestandsdynamik artenreicher Ansaaten. Natur Landschaft 68
(4): 173-180.

MÖSELER, B. M. (1989): Die Kalkmagerrasen der Eifel. Decheniana-Beih. 29:
1-79. Bonn.

MOTT, N. (1988): Grünlandwirtschaft. In:
Ruhr-Stickstoff Aktiengesellschaft
(Hrsg.): Faustzahlen für Landwirtschaft und Gartenbau. 11. Aufl.: 404-
423. Bochum.

MÜNZEL, M., SCHUMACHER, W. (1991):
Regeneration und Erhaltung von Kalkmagerrasen durch Schafbeweidung am
Beispiel der »Alendorfer Kalktriften«
bei Blankenheim/Eifel. Schr.R. Forschung u. Beratung B 41: 27-48.

– (1993): Chancen für den Naturschutz
durch Flächenstillegung? Gemeinde u.
Stadt (6): 152-153.

MUHLE, O., RÖHRIG, E. (1979): Untersuchungen über die Wirkungen von Brand, Mahd und Beweidung auf die Entwicklung von Heide-Gesellschaften. Schr. Forst. fakult. Univ. Göttingen, Nieders. Forstl. Versuchsanst. 61: 1-72.

MURL (1989 a): Das Feuchtwiesen-Schutzprogramm Nordrhein-Westfalen. Minister Umwelt, Raumordn., Landwirtsch. Nordrhein-Westf. 96 S.

– (1989 b): Das Mittelgebirgsprogramm Nordrhein-Westfalen. Minister Umwelt, Raumordn. Landwirtsch. Nordrhein-Westf. 76. S.

Naturschutzzentrum Hessen e.V. (Hrsg.) (1988, 1991): Einsatz alter Haustierrassen in der Landschaftspflege. Tagungsbericht. Naturschutz heute, 6 u. 10.

Naturschutzzentrum Nordrhein-Westfalen (1987): Feuchtwiesenschutz-Programm – Modell Heubachwiesen –. Seminarberichte 3 (I): 43 S.

NEUSCHULZ, F. (1992): Heuvermarktung – ein neuer Weg im Feuchtwiesenschutz. In: »Extensivierung der Grünlandnutzung – Technische und fachliche Grundlagen«. Norddeutsche Naturschutzakademie 5 (4): 71-73.

NICKEL, E. (1992): Pflege der Trockenhänge im Taubertal. Naturschutz Landschaftsplanung (1): 9-15.

Niedersächsisches Landesverwaltungsamt (1990): Dokumentation – BUND-Projekt – Diepholzer Moorniederung.

NITSCHE, L. (1988): Anforderungen an einen Schäfereibetrieb in der Landschaftspflege und im Naturschutz. In: Landschafts- und Biotoppflege mit Schafen. Vereinigung Deutscher Landesschafzuchtverbände e.V. (VDL): 46-53. Bonn.

– (1990): Vegetation und Vogelbestände am Dörnberg (Kreis Kassel). Zeitschr. Vogelkde. Natursch. Hessen. Vogel u. Umwelt 6: 101-128.

– (1992): Biotoppflegesystem für Magerrasen, Heiden, Grünland und Sukzessionsflächen in Hessen. Naturschutz Nordhessen 12: 105-113.

– (1993): Vegetations-Bestandserfassungen nach dem Hessischen Biotoppflegesystem für Magerrasen, Heiden, Grünland und Sukzessionsflächen. Naturschutz Landschaftsplanung 25 (1): 17-23.

NITSCHE, S., WILKE, E. (1991): Biotoppflege mit Schafen in Hessen unter besonderer Berücksichtigung von Magerrasen und bestandsbedrohten Biotopen und Arten. Manuskript. Hess. Ministerium f. Landesentwicklung, Wohnen, Landwirtschaft, Forsten und Naturschutz, Wiesbaden, unveröffentlicht.

NORDHEIM, H. v. (1992): Auswirkungen unterschiedlicher Bewirtschaftungsmethoden auf die Wirbellosenfauna des Dauergrünlandes. In: »Extensivierung der Grünlandnutzung – Technische und fachliche Grundlagen«. NNA Berichte 5 (4): 13-26. Norddeutsche Naturschutzakademie.

NZNRW Naturschutzzentrum Nordrhein-Westfalen (Hrsg.) (1988): Mittelgebirgsprogramm Nordrhein-Westfalen. 4, 40 S.

OBERDORFER, E. (1977, 1978, 1983, 1992): Süddeutsche Pflanzengesellschaften. Teil 1 bis 4. G. Fischer Verl. Jena, Stuttgart, New York.

– (1983): Pflanzensoziologische Exkursionsflora. 5. Aufl. 1015 S. Verl. E. Ulmer, Stuttgart.

OEMICHEN, P., BAUSCHMANN, G. (1991): Alte und gefährdete Rinderrassen in Deutschland. Naturschutz heute, Naturschutzzentrum Hessen 10: 19-24.

OSTENDORP, W. (1987): Die Auswirkungen von Mahd und Brand auf die Ufer-Schilfbestände des Bodensee-Untersees. Natur Landschaft, 62 (3): 99-102.

PEPPLER, C. (1992): Die Borstgrasrasen (Nardetalia) Westdeutschlands. Dissert. Botanicae 193, 404 S. Verl. J. Cramer, Berlin, Stuttgart.

PFADENHAUER, J. (1988): Pflege und Entwicklungsmaßnahmen in Mooren des Alpenvorlands. Natur Landschaft 63 (7/8): 327-334.

– (1993): Vegetationsökologie – ein Skriptum –. 301 S. IHW-Verl. Eching.

PIOTROWSKI, J., PIRKELMANN, H. (1990): Extensive Grünlandbewirtschaftung durch Pferdehaltung – bauliche Lösungen. In: Extensive Grünlandbewirtschaftung durch Tierhaltung. KTBL 140: 108-131. Kurat. Techn. Bauwesen Landwirtsch. Darmstadt.

PLACHTER, H. (1991): Naturschutz. UTB 1563. G. Fischer Verl. Stuttgart.

POSCHLOD, P., JORDAN, S. (1992): Wiederbesiedlung eines aufgeforsteten Kalkmagerrasenstandortes nach Rodung. Zeitschr. Ökologie Naturschutz 1: 119-139.

POTT, R. (1988): Entstehung von Vegetationstypen und Pflanzengesellschaften unter dem Einfluß des Menschen. Düsseldorfer Geobot. Kolloq. 5: 27-54.

– (1992): Die Pflanzengesellschaften Deutschlands. 426 S. Verl. E. Ulmer, Stuttgart.

POTT, R., HÜPFE, J. (1991): Die Heidelandschaften Nordwestdeutschlands. Abh. Westf. Mus. Naturkde. 53, (1/2): 313 S. Münster.

PREISING, E., VAHLE, H.-C., BRANDES, D., HOFMEISTER, H., TÜXEN, J., WEBER, H.E. (1990): Die Pflanzengesellschaften Niedersachsens – Bestandsentwicklung, Gefährdung und Schutzprobleme. Wasser- und Sumpfpflanzengesellschaften des Süßwassers. Naturschutz Landschaftspfl. Niedersachs. 20 (8): 47-161.

QUINGER, B., BIEDERMANN, E., FIEGLE, M. (1991): Der Wert der Muschelkalk-Rhönhutungen und der Zechstein-Schafweiden Südwest-Thüringens für den Naturschutz und ihre Bedeutung als Pflegemodelle für westdeutsche Kalkmagerweiden. Alpeninstitut München.

RAABE, E. W. (1987): Atlas der Flora Schleswig-Holsteins und Hamburgs. Hrsg.: Dierßen , K. u. Mierwald, U., Neumünster.

RAUSCHERT, S., Benkert, D., Hempel, W., jeschke, L. (1978): Liste der in der Deutschen Demokratischen Republik erloschenen und gefährdeten Farn- und Blütenpflanzen. Hrsg.: Kulturbund der DDR. Zentraler Fachausschuß Botanik. 56 S.

REIF, A. (1983): Nordbayerische Heckenlandschaften. Hoppea 41: 3-204. Regensburg.

– (1985): Flora und Vegetation der Hecken des hinteren und südlichen Bayerischen Waldes. Hoppea 44: 179-276. Regensburg.

RIECKEN, U. (1992): Planungsbezogene Bioindikation durch Tierarten und Tiergruppen. Schriftenr. Landschaftspflege Naturschutz 36: 187 S. Bonn-Bad Godesberg.

RIECKEN, U., BLAB, J. (1989): Biotope der Tiere in Mitteleuropa. Verzeichnis zoologisch bedeutsamer Biotoptypen und Habitatqualitäten in Mitteleuropa einschließlich typischer Tierarten als Grundlage für den Naturschutz. Naturschutz aktuell 7, 123 S. Kilda-Verlag.

RIECKEN, U., SSYMANK, A. (1993): Rote Liste Biotope – Übersicht über bestehende Ansätze, Ziele, Möglichkeiten u. Probleme. Schr.R. f. Landschaftspflege u. Naturschutz 38: 9-23.

RIECKEN, U., RIES, U., SSYMANK, A. (1993): Biotoptypenverzeichnis für die Bundesrepublik Deutschland. In: Blab, J. u. Riecken, U. »Grundlagen und Probleme einer Roten Liste der gefährdeten Biotoptypen Deutschlands«. Schr.-R. f. Landschaftspflege u. Naturschutz 38: 301-339.

RINGLER, A. (1991): Die Vereinigung als Chance für den deutschen Naturschutz. Teil 2. Naturschutz u. Landschaftspflege 23 (3): 120-131.

Ruhr-Stickstoff AG (Hrsg.) (1988): Faustzahlen für Landwirtschaft und Gartenbau. 11. Aufl. 587 S. Bochum.

RUNGE, F. (1990 a): Die Pflanzengesellschaften Mitteleuropas. Münster. 10./11. Aufl., 309 S.

– (1990 b): Vegetationsschwankungen in einem nordalpinen Kalk-Halbtrockenrasen. Tuexenia 10: 275-277.

SAMBRAUS, H. H. (1989): Atlas der Nutztierrassen. 3. Aufl., 272 S. Verl. E. Ulmer, Stuttgart.

– (1978): Nutztierethologie: Das Verhalten landwirtschaftlicher Nutztiere –

Eine angewandte Verhaltenskunde für die Praxis. 315 S. Verl. Parey.

SCHAEFER, M. (1992): Wörterbuch der Biologie – Ökologie. UTB, Verl. Fischer, Jena.

SCHEFFER, F., SCHACHTSCHABEL, P. (1992): Lehrbuch der Bodenkunde. 13. Aufl. 491 S. Ferd. Enke Verl. Stuttgart.

SCHEUFLER, H., STIEFEL, A. (1989): Landwirtschaft, Landschaftspflege und Artenschutz: Das Beispiel Limikolenbrutgebiet Insel Kirr (Darßer Boddenkette). Beitr. Vogelkd. 35 (1 4): 52-56.

SCHIEFER, J. (1981 a): Vegetationsentwicklung und Pflegemaßnahmen auf Brachflächen in Baden-Württemberg – sechsjährige Dauerflächenuntersuchungen in zwei Halbtrockenrasen und Glatthaferwiesen. Natur Landschaft 86 (7/8): 263-268.

– (1981 b): Bracheversuche in Baden-Württemberg. Beih. Veröff. Naturschutz Landschaftspflege Bad.-Württ. 22: 1-325.

– (1983): Ergebnisse der Landschaftspflegeversuche in Baden-Württemberg: Wirkungen des Mulchens auf Pflanzenbestand und Streuzersetzung. Natur Landschaft 58 (7/8): 295-300.

– (1984): Möglichkeiten der Aushagerung von nährstoffreichen Grünlandflächen. Veröff. Natursch. Landschaftspfl. Bad.-Württ. 57/58: 33-62.

SCHMEIL, O., FITCHEN, J. (1982): Flora von Deutschland, 7. Auflage.

SCHMIDT, P.A. (1990): Landwirtschaft und Naturschutz in der DDR. (Vortrag März 1990 in Tutzing). Forstw. Cbl. 109: 378-402.

Schmidt, W. (1981): Ungestörte und gelenkte Sukzession auf Brachäckern. Scripta Geobotanica 15: 199 S. Verl. E. Goltze, Göttingen

SCHOLL, G., ZUNDEL, R. (1986): Brachland als Lebensraum. AID 1091, 24. S., Bonn.

SCHÖNFELDER, P., BRESINSKY, A. (Hrsg.) (1990): Verbreitungsatlas der Farn- und Blütenpflanzen Bayerns. 752 S. Verl. E. Ulmer, Stuttgart.

SCHROEDER, D. (1984): Bodenkunde in Stichworten. 4. Aufl. Hirts Stichwörterbücher. 160 S.

SCHUBERT, R., WAGNER, G. (1991): Botanisches Wörterbuch. 10. Aufl. UTB 1476. Verl. E. Ulmer, Stuttgart.

SCHULTE, G., WOLFF-STRAUB, R. (1987): Rote Listen Biotoptypen und -strukturen. 1. Fassung. LÖLF, NRW (= Beiträge z. Artenschutzprogramm NW, Nr. 20).

SCHUMACHER, W. (1977): Flora und Vegetation der Sötenicher Kalkmulde (Eifel). Decheniana-Beihefte 19: 215 S.

– (1991): Magerrasen. In: FLL »Biotoppflege – Biotopentwicklung« Teil 1. 67-77. Forschungsges. Landschaftsentw., Landschaftsbau, Bonn.

SCHUMACHER, W., MÜNZEL, M. (1993): Initiative zur Ausgestaltung der flankierenden Maßnahmen. AGRA-EUROPE 19/93, Deutschland/EG, Förderprogramme.

SCHWABE, A., KRATOCHWIL, A. (1987): Weidbuchen im Schwarzwald und ihre Entstehung durch Verbiß des Weidviehs. Beih. Veröff. Naturschutz Landschaftspflege Bad. Württ. 49: 120 S.

SCHWICKERT, P. W. (1992): Verpflanzen von Pflanzen bzw. Pflanzengesellschaften als Chance für den Naturschutz? Natur Landschaft, 67 (3): 111-114.

– (1992): Vegetationsgeographische Untersuchungen im Hohen Westerwald unter besonderer Berücksichtigung der Pflanzengesellschaften des montanen Grünlandes. Fauna und Flora in Rheinland-Pfalz. Beih. 4: 4-141. Landau.

SEBALD, O., SEYBOLD, S., PHILIPPI, G. (1990-1992): Die Farn- und Blütenpflanzen Baden-Württembergs. 4 Bde. Verl. E. Ulmer, Stuttgart.

SPITZER, H. (1990): Die Landwirtschaft in der Bundesrepublik Deutschland. In: Tietze, W. et al. »Geographie Deutschlands – Bundesrepublik Deutschland – Staat – Natur – Wirtschaft«. 539-603. Verl. Gebr. Bornträger, Berlin, Stuttgart.

STEUBING, L., BUCHWALD, K. (1989): Analyse der Artenverschiebungen in der Sand-Ginsterheide des Naturschutzgebietes Lüneburger Heide. Natur Landschaft 64 (3): 100-105.

STOTTELE, T., SOLLMANN, A. (1992): Ökologisch orientierte Grünpflege an Straßen. Grundlage für die Entwicklung von Pflegeplänen und deren Anwendung – ein Pilotprojekt der Hessischen Straßenbauverwaltung. Schriftenr. Hess. Landesamt für Straßenbau. 286 S.

SUCCOW, M. (1988): Landschaftsökologische Moorkunde. G. Fischer Verl. Jena.

TEERLING, J. (1988): Feuchtgebiete und Moore in Niedersachsen. In: »Naturschutz und Landschaftspflege mit Schafen«. DLG-Fachtagung. DLG Arbeitsunterlagen. Frankfurt.

Umweltstiftung WWF-Deutschland (Hrsg.) (1992): Leitfaden zur Extensivierung der (Grün-)Landwirtschaft. – Projekt Wümmewiesen –. 210 S. Verl. Arbeitsgem. bäuerliche Landwirtsch. Bauernblatt e.V.

VERBÜCHELN, G. (1992): Entstehung, Differenzierung und Verarmung von Grünlandgesellschaften in Nordrhein-Westfalen. LÖLF-Mitteilungen 3: 38-41.

Vereinigung Deutscher Landesschafzuchtverbände e.V. (VDL) (1988): Landschafts- und Biotoppflege mit Schafen. Vorträge einer VDL-Fachtagung Juni 1988. 97 S. Bonn.

VOIGTLÄNDER, G., JACOB, H. (1987): Grünlandwirtschaft und Futterbau. 480 S. Verl. E. Ulmer, Stuttgart.

VOIGTLÄNDER, G., VOSS, N. (1979): Methoden der Grünlanduntersuchung und -bewertung. Stuttgart. 207 S.

VOISIN, A. (1961): Lebendige Grasnarbe. BLV-Verlagsges., München, Bonn, Wien.

WALENTOWSKI, H., RAAB, B., ZAHLHEIMER, W.A. (1990, 1991 u. 1992): Vorläufige Rote Liste der in Bayern nachgewiesenen oder zu erwartenden Pflanzengesellschaften. I – IV. Ber. d. Bayer. Bot. Ges. Beih. zu Bd.61, 1 u.2 zu 62, 7.

WARNKEN, TH. (1992): Grünlandextensivierung. In: Umweltstiftung WWF-Deutschland (Hrsg.) »Leitfaden zur Extensivierung der (Grün-)Landwirtschaft – Projekt Wümmewiesen«. 17-70. Verl. Arbeitsgem. bäuerl. Landwirtsch., Rheda-Wiedenbrück.

WEBER, H.E. (1990): Übersicht über die Brombeergebüsche der Pterido-Rubetalia (Franguletea) und Prunetalia (Rhamno-Prunetea) in Westdeutschland mit grundsätzlichen Bemerkungen zur Bedeutung der Vegetationsstruktur. Ber. Reinh. Tüxen-Ges. 2: 91-119, Hannover.

WEGENER, U. (1988): Pflegekonzeption für Heiden und Hutungsflächen. Naturschutzarb. Bez. Halle u. Magdeburg 25: 29-36.

– (1991): Schutz und Pflege von Lebensräumen – Naturschutzmanagement –. Umwelt Forschung, 313 S. Jena, Stuttgart.

WERNER, W., PAULISSEN, D. (1991): Programm VEGBASE – Datenbank der Zeigerwerte und deren Auswertung mit dem Personalcomputer. In: Ellenberg et al. »Zeigerwerte von Pflanzen Mitteleuropas. Scripta Geobotanica XVIII: 238-248.

WESTHUS, W., HEINRICH, W., MARSTALLER, R. (1993): Rote Liste Pflanzengesellschaften Thüringens – Vorläufige Fassung. Naturschutzreport 5: 201-215.

WESTHUS, W., REICHHOFF, L., WEGENER, U. (1984): Nutzungs- und Pflegehinweise für die geschützten Grünlandtypen Thüringens. Landsch.pfl. Natursch. Thüringen 21 (1): 1-9.

WILKE, E. (1988): Schafe aktuell in Landwirtschaft und Landschaftspflege. 6. Aufl. Vereinigung Dt. Schafzuchtverb. (Hrsg.), Dt. Agrar Verl.

– (1993): Organisation der Landschaftspflege mit Schafen. In: Fachtagung »Perspektiven der Schafhaltung in der extensiven Landnutzung und Landschaftspflege in den neuen Bundesländern«. Berlin 1991, Techn. Univ. Berlin, FB Internat. Agrarentwicklung.

WILMANNS, O. (1984, 1989, 1993): Ökologische Pflanzensoziologie. UTB 269.

1 , 3 , 5 Aufl. Verl. Quelle u. Meyer, Heidelberg.

WILMANNS, O., MÜLLER, K. (1976): Beweidung mit Schafen und Ziegen als Landschaftspflegemaßnahme im Schwarzwald? Natur Landschaft 51 (10): 271-274.

– (1977): Zum Einfluß der Schaf- und Ziegenbeweidung auf die Vegetation im Schwarzwald. Vegetation Fauna: 465-479, Vaduz.

WOIKE, M., ZIMMERMANN, P. (1988 u. 1992): Biotope pflegen mit Schafen. AID 1197, 30 S. Bonn.

WOLFF-STRAUB, R. et al. (1988): Florenliste von Nordrhein-Westfalen. 2. Aufl. 128 S. Schriftenr. Landesanst. Ökologie, Landschaftsentwickl., Forsten.

ZÄHRES, W. (1990): Damtier- und Ziegenhaltung – Produktionstechnik und praktische Beispiele baulicher Lösungen. In: KTBL 140 » Extensive Grünlandbewirtschaftung durch Tierhaltung«. 97-107. Kurat. Technik, Bauwesen Landwirtschaft, Darmstadt.

ZIESEMER, F. v. (1992): Konzeption der Begleitforschung zum Grünlandextensivierungsprogramm, bisherige Ergebnisse und Konsequenzen in Schleswig-Holstein. In: »Extensivierung der Grünlandnutzung«. Norddeutsche Naturschutzakademie 5 (4): 4-7.

ZIMMER, E. (1990): Grünlandbewirtschaftung. In: KTBL 140 »Extensive Grünlandbewirtschaftung durch Tierhaltung«. 7-22. Kurat. Technik, Bauwesen Landwirtsch. Darmstadt.

Abbildungsnachweis:

Alle Fotos in diesem Buch stammen von Sieglinde und Lothar Nitsche die graphischen Darstellungen wurden von Lutz-E. Müller, Leipzig nach Vorlagen der Verfasser oder der Literatur formal überarbeitet bzw. neu gezeichnet. Die Abbildung S. 61 – 63 fertigte Sieglinde Nitsche an.

Register

Vertiefen Sie das Thema

Mit diesem Titel liegt ein umfassendes Buch zur Landschaftsökologie vor, das Fauna und Flora in städtischen Gebieten beschreibt. In diesem Werk geht es nicht um die Ökologie parkähnlicher Landschaften, sondern darum, anhand vielfältiger Beispiele aus Fauna und Flora aufzuzeigen, wie sich selbst überlassene Biotope in der Stadt, die spontan von Tieren oder Pflanzen besiedelt wurden, als Ansatzpunkte für die Schaffung ökologischer Landschaftstypen in städtischen Siedlungsgebieten herangezogen werden können. Der Autor schildert anhand umfangreicher Untersuchungen in europäischen Großstädten, wie und welche Fauna und Flora sich im anthropogenen Lebensraum "Stadt" ansiedeln bzw. behaupten. *Inhalt: Merkmale städtischer Fauna und Flora. Vermehrung eingeführter Arten. Störungen. Verbesserte Verbreitungsmöglichkeiten. Stadtklima und Luftverschmutzung. Böden im Stadtgebiet. Vegetationsdynamik. Städtische Grünflächen. Industriegebiete. Eisenbahn. Straßen. Stadtzentren. Stadtparks. Schrebergärten und Vorgärten. Friedhöfe.*

Städtische Ökosysteme. Von Oliver L. Gilbert. Aus d. Engl. v. Dagmar Krüger. 1994. 247 Seiten, 24 sw-Fotos, 61 Zeichnungen, 36 Tabellen. Pp. DM 78,– / ÖS 609.– / SFr 74.–. ISBN 3-7402-0137-1.

Biotopschutz als Kernstück des Naturschutzes tut mehr denn je not. Auf kommunaler Ebene – in den Gemeinden und Kreisen – bestehen die besten Möglichkeiten, Initiativen zu ergreifen. Dieses Buch stellt auf wissenschaftlicher Basis die für die tägliche Praxis wichtigen Grundlagen und Empfehlungen zusammen. Es soll als Handlungsanweisung und zum Nachschlagen dienen. Im Vordergrund steht das Ziel, in Planungen und durch Einzelmaßnahmen stärker als bisher ökologische Fakten zu berücksichtigen und einen besseren Schutz von Biotopen und Lebensgemeinschaften zu bewirken. Das Europäische Naturschutzjahr 1995 bietet Anlaß, konkret zu handeln. *Inhalt: Biotopschutz: Definitionen, Ziele, Konzepte. Planungsverfahren und kommunaler Biotopschutz. Biotopverbund-Planung. Biotopkartierung: Methoden und Bewertung. Kartierung von Leitarten. Biotoptypen und ihr Schutz. Flächengrößen, Verbunddistanzen und Pufferzonen.*

Biotopschutz in der Gemeinde. Von Dr. Eckhard Jedicke. 332 Seiten, 39 Farbfotos, 36 sw-Abbildungen, 32 Tabellen. Pp. DM 78,– / öS 609.– / sFr 74.–. ISBN 3-7402-0148-7.

Weitere Bände in Vorbereitung!